이투스북

수학Ⅱ

# 파워반

》POWER《
WORKBOOK

어떤 책과도 어울리는
모든 책의 워크북

본교재

KB264351

# 이 책에 도움을 주신 선생님

## 서울

| | |
|---|---|
| 강민설 | 시대인재수학스쿨 |
| 강아란 | 칼수학학원 |
| 강은실 | 천호 하나학원 |
| 강춘기 | 리더스학원 |
| 강현숙 | 유니크학원 |
| 고수환 | 상승곡선학원 |
| 고예슬 | 시그마학원 |
| 고윤원 | 수재학원 |
| 고형근 | 멘툴스수학전문학원 |
| 고혜원 | 전문과외 |
| 공정현 | 대공수학 |
| 구난영 | 셀프스터디수학학원 |
| 구순모 | 세진학원 |
| 권가영 | 로드맵수학학원 |
| 권민주 | 안국대치이강학원 |
| 권상호 | 수학은권상호 |
| 권용만 | 은광여자고등학교 |
| 김경일 | 청명보습학원 |
| 김국환 | 매쓰플러스수학학원 |
| 김금화 | 라플라스수학 |
| 김동철 | 토트라수학학원 |
| 김명도 | 성북 미래탐구 |
| 김명후 | 김명후수학학원 |
| 김미영 | 명수학교습소 |
| 김민수 | PGA전문가집단학원 |
| 김민창 | 개인교습 |
| 김병호 | 국선수학학원 |
| 김보미 | 고매쓰공부방 |
| 김복현 | 오류고등학교 |
| 김상철 | 마포 하이스트 |
| 김선경 | 개념폴리아학원 |
| 김선용 | 목동 미래탐구 |
| 김성규 | 서울바움학원 |
| 김성민 | 카이수학교습소 |
| 김성재 | 맑음수학밝음국어학원 |
| 김수련 | 선정고등학교 |
| 김승현 | 대치 Math4U |
| 김양진 | 나무아카데미 |
| 김영재 | 뉴스터디 |
| 김영진 | 전문과외 |
| 김예슬 | 다원교육 |
| 김운 | 잇올스파르타 |
| 김정근 | 삼각산고등학교 |
| 김정아 | 지올수학 |
| 김정철 | 티포인트에듀학원 |
| 김정환 | 길에듀수학의길 |
| 김정훈 | 이투스수학학원 |
| 김주영 | 더하이 |
| 김주환 | 세화여자고등학교 |
| 김진규 | 서울바움수학학원 |
| 김하현 | 전문과외 |
| 김하현 | 행당 제일학원 |
| 김향기 | 숭인중학교 |
| 김현아 | 전문과외 |
| 김현욱 | 리마인드수학 |
| 김현아 | 혜성여자고등학교 |
| 김현주 | 숙명여자고등학교 |
| 김형진 | 수학혁명학원 |
| 김홍수 | 김홍학원 |
| 나태산 | 학림학원 |
| 남호성 | 패쓰수학전문학원 |
| 목진욱 | 구주이배수학학원 |
| 문소정 | 사보이수학 |
| 문재웅 | 성북 메가스터디 |
| 민금조 | 미래인재학원 |
| 박경보 | 최고수챌린지에듀학원 |
| 박교국 | 로드맵수학학원 |
| 박명훈 | 김샘학원 성북캠퍼스 |

| | |
|---|---|
| 박세원 | 최고수챌린지에듀학원 |
| 박소라 | 메사학원 의자사관 |
| 박수견 | 비채수학원 |
| 박연희 | 박연희깨침수학교습소 |
| 박용순 | 전문과외 |
| 박용우 | 일신학원 |
| 박재석 | 날개수학학원 |
| 박진희 | 박선생수학전문학원 |
| 박찬수 | 대치 백년나무교육 |
| 박태흥 | CMS 학원 |
| 박혜진 | 강북수재학원 |
| 배용현 | 김탄교육화곡학원 |
| 배재형 | 배재형수학 |
| 백운경 | 일신학원 |
| 변세정 | 더원학원 |
| 서광열 | 위드맴버스 |
| 서근환 | 대진고등학교 |
| 서다인 | 로드맵수학학원 |
| 서민국 | 시대인재 특목관 |
| 서중은 | 블루플렉스학원 |
| 서지현 | 원주여자중학교 |
| 서호근 | 깊은생각학원 |
| 석현욱 | 잇올스파르타 |
| 선철 | 일신학원 |
| 성선화 | 칼수학학원 |
| 성성아 | SNS수학전문학원 |
| 손민정 | 두드림에듀 |
| 손충모 | 대치동 케이투수학 |
| 송기철 | 진명학원 |
| 송진우 | 다원교육 |
| 신기영 | 청림학원 |
| 신기호 | 성북 메가스터디 |
| 신대용 | 신수학교습소 |
| 신승규 | 한국삼육고등학교 |
| 신은진 | 상위권수학학원 |
| 심지현 | 심지수학 |
| 안대호 | 더함수학학원 |
| 양원규 | 일신학원 |
| 양철웅 | Kevin Math Clinic |
| 양해영 | 청출어람학원 |
| 엄지영 | 메이드학원 |
| 오한별 | 광문고등학교 |
| 왕한비 | 왕쌤수학학원 |
| 우재석 | 수학만학원 |
| 원종운 | 예섬학원 |
| 원준희 | CMS S |
| 윤여classmate | 맥시마 |
| 윤여훈 | 위례광장엠베스트해법영어학원 |
| 윤오상 | 윤오상수학학원 |
| 윤원기 | 세종과학고등학교 |
| 윤현웅 | 수학을수학하다 |
| 윤홍원 | 드림수학교습소 |
| 은현 | CMS 입시센터 |
| 이건우 | 송파 이지엠수학학원 |
| 이경주 | 이지수학학원 |
| 이동ре | PGA전문가집단학원 |
| 이민혜 | 양천고등학교 |
| 이민호 | 대치강안교육 |
| 이산 | 탁월한수학 |
| 이상문 | P&S학원 |
| 이상훈 | 골든벨수학학원 |
| 이성애 | 수박나무수학 |
| 이성용 | 이성용수학 |
| 이성재 | 지앤정학원 |
| 이수호 | 수학의미래 |
| 이승호 | 동작 미래탐구 |
| 이어진 | 신목중학교 |
| 이용우 | 올림피아드학원 |
| 이은숙 | 포르테수학교습소 |

| | |
|---|---|
| 이재만 | 대새수학전문학원 |
| 이재복 | 동작 미래탐구 |
| 이재용 | 분석수학 강서1관 |
| 이주경 | 생각의숲수학교습소 |
| 이주하 | 탑고려학원 |
| 이준엽 | 메티스학원 |
| 이지훈 | 훈쌤수학 |
| 이진영 | 생각하는황소 광진 |
| 이충안 | 채움수학 |
| 이태웅 | 수찬학원 |
| 이학송 | 뷰티풀마인드수학학원 |
| 이현우 | 씨엠에스에듀 서초영재관 |
| 이현주 | 방배 스카이에듀학원 |
| 이현환 | 백상영수학원 |
| 이헌희 | 양천고등학교 |
| 이혜림 | 대동세무고등학교 |
| 이혜수 | 슈리샘수학교실 |
| 이혜영 | 여의도고등학교 |
| 이호재 | 스터디 밸런스학원 |
| 임갑봉 | 중계 학림학원 |
| 임규철 | 원수학 |
| 임다혜 | 시대인재수학스쿨 |
| 임상훈 | 방산고등학교 |
| 임성국 | 전문과외 |
| 임아름 | 한국삼육고등학교 |
| 임혜선 | 상승곡선학원 |
| 장지식 | 학림학원 |
| 전경진 | 늘푸른수학원 |
| 전지홍 | 수도여자고등학교 |
| 전혜인 | 성북 메가스터디 |
| 정대교 | 피큐브아카데미 |
| 정민준 | 수학에미친사람들 |
| 정수민 | 수민쌤수학과외 |
| 정완철 | 강북멘토스학원 |
| 정장현 | 메사학원 의자사관 |
| 정주량 | 선덕고등학교 |
| 정진아 | 정선생수학 |
| 정하윤 | 랑수학교습소 |
| 정현광 | 광성중고등학교 |
| 정혜련 | 신수학학원 |
| 정효석 | 최상위에듀학원 |
| 조병근 | 하이씨앤씨 |
| 조은우 | 한솔플러스수학학원 |
| 조현탁 | 전문가집단 |
| 주병준 | 가좌스쿨 |
| 주재우 | 성북 미래탐구 |
| 지명훈 | 선덕고등학교 |
| 차민준 | 이투스수학학원 중계점 |
| 차용우 | 서울외국어고등학교 |
| 채수연 | 특자단수학학원 |
| 최병욱 | 최코치수학학원 |
| 최연진 | 세화여자고등학교 |
| 최영주 | 하나고등학교 |
| 최영준 | 문일고등학교 |
| 최유담 | 동국대사범대학부속여자중고등학교 |
| 최종석 | 수재학원 |
| 하태성 | 은평 G1230학원 |
| 한동용 | 다원교육 |
| 한한주 | PMG학원 |
| 함정훈 | 압구정함수학 |
| 허갑재 | 대치스펙트학원 |
| 허다민 | 더큰학원 |
| 홍슬기 | 슬기수학공부방 |
| 황제선 | 삼성 다수인학원 |

## 부산

| | |
|---|---|
| 구덕문 | 아연학원 |
| 김명선 | 김쌤수학 |
| 김민 | 다수인학원 |
| 김민규 | 다비드수학 |

| | |
|---|---|
| 김아름 | 무한꿈터 |
| 김유상 | 드림에듀 |
| 김정아 | 대명여자고등학교 |
| 김지연 | 김지연수학교습소 |
| 김진호 | 해운대 에듀플렉스 |
| 김치욱 | 수학발전소 |
| 김태진 | 한빛학원 |
| 김학진 | 학림학원 |
| 김효상 | 코스터디알파학원 |
| 김훈 | 매쓰힐수학학원 |
| 나기열 | 프로매스수학교습소 |
| 노승경 | 프로페셔널수학 |
| 노하영 | 확실한수학 |
| 류형수 | 연제 한샘학원 |
| 모란 | 매씨아영수학원 |
| 박대성 | 키움수학교습소 |
| 박범진 | 다수인학원 |
| 박성찬 | 프라임학원 |
| 박연주 | 세인수학원 |
| 배철우 | 하단 종로학원 |
| 신인선 | 이룸수학교습소 |
| 안찬종 | 이투스 |
| 여지윤 | 수딴's수학 |
| 유소영 | 파플수학학원 |
| 이경덕 | 수딴's수학 |
| 이연희 | 오른수학 |
| 이정화 | 수학의힘 가야캠퍼스 |
| 이지은 | 하이매쓰수학학원 |
| 이현광 | 현광수학학원 |
| 이효정 | 이효정고등/입시수학 |
| 장인숙 | 더베스트학원 |
| 장정효 | 하이원수학 |
| 장혜선 | 지하연학원 |
| 전우성 | 이안학원 |
| 정은주 | 성문종합학원 |
| 정의진 | 다수인학원 |
| 정재헌 | 개금국제어학원 |
| 정희정 | 정쌤수학공부방 |
| 조우영 | 위드유수학 |
| 조은영 | MIT수학교습소 |
| 최정헌 | 더쎈수학학원 |
| 최준승 | 다수인학원 |
| 하예은 | 다수인학원 |
| 허윤정 | 올림수학 |
| 허정인 | 삼정고등학교 |
| 황보미 | 전문과외 |
| 황성필 | 대치명인학원 |

## 인천

| | |
|---|---|
| 강옥수 | 수학의온도 |
| 기미나 | 기쌤수학 |
| 김국련 | G1230학원 |
| 김윤경 | 엠베스트SE학원 |
| 김윤호 | 종로학원하늘교육 동춘학원 |
| 김응수 | 케이엠수학교습소 |
| 김재웅 | 공부방 |
| 김준 | 쭌에듀학원 |
| 김진완 | 성일올림학원 |
| 김현호 | 온풀이수학관학원 |
| 김효선 | 코다에듀 |
| 나원균 | 나쌤수학교실 |
| 노기성 | 노기성개인과외교습 |
| 박용석 | 절대학원 |
| 박재섭 | 구월 SKY수학과학학원 |
| 박창수 | 온풀이수학관학원 |
| 박한민 | 감탄교육 |
| 박해석 | 비상엉수학원 |
| 박효성 | 지코스수학학원 |
| 서호철 | 광성고등학교 |
| 석동방 | GLA학원 |

| | | | |
|---|---|---|---|
| 송대익 ATOZ학원 | 장두영 가토수학과학학원 | 송정은 달곰수학공부방 | 김영준 청솔수학 |
| 신현준 수학수업 | 장세완 장선생수학 | 양상규 생각의힘수학학원 | 김용덕 매쓰토리수학제2관학원 |
| 엄진웅 서인천고등학교 | 장현정 남산고등학교 | 우현석 에이투지학원 | 김윤경 국빈학원 |
| 오상원 불로 종로엠학원 | 전지영 전지영수학 | 윤석주 윤석주수학전문학원 | 김은진 탑브레인수학과학학원 |
| 오선아 시나브로수학 | 정민호 J.STEADY수학 | 이규영 쉐마수학학원 | 김은지 파스칼수학학원 |
| 오정민 갈루아수학공부방 | 주기헌 경원고등학교 | 이수진 대전구봉중학교 | 김정호 큐매쓰학원 |
| 이승주 명신여자고등학교 | 진국령 업앤탑수학과학학원 | 이일녕 양영학원 | 김정환 필립스아카데미 |
| 이애희 부평 해법수학교실 | 최영성 페르마학원 | 이지훈 이지훈수학과학 | 김정훈 죽전 파인만학원 |
| 이원재 이루다교육학원 | 최현정 MQ멘토수학 | 조충현 로하스학원 | 김종남 제너스학원 |
| 이필규 엠베스트SE학원 | 하태호 월성 이투스수학학원 | 차영진 연세언더우드수학 | 김종찬 김종찬입시전문학원 |
| 임지우 자유자재학원 | 황지현 위드제스트수학학원 | 홍진국 와이즈만 대덕테크노센터 | 김종화 퍼스널개별지도학원 |
| 장영철 동산고등학교 | **광주** | **울산** | 김종환 바른수학학원 |
| 장효근 유레카수학학원 | 강승완 첨단시매쓰수학학원 | 권상수 호크마수학전문학원 | 김지율 광교오드수학 |
| 전우진 인사이트수학학원 | 김광현 한수위수학학원 | 권유혜 전문과외 | 김진국 스터디MK |
| 정대웅 전문과외 | 김국진 김국진짜학원 | 김경문 크레벵크수학학원 | 김진우 페르마수학학원 |
| 정윤교 온풀이수학1관학원 | 김나형 원탑영수전문학원 | 김민정 김민정수학 | 김창선 백영고등학교 |
| 정은영 밀턴수학학원 | 김수홍 김수홍수학학원 | 김봉조 퍼스트클래스수학영어전문학원 | 김창영 에듀포스학원 |
| 정은혜 비상영수학원 | 김원진 메이블수학 | 김영배 화정 김쌤수학과학학원 | 김태학 평택드림에듀학원 |
| 정혜진 잇올스파르타 인천청라센터 | 김재현 김재현수학학원 | 김제득 퍼스트클래스학원 | 김현경 스카이학원 |
| 조민관 서이학원 | 김종민 하이퍼수학 | 나선혜 물푸레수학교습소 | 김현자 생각하는수학공간학원 |
| 지영환 이능수학학원 | 김태완 루트원수학학원 | 문준호 파워영수학원 | 김현정 더클레버수학학원 |
| 채수현 밀턴수학학원 | 나혜경 고수학 | 문호영 pmp영어수학전문학원 | 김호숙 호수학원 |
| 최경수 코다에듀 | 류창남 멘토영수학원 | 박국진 강한수학 | 김호원 원수학학원 |
| 최문경 영웅아카데미 | 마채연 마채연수학전문학원 | 박원기 에듀프레소종합학원 | 김희성 멘토수학 |
| 최진 절대학원 | 박상현 유베스트학원 | 성수경 위룰수학영어학원 | 나혜원 청북고등학교 |
| 최훈 수학의시선 | 배지문 광주양산학원 | 신현승 토모수학 | 노예리 더바른수학학원 |
| 허진선 수학나무 | 변석주 유클리드아카데미 | 안재희 안쌤수학학원 | 도진우 도진우수학연구소 |
| 현미선 써니수학 | 설주홍 공신수학학원 | 이원택 파워영수전문학원 | 류혜영 용신중학교 |
| 홍창우 인성여자고등학교 | 손광일 송원고등학교 | 정세은 현대청운고등학교 | 문기수 하늘아이학원 |
| 황면식 늘품과학수학학원 | 신성호 신성호수학 | 정운용 멘토영수학원 | 문혜연 분당 입실론수학학원 |
| **대구** | 양귀제 양선생수학전문학원 | 최규종 뉴토피아수학전문학원 | 박민주 카라Math |
| 강미주 T.O.P.EDU | 양동식 1등급수리수학원 | 최영희 재미진최쌤수학공부방 | 박상준 몬스터교육_대입몬스터 |
| 강민지 용산김샘학원 | 이강우 대치공감학원 | **세종** | 박선영 알고수학 |
| 구현태 나인쌤수학전문학원 | 이요한 제일수학학원 | 김영웅 새롬고등학교 | 박선우 문산제일고등학교 |
| 권기현 이렇게좋은수학 | 이주현 리얼매쓰수학전문학원 | 김재현 세종국제고등학교 | 박성준 수원칠보고등학교 |
| 권보경 수%수학 | 이헌기 보문고등학교 | 박지연 리얼매쓰 | 박연지 상승에듀 |
| 김동영 통쾌한수학교습소 | 임태관 매쓰멘토수학학원 | 안종훈 보람고등학교 | 박영주 쉬운수학 일산 |
| 김득현 차수학 사월보성점 | 장민경 장민경플랜수학학원 | 오설향 해밀수학과학학원 | 박원용 동탄트리즈솔빛나루수학학원 |
| 김미소 에스엠과학수학학원 | 장영진 공감학원 | 윤여민 전문과외 | 박정수 특작수학 시흥퍼펙트 |
| 김성민 업앤탑수학과학학원 | 정다워 광주인성고등학교 | 이요한 소담고등학교 | 박정현 서울삼육고등학교 |
| 김수영 봉덕 김쌤수학 | 정다희 다희쌤수학 | 이태호 상상이상 | 박종필 정석수학학원 |
| 김연화 업앤탑수학과학학원 | 정원섭 수리수학학원 | 이현아 현수학-전문과외 | 박종현 하이탑수학 |
| 김영진 정앤진학원 | 정정진 BMA롱맨영수학원 | 정유진 세종다정고등학교 | 박주리 수학에반하다 |
| 김재홍 경일여자중학교 | 정희현 현수학 | 허욱 전문과외 | 박주희 명인학원 |
| 김채영 학문당믿음수학 | 조은영 전문과외 | **경기** | 박찬울 템수학 |
| 김한서 한수학학원 | 천슬기 페르마수학학원 | 강예슬 수학의품격 | 박하늘 일산후곡 쉬운수학 |
| 문윤정 능인고등학교 | 최수연 538수학학원 | 강태희 한민고등학교 | 박한솔 SnP수학학원 |
| 박경득 파란수학 | 최지웅 매쓰피아 | 권용진 수학당 | 방미영 JMI수학학원 |
| 박나영 믿음수학학원 | **대전** | 권정현 전문과외 | 배재준 연세영어고려수학학원 |
| 박산성 Venn수학 | 강유식 연세제일학원 | 김경민 바른길수학학원 | 배준용 솔로몬학원 |
| 박원철 경원고등학교 | 강은옥 셀파5단지공부방 | 김경진 경진수학학원 | 배형진 에임하이수학학원 |
| 박준혁 PNK수학교습소 | 강홍규 최강학원 | 김남진 신본 파스칼수학학원 | 백경주 지트 |
| 박태호 프라임수학 | 고지훈 지적공감학원 | 김동현 JK영어수학전문학원 | 변준호 김종우ATP학원 |
| 박현주 Math플래너 | 김근아 닥터매쓰205 | 김미미 수학놀이터 | 봉우리 하이클래스공부방 |
| 백태민 송원학원 | 김기범 경일학원 | 김민경 더원수학공부방 | 서용준 와이즈만영재교육원 |
| 손혜진 인피니티수학학원 | 김기평 둔산필즈학원 | 김민정 어울림수학공부방 | 서지은 JMI수학학원 |
| 양강일 양쌤수학학원 | 김승환 청운학원 | 김상오 리더포스학원 | 서한울 수학의품격 |
| 유화진 진수학 | 김윤화 나래수학 | 김상윤 막강한수학학원 | 설성환 설생수학학원 |
| 윤기호 샤인수학 | 김윤환 양영학원 | 김석현 G1 MATH | 성기주 토라모리아 |
| 윤선하 윤쌤수학 | 김지현 파스칼대덕학원 | 김선정 수공감학원 | 성혜경 배움이자라는교실수학교습소 |
| 윤태권 브라운학원 | 김진 발상의전환수학전문학원 | 김선혜 기찬에듀기찬수학 | 소상완 고잔고등학교 |
| 이규철 조은수학 | 김홍철 토브수학교습소 | 김성 블랙박스수학과학전문학원 | 손석운 tn학원 |
| 이상범 Math플래너 | 나효명 열린아카데미입시학원 | 김성진 수학의아침 수지캠퍼스 | 손승태 와부고등학교 |
| 이우승 이우승수학전문학원 | 박연실 빅마수학 | 김세영 에스프라임학원 | 송승은 의정부고등학교 |
| 이은주 전문과외 | 박진수 양영학원 | 김소영 예스셈올림피아드 | 송지수 송지수공부방 |
| 이인호 본투비수학교습소 | 배용제 L&K한울학원 | 김수민 통수학학원 | 송치호 대치명인학원 |
| 이진욱 시지이룸수학학원 수성2호관 | 배지후 다빈치영재입시센터 | 김영민 이든학원 | 송태원 맑은숲수학학원 |
| 이태형 가토수학과학학원 | 선진규 로하스학원 | 김영식 수학대가 | 신경성 한수학전문학원 |
| 이한조 닥터엠에스수학과학학원 | 손일형 둔산 손일형수학 | 김영욱 서원고등학교 | 신동휘 김덕환수리연구소 |

신승현 동화중고등학교
신정화 SnP수학학원
신지현 CEM학원
신혜선 인창유투엠
안명근 맨투맨학원
안연수 포스텍수학학원
양동연 오산 위드학원
어재성 수학의아침
염철호 박선생수시전문학원
오승빈 뿌리깊은나무학원
용다혜 에듀플렉스학원
우선혜 엠코드수학
유진성 마테마티카수학학원
유현진 에이치알수학
윤예태 103동수학
윤진근 씨엠클래스
이경민 차수학앤국풍2000학원
이경애 원픽수학교습소
이경희 임수학교습소
이명환 다산 더원수학학원
이봉주 성지학원
이상준 E&T수학전문학원
이성희 안산 피타고라스셀파수학교실
이소연 김덕환수리연구소
이소정 위즈덤수학교습소
이소진 수학의아침
이수동 부천 E&T수학전문학원
이수진 청춘날다
이아라 cni수학원
이아현 전문과외
이원녕 이퓨스터디학원
이장훈 세일학원
이재호 플로우수학
이정찬 하길중학교
이지연 브레인리그
이지인 신한고등학교
이진주 원수학학원
이창수 와이즈만
이창훈 나인에듀학원
이철호 파스칼수학학원
이태희 펜타수학학원
이현욱 teambasis덕소
임맑은 이지매쓰수학학원
임보람 펜토수학
임새롬 JMI수학학원
임성진 천천고등학교
임영주 해법수학학원
임우빈 2웨이수리관
임율인 탑수학교습소
임은정 마테마티카수학학원
장재영 이자경수학학원 권선관
전애진 전문과외
전은혜 청유에듀타운
전일 생각하는수학공간학원
전진아 대치명인학원
정승호 이프수학
정연순 탑클래스
정영진 공부의자신감학원
정은선 용인필탑학원
정은주 전문과외
정장선 생각하는황소수학
정진섭 큐매쓰학원
정진욱 수원 메가스터디
정해도 목동혜윰수학
정황우 운정 정석수학학원
조기민 연천중고등학교
조병욱 신영동수학학원
조상숙 수학의아침
조성민 유클리드수학학원

조성화 SH수학
조욱 청산유수수학
조의상 청유에듀타운
조재욱 지니학원
조현웅 추담교육컨설팅
조형숙 차수학 서재캠퍼스
지슬기 지수학
진인수 11월의로렐학원
차성규 셀프에듀학원
최귀종 판다교육
최근혁 업앤업보습학원
최다혜 싹수학학원
최성필 서진수학
최소영 조이매쓰
최수지 싹수학학원
최수진 재밌는수학공부방
최영성 에이블수학영어
최영식 수학의신학원
최유미 파인만학원
최현기 김포고등학교
표광수 풀무질수학전문학원
한관희 에듀플렉스
한규욱 김포 윤쌤학원
한미정 한쌤수학
한수민 SM수학학원
한준희 매스탑수학학원
한지희 이음수학
함보연 포천여자중학교
함영호 함영호이과전문수학클럽
허형근 HK STUDY
홍규성 필탑학원 강의하는아이들
홍윤기 강남에이디학원
홍의찬 원수학학원
황삼철 멘토수학공부방
황석진 낙생고등학교
황은지 맨토수학

### 경남
강경희 T.O.P영수학원
강병국 전문과외
강장헌 T.O.P에듀학원
강철명 티오피에듀학원
고병옥 옥쌤수학과학
김두성 두성수학
김미양 오렌지클래스학원
김민석 한수위수학학원
김병철 CL학숙
김양식 이투스247 진주점
김양준 이룸학원
김옥경 김해 반디수학과학학원
김해은 엠페스공부방
김혜송 윤선생영어숲 진해용원학원
김혜영 엠페스공부방
남준기 거제고등학교
민동록 거제민쌤수학(전문과외)
박상은 영광의아침국어수학학원
박정길 아쿰수학학원
박주연 마산무학여자고등학교
배미나 이루다학원
유인열 마산중앙고등학교
유훈희 고등부수학과외방
이근영 매스마스터수학전문학원
이아름 애시앙수학맛집
이정훈 장정미수학학원
전창근 엠베스트SE
조창래 한빛국제학교
하윤석 정금학원
한희광 성신학원
황진호 타임수학학원
황초롱 마산중앙고등학교

### 경북
공영대 늘품학원
권오준 필수학영어학원
권호준 인투학원
김득락 우석여자고등학교
김성용 이리풀수학
김재인 우석여자고등학교
민청식 종로엠스쿨
박유건 닥터박수학학원
박진성 포항제철고등학교
소효진 전문과외
손나래 이든샘영어수학원
손주희 이루다수학과학
염성군 근화여자고등학교
이상현 인투학원
이성국 포스카이학원
정주용 문일학원
조현정 올댓수학교습소
홍현기 비상아이비츠학원

### 전남
김성문 창평고등학교
김은경 목포덕인고등학교
박미옥 폴리아학원
박진성 한가람학원
성준우 광양제철고등학교
이강화 강승학원
이유선 하이탑학원
이지현 목포제일여자고등학교
임정원 매산고등학교

### 전북
김성혁 에스수학전문학원
나호진 전주한일고등학교
박미화 엄쌤수학전문학원
성영재 성영재수학전문학원
송시영 블루오션수학학원
안형진 청람수학
양재호 양재호카이스트학원
양형준 대들보수학학원
유현수 수학당
유혜정 수학당
윤병오 이투스247 학원
이혜상 에스수학전문학원
정용재 현대학원

### 충남
권오운 프라임스터디
김은배 올림피아드유투엠학원
남구현 강의하는아이들
윤보희 충남삼성고등학교
이근영 천북중학교
이봉란 탑매쓰학원
이승엽 청운학원
이승훈 탑씨크리트교육
이은아 개념원리홍성학원
장정수 페르마
전성호 시너지S클래스학원
정세진 쌘뿔여중고등학교
채영미 미-매쓰공부방
최원석 명사특강
한호선 두드림영어수학학원
허영재 와이즈만 서산센터

### 충북
구태우 이천 비상에듀기숙학원
김대호 온수학전문학원
김동영 이룸수학학원
김미화 참수학공방
김재광 노블가온수학학원
김주희 매쓰프라임수학학원
김현주 루트수학학원
설세령 페르마학원

### 경북
염명호 유클리드수학학원
윤성길 엑스클래스수학학원
정수연 정수학
조선경 혜윰수학
한상호 한매쓰수학전문학원㈜

### 강원
김선희 MDA교육
김성영 빨리강해지는수학과학학원
노명훈 노명훈쌤의알수학학원
박상윤 박상윤수학공부방
오준환 초석대입전문학원
이지에 교동 에듀플렉스
전대윤 춘천 Kwon Class학원
천혜림 장은수학전문학원
최수남 강릉 영.수 배움교실
최재현 원주 KUESB수학과학학원

### 제주
김지영 생각티움수학교습소
김지현 뿌리와샘
박찬 찬수학학원
오동조 에임하이학원
이수정 온새미로수학학원
이승환 예일분석수학
정혁진 샤N학원

## STAFF

**발행인**  김형중

**퍼블리싱 총괄**  남형주

**기획 • 개발**  홍경아 유병범 김태원 권오은 오형민

**디자인** I 김정인 스튜디오에딩크  I  **마케팅**  윤경선

**제작**  박종택  I  **유통**  서준성

**파워크북 수학 II**  I  202105 초판 1쇄

**펴낸곳** I 이투스교육(주)  서울시 서초구 남부순환로 2547

**고객센터** I 1599-3225    **등록번호** I 제 2007-000035호    **ISBN** I 979-11-6598-769-5[53410]

»POWER

# 파워크북

WORKBOOK«

## 수학 II

본교재

# 대한민국 학생들을 위해 만들었습니다.

**Q 수학 공부, 어떻게 해야 하나요?**

 수학 공부의 왕도는 "문제를 많이" 풀어보는 것입니다.

공식 하나를 외우더라도 무작정 외우면 금방 잊어버리지요.
문제를 반복적으로 풀면서 공식을 숙지하면 쉽게 잊어버리지 않습니다.
파워크북의 문제로만 꽉 채운 본책으로 손이 기억하는 수학 공부를 해 보세요.

 수학 문제는 조금씩이라도 "매일 꾸준히" 풀어야 합니다.

수학은 계산 실수가 잦고 벼락치기가 통하지 않는 과목이지요.
매일 일정량을 푸는 습관을 들이면 계산 실수를 줄이고 문제 풀이 감각을 유지할 수 있습니다.
파워크북의 20일 완성 학습 계획을 참고하여 나만의 학습 계획을 세워 보세요.

 "개념은 예제로" 익히는 것이 가장 좋습니다.

때로는 백 마디 개념 설명보다 1개의 예제가 이해에 더 도움이 되지요.
개념 설명과 유형팁은 한 눈에 보이도록 간결하게 정리했고 예제는 최대한 자세하게, 다양하게 수록했습니다.
파워크북의 유형설명서로 수학 개념을 쉽고 완벽하게 익혀 보세요.

파워크북은 어떤 교재와 함께 사용해도 잘 어울리도록 만들었습니다.
모든 책에 힘을 실어주는 모든 책의 워크북! po파워크북wer!

# 구성과 특징

## 본책

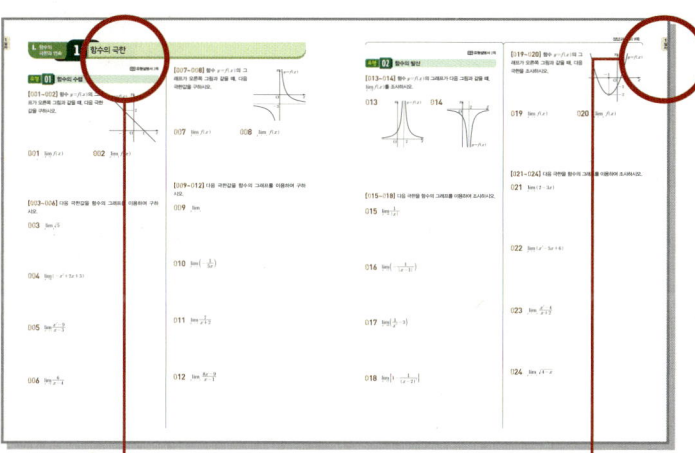

### ◆ 유형별 기본 문제

- 9종의 15개정 교과서 문항을 철저히 분석하여 핵심 문제로만 유형별 구성했습니다.

- 유형별 반복 학습을 통해 수학의 기본을 탄탄하게 다질 수 있습니다.

- 88유형 713문항을 한 권에 담아 많은 문제를 충분히 연습할 수 있습니다.

유형설명서 링크를 통해 개념 및 유형의 풀이법, 예제 등을 확인할 수 있습니다.

일차별 적정 분량을 양쪽 날개에 표시하여 매일 꾸준히 적정량 학습이 가능합니다.

### ◆ 중단원#기출#교과서

- 쉬운 수능, 평가원, 교육청 기출 문제를 선별 수록하여 실전 문제에 적응할 수 있도록 구성했습니다.

- 유형에 빈틈이 없도록 9종 교과서 핵심 문제를 수록하여 내신 대비용으로도 적절합니다.

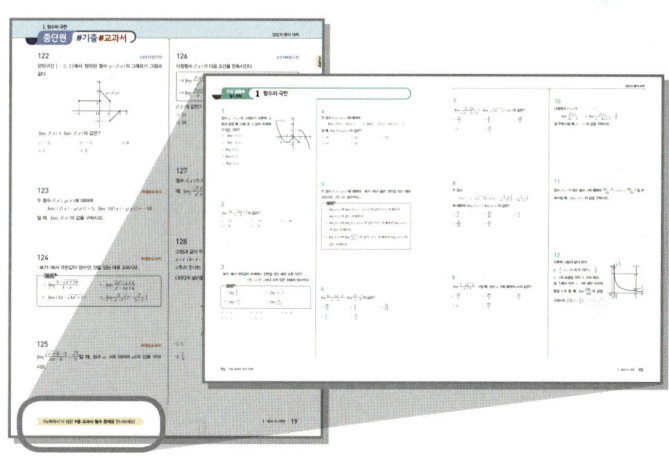

### ◆ 부록_9종 교과서 필수 문제

- 중단원별 9종 교과서 필수 문제를 본책 맨 뒤에 수록했습니다.
  중단원 문제와 함께 내신 대비에 활용하세요.

## 별책

### ◆ 유형설명서

- 개념 설명은 군더더기 없이 깔끔하게, 유형 팁은 자세하면서 간결하게 정리하였습니다.

- 개념의 확인과 유형의 숙달이 가능하도록 예시 및 예제를 최대한 다양하고 자세하게 구성했습니다.

- 문제를 풀다 막힐 때 참고하여 스스로 해결할 수 있도록 했습니다. 풀이를 보기 전에 예제를 참고하여 직접 해결해 보세요.

# 차례

# 함수의 극한과 연속

I. 함수의 극한과 연속

# 1 함수의 극한

📖 유형설명서 2쪽

## 유형 01 함수의 수렴

[001~002] 함수 $y=f(x)$의 그래프가 오른쪽 그림과 같을 때, 다음 극한값을 구하시오.

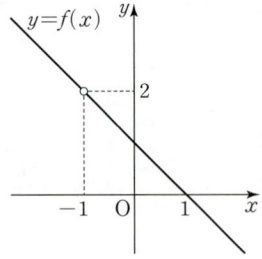

**001** $\lim\limits_{x \to 1} f(x)$

**002** $\lim\limits_{x \to -1} f(x)$

[003~006] 다음 극한값을 함수의 그래프를 이용하여 구하시오.

**003** $\lim\limits_{x \to -4} \sqrt{5}$

**004** $\lim\limits_{x \to 0} (-x^2+2x+3)$

**005** $\lim\limits_{x \to 3} \dfrac{x^2-9}{x-3}$

**006** $\lim\limits_{x \to 2} \dfrac{6}{x-4}$

[007~008] 함수 $y=f(x)$의 그래프가 오른쪽 그림과 같을 때, 다음 극한값을 구하시오.

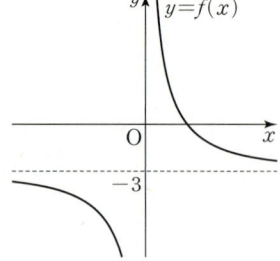

**007** $\lim\limits_{x \to \infty} f(x)$

**008** $\lim\limits_{x \to -\infty} f(x)$

[009~012] 다음 극한값을 함수의 그래프를 이용하여 구하시오.

**009** $\lim\limits_{x \to -\infty} \sqrt{11}$

**010** $\lim\limits_{x \to \infty} \left(-\dfrac{1}{5x}\right)$

**011** $\lim\limits_{x \to \infty} \dfrac{7}{x+2}$

**012** $\lim\limits_{x \to -\infty} \dfrac{8x-9}{x-1}$

📖 유형설명서 2쪽

유형 **02** **함수의 발산**

**[013~014]** 함수 $y=f(x)$의 그래프가 다음 그림과 같을 때, $\lim\limits_{x \to 2} f(x)$를 조사하시오.

**013**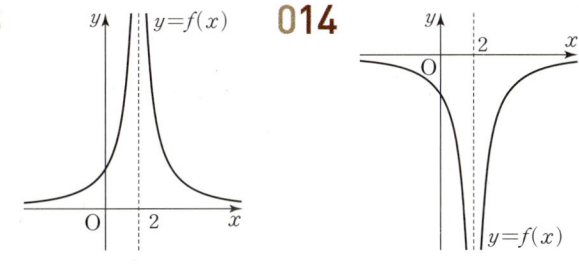 **014**

**[015~018]** 다음 극한을 함수의 그래프를 이용하여 조사하시오.

**015** $\lim\limits_{x \to 0} \dfrac{1}{|x|}$

**016** $\lim\limits_{x \to 1} \left( -\dfrac{1}{|x-1|} \right)$

**017** $\lim\limits_{x \to 0} \left( \dfrac{1}{x^2} - 3 \right)$

**018** $\lim\limits_{x \to 2} \left\{ 1 - \dfrac{1}{(x-2)^2} \right\}$

**[019~020]** 함수 $y=f(x)$의 그래프가 오른쪽 그림과 같을 때, 다음 극한을 조사하시오.

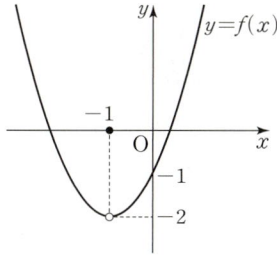

**019** $\lim\limits_{x \to \infty} f(x)$   **020** $\lim\limits_{x \to -\infty} f(x)$

**[021~024]** 다음 극한을 함수의 그래프를 이용하여 조사하시오.

**021** $\lim\limits_{x \to \infty} (2-3x)$

**022** $\lim\limits_{x \to \infty} (x^2 - 5x + 6)$

**023** $\lim\limits_{x \to -\infty} \dfrac{x^2-4}{x+2}$

**024** $\lim\limits_{x \to -\infty} \sqrt{4-x}$

# 1. 함수의 극한

📖 유형설명서 3쪽

**유형 03** 우극한과 좌극한

**[025~030]** 함수 $y=f(x)$의 그래프가 오른쪽 그림과 같을 때, 다음 극한값을 구하시오.

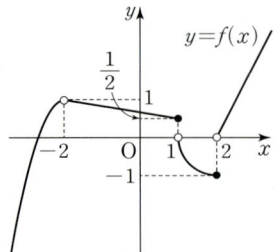

**025** $\displaystyle\lim_{x \to -2+} f(x)$

**026** $\displaystyle\lim_{x \to -2-} f(x)$

**027** $\displaystyle\lim_{x \to 1+} f(x)$

**028** $\displaystyle\lim_{x \to 1-} f(x)$

**029** $\displaystyle\lim_{x \to 2+} f(x)$

**030** $\displaystyle\lim_{x \to 2-} f(x)$

**[031~036]** 함수 $y=f(x)$의 그래프가 오른쪽 그림과 같을 때, 다음 극한값을 구하시오.

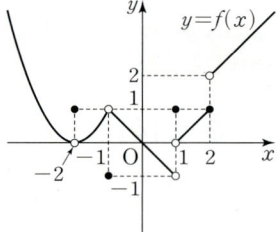

**031** $\displaystyle\lim_{x \to -2+} f(x)$

**032** $\displaystyle\lim_{x \to -2-} f(x)$

**033** $\displaystyle\lim_{x \to 1+} f(x)$

**034** $\displaystyle\lim_{x \to 1-} f(x)$

**035** $\displaystyle\lim_{x \to 2+} f(x)$

**036** $\displaystyle\lim_{x \to 2-} f(x)$

[037~038] 함수 $f(x)=\begin{cases} -x+4 & (x<1) \\ (x-2)^2 & (x\geq 1) \end{cases}$에 대하여 다음 극한값을 구하시오.

**037** $\lim\limits_{x\to 1+} f(x)$

**038** $\lim\limits_{x\to 1-} f(x)$

[039~040] 함수 $f(x)=\begin{cases} -x^2+3 & (x\leq -1) \\ x^2+2 & (x>-1) \end{cases}$에 대하여 다음 극한값을 구하시오.

**039** $\lim\limits_{x\to -1+} f(x)$

**040** $\lim\limits_{x\to -1-} f(x)$

[041~044] 다음 극한값을 구하시오.

**041** $\lim\limits_{x\to 2+} \dfrac{|x-2|}{x-2}$

**042** $\lim\limits_{x\to 2-} \dfrac{|x-2|}{x-2}$

**043** $\lim\limits_{x\to -2+} \dfrac{x^2-4}{|x+2|}$

**044** $\lim\limits_{x\to -2-} \dfrac{x^2-4}{|x+2|}$

# 1. 함수의 극한

📖 유형설명서 3쪽

## 유형 04 극한값의 존재 조건

**[045~047]** 다음 극한을 조사하시오.

**045** $\lim\limits_{x \to 3} \dfrac{|x-3|}{x-3}$

**046** $\lim\limits_{x \to 5} \dfrac{x^2-5x}{|x-5|}$

**047** $\lim\limits_{x \to 2} \dfrac{x^2-4x+4}{|x-2|}$

**[048~050]** $x$보다 크지 않은 최대의 정수를 $[x]$라 할 때, 다음 극한을 조사하시오.

**048** $\lim\limits_{x \to -2} [x]$

**049** $\lim\limits_{x \to 2} (1-[x])$

**050** $\lim\limits_{x \to -1} (x-[x])$

📖 유형설명서 3쪽

## 유형 05 함수의 극한에 대한 성질

**[051~056]** 두 함수 $f(x)$, $g(x)$에 대하여
$$\lim_{x \to 2} f(x)=1, \quad \lim_{x \to 2} g(x)=-5$$
일 때, 다음 극한값을 구하시오.

**051** $\lim\limits_{x \to 2} 7f(x)$

**052** $\lim\limits_{x \to 2} \{f(x)+2g(x)\}$

**053** $\lim\limits_{x \to 2} \{3f(x)-g(x)\}$

**054** $\lim\limits_{x \to 2} 4f(x)g(x)$

**055** $\lim\limits_{x \to 2} \{g(x)\}^2$

**056** $\lim\limits_{x \to 2} \dfrac{f(x)+10}{-2g(x)+1}$

**[057~062]** 다음 극한값을 구하시오.

**057** $\lim\limits_{x \to -1} (3x+1)$

**058** $\lim\limits_{x \to 3} (x-4)(x+2)$

**059** $\lim\limits_{x \to 1} (x^2-5x-6)$

**060** $\lim\limits_{x \to -2} (-x^3+7)$

**061** $\lim\limits_{x \to 2} \dfrac{x^2-9}{2x+1}$

**062** $\lim\limits_{x \to -3} \dfrac{\sqrt{2x+10}}{-3x-10}$

유형 **06** $\dfrac{0}{0}$ 꼴의 극한

📑 유형설명서 4쪽

**[063~066]** 다음 극한값을 구하시오.

**063** $\lim\limits_{x \to 0} \dfrac{-4x^2+2x}{x}$

**064** $\lim\limits_{x \to 5} \dfrac{x-5}{x^2-25}$

**065** $\lim\limits_{x \to -1} \dfrac{x^2-3x-4}{x+1}$

**066** $\lim\limits_{x \to 1} \dfrac{x^3-3x^2+3x-1}{x^2-1}$

## 1. 함수의 극한

[067~070] 다음 극한값을 구하시오.

**067** $\lim\limits_{x \to -2} \dfrac{\sqrt{x+11}-3}{x+2}$

**068** $\lim\limits_{x \to 16} \dfrac{x^2-16x}{\sqrt{x}-4}$

**069** $\lim\limits_{x \to 0} \dfrac{\sqrt{5+x}-\sqrt{5-x}}{x}$

**070** $\lim\limits_{x \to 1} \dfrac{x-1}{\sqrt{x+7}-2\sqrt{2}}$

유형설명서 4쪽

**유형 07** $\dfrac{\infty}{\infty}$ 꼴의 극한

[071~074] 다음 극한값을 구하시오.

**071** $\lim\limits_{x \to \infty} \dfrac{x^2-5x+1}{3x^2+x+2}$

**072** $\lim\limits_{x \to \infty} \dfrac{(8x^2+1)(x-1)}{2x^3-2x+1}$

**073** $\lim\limits_{x \to \infty} \dfrac{-4x}{\sqrt{x^2+1}-13}$

**074** $\lim\limits_{x \to \infty} \dfrac{\sqrt{2x^2-x}+20}{x-10}$

**[075~078]** 다음 극한을 조사하시오.

**075** $\lim\limits_{x \to \infty} \dfrac{-x+12}{(3x+1)(x-9)}$

**076** $\lim\limits_{x \to \infty} \dfrac{-x^2+10}{5x-11}$

**077** $\lim\limits_{x \to \infty} \dfrac{7x+15}{\sqrt{4x^4+1}+x}$

**078** $\lim\limits_{x \to \infty} \dfrac{8x^2+1}{6x-\sqrt{2x^2+6}}$

**[079~082]** 다음 극한값을 구하시오.

**079** $\lim\limits_{x \to -\infty} \dfrac{\sqrt{4x^2-x}+1}{x}$

**080** $\lim\limits_{x \to -\infty} \dfrac{3-\sqrt{1+x^2}}{6x+2}$

**081** $\lim\limits_{x \to -\infty} \dfrac{5x-1}{\sqrt{x^2+10}+1}$

**082** $\lim\limits_{x \to -\infty} \dfrac{9x}{\sqrt{x^2-x}+\sqrt{4x^2+5}}$

📖 유형설명서 4쪽

**유형 08** ∞−∞ 꼴의 극한

**[083~086]** 다음 극한을 조사하시오.

**083** $\lim\limits_{x \to \infty} (x^2 - 3x)$

**084** $\lim\limits_{x \to \infty} (2 + 5x^2 - x^3)$

**085** $\lim\limits_{x \to \infty} (\sqrt{x^2 + 1} - x)$

**086** $\lim\limits_{x \to \infty} \sqrt{x}(\sqrt{x+8} - \sqrt{x})$

**[087~088]** 다음 극한값을 구하시오.

**087** $\lim\limits_{x \to -\infty} (\sqrt{x^2 - 4x + 1} + x)$

**088** $\lim\limits_{x \to -\infty} (\sqrt{2x^2 - x} - \sqrt{2x^2 + x})$

📖 유형설명서 5쪽

**유형 09** ∞×0 꼴의 극한

**[089~094]** 다음 극한값을 구하시오.

**089** $\lim\limits_{x \to 0} \dfrac{1}{x}\left(\dfrac{1}{x+1} - 1\right)$

**090** $\lim\limits_{x \to -1} \dfrac{1}{x+1}\left(\dfrac{1}{x-5} + \dfrac{1}{6}\right)$

**091** $\displaystyle\lim_{x \to 0} \frac{1}{x}\left\{\frac{1}{(x+1)^2}-1\right\}$

유형설명서 5쪽

**유형 10** 함수의 극한과 미정계수의 결정

[095~099] 다음 등식이 성립할 때, 상수 $a$, $b$의 값을 구하시오.

**095** $\displaystyle\lim_{x \to -2} \frac{x^2-ax+b}{x+2}=-5$

**092** $\displaystyle\lim_{x \to 0} \frac{1}{x}\left(\frac{1}{\sqrt{3}}-\frac{1}{\sqrt{3-x}}\right)$

**096** $\displaystyle\lim_{x \to 3} \frac{(a+3)x+b}{x^2-4x+3}=\frac{1}{2}$

**097** $\displaystyle\lim_{x \to 1} \frac{2x^2+ax-b}{x^2-1}=4$

**093** $\displaystyle\lim_{x \to \infty} x\left(\frac{\sqrt{x+1}}{\sqrt{x}}-1\right)$

**098** $\displaystyle\lim_{x \to 5} \frac{a\sqrt{x}+b}{x-5}=\sqrt{5}$

**094** $\displaystyle\lim_{x \to \infty} 2x^2\left(\frac{x}{\sqrt{x^2+1}}-1\right)$

**099** $\displaystyle\lim_{x \to 2} \frac{\sqrt{x+a}+b}{x-2}=\frac{1}{8}$

📖 유형설명서 5쪽

**[100~104]** 다음 등식이 성립할 때, 상수 $a$, $b$의 값을 구하시오.

**100** $\lim\limits_{x \to -3} \dfrac{x+3}{ax^2-b} = -\dfrac{1}{6}$

**101** $\lim\limits_{x \to 1} \dfrac{x^2+6x-7}{ax-b+1} = \dfrac{1}{2}$

**102** $\lim\limits_{x \to 2} \dfrac{x^2+(a-2)x-2a}{x^2-b} = -4$

**103** $\lim\limits_{x \to -1} \dfrac{x+1}{a\sqrt{2x+3}-b} = 7$

**104** $\lim\limits_{x \to 4} \dfrac{\sqrt{x+7}-\sqrt{3}}{ax+b} = \dfrac{1}{4}$

**유형 11** 극한값을 이용한 다항함수의 결정

**[105~108]** 다음을 만족시키는 다항함수 $f(x)$를 구하시오.

**105** $\lim\limits_{x \to \infty} \dfrac{f(x)}{x^2+x+12} = -1$, $\lim\limits_{x \to 1} \dfrac{f(x)}{2x^2-2x} = 2$

**106** $\lim\limits_{x \to \infty} \dfrac{f(x)}{x^2-5x+7} = 3$, $\lim\limits_{x \to 2} \dfrac{f(x)}{x^2-6x+8} = \dfrac{3}{2}$

**107** $\lim\limits_{x \to \infty} \dfrac{-2x^2+x-9}{f(x)} = -1$, $\lim\limits_{x \to -2} \dfrac{x^2+x-2}{f(x)} = \dfrac{1}{2}$

**108** $\lim\limits_{x \to \infty} \dfrac{2x^2-3x-10}{f(x)} = -\dfrac{1}{4}$, $\lim\limits_{x \to 3} \dfrac{2x^2-5x-3}{f(x)} = \dfrac{1}{4}$

📖 유형설명서 6쪽

## 유형 12 함수의 극한의 대소 관계

**[109~111]** 모든 실수 $x$에 대하여 함수 $f(x)$가 다음을 만족시킬 때, $\lim\limits_{x \to 1} f(x)$의 값을 구하시오.

**109** $5x+4 \le f(x) \le x^2+3x+5$

**110** $-x^2+3x-4 \le f(x) \le x^2-x-2$

**111** $2x^2-3x+7 \le f(x) \le 3x^2-5x+8$

**[112~113]** 모든 양수 $x$에 대하여 함수 $f(x)$가 다음을 만족시킬 때, $\lim\limits_{x \to \infty} f(x)$의 값을 구하시오.

**112** $\dfrac{6x-4}{x+3} < f(x) < \dfrac{6x+3}{x+2}$

**113** $\dfrac{3x^2-1}{x^2+4} < f(x) < \dfrac{9x+8}{3x}$

**[114~115]** 모든 양수 $x$에 대하여 함수 $f(x)$가 다음을 만족시킬 때, $\lim\limits_{x \to \infty} f(x)$의 값을 구하시오.

**114** $6x-1 < xf(x) < 6x+1$

**115** $2x^2+7 < x^2f(x) < 2x^2+x+9$

**[116~117]** 모든 실수 $x$에 대하여 함수 $f(x)$가 다음을 만족시킬 때, $\lim\limits_{x \to \infty} \dfrac{f(x)}{x^2+2}$의 값을 구하시오.

**116** $x^2-10 < f(x) < x^2+13$

**117** $3x^2+5x-1 < f(x) < 3x^2+5x+9$

📖 유형설명서 6쪽

유형 **13** 함수의 극한의 활용

**[118~121]** 다음 물음에 답하시오.

**118** 오른쪽 그림과 같이 곡선 $y=x^2+1$ 위에 두 점 $\mathrm{P}(t,\ t^2+1)$, $\mathrm{Q}(t+1,\ t^2+2t+2)$가 있다. 직선 PQ와 직선 $y=x+1$의 교점의 $x$좌표를 $f(t)$라 할 때, $\lim\limits_{t\to 0} f(t)$의 값을 구하시오.

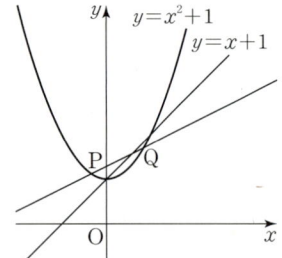

**119** 두 점 $\mathrm{A}(-2,\ 0)$, $\mathrm{B}(2,\ 0)$과 곡선 $y=\sqrt{x}$ 위의 점 $\mathrm{P}(t,\ \sqrt{t})$에 대하여 $\lim\limits_{t\to\infty}(\overline{\mathrm{AP}}-\overline{\mathrm{BP}})$의 값을 구하시오.

**120** 오른쪽 그림과 같이 곡선 $y=2\sqrt{x}$ 위의 점 $\mathrm{P}(t,\ 2\sqrt{t})$를 지나고 선분 OP에 수직인 직선 $l$의 $x$절편과 $y$절편을 각각 $f(t)$, $g(t)$라 할 때, $\lim\limits_{t\to\infty}\dfrac{2g(t)-f(t)}{2g(t)+f(t)}$의 값을 구하시오. (단, $t\neq 0$이고, O는 원점이다.)

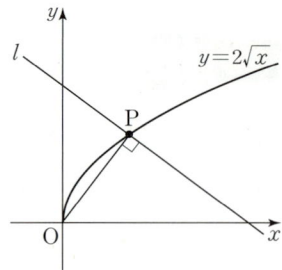

**121** 오른쪽 그림과 같이 곡선 $y=\dfrac{2}{x}$ 위의 두 점 $\mathrm{A}(1,\ 2)$, $\mathrm{B}\left(t,\ \dfrac{2}{t}\right)$를 지나는 직선이 $x$축과 만나는 점을 P라 하자. 삼각형 OPB의 넓이를 $S(t)$라 할 때, $\lim\limits_{t\to\infty}S(t)$의 값을 구하시오. (단, $t>1$이고, O는 원점이다.)

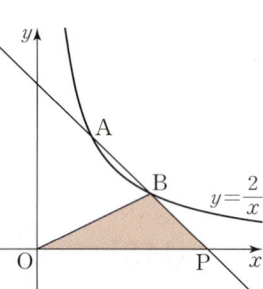

## 122

#2021#평가원

닫힌구간 $[-2, 2]$에서 정의된 함수 $y=f(x)$의 그래프가 그림과 같다.

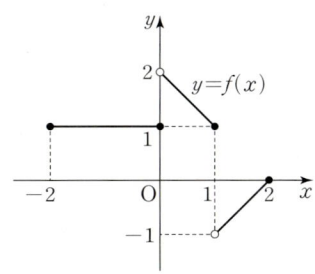

$\lim_{x \to 0+} f(x) + \lim_{x \to 2-} f(x)$의 값은?

① $-2$  ② $-1$  ③ $0$
④ $1$  ⑤ $2$

## 123

#9종#교과서

두 함수 $f(x)$, $g(x)$에 대하여
$$\lim_{x \to -2} \{f(x) - g(x)\} = 5, \quad \lim_{x \to -2} \{6f(x) - g(x)\} = -10$$
일 때, $\lim_{x \to -2} f(x)$의 값을 구하시오.

## 124

#9종#교과서

| 보기 |에서 극한값이 양수인 것을 있는 대로 고르시오.

보기
ㄱ. $\lim_{x \to 1} \dfrac{5 - \sqrt{x+24}}{1-x}$   ㄴ. $\lim_{x \to \infty} \dfrac{7x^2 - x + 1}{x^2 - 8x + 6}$

ㄷ. $\lim_{x \to \infty} (2x - \sqrt{4x^2 + 1})$   ㄹ. $\lim_{x \to 2} \dfrac{5}{x-2}\left(2 - \dfrac{2}{3-x}\right)$

## 125

#9종#교과서

$\lim_{x \to 1} \dfrac{\sqrt{x^2 + 8} - 3}{ax - b} = \dfrac{\sqrt{3}}{3}$일 때, 상수 $a$, $b$에 대하여 $ab$의 값을 구하시오.

## 126

#2018#평가원

다항함수 $f(x)$가 다음 조건을 만족시킨다.

(가) $\lim_{x \to \infty} \dfrac{f(x)}{x^2} = 2$

(나) $\lim_{x \to 0} \dfrac{f(x)}{x} = 3$

$f(2)$의 값은?

① $11$  ② $14$  ③ $17$
④ $20$  ⑤ $23$

## 127

#9종#교과서

함수 $f(x)$가 모든 실수 $x$에서 $2x - 1 < f(x) < 2x + 5$를 만족시킬 때, $\lim_{x \to \infty} \dfrac{\{f(x)\}^3}{x^3 + 1}$의 값을 구하시오.

## 128

#2015#교육청

그림과 같이 두 곡선 $y = x^2 - x$, $y = \sqrt{2x+1} - 1$이 직선 $x = t$ $(0 < t < 1)$와 만나는 점을 각각 P, Q라 하고, 직선 $x = t$가 $x$축과 만나는 점을 H라 하자. 원점 O에 대하여 두 삼각형 OPH, OHQ의 넓이를 각각 $A(t)$, $B(t)$라 할 때, $\lim_{t \to 0+} \dfrac{B(t)}{A(t)}$의 값은?

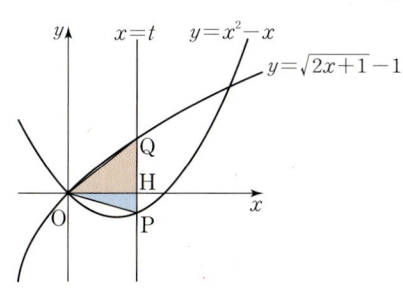

① $1$  ② $\dfrac{5}{4}$  ③ $\dfrac{3}{2}$
④ $\dfrac{7}{4}$  ⑤ $2$

94쪽에서 더 많은 9종 교과서 필수 문제를 만나보세요!

📖 유형설명서 7쪽

유형 **14** 함수의 연속과 불연속

**[129~132]** 그래프가 다음 그림과 같은 함수 $f(x)$가 $x=1$에서 연속인지 불연속인지 조사하고, 불연속이면 그 이유를 |보기|에서 고르시오.

> **보기**
>
> ㄱ. $f(1)$이 정의되어 있지 않다.
> ㄴ. $\lim\limits_{x \to 1} f(x)$의 값이 존재하지 않는다.
> ㄷ. $\lim\limits_{x \to 1} f(x) \neq f(1)$

**129**

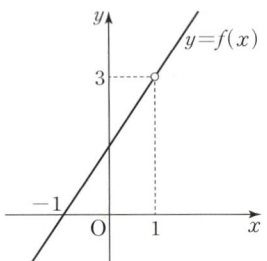

**130**

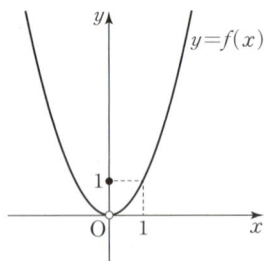

**131**

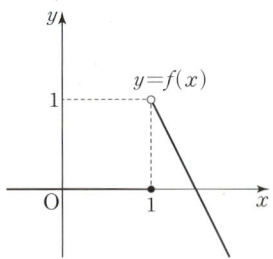

**132**

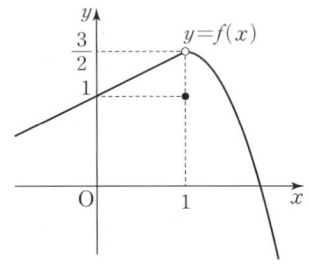

**[133~140]** 주어진 $x$의 값에서 다음 함수가 연속인지 불연속인지 조사하시오.

**133**  $f(x)=x^2+1$   $[x=0]$

**134**  $f(x)=\dfrac{1}{x-1}+3$   $[x=1]$

**135**  $f(x)=|x-2|-1$   $[x=2]$

**136**  $f(x)=\begin{cases} \dfrac{|x+1|}{x+1} & (x \neq -1) \\ 1 & (x=-1) \end{cases}$   $[x=-1]$

**137** $f(x)=[x]$  $[x=0]$

(단, $[x]$는 $x$보다 크지 않은 최대의 정수이다.)

**138** $f(x)=\begin{cases} 2x-4 & (x<3) \\ x-1 & (x\geq3) \end{cases}$  $[x=3]$

**139** $f(x)=\begin{cases} 2x-2 & (x<1) \\ \dfrac{1}{x} & (x\geq1) \end{cases}$  $[x=1]$

**140** $f(x)=\begin{cases} \dfrac{x^2+4x+3}{x+1} & (x\neq-1) \\ -2 & (x=-1) \end{cases}$  $[x=-1]$

유형설명서 7쪽

**유형 15  함수가 연속인 구간**

**[141~145]** 다음 함수가 연속인 구간을 구하시오.

**141** $f(x)=x^2-1$

**142** $f(x)=\dfrac{1}{x-2}$

**143** $f(x)=-\dfrac{x}{x+5}$

**144** $f(x)=\sqrt{x+1}$

**145** $f(x)=\sqrt{3-2x}$

유형설명서 7쪽

## 유형 16 함수의 연속과 미정계수의 결정

[146~147] 다음 함수 $f(x)$가 모든 실수 $x$에서 연속일 때, 상수 $a$의 값을 구하시오.

**146** $f(x) = \begin{cases} x^2 - x - a & (x < -1) \\ 3x + 1 & (x \geq -1) \end{cases}$

**147** $f(x) = \begin{cases} -2x^2 + x + 6 & (x \leq 2) \\ \sqrt{x - a} & (x > 2) \end{cases}$

[148~149] 다음 함수 $f(x)$가 모든 실수 $x$에서 연속일 때, 상수 $a$, $b$의 값을 구하시오.

**148** $f(x) = \begin{cases} \dfrac{x^2 - ax + 18}{x - 6} & (x \neq 6) \\ b & (x = 6) \end{cases}$

**149** $f(x) = \begin{cases} \dfrac{x^2 + 2x - a}{x - 1} & (x \neq 1) \\ b + 5 & (x = 1) \end{cases}$

유형설명서 7쪽

## 유형 17 $(x-a)f(x)$ 꼴의 함수의 연속

[150~152] 다음 물음에 답하시오.

**150** 모든 실수 $x$에서 연속인 함수 $f(x)$가
$$(x+1)f(x) = x^2 - 3x + a$$
를 만족시킬 때, $f(-1)$의 값을 구하시오. (단, $a$는 상수이다.)

**151** 모든 실수 $x$에서 연속인 함수 $f(x)$가
$$(x-1)f(x) = x^2 - x - a$$
를 만족시킬 때, $f(1)$의 값을 구하시오. (단, $a$는 상수이다.)

**152** 모든 실수 $x$에서 연속인 함수 $f(x)$가
$$(x^2 - x - 2)f(x) = x^3 - ax + b$$
를 만족시킬 때, $f(2)$의 값을 구하시오. (단, $a$, $b$는 상수이다.)

4 일차

유형 **18** 연속함수의 성질

📖 유형설명서 8쪽

**[153~157]** 두 함수 $f(x)=x-5$, $g(x)=2x^2-2x+7$에 대하여 다음 함수가 연속인 구간을 구하시오.

**153** $2f(x)$

**154** $-3f(x)+g(x)$

**155** $f(x)g(x)$

**156** $\dfrac{f(x)}{g(x)}$

**157** $\dfrac{g(x)}{f(x)}$

**[158~161]** 다음 함수가 닫힌구간 $[-1, 1]$에서 연속인지 불연속인지 조사하시오.

**158** $f(x)=\left|x-\dfrac{1}{2}\right|+\left|x+\dfrac{1}{2}\right|$

**159** $f(x)=|x|^2$

**160** $f(x)=\dfrac{|x|}{x^2}$

**161** $f(x)=\dfrac{x^2}{|x|}$

**유형 19** 최대 · 최소 정리

[162~166] 주어진 구간에서 다음 함수 $f(x)$의 최댓값과 최솟값을 구하시오.

**162** $f(x) = x^2 - 2x + 5$ $[-1, 1]$

**163** $f(x) = -x^2 - 8x$ $[-5, 0]$

**164** $f(x) = \dfrac{2}{x+3}$ $[-2, 1]$

**165** $f(x) = -\sqrt{x+5}$ $[4, 11]$

**166** $f(x) = \sqrt{19 - 2x}$ $[-15, -3]$

**유형 20** 사잇값의 정리

[167~170] 다음 방정식이 주어진 구간에서 적어도 하나의 실근을 가짐을 보이시오.

**167** $x^2 + 3x - 3 = 0$ $(0, 1)$

**168** $x^3 - x + 5 = 0$ $(-4, 2)$

**169** $x^3 + 3x^2 - 6x - 1 = 0$ $(-2, 0)$

**170** $x^4 - 4x^3 + 6 = 0$ $(1, 2)$

## 유형 21 사잇값의 정리의 응용

**[171~172]** 다음 방정식이 오직 하나의 실근을 가질 때, 실근이 존재하는 구간을 |보기|에서 고르시오.

> **보기**
> ㄱ. $(-1, 0)$ ㄴ. $(0, 1)$
> ㄷ. $(1, 2)$ ㄹ. $(2, 3)$

**171** $x^3 - x - 22 = 0$

**172** $-x^3 - 5x + 7 = 0$

**[173~174]** 연속함수 $f(x)$가 다음을 만족시킬 때, 방정식 $f(x) = 0$은 열린구간 $(-3, 2)$에서 적어도 몇 개의 실근을 갖는지 구하시오.

**173** $f(-3) = 1, f(-2) = 2, f(-1) = -7,$
$f(0) = -6, f(1) = 3, f(2) = 5$

**174** $f(-3) = 5, f(-2) = -4, f(-1) = -5,$
$f(0) = 6, f(1) = 1, f(2) = -5$

**[175~178]** 다음 방정식이 주어진 구간에서 하나의 실근을 갖도록 하는 정수 $a$의 개수를 구하시오.

**175** $x^2 - 3x + a = 0$ $(-2, 1)$

**176** $2x^2 - 2x + a = 0$ $(-1, 0)$

**177** $-3x^2 + a = 0$ $(0, 3)$

**178** $-5x^2 - x + a = 0$ $(1, 2)$

중단원 **#기출#교과서**

## 179

#9종#교과서

다음 중 $x=2$에서 불연속인 함수는?

① $f(x)=\dfrac{5}{x-5}$

② $f(x)=\sqrt{3x-5}$

③ $f(x)=\dfrac{|x-2|}{x-2}+1$

④ $f(x)=\begin{cases} x+5 & (x<2) \\ 5x-3 & (x\geq 2) \end{cases}$

⑤ $f(x)=\begin{cases} \dfrac{3x^2-10x+8}{x-2} & (x\neq 2) \\ 2 & (x=2) \end{cases}$

## 180

#2021#수능

함수

$$f(x)=\begin{cases} -3x+a & (x\leq 1) \\ \dfrac{x+b}{\sqrt{x+3}-2} & (x>1) \end{cases}$$

이 실수 전체의 집합에서 연속일 때, $a+b$의 값을 구하시오.

(단, $a$와 $b$는 상수이다.)

## 181

#2018#평가원

실수 전체의 집합에서 정의된 두 함수 $f(x)$와 $g(x)$에 대하여

$x<0$일 때, $f(x)+g(x)=x^2+4$

$x>0$일 때, $f(x)-g(x)=x^2+2x+8$

이다. 함수 $f(x)$가 $x=0$에서 연속이고

$\lim\limits_{x\to 0-} g(x) - \lim\limits_{x\to 0+} g(x) = 6$일 때, $f(0)$의 값은?

① $-3$      ② $-1$      ③ $0$

④ $1$      ⑤ $3$

## 182

#9종#교과서

닫힌구간 $[-1, 1]$에서 함수 $f(x)=-\dfrac{10}{|x-2|}$의 최댓값을 $a$, 최솟값을 $b$라 할 때, $\dfrac{a}{b}$의 값을 구하시오.

## 183

#9종#교과서

열린구간 $(-3, 2)$에서 정의된 함수 $y=f(x)$의 그래프가 그림과 같을 때, 다음 중 옳지 <u>않은</u> 것은?

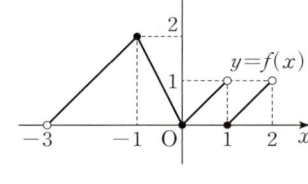

① $\lim\limits_{x\to -1} f(x)=2$

② $\lim\limits_{x\to 1} f(x)$의 값은 존재하지 않는다.

③ 열린구간 $(-3, 2)$에서 함수 $f(x)$가 불연속이 되는 $x$의 값은 1개이다.

④ 함수 $f(x)$는 닫힌구간 $[-1, 0]$에서 최솟값을 갖는다.

⑤ 함수 $f(x)$는 열린구간 $\left(\dfrac{1}{2}, \dfrac{3}{2}\right)$에서 최댓값을 갖는다.

## 184

#2008#교육청

두 함수 $f(x)=x^5+x^3-3x^2+k$, $g(x)=x^3-5x^2+3$에 대하여 구간 $(1, 2)$에서 방정식 $f(x)=g(x)$가 적어도 하나의 실근을 갖도록 하는 정수 $k$의 개수를 구하시오.

## 185

#9종#교과서

연속함수 $f(x)$에 대하여

$f(-3)=-5, f(-2)=6, f(-1)=-3,$

$f(0)=-7, f(1)=4, f(2)=9$

일 때, 방정식 $f(x)=0$은 적어도 $n$개의 실근을 갖는다. $n$의 값을 구하시오.

96쪽에서 더 많은 **9종 교과서 필수 문제**를 만나보세요!

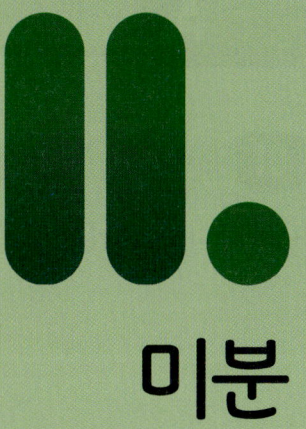

# II. 미분

📖 유형설명서 10쪽

📖 유형설명서 10쪽

**유형 01** 평균변화율

[001~003] 다음 함수의 주어진 구간에서의 평균변화율을 구하시오.

**001** $f(x)=2x+1$    $[1,\,3]$

**002** $f(x)=2x^2-5x$    $[0,\,4]$

**003** $f(x)=x^2+2$    $[a,\,a+\Delta x]$

[004~006] 다음 함수에서 $x$의 값이 1에서 $a$까지 변할 때의 평균변화율이 $\dfrac{\Delta y}{\Delta x}$일 때, 상수 $a$의 값을 구하시오. (단, $a>1$)

**004** $f(x)=x^2-x,\ \dfrac{\Delta y}{\Delta x}=2$

**005** $f(x)=2x^2+3x-1,\ \dfrac{\Delta y}{\Delta x}=-3$

**006** $f(x)=-x^2+5x+2,\ \dfrac{\Delta y}{\Delta x}=6$

**유형 02** 미분계수

[007~009] 미분계수의 정의를 이용하여 다음 함수의 $x=1$에서의 미분계수를 구하시오.

**007** $f(x)=5x-3$

**008** $f(x)=-3x+1$

**009** $f(x)=\dfrac{3}{2}x^2$

[010~012] 미분계수의 정의를 이용하여 다음 함수의 $x=2$에서의 미분계수를 구하시오.

**010** $f(x)=-4x+5$

**011** $f(x)=x^2+3x$

**012** $f(x)=-x^2+x+3$

유형설명서 10쪽

**유형 03 미분계수의 기하적 의미**

[013~016] 다음 함수 $f(x)$에 대하여 곡선 $y=f(x)$ 위의 주어진 점에서의 접선의 기울기를 구하시오.

**013** $f(x)=x^2+1$   $(1, 2)$

**014** $f(x)=2x^2-x$   $(2, 6)$

**015** $f(x)=-x^2+3x-1$   $(3, -1)$

**016** $f(x)=x^3+10$   $(-2, 2)$

[017~019] $x \geq 0$에서 함수 $y=f(x)$의 그래프와 직선 $y=x$가 다음 그림과 같다. $0<a<b$일 때, 평균변화율과 미분계수의 기하적 의미를 이용하여 □ 안에 알맞은 부등호를 써넣으시오.

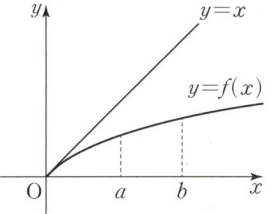

**017** $\dfrac{f(a)}{a} \ \square\ \dfrac{f(b)}{b}$

**018** $b-a \ \square\ f(b)-f(a)$

**019** $f'(a) \ \square\ f'(b)$

**020** $x \geq 0$에서 함수 $y=f(x)$의 그래프와 직선 $y=-x$가 다음 그림과 같고 $0<a<b$일 때, |보기|에서 옳은 것만을 있는 대로 고르시오.

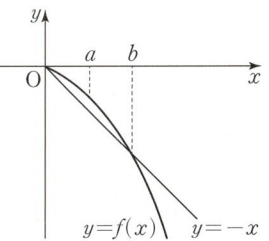

보기
ㄱ. $\dfrac{f(a)}{a} < \dfrac{f(b)}{b}$      ㄴ. $\dfrac{f(b)-f(a)}{b-a} < -1$
ㄷ. $f'(b) < -1$

📖 유형설명서 10쪽

**유형 04** 미분계수를 이용한 극한값의 계산

**[021~025]** 다항함수 $f(x)$에 대하여 $f'(a)=2$일 때, 다음 극한값을 구하시오.

**021** $\displaystyle\lim_{h \to 0}\frac{f(a+2h)-f(a)}{h}$

**022** $\displaystyle\lim_{h \to 0}\frac{f(a-5h)-f(a)}{h}$

**023** $\displaystyle\lim_{h \to 0}\frac{f(a+4h)-f(a)}{2h}$

**024** $\displaystyle\lim_{h \to 0}\frac{f(a+3h)-f(a-h)}{h}$

**025** $\displaystyle\lim_{h \to 0}\frac{f(a-h)-f(a+2h)}{3h}$

**[026~030]** 다항함수 $f(x)$에 대하여 $f(1)=3$, $f'(1)=10$일 때, 다음 극한값을 구하시오.

**026** $\displaystyle\lim_{x \to 1}\frac{f(x)-f(1)}{x^2-1}$

**027** $\displaystyle\lim_{x \to 1}\frac{f(x)-f(1)}{x^2+3x-4}$

**028** $\displaystyle\lim_{x \to 1}\frac{f(x^2)-f(1)}{x-1}$

**029** $\displaystyle\lim_{x \to 1}\frac{x^4-1}{f(x)-f(1)}$

**030** $\displaystyle\lim_{x \to 1}\frac{xf(1)-f(x)}{x-1}$

유형설명서 11쪽

유형 **05** 미분가능성과 연속성

**[031~034]** 그래프가 다음 그림과 같은 함수 중 $x=a$에서 미분가능한 것에는 ○표, 미분가능하지 않은 것에는 ×표를 (   ) 안에 써넣으시오.

**031**

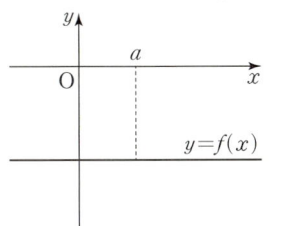

(   )

**032**

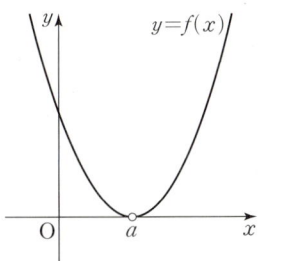

(   )

**033**

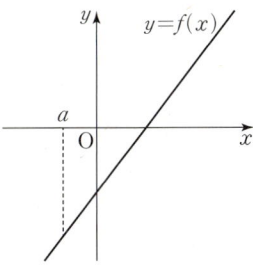

(   )

**034**

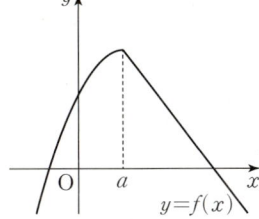

(   )

**[035~038]** 다음 함수에 대하여 $x=0$에서의 연속성과 미분가능성을 조사하시오.

**035** $f(x)=|x|$

**036** $f(x)=x|x|$

**037** $f(x)=\begin{cases} x & (x<0) \\ x^2 & (x\geq0) \end{cases}$

**038** $f(x)=\begin{cases} x^2 & (x<0) \\ x^3 & (x\geq0) \end{cases}$

📖 유형설명서 11쪽

**유형 06** 도함수

[039~043] 다음 함수의 도함수를 구하시오.

**039** $f(x)=5$

**040** $f(x)=3x-7$

**041** $f(x)=x^2-2x$

**042** $f(x)=2x^2+x-3$

**043** $f(x)=-x^3+3x$

📖 유형설명서 11쪽

**유형 07** 함수 $y=x^n$과 상수함수의 도함수

[044~048] 다음 함수를 미분하시오.

**044** $y=x^8$

**045** $y=x^{25}$

**046** $y=x^{100}$

**047** $y=\dfrac{7}{2}$

**048** $y=(-3)^3$

📖 유형설명서 12쪽

## 유형 08 함수의 실수배, 합, 차, 곱의 미분법

[049~053] 다음 함수를 미분하시오.

**049** $y=4x+1$

**050** $y=-x^2+x-1$

**051** $y=2x^3-x^2+3x-4$

**052** $y=-4x^3+6x$

**053** $y=\dfrac{1}{4}x^4-\dfrac{1}{3}x^3+\dfrac{1}{2}x^2-x+5$

[054~058] 다음 함수를 미분하시오.

**054** $y=(x-1)(x^2+1)$

**055** $y=(2x+3)(x^2-3x)$

**056** $y=(x^2+5)(2x^2-1)$

**057** $y=(x^3-5)(x^2+x+1)$

**058** $y=(x^4+1)(2x^3-3)$

**[059~061]** 다음 함수를 미분하시오.

**059** $y=(x-3)(x+2)(4x-1)$

**060** $y=(2x-1)(x+5)(5x+2)$

**061** $y=(x-2)(x+1)(x^2-3x)$

**[062~064]** 다음 함수를 미분하시오.

**062** $y=(2x-3)^3$

**063** $y=(-3x+2)^5$

**064** $y=(x^2+3x-1)^2$

**[065~068]** 다음 함수에 대하여 $f'(1)$의 값을 구하시오.

**065** $f(x)=\dfrac{1}{16}x^4+\dfrac{1}{8}x^2+\dfrac{1}{2}x$

**066** $f(x)=-x(6x^2+5x-3)$

**067** $f(x)=(x+3)(2x-5)(3x-1)$

**068** $f(x)=(2x^2-9x+5)^4$

유형설명서 12쪽

## 유형 09 미분계수를 이용하여 미정계수 구하기

**[069~072]** 함수 $f(x)=ax^2+bx+c$가 다음을 만족시킬 때, 상수 $a$, $b$, $c$의 값을 구하시오.

**069** $f(0)=2$, $f'(-1)=10$, $f'(1)=-2$

**070** $f(0)=-3$, $f'(-1)=-7$, $f'(1)=3$

**071** $f(0)=1$, $f'(1)=3$, $f'(2)=7$

**072** $f(0)=4$, $f'(-1)=6$, $f'(3)=2$

**[073~076]** 다음을 만족시키는 이차함수 $f(x)$에 대하여 $f(1)$의 값을 구하시오.

**073** $f(0)=0$, $f'(0)=2$, $f'(1)=4$

**074** $f(-2)=3$, $f'(0)=1$, $f'(2)=5$

**075** $f(-1)=4$, $f'(-3)=-2$, $f'(0)=6$

**076** $f(3)=7$, $f'(-1)=3$, $f'(0)=-5$

📖 유형설명서 13쪽

유형 **10** 미분가능성을 이용하여 미정계수 구하기

**[077~080]** 다음 함수가 $x=1$에서 미분가능할 때, 상수 $a$, $b$의 값을 구하시오.

**077** $f(x)=\begin{cases} x^2 & (x<1) \\ ax+b & (x\geq1) \end{cases}$

**078** $f(x)=\begin{cases} x^2-a & (x<1) \\ bx+2 & (x\geq1) \end{cases}$

**079** $f(x)=\begin{cases} ax^2+x+1 & (x<1) \\ 3x^2+bx & (x\geq1) \end{cases}$

**080** $f(x)=\begin{cases} ax^2+bx & (x\leq1) \\ 4bx-3 & (x>1) \end{cases}$

📖 유형설명서 13쪽

유형 **11** 다항식의 나눗셈과 미분

**[081~084]** 다음 물음에 답하시오.

**081** 다항식 $x^4+2x^2-5$를 $(x-1)^2$으로 나누었을 때의 나머지를 구하시오.

**082** 다항식 $x^{10}-x^6+2$를 $(x+1)^2$으로 나누었을 때의 나머지를 구하시오.

**083** 다항식 $x^4+ax^3+bx$가 $(x-2)^2$으로 나누어떨어질 때, 상수 $a$, $b$의 값을 구하시오.

**084** 다항식 $x^3-ax-16$이 $(x+b)^2$으로 나누어떨어질 때, 상수 $a$, $b$의 값을 구하시오. (단, $b>0$)

**중단원** **#기출#교과서**

## 085
#2015#교육청

함수 $f(x)=2x^3-x+1$에서 $x$의 값이 $-1$에서 $2$까지 변할 때의 평균변화율과 $f'(k)$의 값이 서로 같을 때, 양수 $k$의 값은?

① 1　　　　② $\dfrac{5}{4}$　　　　③ $\dfrac{3}{2}$

④ $\dfrac{7}{4}$　　　　⑤ 2

## 086
#2018#교육청

다항함수 $f(x)$가 $\lim\limits_{h\to0}\dfrac{f(2+h)-f(2)}{3h}=5$를 만족시킬 때, $f'(2)$의 값은?

① 9　　　　② 12　　　　③ 15

④ 18　　　　⑤ 21

## 087
#9종#교과서

곡선 $y=f(x)$ 위의 점 $(2,f(2))$에서의 접선의 기울기가 8일 때, $\lim\limits_{x\to2}\dfrac{f(x)-f(2)}{x^2-4}$의 값을 구하시오.

## 088
#9종#교과서

미분가능한 함수 $f(x)$가 모든 실수 $x,y$에 대하여
$$f(x+y)=f(x)+f(y)$$
를 만족시키고 $f'(1)=5$일 때, $f'(0)$의 값은?

① 1　　　　② 2　　　　③ 3

④ 4　　　　⑤ 5

## 089
#9종#교과서

미분가능한 두 함수 $f(x)$, $g(x)$에 대하여
$$g(x)=(x^3+3x-2)f(x)$$
가 성립하고 $f(1)=2$, $f'(1)=-2$일 때, $g'(1)$의 값을 구하시오.

## 090
#9종#교과서

함수 $f(x)=-x^3+ax-b$가 $\lim\limits_{x\to2}\dfrac{f(x+1)-5}{x^2-4}=1$을 만족시킬 때, 상수 $a, b$에 대하여 $b-a$의 값을 구하시오.

## 091
#2018#교육청

함수
$$f(x)=\begin{cases}2x^2+ax & (x<2) \\ 4x+b & (x\geq2)\end{cases}$$
가 실수 전체의 집합에서 미분가능할 때, $ab$의 값은?
(단, $a$와 $b$는 상수이다.)

① 24　　　　② 26　　　　③ 28

④ 30　　　　⑤ 32

## 092
#9종#교과서

다항식 $x^8+ax+7$이 $(x-b)^2$으로 나누어떨어질 때, 상수 $a, b$에 대하여 $ab$의 값을 구하시오. (단, $b>0$)

98쪽에서 더 많은 **9종 교과서 필수 문제**를 만나보세요!

**4** 도함수의 활용 (1)

유형설명서 14쪽

**유형 12** 곡선 위의 점에서의 접선의 방정식

[093~097] 다음 곡선 위의 주어진 점에서의 접선의 방정식을 구하시오.

**093** $y=x^2-2x$　$(2, 0)$

**094** $y=x^2+x+2$　$(1, 4)$

**095** $y=-2x^2-3x+4$　$(-1, 5)$

**096** $y=x^3-2x^2-1$　$(2, -1)$

**097** $y=x^4-x-4$　$(1, -4)$

[098~100] 다음 곡선 위의 주어진 점을 지나고 이 점에서의 접선에 수직인 직선의 방정식을 구하시오.

**098** $y=x^2+3$　$(-1, 4)$

**099** $y=x^3+x$　$(1, 2)$

**100** $y=-2x^3+4x^2-3$　$(1, -1)$

유형설명서 14쪽

**유형 13** 기울기가 주어진 접선의 방정식

[101~104] 다음 곡선에 접하고 기울기가 $m$인 접선의 방정식을 구하시오.

**101** $y=-x^2+2x+3, m=-2$

**102** $y=x^2+3x-1, m=5$

**103** $y=x^3+4x$, $m=7$

**104** $y=-x^3+2x+1$, $m=-10$

**[105~107]** 다음을 구하시오.

**105** 곡선 $y=2x^2+x+4$에 접하고 직선 $y=5x+3$에 평행한 직선의 방정식

**106** 곡선 $y=-x^2-2x-5$에 접하고 직선 $x+4y+2=0$에 수직인 직선의 방정식

**107** 곡선 $y=x^3-3x^2$에 접하고 직선 $3x+y+2=0$에 평행한 직선의 방정식

유형설명서 14쪽

**유형 14** 곡선 밖의 한 점에서 그은 접선의 방정식

**[108~112]** 다음 주어진 점에서 곡선에 그은 접선의 방정식을 구하시오.

**108** $y=x^2-3x+2$　$(1, -4)$

**109** $y=x^2+2x+1$　$(-1, -9)$

**110** $y=-2x^2+x+1$　$(2, -3)$

**111** $y=x^3-2x$　$(0, 2)$

**112** $y=-x^3+3x-2$　$(0, 14)$

🔖 유형설명서 15쪽

**유형 15** 롤의 정리

[113~117] 다음 함수에 대하여 주어진 구간에서 롤의 정리를 만족시키는 상수 $c$의 값을 구하시오.

**113** $f(x)=x^2-2x+3$ $[0, 2]$

**114** $f(x)=-x^2+8x-15$ $[3, 5]$

**115** $f(x)=x^3-x+1$ $[-1, 0]$

**116** $f(x)=x^3-5x^2+7x-3$ $[1, 3]$

**117** $f(x)=(x-a)(x-b)$ $[a, b]$

🔖 유형설명서 15쪽

**유형 16** 평균값 정리

[118~121] 다음 함수에 대하여 주어진 구간에서 평균값 정리를 만족시키는 상수 $c$의 값을 구하시오.

**118** $f(x)=x^2-3x$ $[0, 2]$

**119** $f(x)=-2x^2+x+1$ $[1, 3]$

**120** $f(x)=-x^3+2$ $[-3, 0]$

**121** $f(x)=2x^3-5x+1$ $[-1, 2]$

유형설명서 15쪽

유형 **17** 함수의 증가와 감소

[122~125] 주어진 구간에서 다음 함수의 증가와 감소를 조사하시오.

**122** $f(x)=3x^2$   $[0,\ \infty)$

**123** $f(x)=-x^2+2$   $[0,\ \infty)$

**124** $f(x)=2x^3+1$   $(-\infty,\ \infty)$

**125** $f(x)=\dfrac{1}{x}$   $(-\infty,\ 0)$

[126~129] 다음 함수의 증가와 감소를 조사하시오.

**126** $f(x)=-x^2+2x+7$

**127** $f(x)=x^3-3x+1$

**128** $f(x)=x^3+6x^2+12x+3$

**129** $f(x)=x^4-2x^2+5$

유형설명서 16쪽

유형 **18** 삼차함수가 증가 또는 감소할 조건

[130~135] 다음 물음에 답하시오.

**130** 함수 $f(x)=2x^3+3x^2-2ax$가 모든 실수에서 증가하기 위한 상수 $a$의 값의 범위를 구하시오.

**131** 함수 $f(x)=-x^3+2ax^2-ax$가 모든 실수에서 감소하기 위한 상수 $a$의 값의 범위를 구하시오.

**132** 함수 $f(x)=x^3-ax^2+3ax$가 모든 실수에서 증가하기 위한 상수 $a$의 값의 범위를 구하시오.

**133** 함수 $f(x)=\dfrac{1}{3}x^3-3x^2+ax$가 구간 $[2,3]$에서 감소하기 위한 상수 $a$의 값의 범위를 구하시오.

**134** 함수 $f(x)=-x^3-2x^2+ax+1$이 구간 $[-1,0]$에서 증가하기 위한 상수 $a$의 값의 범위를 구하시오.

**135** 함수 $f(x)=x^3-x^2-ax-2$가 구간 $[-1,1]$에서 감소하기 위한 상수 $a$의 값의 범위를 구하시오.

📖 유형설명서 16쪽

**유형 19** 함수의 극대와 극소

**[136~143]** 다음 함수의 극값을 구하시오.

**136** $f(x)=x^3-3x+5$

**137** $f(x)=-x^3+12x+2$

**138** $f(x)=x^3-3x^2-9x+1$

**139** $f(x)=-4x^3+6x^2+3$

**140** $f(x)=x^4-8x^2+3$

**141** $f(x)=-3x^4+4x^3+5$

**142** $f(x)=-x^4+4x^3-4x^2+1$

**143** $f(x)=x^4+\dfrac{8}{3}x^3+2x^2+2$

유형설명서 16쪽

## 유형 **20** 극값을 이용한 미정계수의 결정

**[144~147]** 다음 물음에 답하시오.

**144** 함수 $f(x)=-x^3-3x^2+ax+b$가 $x=1$에서 극댓값 6을 가질 때, 상수 $a$, $b$의 값을 구하시오.

**145** 함수 $f(x)=-2x^3+ax^2+bx+3$이 $x=-1$에서 극솟값 $-5$를 가질 때, 상수 $a$, $b$의 값을 구하시오.

**146** 함수 $f(x)=2x^3+ax^2+bx+c$가 $x=0$에서 극솟값 $-5$를 갖고 $x=-2$에서 극댓값을 가질 때, $f(x)$의 극댓값을 구하시오. (단, $a$, $b$, $c$는 상수이다.)

**147** 함수 $f(x)=x^3+ax^2+bx-2$가 $x=-1$에서 극댓값 0을 가질 때, $f(x)$의 극솟값을 구하시오. (단, $a$, $b$는 상수이다.)

유형설명서 16쪽

유형 **21** 도함수의 그래프와 극값

**[148~151]** 함수 $f(x)$의 도함수 $y=f'(x)$의 그래프가 다음 그림과 같을 때, 옳은 것에는 ○표, 옳지 않은 것에는 ×표를 ( ) 안에 써넣으시오.

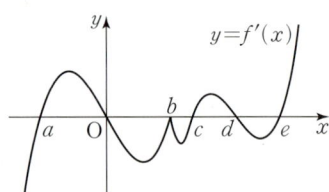

**148** 함수 $f(x)$는 $x=b$에서 극값을 갖는다. ( )

**149** 함수 $f(x)$가 극솟값을 갖는 점의 개수는 2이다. ( )

**150** 구간 $(b, c)$에서 함수 $f(x)$는 감소한다. ( )

**151** 구간 $(c, e)$에서 함수 $f(x)$는 극댓값을 갖는다. ( )

**152** 함수 $f(x)$의 도함수 $y=f'(x)$의 그래프가 다음 그림과 같을 때, $f(x)$가 극값을 갖는 점의 개수를 구하시오.

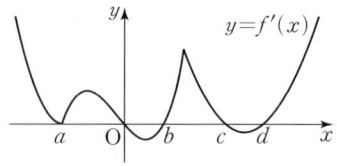

**[153~154]** 함수 $f(x)$의 도함수 $y=f'(x)$의 그래프가 다음 그림과 같을 때, $f(x)$가 극댓값을 갖는 $x$의 값과 극솟값을 갖는 $x$의 값을 모두 구하시오.

**153**

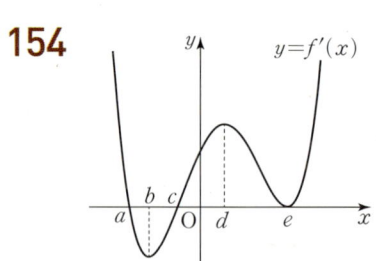

**154**

유형설명서 17쪽

## 유형 22 삼차함수가 극값을 가질 조건

**[155~158]** 다음 물음에 답하시오.

**155** 함수 $f(x)=x^3+ax^2+3x+1$이 극값을 갖도록 하는 실수 $a$의 값의 범위를 구하시오.

**156** 함수 $f(x)=-2x^3+ax^2-ax+5$가 극값을 갖도록 하는 실수 $a$의 값의 범위를 구하시오.

**157** 함수 $f(x)=2x^3+ax^2+3x+2$가 극값을 갖지 않도록 하는 실수 $a$의 값의 범위를 구하시오.

**158** 함수 $f(x)=-x^3+ax^2+3ax+6$이 극값을 갖지 않도록 하는 실수 $a$의 값의 범위를 구하시오.

유형설명서 17쪽

## 유형 23 삼차함수의 그래프

**[159~164]** 다음 함수의 그래프의 개형을 그리시오.

**159** $f(x)=x^3-3x^2+2$

**160** $f(x)=2x^3-9x^2+12x-3$

**161** $f(x)=-x^3+3x-1$

**162** $f(x)=-x^3-3x^2-3x+2$

**163** $f(x)=2x^3+3x^2-12x+7$

**164** $f(x)=x^3-6x^2+12x-2$

📖 유형설명서 17쪽

유형 **24** 사차함수의 그래프

**[165~168]** 다음 함수의 그래프의 개형을 그리시오.

**165** $f(x)=x^4-4x^3+4x^2-2$

**166** $f(x)=-2x^4+4x^2+1$

**167** $f(x)=3x^4-4x^3+1$

**168** $f(x)=-3x^4+8x^3-6x^2+2$

유형설명서 18쪽

## 유형 25 함수의 최대, 최소

[169~172] 주어진 구간에서 다음 함수의 최댓값과 최솟값을 구하시오.

**169** $f(x)=x^3-6x^2+9x-1$    $[-1, 2]$

**170** $f(x)=-x^3+12x+7$    $[0, 3]$

**171** $f(x)=x^4-4x^3+5$    $[-1, 4]$

**172** $f(x)=\dfrac{1}{4}x^4+\dfrac{1}{2}x^2-2x$    $[-2, 2]$

유형설명서 18쪽

## 유형 26 최대, 최소를 이용한 미정계수의 결정

[173~175] 다음 물음에 답하시오.

**173** 구간 $[-1, 1]$에서 함수 $f(x)=x^3+6x^2+a$의 최댓값이 10일 때, 상수 $a$의 값을 구하시오.

**174** 구간 $[-3, -1]$에서 함수 $f(x)=ax^3+3ax^2+b$의 최댓값이 14, 최솟값이 10일 때, 상수 $a$, $b$의 값을 구하시오.

(단, $a>0$)

**175** 구간 $[-4, -1]$에서 함수 $f(x)=ax^4+4ax^3+b$의 최댓값이 13, 최솟값이 $-14$일 때, 상수 $a$, $b$의 값을 구하시오.

(단, $a>0$)

유형설명서 18쪽

**유형 27** **함수의 최대, 최소의 활용**

**[176~179]** 다음 물음에 답하시오.

**176** 오른쪽 그림과 같이 곡선 $y=-x^2+6x$ $(0<x<6)$ 위의 점 P 에서 $x$축에 내린 수선의 발을 H라 할 때, 삼각형 OHP의 넓이의 최댓값을 구하시오. (단, O는 원점이다.)

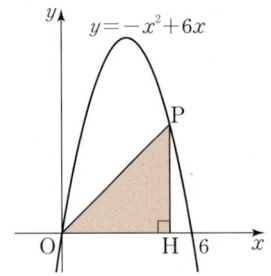

**177** 오른쪽 그림과 같이 곡선 $y=-x^2+12$와 $x$축으로 둘러싸인 부분에 내접하고 한 변이 $x$축 위에 있는 직사각형 ABCD의 넓이의 최 댓값을 구하시오.

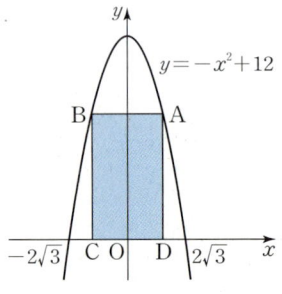

**178** 오른쪽 그림과 같이 한 변의 길이 가 12 cm인 정사각형 모양의 종이의 네 귀퉁이에서 같은 크기의 정사각형을 잘라 내고, 나머지 부분을 접어서 뚜껑이 없는 직육면체 모양의 상자를 만들려고 한다. 이 상자의 부피의 최댓값을 구하시오.

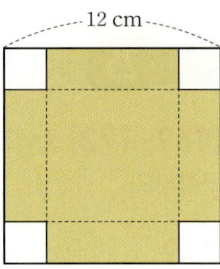

**179** 가로, 세로의 길이가 각각 16 cm, 10 cm인 직사각형 모 양의 종이의 네 귀퉁이에서 같은 크기의 정사각형을 잘라 내고, 나 머지 부분을 접어서 뚜껑이 없는 직육면체 모양의 상자를 만들려 고 한다. 이 상자의 부피의 최댓값을 구하시오.

## 180
#2012#수능

곡선 $y=-x^3+4x$ 위의 점 $(1, 3)$에서의 접선의 방정식이
$y=ax+b$이다. $10a+b$의 값을 구하시오. (단, $a$, $b$는 상수이다.)

## 181
#9종#교과서

곡선 $y=x^2-8x+3$ 위의 점 $P(a, b)$에서의 접선과 직선
$x-4y+5=0$이 서로 수직일 때, $a+b$의 값은?

① $-6$      ② $-7$      ③ $-8$
④ $-9$      ⑤ $-10$

## 182
#9종#교과서

점 $(0, 4)$에서 곡선 $y=x^3+x+2$에 그은 접선의 $y$절편은?

① $1$      ② $2$      ③ $3$
④ $4$      ⑤ $5$

## 183
#9종#교과서

함수 $f(x)=x^2-6x+3$에 대하여 닫힌구간 $[a, b]$에서 평균값 정리를 만족시키는 상수가 $-1$일 때, $a+b$의 값은?

① $-1$      ② $-2$      ③ $-3$
④ $-4$      ⑤ $-5$

## 184
#9종#교과서

함수 $f(x)=2x^3+ax^2-2ax+1$이 구간 $(-\infty, \infty)$에서 증가하도록 하는 정수 $a$의 개수는?

① $11$      ② $12$      ③ $13$
④ $14$      ⑤ $15$

10
일
차

## 185
#2014#수능

함수 $f(x)=2x^3-12x^2+ax-4$가 $x=1$에서 극댓값 $M$을 가질 때, $a+M$의 값을 구하시오. (단, $a$는 상수이다.)

## 186
#9종#교과서

함수 $f(x)=2x^3+ax^2+bx+c$의 도함수 $y=f'(x)$의 그래프가 그림과 같다. 함수 $f(x)$의 극솟값이 $-3$일 때, 상수 $a$, $b$, $c$에 대하여 $a-b+c$의 값을 구하시오.

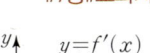

## 187
#9종#교과서

밑면의 반지름의 길이와 높이의 합이 15 cm인 원기둥의 부피가 최대일 때, 이 원기둥의 밑면의 반지름의 길이를 구하시오.

100쪽에서 더 많은 **9종 교과서 필수** 문제를 만나보세요!

📑 유형설명서 19쪽

**유형 28** 방정식의 실근의 개수

**[188~191]** 다음 방정식의 서로 다른 실근의 개수를 구하시오.

**188** $2x^3 - 6x^2 + 5 = 0$

**189** $x^3 - 3x^2 + 3x + 1 = 0$

**190** $2x^4 - 4x^2 + 1 = 0$

**191** $x^4 + 2x^2 - 2 = 0$

📑 유형설명서 19쪽

**유형 29** 삼차방정식의 근의 판별

**[192~194]** 다음 물음에 답하시오.

**192** 방정식 $\dfrac{1}{3}x^3 - x^2 + 1 = a$가 서로 다른 세 실근을 갖도록 하는 실수 $a$의 값의 범위를 구하시오.

**193** 방정식 $x^3 - 6x^2 + 9x + 1 - a = 0$이 한 실근과 두 허근을 갖도록 하는 실수 $a$의 값의 범위를 구하시오.

**194** 방정식 $x^3 - 3x + 4 = a$가 서로 다른 두 실근을 갖도록 하는 실수 $a$의 값을 구하시오.

[195~197] 다음 물음에 답하시오.

**195** 두 곡선 $y=x^3+x^2$, $y=-2x^2+a$가 서로 다른 세 점에서 만나도록 하는 실수 $a$의 값의 범위를 구하시오.

**196** 두 곡선 $y=x^3+4x^2-8x$, $y=x^2+x+a$가 서로 다른 두 점에서 만나도록 하는 실수 $a$의 값을 구하시오.

**197** 두 곡선 $y=x^3+2x-1$, $y=3x^3-4x+a$가 오직 한 점에서 만나도록 하는 실수 $a$의 값의 범위를 구하시오.

유형설명서 19쪽

**유형 30 방정식의 실근의 부호**

[198~200] 다음 물음에 답하시오.

**198** 방정식 $-x^3+3x^2=a$가 서로 다른 두 개의 양의 근과 한 개의 음의 근을 갖도록 하는 실수 $a$의 값의 범위를 구하시오.

**199** 방정식 $4x^3+3x^2-6x=a$가 한 개의 양의 근과 서로 다른 두 개의 음의 근을 갖도록 하는 실수 $a$의 값의 범위를 구하시오.

**200** 방정식 $4x^3+6x^2+2=a$가 한 개의 양의 근과 서로 다른 두 개의 음의 근을 갖도록 하는 실수 $a$의 값의 범위를 구하시오.

📖 유형설명서 20쪽

유형 **31** 부등식의 증명

**[201~206]** 다음 부등식이 성립함을 증명하시오.

**201** $x \geq 1$일 때, $x^3 - 3x^2 + 5 \geq 0$

**202** $x \geq 0$일 때, $2x^3 + 3x^2 - 12x + 10 \geq 0$

**203** 모든 실수 $x$에 대하여 $x^4 \geq 4x - 3$

**204** 모든 실수 $x$에 대하여 $3x^4 - 4x^3 \geq -1$

**205** $-2 \leq x \leq 0$일 때, $x^3 - 3x^2 - 5x \leq 4x + 6$

**206** $-1 \leq x \leq 1$일 때, $x^4 - 6x^2 \leq 2x^2 + 2$

📖 유형설명서 20쪽

**유형 32** 부등식이 항상 성립할 조건

**[207~210]** 다음 부등식이 성립하도록 하는 실수 $a$의 값의 범위를 구하시오.

**207** 모든 실수 $x$에 대하여 $\dfrac{1}{2}x^4 - 4x^2 \geq a$

**208** $0 \leq x \leq 3$일 때, $x^3 - 6x^2 \leq -9x + a$

**209** $x > 0$일 때, $3x^3 - x^2 + 3 > x^3 + 2x^2 - a$

**210** 모든 실수 $x$에 대하여 $x^4 + 2x \geq -2x + a$

📖 유형설명서 20쪽

**유형 33** 속도와 가속도

**[211~214]** 수직선 위를 움직이는 점 P의 시각 $t$에서의 위치가 다음과 같을 때, $t=2$에서의 점 P의 속도와 가속도를 구하시오.

**211** $x = t^3 - 5t$

**212** $x = 2t^3 - 4t^2 + 1$

**213** $x = -t^3 + 8t^2$

**214** $x = -3t^3 + t^2 + 3$

**[215~218]** 수직선 위를 움직이는 점 P의 시각 $t$에서의 위치가 다음과 같을 때, 점 P가 운동 방향을 바꾸는 시각을 구하시오.

**215** $x=t^2-4t$

**216** $x=t^3-9t^2$

**217** $x=\dfrac{1}{3}t^3-\dfrac{3}{2}t^2-4t+2$

**218** $x=-t^3+\dfrac{9}{2}t^2-6t-1$

**[219~222]** 수직선 위를 움직이는 점 P의 시각 $t$에서의 위치가 다음과 같을 때, 점 P의 속도가 3인 순간의 가속도를 구하시오.

**219** $x=\dfrac{1}{3}t^3+\dfrac{1}{2}t^2+t$

**220** $x=t^3-24t$

**221** $x=t^3+\dfrac{3}{2}t^2-15t+1$

**222** $x=-\dfrac{1}{3}t^3+t^2+6t+3$

### 유형 34 속도, 가속도와 그래프

유형설명서 20쪽

**[223~225]** 원점을 출발하여 수직선 위를 움직이는 점 P의 시각 $t$에서의 위치 $x$의 함수 $x=f(t)$의 그래프가 오른쪽 그림과 같을 때, 다음 중 옳은 것에는 ○표, 옳지 않은 것에는 ×표를 ( ) 안에 써넣으시오.

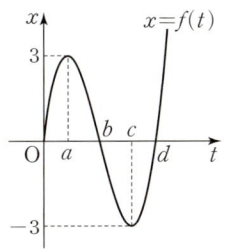

**223** $t=a$일 때, 점 P는 운동 방향을 바꾼다.　( )

**224** $t=c$일 때, 점 P의 속도는 0이다.　( )

**225** $t=b$일 때와 $t=d$일 때, 점 P의 운동 방향은 서로 같다.

( )

**[226~227]** 수직선 위를 움직이는 점 P의 시각 $t$에서의 위치 $x$의 함수 $x=f(t)$의 그래프가 오른쪽 그림과 같을 때, 다음을 구하시오.

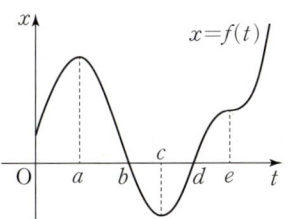

**226** 점 P가 원점을 지나는 횟수

**227** 점 P가 운동 방향을 바꾸는 횟수

**[228~230]** 원점을 출발하여 수직선 위를 움직이는 점 P의 시각 $t$에서의 속도 $v(t)$의 그래프가 오른쪽 그림과 같을 때, 다음 중 옳은 것에는 ○표, 옳지 않은 것에는 ×표를 ( )안에 써넣으시오.

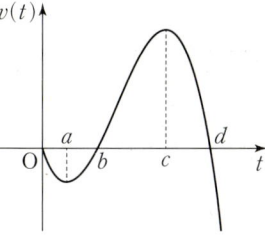

**228** $t=a$일 때, 점 P의 가속도는 0이다.　( )

**229** $a<t<c$일 때, 점 P의 속도는 증가한다.　( )

**230** 점 P는 운동 방향을 한 번만 바꾼다.　( )

**[231~232]** 원점을 출발하여 수직선 위를 움직이는 점 P의 시각 $t$에서의 속도 $v(t)$의 그래프가 다음 그림과 같을 때, 다음을 구하시오.

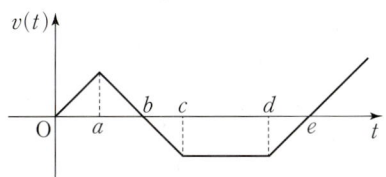

**231** 점 P가 운동 방향을 바꾸는 횟수

**232** 점 P의 가속도가 0이 되는 $t$의 값의 범위

📖 유형설명서 21쪽

**유형 35** 위로 던진 물체의 위치와 속도

[233~234] 지면에서 10 m/s의 속도로 지면과 수직으로 위로 쏘아 올린 물체의 $t$초 후의 높이 $x$ m가 $x=-5t^2+10t$일 때, 다음을 구하시오.

**233** 물체가 최고 높이에 도달할 때의 지면으로부터의 높이

**234** 물체가 지면에 떨어지는 순간의 속도

[235~237] 지면으로부터 25 m의 높이에서 20 m/s의 속도로 지면과 수직으로 위로 쏘아 올린 물체의 $t$초 후의 지면으로부터의 높이 $x$ m가 $x=-5t^2+20t+25$일 때, 다음을 구하시오.

**235** 쏘아 올린 지 1초 후의 물체의 속도와 가속도

**236** 물체가 최고 높이에 도달할 때의 지면으로부터의 높이

**237** 물체가 지면에 떨어지는 순간의 속도

📖 유형설명서 21쪽

**유형 36** 정지하는 물체가 움직인 거리

[238~239] 직선 선로 위를 달리는 열차가 제동을 건 후 $t$초 동안 달린 거리 $x$ m가 $x=-2t^2+20t$일 때, 다음을 구하시오.

**238** 열차가 제동을 건 후 정지할 때까지 걸린 시간

**239** 열차가 제동을 건 후 정지할 때까지 움직인 거리

[240~241] 직선 선로 위를 달리는 열차가 제동을 건 후 $t$초 동안 달린 거리 $x$ m가 $x=-3t^2+36t$일 때, 다음을 구하시오.

**240** 열차가 제동을 건 후 정지할 때까지 걸린 시간

**241** 열차가 제동을 건 후 정지할 때까지 움직인 거리

유형설명서 22쪽

## 유형 37 시각에 대한 길이, 넓이, 부피의 변화율

**[242~247]** 다음 물음에 답하시오.

**242** 키가 1.5 m인 학생이 지면으로부터의 높이가 4.5 m인 가로등 바로 밑에서 출발하여 일직선으로 초속 2 m로 걸을 때, 그림자의 길이의 변화율을 구하시오.

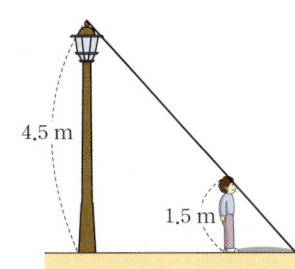

**243** 키가 1.6 m인 학생이 지면으로부터의 높이가 3.2 m인 가로등 바로 밑에서 출발하여 일직선으로 초속 2 m로 걸을 때, 그림자의 길이의 변화율을 구하시오.

**244** 한 변의 길이가 8 cm인 정사각형의 각 변의 길이가 매초 2 cm씩 늘어난다고 할 때, 2초 후의 이 정사각형의 넓이의 변화율을 구하시오.

**245** 한 변의 길이가 6 cm인 정삼각형의 각 변의 길이가 매초 2 cm씩 늘어난다고 할 때, 3초 후의 이 정삼각형의 넓이의 변화율을 구하시오.

**246** 한 모서리의 길이가 3 cm인 정육면체의 각 모서리의 길이가 매초 1 cm씩 늘어난다고 할 때, 3초 후의 이 정육면체의 부피의 변화율을 구하시오.

**247** 밑면의 반지름의 길이가 2 cm, 높이가 8 cm인 원기둥이 있다. 이 원기둥의 밑면의 반지름의 길이는 매초 1 cm씩 늘어나고 높이는 매초 1 cm씩 줄어들 때, 원기둥의 높이가 6 cm가 되는 순간의 부피의 변화율을 구하시오.

**중단원** #기출#교과서

## 248
#2021#수능

곡선 $y=4x^3-12x+7$과 직선 $y=k$가 만나는 점의 개수가 2가 되도록 하는 양수 $k$의 값을 구하시오.

## 249
#9종#교과서

방정식 $2x^3-2x^2-a=4x^2-5$가 서로 다른 두 개의 양의 근과 한 개의 음의 근을 갖도록 하는 정수 $a$의 최댓값을 구하시오.

## 250
#9종#교과서

모든 실수 $x$에 대하여 부등식 $x^4-2x^3+20\geq2x^3+k$가 성립하도록 하는 실수 $k$의 값의 범위를 구하시오.

## 251
#2020#평가원

수직선 위를 움직이는 점 P의 시각 $t$ $(t>0)$에서의 위치 $x$가

$$x=t^3-5t^2+6t$$

이다. $t=3$에서 점 P의 가속도를 구하시오.

## 252
#9종#교과서

원점을 출발하여 수직선 위를 움직이는 점 P의 시각 $t$ $(t>0)$에서의 위치 $x$가 $x=t^3-6t^2+9t$이다. 점 P가 운동 방향을 바꾸는 순간의 위치가 $x=a$, $x=b$일 때, $a+b$의 값을 구하시오.

## 253
#9종#교과서

수직선 위를 움직이는 점 P의 시각 $t$ $(t>0)$에서의 속도 $v(t)$의 그래프가 그림과 같을 때, |보기|에서 옳은 것만을 있는 대로 고르시오.

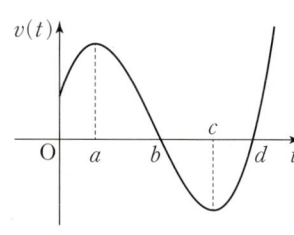

| 보기 |

ㄱ. $t=a$일 때, 점 P의 가속도는 0이다.

ㄴ. $0<t<b$일 때와 $b<t<d$일 때, 점 P의 운동 방향은 서로 반대이다.

ㄷ. 점 P는 운동 방향을 한 번만 바꾼다.

## 254
#9종#교과서

그림과 같이 밑면의 반지름의 길이가 12 cm이고 높이가 12 cm인 원뿔 모양의 그릇이 있다. 비어 있는 이 그릇에 매초 2 cm의 속도로 수면의 높이가 상승하도록 물을 부을 때, 3초 후 그릇에 담긴 물의 부피의 변화율을 구하시오. (단, 그릇의 두께는 무시한다.)

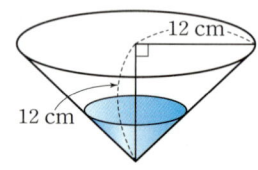

102쪽에서 더 많은 **9종 교과서 필수 문제**를 만나보세요!

# III. 적분

# 6 부정적분

유형설명서 23쪽

## 유형 01 부정적분의 정의

**[001~005]** 다음 등식을 만족시키는 함수 $f(x)$를 구하시오.
(단, $C$는 적분상수이다.)

**001** $\displaystyle\int f(x)\,dx=4x+C$

**002** $\displaystyle\int f(x)\,dx=-x^2+C$

**003** $\displaystyle\int f(x)\,dx=x^2+5x+C$

**004** $\displaystyle\int f(x)\,dx=2x^3-3x^2+C$

**005** $\displaystyle\int 3f(x)\,dx=x^3-6x^2+3x+C$

**[006~010]** 다음 부정적분을 구하시오.

**006** $\displaystyle\int 9\,dx$

**007** $\displaystyle\int (-2x)\,dx$

**008** $\displaystyle\int 6x^2\,dx$

**009** $\displaystyle\int 4x^3\,dx$

**010** $\displaystyle\int (8x-7)\,dx$

유형설명서 23쪽

## 유형 02 부정적분의 기본 공식

[011~015] 다음 부정적분을 구하시오.

**011** $\int dx$

**012** $\int x^5 dx$

**013** $\int x^{24} dx$

**014** $\int x^{100} dx$

**015** $\int x^{999} dx$

유형설명서 23쪽

## 유형 03 함수의 실수배, 합, 차의 부정적분

[016~020] 다음 부정적분을 구하시오.

**016** $\int \left(-\frac{1}{3}\right) dx$

**017** $\int 5x^4 dx$

**018** $\int (6x+3) dx$

**019** $\int (2x^3-5x) dx$

**020** $\int (-x^2+4x-1) dx$

📖 유형설명서 23쪽

**유형 04** 부정적분의 계산

**[021~028]** 다음 부정적분을 구하시오.

**021** $\int x(2x+3)\,dx$

**022** $\int (x+3)(x-3)\,dx$

**023** $\int (5x^2+1)(5x^2-1)\,dx$

**024** $\int (x+2)^2\,dx$

**025** $\int (3x-1)^2\,dx$

**026** $\int (x+1)^3\,dx$

**027** $\int (x-1)(x+2)\,dx$

**028** $\int (3x+1)(x-3)\,dx$

**[029~036]** 다음 부정적분을 구하시오.

**029** $\int (x+1)(x-1)(2x+5)\,dx$

**030** $\int (x-1)(x^2+x+1)\,dx$

**031** $\int (x+2)\,dx + \int (x-2)\,dx$

**032** $\int (2x+3)\,dx - \int (2x-3)\,dx$

**033** $\int (3x^2-x+4)\,dx - \int (3x^2+x-1)\,dx$

**034** $\int (x+4)^2\,dx - \int (x-4)^2\,dx$

**035** $\int (2x+5)^2\,dx - \int (2x-1)^2\,dx$

**036** $\int (x+2)^3\,dx - \int (x-2)^3\,dx$

**[037~040]** 다음 부정적분을 구하시오.

**037** $\int \dfrac{x^2}{1+x}\,dx + \int \dfrac{x}{1+x}\,dx$

**038** $\int \dfrac{x^2-4}{x-4}\,dx - \int \dfrac{12}{x-4}\,dx$

**039** $\int \dfrac{1}{x^2-x+1}\,dx + \int \dfrac{x^3}{x^2-x+1}\,dx$

**040** $\int \dfrac{x^3+x^2-3}{x-3}\,dx - \int \dfrac{x^2+24}{x-3}\,dx$

유형설명서 24쪽

**유형 05** 도함수가 주어질 때 함수 구하기

**[041~045]** 다음 조건을 만족시키는 함수 $f(x)$를 구하시오.

**041** $f'(x)=6x^2+2x,\ f(0)=-1$

**042** $f'(x)=3x^2-4x+1,\ f(0)=2$

**043** $f'(x)=-9x^2+2x-2,\ f(1)=0$

**044** $f'(x)=8x^3-6x^2+4,\ f(-1)=1$

**045** $f'(x)=(2x+1)(3x-2),\ f(2)=5$

📖 유형설명서 24쪽

## 유형 06 접선의 기울기가 주어질 때 함수 구하기

**[046~049]** 다음 물음에 답하시오.

**046** 점 $(1, 2)$를 지나는 곡선 $y=f(x)$ 위의 점 $(x, f(x))$에서의 접선의 기울기가 $2x+3$일 때, 함수 $f(x)$를 구하시오.

**047** 점 $(-1, 4)$를 지나는 곡선 $y=f(x)$ 위의 점 $(x, f(x))$에서의 접선의 기울기가 $4x-1$일 때, $f(2)$의 값을 구하시오.

**048** 점 $(2, 8)$을 지나는 곡선 $y=f(x)$ 위의 점 $(x, f(x))$에서의 접선의 기울기가 $3x^2+2x$일 때, $f(-1)$의 값을 구하시오.

**049** 점 $(2, 1)$을 지나는 곡선 $y=f(x)$ 위의 점 $(x, f(x))$에서의 접선의 기울기가 $2x-1$일 때, 방정식 $f(x)=0$의 모든 근의 합을 구하시오.

📖 유형설명서 24쪽

## 유형 07 부정적분과 미분의 관계

**[050~051]** 함수 $f(x)=3x^2+4x$에 대하여 다음을 구하시오.

**050** $\dfrac{d}{dx}\left\{\displaystyle\int f(x)\,dx\right\}$

**051** $\displaystyle\int\left\{\dfrac{d}{dx}f(x)\right\}dx$

**[052~053]** 함수 $f(x)=x^3-2x^2+1$에 대하여 다음을 구하시오.

**052** $\dfrac{d}{dx}\left\{\displaystyle\int f(x)\,dx\right\}$

**053** $\displaystyle\int\left\{\dfrac{d}{dx}f(x)\right\}dx$

14
일
차

[054~057] 다음을 구하시오.

054 $f(x)=\int(2x^2+3x)\,dx$일 때, $f'(-1)$의 값

055 $f(x)=\int(x^2+5x-2)\,dx$일 때, $f'(2)$의 값

056 $f(x)=\int(x^4-5x^2)\,dx$일 때, $\lim\limits_{h\to 0}\dfrac{f(1+h)-f(1)}{h}$의 값

057 $f(x)=\int(x^3-4x^2-6)\,dx$일 때, $\lim\limits_{x\to 3}\dfrac{f(x)-f(3)}{x-3}$의 값

[058~061] 다음 등식을 만족시키는 다항함수 $f(x)$를 구하시오. (단, $C$는 적분상수이다.)

058 $\int\{f(x)+1\}\,dx=\dfrac{1}{3}x^3-2x^2+x+C$

059 $\int\{3-2f(x)\}\,dx=2x^3+x^2+5x+C$

060 $\int xf(x)\,dx=\dfrac{1}{4}x^4-x^3+\dfrac{3}{2}x^2+C$

061 $\int(2x+1)f(x)\,dx=2x^3-\dfrac{5}{2}x^2-4x+C$

유형설명서 25쪽

## 유형 08 함수와 그 부정적분 사이의 관계

[062~065] 다항함수 $f(x)$의 한 부정적분 $F(x)$에 대하여 다음 물음에 답하시오.

**062** $F(x)=xf(x)-2x^3+x^2$, $f(0)=2$일 때, 함수 $f(x)$를 구하시오.

**063** $F(x)=xf(x)+4x^3-2x^2$, $f(1)=4$일 때, 함수 $f(x)$를 구하시오.

**064** $F(x)=xf(x)-6x^3+5x^2-4$, $f(2)=8$일 때, $f(1)$의 값을 구하시오.

**065** $F(x)=xf(x)+3x^4-3x^2+4$, $f(-1)=5$일 때, $f(2)$의 값을 구하시오.

유형설명서 25쪽

## 유형 09 부정적분과 극대, 극소

[066~069] 다음 물음에 답하시오.

**066** 삼차함수 $f(x)$의 도함수가 $f'(x)=3x^2-3$이고 $f(x)$의 극댓값이 3일 때, 함수 $f(x)$의 극솟값을 구하시오.

**067** 삼차함수 $f(x)$의 도함수가 $f'(x)=x^2-2x-8$이고 $f(x)$의 극솟값이 $-25$일 때, 함수 $f(x)$의 극댓값을 구하시오.

**068** 삼차함수 $f(x)$의 도함수 $f'(x)$에 대하여 $y=f'(x)$의 그래프가 오른쪽 그림과 같고, $f(x)$의 극댓값이 2, 극솟값이 $-2$일 때, 함수 $f(x)$를 구하시오.

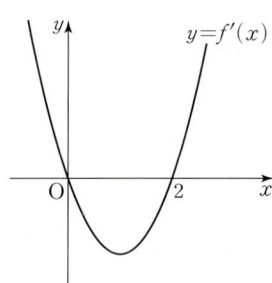

**069** 삼차함수 $f(x)$의 도함수 $f'(x)$에 대하여 $y=f'(x)$의 그래프가 오른쪽 그림과 같고, $f(x)$의 극댓값이 4, 극솟값이 $-5$일 때, $f(1)$의 값을 구하시오.

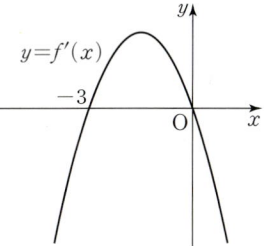

## 070

#9종#교과서

다음 등식이 성립할 때, 상수 $a$, $b$에 대하여 $ab$의 값을 구하시오.

$$\int (x^2+x+1)^2 dx - \int (x^2-x+1)^2 dx = ax^4 + bx^2 + C$$

(C는 적분상수)

## 071

#2016#평가원

함수 $f(x)$가

$$f(x) = \int \left(\frac{1}{2}x^3 + 2x + 1\right) dx - \int \left(\frac{1}{2}x^3 + x\right) dx$$

이고 $f(0)=1$일 때, $f(4)$의 값은?

① $\frac{23}{2}$      ② $12$      ③ $\frac{25}{2}$

④ $13$      ⑤ $\frac{27}{2}$

## 072

#9종#교과서

함수 $f(x)$가

$$f'(x) = 1 + 2x + 3x^2 + \cdots + 9x^8$$

을 만족시키고 $f(0)=0$일 때, $f(2)$의 값을 구하시오.

## 073

#9종#교과서

함수 $f(x)$를 적분해야 할 것을 잘못하여 미분하였더니 $12x^2 + 12x - 2$가 되었다. $f(-1)=7$일 때, 부정적분 $\int f(x) dx$를 구하시오.

## 074

#9종#교과서

함수 $f(x)=2x^2-4x+3$의 한 부정적분을 $F(x)$라 할 때,

$$\lim_{h \to 0} \frac{F(1+2h)-F(1-h)}{h}$$의 값은?

① $\frac{3}{2}$      ② $2$      ③ $\frac{5}{2}$

④ $3$      ⑤ $\frac{7}{2}$

## 075

#2012#교육청

함수 $f(x) = \int \left\{ \frac{d}{dx}(x^2-6x) \right\} dx$에 대하여 $f(x)$의 최솟값이 8일 때, $f(1)$의 값을 구하시오.

## 076

#9종#교과서

다항함수 $f(x)$의 한 부정적분 $F(x)$에 대하여

$$f(1)=3, \quad F(x) = xf(x) - 3x^4 + 2x^3 - x^2$$

이 성립한다. 이때 다항식 $f(x)$를 일차식 $2x-1$로 나누었을 때의 나머지를 구하시오.

## 077

#2012#교육청

곡선 $y=f(x)$ 위의 임의의 점 $P(x, y)$에서의 접선의 기울기가 $3x^2-12$이고 함수 $f(x)$의 극솟값이 3일 때, 함수 $f(x)$의 극댓값을 구하시오.

104쪽에서 더 많은 **9종 교과서 필수 문제**를 만나보세요!

14
일
차

정답과 풀이 60쪽

유형설명서 26쪽

**유형 10** 정적분의 정의와 계산

[078~087] 다음 정적분의 값을 구하시오.

**078** $\int_0^2 3\,dx$

**079** $\int_1^4 (-5)\,dx$

**080** $\int_{-1}^2 x^2\,dx$

**081** $\int_1^2 4x^3\,dx$

**082** $\int_{-2}^3 5t^4\,dt$

**083** $\int_0^1 (2x+3)\,dx$

**084** $\int_{-1}^3 (3t^2-t)\,dt$

**085** $\int_{-2}^4 (x^3+2x)\,dx$

**086** $\int_0^2 (s^2-2s-3)\,ds$

**087** $\int_1^2 (4x^3+6x^2-2x)\,dx$

[088~097] 다음 정적분의 값을 구하시오.

**088** $\displaystyle\int_0^2 3x(x+1)\,dx$

**089** $\displaystyle\int_{-1}^1 (t+3)(t-3)\,dt$

**090** $\displaystyle\int_0^1 (x-4)^2\,dx$

**091** $\displaystyle\int_{-1}^2 (x^2+1)^2\,dx$

**092** $\displaystyle\int_1^3 (x-2)^3\,dx$

**093** $\displaystyle\int_1^1 (5x-2)\,dx$

**094** $\displaystyle\int_{-2}^{-2} (x^3-5)^2\,dx$

**095** $\displaystyle\int_4^0 (3x^2+1)\,dx$

**096** $\displaystyle\int_1^{-2} (4t^3-2t)\,dt$

**097** $\displaystyle\int_3^2 (5x^4-6x^2+4)\,dx$

유형설명서 26쪽

## 유형 11 정적분의 성질을 이용한 계산

**[098~107]** 다음 정적분의 값을 구하시오.

**098** $\int_0^1 (3x+2)\,dx + \int_0^1 (x-2)\,dx$

**099** $\int_{-1}^2 (4x^2-x)\,dx - \int_{-1}^2 (2x^2+5x)\,dx$

**100** $\int_1^3 (x^2+4)\,dx + 2\int_1^3 (x^2-2x+2)\,dx$

**101** $\int_0^4 (4x^2+3x-1)\,dx - \int_0^4 (t^2+3t-2)\,dt$

**102** $\int_{-1}^1 (2x+1)(x-1)\,dx - \int_{-1}^1 (x^2-x+4)\,dx$

**103** $\int_1^2 (3x+1)^2\,dx - \int_1^2 (3x-1)^2\,dx$

**104** $\int_0^4 (x+2)^3\,dx - \int_0^4 (x-2)^3\,dx$

**105** $\int_1^3 (x+1)(x^2-x+1)\,dx + \int_1^3 (x-1)(x^2+x+1)\,dx$

**106** $\int_0^2 (2x^2+x-1)\,dx - \int_2^0 (t^2-5t+4)\,dt$

**107** $\int_{-1}^2 (4x^2-2x+5)\,dx + \int_2^{-1} (x+2)^2\,dx$

[108~117] 다음 정적분의 값을 구하시오.

**108** $\displaystyle\int_0^1 (2x-1)\,dx + \int_1^2 (2x-1)\,dx$

**109** $\displaystyle\int_{-2}^0 (3x^2+2)\,dx + \int_0^1 (3t^2+2)\,dt$

**110** $\displaystyle\int_{-1}^1 (x^2-6x+2)\,dx + \int_1^2 (x^2-6x+2)\,dx$

**111** $\displaystyle\int_{-2}^5 (x^3+2x)\,dx + \int_5^2 (x^3+2x)\,dx$

**112** $\displaystyle\int_1^{-4} (5t^4-6t-1)\,dt + \int_{-4}^3 (5x^4-6x-1)\,dx$

**113** $\displaystyle\int_0^3 (4x^3-x^2)\,dx + \int_{-2}^0 (4x^3-x^2)\,dx$

**114** $\displaystyle\int_1^2 (6x^2-8x+2)\,dx + 2\int_0^1 (3x^2-4x+1)\,dx$

**115** $\displaystyle\int_{-1}^1 (4x^3+x)\,dx + \int_1^2 (4x^3+x)\,dx + \int_2^4 (4x^3+x)\,dx$

**116** $\displaystyle\int_{-2}^0 (5x^4-3x^2)\,dx - \int_1^0 (5x^4-3x^2)\,dx$

**117** $\displaystyle\int_1^2 (x^3+6x^2-1)\,dx - \int_3^2 (x^3+6x^2-1)\,dx$

📖 유형설명서 27쪽

유형 **12** 구간에 따라 다른 함수의 정적분

[118~121] 다음 정적분의 값을 구하시오.

**118** $f(x) = \begin{cases} 3x^2 & (x \leq 0) \\ -2x & (x \geq 0) \end{cases}$ 일 때, $\int_{-1}^{1} f(x) \, dx$

**119** $f(x) = \begin{cases} -x+1 & (x \leq 1) \\ x^2-1 & (x \geq 1) \end{cases}$ 일 때, $\int_{0}^{3} f(x) \, dx$

**120** $f(x) = \begin{cases} 2x^2-1 & (x \leq -1) \\ 3x+4 & (x \geq -1) \end{cases}$ 일 때, $\int_{-2}^{1} f(x) \, dx$

**121** $f(x) = \begin{cases} 2x-5 & (x \leq 2) \\ -x^2+3 & (x \geq 2) \end{cases}$ 일 때, $\int_{1}^{3} f(x) \, dx$

📖 유형설명서 27쪽

유형 **13** 절댓값 기호를 포함한 함수의 정적분

[122~129] 다음 정적분의 값을 구하시오.

**122** $\int_{0}^{3} |x-1| \, dx$

**123** $\int_{-4}^{1} |x+2| \, dx$

**124** $\int_{-1}^{2} |2x-1| \, dx$

**125** $\int_{-1}^{1} |x(x+1)| \, dx$

**126** $\displaystyle\int_{-1}^{2} |3x(x-2)|\, dx$

**127** $\displaystyle\int_{1}^{3} |x^2-4|\, dx$

**128** $\displaystyle\int_{-3}^{0} |x^2+x-2|\, dx$

**129** $\displaystyle\int_{0}^{2} |x^2-3x+2|\, dx$

유형설명서 27쪽

**유형 14 그래프가 대칭인 함수의 정적분**

[130~137] 다음 정적분의 값을 구하시오.

**130** $\displaystyle\int_{-1}^{1} (3x^2+2)\, dx$

**131** $\displaystyle\int_{-3}^{3} (x^5-4x^3+6x)\, dx$

**132** $\displaystyle\int_{-2}^{2} (5x^4+2x^3-3x^2+4x)\, dx$

**133** $\displaystyle\int_{-1}^{1} x(x-1)^2\, dx$

**134** $\displaystyle\int_{-3}^{3} (3x+1)(x-4)\,dx$

**135** $\displaystyle\int_{-1}^{1} (2x^2+4x-7)\,dx + \int_{-1}^{1} (x^2-3x+4)\,dx$

**136** $\displaystyle\int_{-2}^{0} (x^3-3x^2+6x-2)\,dx + \int_{0}^{2} (x^3-3x^2+6x-2)\,dx$

**137** $\displaystyle\int_{-1}^{0} (2x^3+4x^2+6x)\,dx - 2\int_{1}^{0} (x^3+2x^2+3x)\,dx$

유형설명서 27쪽

**유형 15** 정적분과 미분의 관계

**[138~141]** 다음을 구하시오.

**138** $\displaystyle\frac{d}{dx}\int_{2}^{x} (t^3-2t)\,dt$

**139** $\displaystyle\frac{d}{dx}\int_{-1}^{x} (2t^2+4t-1)\,dt$

**140** $\displaystyle\frac{d}{dx}\int_{-1}^{x} t(t^2+3t)\,dt$

**141** $\displaystyle\frac{d}{dx}\int_{1}^{x} (t+3)(t^2-2)\,dt$

**[142~145]** 다음 정적분을 $x$에 대하여 미분하시오.

**142** $\displaystyle\int_{x}^{x+3} (3t+6)\,dt$

**143** $\displaystyle\int_{x}^{x+1} (t^2+t)\,dt$

**144** $\displaystyle\int_{x}^{x+2} (-2t^2+3)\,dt$

**145** $\displaystyle\int_{x}^{x+1} (-t^2+3t-6)\,dt$

**[146~149]** 임의의 실수 $x$에 대하여 다음 등식을 만족시키는 상수 $a$의 값과 다항함수 $f(x)$를 구하시오.

**146** $\displaystyle\int_{1}^{x} f(t)\,dt = x^2-2x+a$

**147** $\displaystyle\int_{-1}^{x} f(t)\,dt = 3x^2+4x+a$

**148** $\displaystyle\int_{2}^{x} f(t)\,dt = -x^3+3x^2+ax$

**149** $\displaystyle\int_{1}^{x} f(t)\,dt = 3x^3+2ax^2+a$

**[150~153]** 다항함수 $f(x)$가 모든 실수 $x$에 대하여 다음 등식을 만족시킨다. $a$가 양수일 때, $f(a)$의 값을 구하시오.

**150** $\displaystyle\int_a^x f(t)\,dt = x^2 - 3x$

**151** $\displaystyle\int_a^x f(t)\,dt = x^2 - 2x - 8$

**152** $\displaystyle\int_a^x f(t)\,dt = x^3 - 9x$

**153** $\displaystyle\int_a^x f(t)\,dt = 3x^3 + 2x^2 - 5x$

유형설명서 28쪽

**유형 16** 적분 구간이 상수인 정적분을 포함한 등식

**[154~157]** 다음 등식을 만족시키는 다항함수 $f(x)$를 구하시오.

**154** $\displaystyle f(x) = 2x + \int_0^2 f(t)\,dt$

**155** $\displaystyle f(x) = x^2 - 4x + \int_0^3 f(t)\,dt$

**156** $\displaystyle f(x) = x^3 + x + \int_0^2 f(t)\,dt$

**157** $\displaystyle f(x) = 4x^3 + 3x^2 - x\int_0^1 f(t)\,dt$

[158~161] 다음 등식을 만족시키는 다항함수 $f(x)$에 대하여 $f(1)$의 값을 구하시오.

**158** $f(x)=5x^3+\int_0^1 tf(t)\,dt$

**159** $f(x)=4x^2-6x+\int_0^1 tf(t)\,dt$

**160** $f(x)=-2x^3+5x+\int_0^2 f'(t)\,dt$

**161** $f(x)=x^3-4x+\int_0^2 tf'(t)\,dt$

유형설명서 28쪽

**유형 17** 적분 구간에 변수가 있는 정적분을 포함한 등식

[162~165] 다음 등식을 만족시키는 다항함수 $f(x)$를 구하시오.

**162** $xf(x)=2x^3+x^2+\int_1^x f(t)\,dt$

**163** $xf(x)=-4x^3+3x^2+\int_2^x f(t)\,dt$

**164** $xf(x)=x^4-2x^3+\int_3^x f(t)\,dt$

**165** $x^2f(x)=6x^4+4x^3+2\int_1^x tf(t)\,dt$

유형설명서 29쪽

**유형 18** 적분 구간과 피적분함수에 변수가 있는 정적분을 포함한 등식

**[166~169]** 다음 등식을 만족시키는 다항함수 $f(x)$에 대하여 $f(-1)$의 값을 구하시오.

**166** $\displaystyle\int_{1}^{x}(x-t)f(t)\,dt=x^3-4x^2+3$

**167** $\displaystyle\int_{-1}^{x}(x-t)f(t)\,dt=-3x^3+4x^2+x-6$

**168** $\displaystyle\int_{0}^{x}(x-t)f(t)\,dt=x^4-2x^3+5x^2-x$

**169** $\displaystyle\int_{1}^{x}(x-t)f(t)\,dt=2x^5+x^4-6x^3+3x$

유형설명서 29쪽

**유형 19** 정적분으로 정의된 함수의 극대, 극소

**[170~173]** 다음을 구하시오.

**170** 함수 $f(x)=\displaystyle\int_{-1}^{x}(t^2-4t)\,dt$의 극댓값

**171** 함수 $f(x)=\displaystyle\int_{0}^{x}(3t^2-6t-9)\,dt$의 극솟값

**172** 함수 $f(x)=\displaystyle\int_{-2}^{x}(t^2-6t+5)\,dt$의 극댓값

**173** 함수 $f(x)=\displaystyle\int_{-3}^{x}(-t^2+2t+8)\,dt$의 극솟값

17
일
차

📖 유형설명서 29쪽

**유형 20** 정적분으로 정의된 함수의 극한

**[174~177]** 다음 극한값을 구하시오.

**174** $\lim\limits_{x \to 0} \dfrac{1}{x} \displaystyle\int_0^x (2t+1)\,dt$

**175** $\lim\limits_{x \to 1} \dfrac{1}{x-1} \displaystyle\int_1^x (3t^2-t+1)\,dt$

**176** $\lim\limits_{x \to -2} \dfrac{1}{x+2} \displaystyle\int_{-2}^x (t^2+4t-2)\,dt$

**177** $\lim\limits_{x \to 3} \dfrac{1}{x^2-9} \displaystyle\int_3^x (t^3+3t^2)\,dt$

**[178~181]** 다음 극한값을 구하시오.

**178** $\lim\limits_{h \to 0} \dfrac{1}{h} \displaystyle\int_1^{1+h} (3t-2)\,dt$

**179** $\lim\limits_{h \to 0} \dfrac{1}{h} \displaystyle\int_{-2}^{-2+h} (t^2-4t+1)\,dt$

**180** $\lim\limits_{h \to 0} \dfrac{1}{h} \displaystyle\int_2^{2+3h} (2t^3+4t)\,dt$

**181** $\lim\limits_{h \to 0} \dfrac{1}{h} \displaystyle\int_{1-h}^{1+h} (t^4-3t^2+5t)\,dt$

## 중단원 #기출#교과서

### 182
#2015#수능

$\int_0^1 (2x+a)\,dx = 4$일 때, 상수 $a$의 값은?

① 1      ② 2      ③ 3

④ 4      ⑤ 5

### 183
#9종#교과서

$\int_1^9 f(x)\,dx = 13$, $\int_1^2 f(x)\,dx = 7$, $\int_6^9 f(x)\,dx = 4$일 때,

$\int_2^6 f(x)\,dx$의 값을 구하시오.

### 184
#2019#수능

$\int_1^4 (x+|x-3|)\,dx$의 값을 구하시오.

### 185
#2022#수능 예시

$\int_{-1}^1 (x^3+a)\,dx = 4$일 때, 상수 $a$의 값은?

① 1      ② 2      ③ 3

④ 4      ⑤ 5

### 186
#9종#교과서

다항함수 $f(x)$가 모든 실수 $x$에 대하여

$$\int_0^x f(t)\,dt = x(4x-1)$$

을 만족시킬 때, 정적분 $\int_1^2 f\left(\dfrac{x}{4}\right)dx$의 값을 구하시오.

### 187
#9종#교과서

다항함수 $f(x)$에 대하여 등식

$$\int_1^x (x-t)f(t)\,dt = x^3 + ax^2 + 3x + b$$

가 성립할 때, 상수 $a$, $b$에 대하여 $ab$의 값을 구하시오.

### 188
#9종#교과서

닫힌구간 $[0,\ 4]$에서 함수

$$f(x) = \int_0^x (3t^2 - 6t)\,dt$$

의 최댓값과 최솟값의 합을 구하시오.

### 189
#2012#교육청

다항함수 $f(x)$가 $\displaystyle\lim_{x\to 1}\dfrac{\int_1^x f(t)\,dt - f(x)}{x^2 - 1} = 2$를 만족시킬 때,

$f'(1)$의 값은?

① $-4$      ② $-3$      ③ $-2$

④ $-1$      ⑤ $0$

106쪽에서 더 많은 9종 교과서 필수 문제를 만나보세요!

17
일
차

📖 유형설명서 30쪽

**유형 21** 곡선과 $x$축 사이의 넓이

**[190~193]** 다음 곡선과 $x$축으로 둘러싸인 도형의 넓이를 구하시오.

**190** $y=-x^2+9$

**191** $y=x^2-4x$

**192** $y=-x^2+x+2$

**193** $y=2x^2-x-3$

**[194~197]** 다음 곡선과 $x$축으로 둘러싸인 도형의 넓이를 구하시오.

**194** $y=x(x+2)(x-1)$

**195** $y=x(x-1)(x-4)$

**196** $y=-x^3+4x$

**197** $y=2x^3-8x^2+6x$

**[198~201]** 다음 곡선과 두 직선 및 $x$축으로 둘러싸인 도형의 넓이를 구하시오.

**198** $y=x^2-x$, $x=-1$, $x=1$

**199** $y=x^2+2x-3$, $x=0$, $x=2$

**200** $y=x^3-x$, $x=-\dfrac{1}{2}$, $x=1$

**201** $y=x(x+1)^2$, $x=-1$, $x=2$

유형설명서 30쪽

**유형 22** 곡선과 $y$축 사이의 넓이

**[202~205]** 다음 곡선과 두 직선 및 $y$축으로 둘러싸인 도형의 넓이를 구하시오.

**202** $x=y^2$, $y=0$, $y=1$

**203** $x=y^2+1$, $y=-2$, $y=-1$

**204** $x=y^2-y$, $y=\dfrac{1}{2}$, $y=2$

**205** $x=-y^2+9$, $y=1$, $y=3$

유형설명서 30쪽

유형 **23** 곡선과 직선 사이의 넓이

**[206~209]** 다음 곡선과 직선으로 둘러싸인 도형의 넓이를 구하시오.

**206** $y=x^2-2x,\ y=x$

**207** $y=x^2-1,\ y=-x+1$

**208** $y=x^2+x-5,\ y=-3x-8$

**209** $y=-2x^2+x-2,\ y=-2x-1$

**[210~213]** 다음 곡선과 직선으로 둘러싸인 도형의 넓이를 구하시오.

**210** $y=x(x-3)^2,\ y=x$

**211** $y=x^3+3,\ y=3x+1$

**212** $y=-x^3+x^2,\ y=-2x$

**213** $y=x^3+2x^2-2x,\ y=-x+2$

유형설명서 30쪽

## 유형 24 두 곡선 사이의 넓이

**[214~217]** 다음 두 곡선으로 둘러싸인 도형의 넓이를 구하시오.

**214** $y=x^2-3x$, $y=-x^2+3x+8$

**215** $y=x^2-6x+9$, $y=-x^2+2x+3$

**216** $y=x^2-5$, $y=-x^2+3x+4$

**217** $y=x^2+x-3$, $y=-2x^2+6x-1$

**[218~221]** 다음 두 곡선으로 둘러싸인 도형의 넓이를 구하시오.

**218** $y=x^3+x$, $y=-2x^2$

**219** $y=x^3-3x$, $y=3x^2-5x$

**220** $y=x^3-x^2$, $y=-x^3-x^2+2x$

**221** $y=x^3-4x^2$, $y=-x^3-2x$

유형설명서 31쪽

유형 **25** 두 도형의 넓이가 같을 조건

**[222~223]** 다음 물음에 답하시오.

**222** 오른쪽 그림과 같이 곡선 $y=x^2-2x$와 직선 $x=k$ 및 $x$축으로 둘러싸인 두 도형의 넓이가 서로 같을 때, 상수 $k$의 값을 구하시오.

(단, $k<0$)

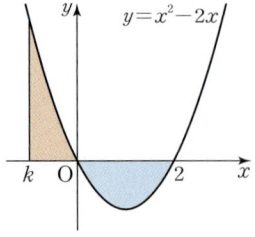

**223** 오른쪽 그림과 같이 곡선 $y=-2x^2-6x$와 직선 $x=k$ 및 $x$축으로 둘러싸인 두 도형의 넓이가 서로 같을 때, 상수 $k$의 값을 구하시오.

(단, $k>0$)

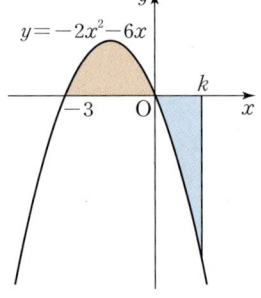

**[224~227]** 다음 곡선과 두 직선 및 $x$축으로 둘러싸인 두 도형의 넓이가 서로 같을 때, 상수 $k$의 값을 구하시오.

**224** $y=x^2-2x$, $x=0$, $x=k$ (단, $k>2$)

**225** $y=-x^2+3x$, $x=0$, $x=k$ (단, $k>3$)

**226** $y=-4x^2+8x$, $x=k$, $x=2$ (단, $k<0$)

**227** $y=x^2+4x$, $x=-4$, $x=k$ (단, $k>0$)

**[228~229]** 다음 곡선과 $x$축으로 둘러싸인 두 도형의 넓이가 서로 같을 때, 상수 $k$의 값을 구하시오.

**228** $y=x(x-2)(x-k)$ (단, $k>2$)

**229** $y=x(x-k)(x-3)$ (단, $0<k<3$)

유형설명서 31쪽

## 유형 26 곡선과 접선으로 둘러싸인 도형의 넓이

**[230~231]** 다음 곡선과 주어진 곡선 위의 점에서의 접선 및 $y$축으로 둘러싸인 도형의 넓이를 구하시오.

**230** $y=2x^2$, 점 $(1, 2)$

**231** $y=\dfrac{3}{2}x^2+1$, 점 $(-2, 7)$

**[232~233]** 다음 곡선과 주어진 곡선 위의 점에서의 접선으로 둘러싸인 도형의 넓이를 구하시오.

**232** $y=x^3-1$, 점 $(1, 0)$

**233** $y=x^3-x^2+4x+3$, 점 $(0, 3)$

유형설명서 31쪽

## 유형 27 역함수의 그래프와 넓이

**[234~237]** 다음 함수 $f(x)$의 역함수를 $g(x)$라 할 때, 두 곡선 $y=f(x)$, $y=g(x)$로 둘러싸인 도형의 넓이를 구하시오.

**234** $f(x)=x^3 \ (x \geq 0)$

**235** $f(x)=\dfrac{3}{2}x^2 \ (x \geq 0)$

**236** $f(x)=\dfrac{1}{4}x^3 \ (x \geq 0)$

**237** $f(x)=x^2-4x+6 \ (x \geq 2)$

유형 28 수평 운동을 하는 물체의 속도와 거리

📖 유형설명서 31쪽

**[238~240]** 원점을 출발하여 수직선 위를 움직이는 점 P의 시각 $t$에서의 속도가 $v(t)=6-3t$일 때, 다음을 구하시오.

**238** 시각 $t=4$에서의 점 P의 위치

**239** 시각 $t=1$에서 $t=4$까지 점 P의 위치의 변화량

**240** 시각 $t=1$에서 $t=4$까지 점 P가 움직인 거리

**[241~243]** 좌표가 1인 점을 출발하여 수직선 위를 움직이는 점 P의 시각 $t$에서의 속도가 $v(t)=4t-t^2$일 때, 다음을 구하시오.

**241** 시각 $t=5$에서의 점 P의 위치

**242** 시각 $t=2$에서 $t=5$까지 점 P의 위치의 변화량

**243** 시각 $t=2$에서 $t=5$까지 점 P가 움직인 거리

**[244~247]** 다음 물음에 답하시오.

**244** 원점을 출발하여 수직선 위를 움직이는 점 P의 시각 $t$에서의 속도가 $v(t)=-t^2+3t$일 때, 점 P가 처음으로 운동 방향을 바꾸는 시각에서의 점 P의 위치를 구하시오.

**245** 좌표가 3인 점을 출발하여 수직선 위를 움직이는 점 P의 시각 $t$에서의 속도가 $v(t)=t^2-3t-4$일 때, 점 P가 처음으로 운동 방향을 바꾸는 시각에서의 점 P의 위치를 구하시오.

**246** 직선 도로를 50 m/s의 속도로 달리는 트럭이 제동을 건 지 $t$초 후의 속도가 $v(t)=50-5t$(m/s)일 때, 이 트럭이 제동을 건 후 정지할 때까지 움직인 거리를 구하시오.

**247** 직선 선로를 15 m/s의 속도로 달리는 자기부상열차가 제동을 건 지 $t$초 후의 속도가 $v(t)=15-\dfrac{5}{2}t$(m/s)일 때, 이 자기부상열차가 제동을 건 후 정지할 때까지 움직인 거리를 구하시오.

📖 유형설명서 31쪽

유형 **29** 수직 운동을 하는 물체의 속도와 거리

**[248~251]** 수평인 지면으로부터 $50 \, \text{m}$ 높이에서 $15 \, \text{m/s}$의 속도로 수직으로 위로 던져 올린 물체의 $t$초 후의 속도가 $v(t) = 15 - 10t \, (\text{m/s})$일 때, 다음을 구하시오.

**248** 물체를 던진 지 2초 후의 지면으로부터의 높이

**249** 물체가 최고 높이에 도달할 때의 지면으로부터의 높이

**250** 물체가 지면에 떨어지는 순간의 속도

**251** 던진 후 4초 동안 물체가 움직인 거리

**[252~255]** 지상 $53.9 \, \text{m}$ 높이의 건물 옥상에서 $49 \, \text{m/s}$의 속도로 수직으로 위로 던져 올린 물체의 $t$초 후의 속도가 $v(t) = 49 - 9.8t \, (\text{m/s})$일 때, 다음을 구하시오.

**252** 물체를 던진 지 1초 후의 지면으로부터의 높이

**253** 물체가 최고 높이에 도달할 때의 지면으로부터의 높이

**254** 물체가 지면에 떨어지는 순간의 속도

**255** 던진 후 6초 동안 물체가 움직인 거리

유형설명서 32쪽

**유형 30** 속도의 그래프

[256~259] 원점을 출발하여 수직선 위를 움직이는 점 P의 시각 $t$에서의 속도 $v(t)$의 그래프가 오른쪽 그림과 같을 때, 다음 설명 중 옳은 것에는 ○표, 옳지 않은 것에는 ×표를 (    ) 안에 써넣으시오.

(단, $0 \le t \le 5$)

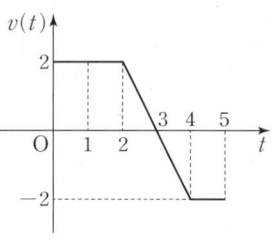

**256** 시각 $t=2$에서의 점 P의 위치는 4이다.    (    )

**257** 시각 $t=0$에서 $t=4$까지 점 P가 움직인 거리는 4이다.
(    )

**258** 점 P가 원점으로부터 가장 멀리 떨어져 있을 때의 시각은 $t=3$이다.    (    )

**259** 출발 후 운동 방향을 바꿀 때까지 점 P가 움직인 거리는 5이다.    (    )

[260~263] 원점을 출발하여 수직선 위를 움직이는 점 P의 시각 $t$에서의 속도 $v(t)$의 그래프가 오른쪽 그림과 같을 때, 다음을 구하시오.

(단, $0 \le t \le 5$)

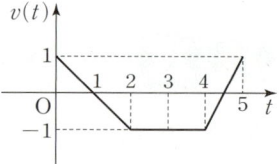

**260** 시각 $t=4$에서의 점 P의 위치

**261** 시각 $t=1$에서 $t=5$까지 점 P가 움직인 거리

**262** 점 P가 출발 후 다시 원점을 통과하는 시각 $t$

**263** 출발 후 운동 방향을 두 번째로 바꿀 때까지 점 P가 움직인 거리

20
일
차

[264~267] 원점을 출발하여 수직선 위를 움직이는 점 P의 시각 $t$에서의 속도 $v(t)$의 그래프가 그림과 같을 때, 다음을 구하시오.

**264**

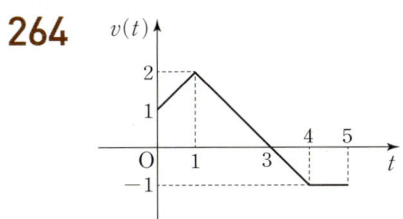

시각 $t=3$에서의 점 P의 위치 (단, $0 \leq t \leq 5$)

**265**

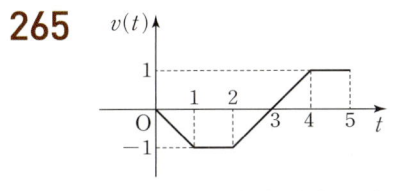

점 P가 원점으로부터 가장 멀리 떨어져 있을 때의 시각 $t$

(단, $0 \leq t \leq 5$)

**266**

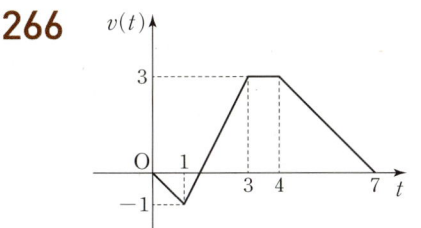

출발 후 운동 방향을 바꿀 때까지 점 P가 움직인 거리

(단, $0 \leq t \leq 7$)

**267**

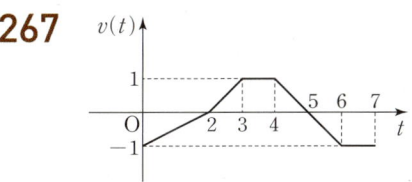

출발 후 운동 방향을 두 번째로 바꿀 때까지 점 P가 움직인 거리

(단, $0 \leq t \leq 7$)

20
일
차

## 268

#9종#교과서

곡선 $y=-x|x|$와 $x$축 및 두 직선 $x=a$, $x=1$로 둘러싸인 도형의 넓이가 3일 때, 음수 $a$의 값은?

① $-\dfrac{5}{2}$　　　② $-2$　　　③ $-\dfrac{3}{2}$

④ $-1$　　　⑤ $-\dfrac{1}{2}$

## 269

#2018#수능

곡선 $y=-2x^2+3x$와 직선 $y=x$로 둘러싸인 부분의 넓이가 $\dfrac{q}{p}$일 때, $p+q$의 값을 구하시오. (단, $p$와 $q$는 서로소인 자연수이다.)

## 270

#9종#교과서

점 $(1, 1)$을 지나는 두 곡선 $y=x^2-ax+4$, $y=-x^2+bx$로 둘러싸인 도형의 넓이를 구하시오. (단, $a$, $b$는 상수이다.)

## 271

#9종#교과서

그림과 같이 곡선 $y=\dfrac{1}{2}x^2-x$와 $x$축으로 둘러싸인 도형을 $A$, 이 곡선과 $x$축 및 직선 $x=k$로 둘러싸인 도형을 $B$라 하자. 두 도형 $A$, $B$의 넓이가 서로 같을 때, 상수 $k$의 값을 구하시오. (단, $k>2$)

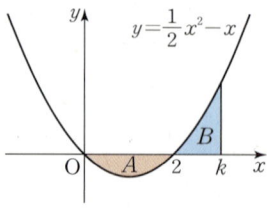

## 272

#2009#교육청

그림과 같이 함수 $f(x)=ax^2+b\ (x\geq0)$의 그래프와 그 역함수 $g(x)$의 그래프가 만나는 두 점의 $x$좌표는 1과 2이다. $0\leq x\leq1$에서 두 곡선 $y=f(x)$, $y=g(x)$ 및 $x$축, $y$축으로 둘러싸인 부분의 넓이를 $A$라 하고, $1\leq x\leq2$에서 두 곡선 $y=f(x)$, $y=g(x)$로 둘러싸인 부분의 넓이를 $B$라 하자. 이때, $A-B$의 값은?

(단, $a$, $b$는 상수이다.)

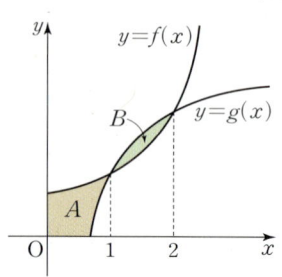

① $\dfrac{1}{9}$　　　② $\dfrac{2}{9}$　　　③ $\dfrac{1}{3}$

④ $\dfrac{4}{9}$　　　⑤ $\dfrac{5}{9}$

## 273

#2015#교육청

원점을 출발하여 수직선 위를 움직이는 점 P의 시각 $t$에서의 속도를 $v(t)=3t^2-6t$라 하자. 점 P가 시각 $t=0$에서 $t=a$까지 움직인 거리가 58일 때, $v(a)$의 값을 구하시오.

## 274

#9종#교과서

원점을 출발하여 수직선 위를 움직이는 점 P의 시각 $t$에서의 속도 $v(t)$의 그래프가 그림과 같을 때, 시각 $t=5$에서의 점 P의 위치를 구하시오. (단, $0\leq t\leq6$)

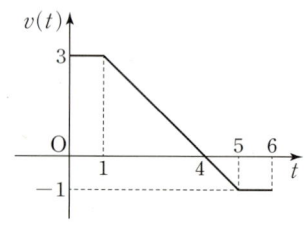

108쪽에서 더 많은 9종 교과서 필수 문제를 만나보세요!

# 9종
# 교과서
## 필수 문제

## 1

함수 $y=f(x)$의 그래프가 오른쪽 그림과 같을 때, 다음 중 그 값이 존재하지 <u>않는</u> 것은?

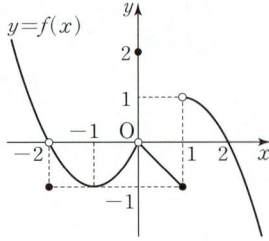

① $\lim\limits_{x \to -2-} f(x)$

② $\lim\limits_{x \to -1-} f(x)$

③ $\lim\limits_{x \to 0} f(x)$

④ $\lim\limits_{x \to 1} f(x)$

⑤ $\lim\limits_{x \to 2+} f(x)$

## 2

$\lim\limits_{x \to 4-} \dfrac{3x^2-13x+4}{|x-4|}$의 값은?

① $-12$  　　② $-11$  　　③ $-10$

④ $-9$  　　⑤ $-8$

## 3

| 보기 | 에서 극한값이 존재하는 것만을 있는 대로 고른 것은?

(단, $[x]$는 $x$보다 크지 않은 최대의 정수이다.)

> **보기**
>
> ㄱ. $\lim\limits_{x \to 0-} \dfrac{1}{x}$  　　ㄴ. $\lim\limits_{x \to 1} |x-1|$
>
> ㄷ. $\lim\limits_{x \to 0+} \dfrac{x}{|x|}$  　　ㄹ. $\lim\limits_{x \to 2} \dfrac{x}{[x]}$

① ㄱ, ㄴ  　　② ㄱ, ㄷ  　　③ ㄴ, ㄷ

④ ㄴ, ㄹ  　　⑤ ㄷ, ㄹ

## 4

두 함수 $f(x)$, $g(x)$에 대하여
$$\lim\limits_{x \to 3}\{f(x)-2g(x)\}=-1,\ \lim\limits_{x \to 3}\{-f(x)+4g(x)\}=7$$
일 때, $\lim\limits_{x \to 3} f(x)g(x)$의 값은?

① 11  　　② 12  　　③ 13

④ 14  　　⑤ 15

## 5

두 함수 $f(x)$, $g(x)$에 대하여 | 보기 |에서 옳은 것만을 있는 대로 고르시오. (단, $a$는 실수이다.)

> **보기**
>
> ㄱ. $\lim\limits_{x \to a} g(x)$와 $\lim\limits_{x \to a}\{f(x)-g(x)\}$의 값이 모두 존재하면 $\lim\limits_{x \to a} f(x)$의 값도 존재한다.
>
> ㄴ. $\lim\limits_{x \to \infty} f(x)$와 $\lim\limits_{x \to \infty} f(x)g(x)$의 값이 모두 존재하면 $\lim\limits_{x \to \infty} g(x)$의 값도 존재한다.
>
> ㄷ. $\lim\limits_{x \to a} f(x)$와 $\lim\limits_{x \to a} \dfrac{g(x)}{f(x)}$의 값이 모두 존재하면 $\lim\limits_{x \to a} g(x)$의 값도 존재한다.

## 6

$\lim\limits_{x \to 2} \dfrac{4x^2-7x-2}{x^2-4} + \lim\limits_{x \to 9} \dfrac{\sqrt{x}-3}{x-9}$의 값은?

① $\dfrac{29}{12}$  　　② $\dfrac{5}{2}$  　　③ $\dfrac{31}{12}$

④ $\dfrac{8}{3}$  　　⑤ $\dfrac{11}{4}$

## 7

$$\lim_{x \to -\infty} \frac{8-5x}{\sqrt{x^2-3}+2} + \lim_{x \to -\infty} (\sqrt{4x^2-x}+2x)$$의 값은?

① $\dfrac{17}{4}$　　　② $\dfrac{9}{2}$　　　③ $\dfrac{19}{4}$

④ $5$　　　⑤ $\dfrac{21}{4}$

## 8

두 함수

$$f(x) = x - \sqrt{x^2-2x},\ g(x) = \frac{1}{x-1}\left(\frac{1}{4} - \frac{1}{3x+1}\right)$$

에 대하여 $\lim\limits_{x \to \infty} f(x) + \lim\limits_{x \to 1} g(x)$의 값은?

① $\dfrac{9}{8}$　　　② $\dfrac{19}{16}$　　　③ $\dfrac{5}{4}$

④ $\dfrac{21}{16}$　　　⑤ $\dfrac{11}{8}$

## 9

$\lim\limits_{x \to -3} \dfrac{7-\sqrt{x-a}}{x+3} = b$일 때, 상수 $a$, $b$에 대하여 $ab$의 값은?

① $\dfrac{25}{7}$　　　② $\dfrac{26}{7}$　　　③ $\dfrac{27}{7}$

④ $4$　　　⑤ $\dfrac{29}{7}$

## 10

다항함수 $f(x)$가

$$\lim_{x \to \infty} \frac{f(x)}{3x^2-1} = -2,\ \lim_{x \to 1} \frac{f(x)}{x^2-6x+5} = \frac{3}{4}$$

을 만족시킬 때, $f(-1)$의 값을 구하시오.

## 11

함수 $f(x)$가 모든 음수 $x$에 대하여 $\dfrac{6x^2-8}{9x^2} < f(x) < \dfrac{6x-7}{9x}$을 만족시킬 때, $\lim\limits_{x \to -\infty} f(x)$의 값을 구하시오.

## 12

오른쪽 그림과 같이 곡선 $y = \dfrac{1}{x}$ $(x>0)$과 두 직선 $x = \dfrac{1}{3}$, $x = t$의 교점을 각각 A, B라 하고, 점 A에서 직선 $x = t$에 내린 수선의 발을 C라 할 때, $\lim\limits_{t \to \infty} \dfrac{t\overline{BC}}{\overline{AB}}$의 값을 구하시오. $\left(\text{단, } t > \dfrac{1}{3}\right)$

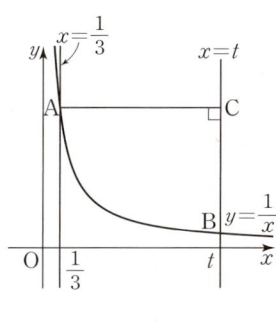

## 2 함수의 연속

### 1

|보기| 중 $x=3$에서 연속인 함수를 있는 대로 고른 것은?

> **보기**
>
> ㄱ. $f(x)=x^2+5x-24$
>
> ㄴ. $f(x)=\dfrac{1}{|x-3|}$
>
> ㄷ. $f(x)=\begin{cases} x+5 & (x<3) \\ 4x-4 & (x\geq 3) \end{cases}$
>
> ㄹ. $f(x)=\begin{cases} \dfrac{x^2+4x-21}{x-3} & (x\neq 3) \\ 7 & (x=3) \end{cases}$

① ㄱ, ㄴ      ② ㄱ, ㄷ      ③ ㄱ, ㄹ

④ ㄴ, ㄹ      ⑤ ㄷ, ㄹ

### 2

함수 $f(x)=\dfrac{1}{6-x}+2$가 연속인 구간을 $(-\infty,\ a)\cup(b,\ \infty)$, 함수 $g(x)=\sqrt{6-4x}$가 연속인 구간을 $(-\infty,\ c]$라 할 때, $abc$의 값을 구하시오.

### 3

열린구간 $(-1,\ 3)$에서 정의된 함수 $y=f(x)$의 그래프가 오른쪽 그림과 같을 때, |보기|에서 옳은 것만을 있는 대로 고른 것은?

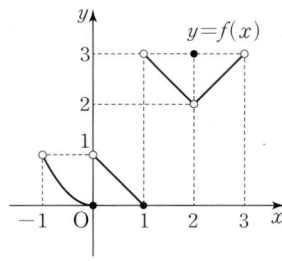

> **보기**
>
> ㄱ. $\lim\limits_{x\to 1-} f(x)=0$
>
> ㄴ. $x=2$에서 극한값이 존재한다.
>
> ㄷ. $-1<x<3$에서 함수 $f(x)$가 불연속이 되는 $x$의 값은 3개이다.

① ㄱ      ② ㄷ      ③ ㄱ, ㄴ

④ ㄴ, ㄷ      ⑤ ㄱ, ㄴ, ㄷ

### 4

함수

$$f(x)=\begin{cases} \dfrac{\sqrt{2x+a}-b}{x+1} & (x>-1) \\ \dfrac{1}{2} & (x\leq -1) \end{cases}$$

이 $x=-1$에서 연속일 때, $ab$의 값을 구하시오.

(단, $a$, $b$는 상수이다.)

### 5

모든 실수 $x$에서 연속인 함수 $f(x)$가

$$(x+2)(x-3)f(x)=x^3+ax-b$$

를 만족시킬 때, $f(1)$의 값을 구하시오. (단, $a$, $b$는 상수이다.)

### 6

두 함수 $f(x)=2x^2+x+5$, $g(x)=x^2-4x-5$에 대하여 |보기| 중 모든 실수 $x$에서 연속인 함수를 있는 대로 고르시오.

> **보기**
>
> ㄱ. $f(x)-g(x)$      ㄴ. $f(x)g(x)$
>
> ㄷ. $\dfrac{f(x)}{g(x)}$      ㄹ. $\dfrac{1}{f(x)+g(x)}$

## 7

두 함수 $f(x)=x^3-x^2-x-1$, $g(x)=x^2-ax+1$에 대하여 함수 $\dfrac{f(x)}{g(x)}$가 모든 실수 $x$에서 연속이 되도록 하는 정수 $a$의 최솟값을 구하시오.

## 8

두 함수 $y=f(x)$, $y=g(x)$의 그래프가 다음 그림과 같을 때, |보기|에서 옳은 것만을 있는 대로 고른 것은?

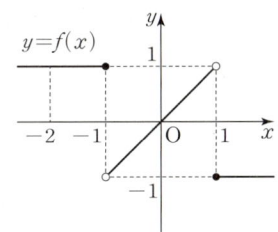
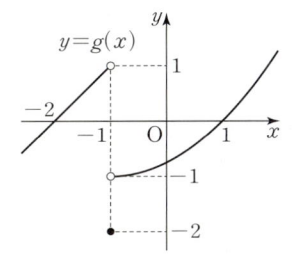

**보기**

ㄱ. $\lim\limits_{x \to -2}\{f(x)-g(x)\}=1$

ㄴ. 함수 $f(x)+g(x)$는 $x=1$에서 불연속이다.

ㄷ. 함수 $f(x)g(x)$는 $x=-1$에서 연속이다.

① ㄱ ② ㄴ ③ ㄱ, ㄴ
④ ㄴ, ㄷ ⑤ ㄱ, ㄴ, ㄷ

## 9

다음 구간에서 함수 $f(x)=\dfrac{7}{x+3}$의 최댓값과 최솟값을 구할 때, 최댓값이 존재하지 <u>않는</u> 구간은?

① $[-5, -4]$ ② $[-4, -3)$ ③ $(-3, -2]$
④ $[-2, -1]$ ⑤ $[-1, -0]$

## 10

다음은 방정식 $3x^4-5x^2-3=0$이 열린구간 $(-2, 0)$에서 적어도 하나의 실근을 가짐을 보이는 과정이다.

$f(x)=$ [ (가) ] 라 하면 함수 $f(x)$는 닫힌구간 $[-2, 0]$에서 [ (나) ]이고 $f(-2)=25>0$, $f(0)=-3<0$이므로 [ (다) ]에 의하여 $f(c)=0$인 $c$가 열린구간 $(-2, 0)$에 적어도 하나 존재한다. 따라서 방정식 $3x^4-5x^2-3=0$이 열린구간 $(-2, 0)$에서 적어도 하나의 실근을 갖는다.

위의 (가), (나), (다)에 알맞은 것을 써넣으시오.

## 11

방정식 $x^{10}+x^5+2x-10=0$이 열린구간 $(-1, 4)$에서 하나의 실근을 가질 때, 다음 중 이 실근이 존재하는 구간은?

① $(-1, 0)$ ② $(0, 1)$ ③ $(1, 2)$
④ $(2, 3)$ ⑤ $(3, 4)$

## 12

연속함수 $f(x)$가 모든 실수 $x$에 대하여 $f(-x)=f(x)$를 만족시키고 $f(2)f(4)<0$, $f(6)f(8)<0$일 때, 방정식 $f(x)=0$은 적어도 몇 개의 실근을 갖는지 구하시오.

## 1

함수 $f(x)=2x^3-ax+5$에서 $x$의 값이 1에서 3까지 변할 때의 평균변화율이 2일 때, 상수 $a$의 값은?

① 6      ② 12      ③ 18

④ 24      ⑤ 30

## 2

$x\geq0$에서 함수 $y=f(x)$의 그래프와 직선 $y=x$가 다음 그림과 같고 $0<a<1<b$일 때, |보기|에서 옳은 것만을 있는 대로 고르시오.

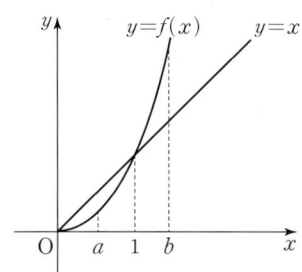

**보기**

ㄱ. $\dfrac{1-f(a)}{1-a}<\dfrac{f(b)-1}{b-1}$      ㄴ. $b-a>f(b)-f(a)$

ㄷ. $0<\dfrac{f(a)}{a}<1$      ㄹ. $\dfrac{f'(b)}{f'(a)}<1$

## 3

미분가능한 함수 $f(x)$에 대하여 $f(5)=-1$, $f'(5)=30$일 때, $\displaystyle\lim_{x\to5}\dfrac{f(x)+1}{x^2-25}$의 값은?

① 1      ② 2      ③ 3

④ 4      ⑤ 5

## 4

다항함수 $f(x)$에 대하여 $f(1)=1$, $f'(1)=-3$일 때, $\displaystyle\lim_{x\to1}\dfrac{f(x)-x^2}{x-1}$의 값을 구하시오.

## 5

함수 $y=f(x)$의 그래프가 다음 그림과 같을 때, 함수 $f(x)$가 불연속인 점의 개수를 $m$, 미분가능하지 않은 점의 개수를 $n$이라 하자. $m+n$의 값을 구하시오.

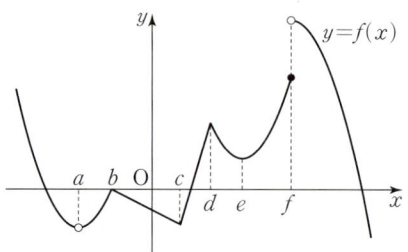

## 6

미분가능한 함수 $f(x)$가 모든 실수 $x$, $y$에 대하여 다음 조건을 만족시킬 때, $f'(3)$의 값은?

| |
|---|
| ㈎ $f(x+y)=f(x)+f(y)-3xy$ |
| ㈏ $f'(0)=5$ |

① $-5$      ② $-4$      ③ $-3$

④ $-2$      ⑤ $-1$

## 7

다음 함수 중 $x=1$에서의 미분계수가 가장 작은 것은?

① $f(x)=-10^5$　　　　② $f(x)=\dfrac{5}{2}x-12$

③ $f(x)=-x^2+5x$　　　④ $f(x)=x(x-1)^2$

⑤ $f(x)=x^5-2x^3+10$

## 8

함수 $f(x)=-x^3+3x^2-6x$에 대하여

$\displaystyle\lim_{h\to0}\dfrac{f(2-4h)-f(2)}{3h}$의 값을 구하시오.

## 9

$\displaystyle\lim_{x\to-1}\dfrac{x^{99}+x^{66}+x^{33}+1}{x+1}$의 값은?

① $-66$　　　　② $-33$　　　　③ $0$

④ $33$　　　　⑤ $66$

## 10

함수 $f(x)=3x^2-ax+b$가 $f(-2)=1$, $f'(-1)=4$를 만족시킬 때, $f(2)$의 값은? (단, $a$, $b$는 상수이다.)

① $11$　　　　② $21$　　　　③ $31$

④ $41$　　　　⑤ $51$

## 11

함수 $f(x)=\begin{cases}(2x+1)(x-3) & (x\le-2)\\ ax+b & (x>-2)\end{cases}$가 $x=-2$에서 미분가능할 때, 상수 $a$, $b$에 대하여 $b-a$의 값은?

① $-4$　　　　② $-2$　　　　③ $0$

④ $2$　　　　⑤ $4$

## 12

다항식 $x^3-ax^2+3x+b$를 $(x-1)^2$으로 나누었을 때의 나머지가 $3x-5$일 때, 상수 $a$, $b$에 대하여 $\dfrac{b}{a}$의 값을 구하시오.

## 1

곡선 $y=x^3-3x^2+3x+1$ 위의 점 $(0, 1)$에서의 접선이 이 곡선과 점 $(a, b)$에서 만날 때, $a+b$의 값은? (단, $a \neq 0$)

① 11 　　　　　② 12 　　　　　③ 13

④ 14 　　　　　⑤ 15

## 2

점 $(0, 8)$에서 곡선 $y=2x^3-5x+4$에 그은 접선과 $x$축, $y$축으로 둘러싸인 도형의 넓이를 구하시오.

## 3

곡선 $y=x^3-3x^2+2$ 위의 점에서의 접선 중 기울기가 최소인 직선이 점 $(3, a)$를 지날 때, $a$의 값은?

① $-6$ 　　　　　② $-7$ 　　　　　③ $-8$

④ $-9$ 　　　　　⑤ $-10$

## 4

두 함수 $f(x)=-x^3+3$, $g(x)=x^2+ax+b$에 대하여 두 곡선 $y=f(x)$, $y=g(x)$는 점 $(1, 2)$를 지나고 그 점에서의 접선이 일치할 때, $g(3)$의 값은?

① $-2$ 　　　　　② $-1$ 　　　　　③ 0

④ 1 　　　　　⑤ 2

## 5

함수 $f(x)=x^4-6x^2+5$에 대하여 닫힌구간 $[-2, 2]$에서 롤의 정리를 만족시키는 상수 $c$의 개수는?

① 1 　　　　　② 2 　　　　　③ 3

④ 4 　　　　　⑤ 5

## 6

함수 $f(x)=x^3-x-1$에 대하여 닫힌구간 $[0, k]$에서 평균값 정리를 만족시키는 상수가 $\sqrt{3}$일 때, $k$의 값을 구하시오.

## 7

함수 $f(x)=-\dfrac{2}{3}x^3+ax^2+3ax$가 임의의 두 실수 $x_1$, $x_2$에 대하여 $x_1<x_2$이면 $f(x_1)>f(x_2)$를 만족시키도록 하는 실수 $a$의 최솟값을 구하시오.

## 8

함수 $f(x)=x^3-3x^2-9x+a$의 극솟값이 $-20$일 때, 함수 $f(x)$의 극댓값을 구하시오. (단, $a$는 상수이다.)

## 9

사차함수 $f(x)$와 삼차함수 $g(x)$의 도함수 $y=f'(x)$, $y=g'(x)$의 그래프가 다음 그림과 같을 때, 함수 $h(x)=f(x)-g(x)$가 극대일 때의 $x$의 값은?

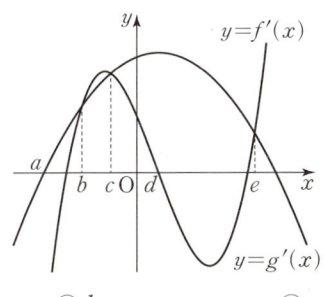

① $a$　　　　② $b$　　　　③ $c$
④ $d$　　　　⑤ $e$

## 10

함수 $f(x)=\dfrac{2}{3}x^3+ax^2-4ax+1$이 극값을 갖지 않도록 하는 실수 $a$의 최댓값과 최솟값의 합을 구하시오.

## 11

사차함수 $f(x)$의 도함수 $y=f'(x)$의 그래프가 오른쪽 그림과 같고 $f(-2)=0$일 때, 옳은 것만을 |보기|에서 있는 대로 고른 것은?

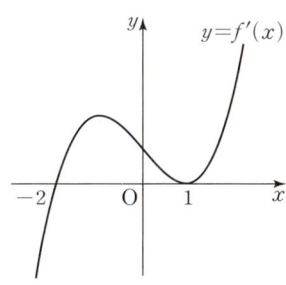

> **보기**
>
> ㄱ. $f(1)>0$
> ㄴ. 함수 $f(x)$는 $x=-2$에서 극소이다.
> ㄷ. 곡선 $y=f(x)$는 $x$축과 서로 다른 두 점에서 만난다.

① ㄱ　　　　② ㄱ, ㄴ　　　　③ ㄱ, ㄷ
④ ㄴ, ㄷ　　　　⑤ ㄱ, ㄴ, ㄷ

## 12

오른쪽 그림과 같이 밑면의 반지름의 길이가 $r$, 높이가 $h$인 원기둥이 있다. 이 원기둥의 밑면의 지름을 포함하고 밑면에 수직인 평면으로 자른 도형의 대각선의 길이가 12로 일정할 때, 원기둥의 부피의 최댓값을 구하시오.

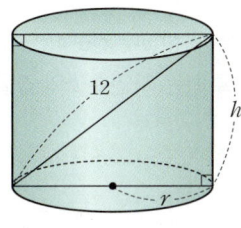

**1**

방정식 $x^3 - \dfrac{3}{2}x^2 = 6x - 3$의 서로 다른 실근의 개수를 구하시오.

**2**

방정식 $x^4 + \dfrac{4}{3}x^3 - 4x^2 + 3 = k$가 서로 다른 네 실근을 갖도록 하는 실수 $k$의 값의 범위는?

① $1 < k < 3$       ② $\dfrac{4}{3} < k < 3$       ③ $2 < k < 3$

④ $1 < k < 4$       ⑤ $\dfrac{4}{3} < k < 4$

**3**

두 곡선 $y = x^3 + 4x^2 - 3$, $y = x^2 + k$가 서로 다른 두 점에서 만나도록 하는 자연수 $k$의 값을 구하시오.

**4**

방정식 $2x^3 - 9x^2 + 5 - a = 0$이 서로 다른 두 개의 양의 실근과 한 개의 음의 실근을 갖도록 하는 정수 $a$의 개수를 구하시오.

**5**

모든 실수 $x$에 대하여 부등식 $x^4 + x^2 \geq 3x^2 + k$가 성립하도록 하는 실수 $k$의 값의 범위는?

① $k \leq -2$       ② $k < -2$       ③ $k \leq -1$

④ $k < -1$       ⑤ $k \leq 0$

**6**

$x \geq 0$일 때, 부등식 $2x^3 - 3kx^2 + 8 \geq 0$이 성립하도록 하는 양수 $k$의 최댓값을 구하시오.

## 7

원점을 출발하여 수직선 위를 움직이는 점 P의 시각 $t$에서의 위치 $x$가 $x=t^3-2t^2-3t$일 때, 점 P가 출발 후 다시 원점을 지날 때의 가속도는?

① 11　　　　② 12　　　　③ 13

④ 14　　　　⑤ 15

## 8

수직선 위를 움직이는 두 점 P, Q의 시각 $t$에서의 위치 $x_P$, $x_Q$가 각각 $x_P=2t^2-4t$, $x_Q=t^2-6t$이다. 두 점 P, Q가 서로 반대 방향으로 움직이는 시각 $t$의 값의 범위는?

① $0<t<3$　　② $1<t<2$　　③ $1<t<3$

④ $2<t<3$　　⑤ $2<t<4$

## 9

수직선 위를 움직이는 점 P의 시각 $t$에서의 위치 $x(t)$의 그래프가 오른쪽 그림과 같을 때, 다음 중 옳지 <u>않은</u> 것은?

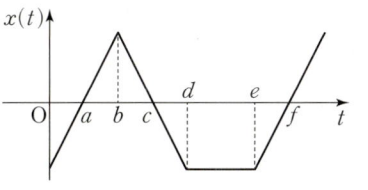

① $t=a$일 때, 점 P는 양의 방향으로 움직인다.

② $t=b$일 때, 점 P는 운동 방향을 바꾼다.

③ $t=c$일 때, 점 P의 속도는 0이다.

④ $d<t<e$일 때, 점 P는 움직이지 않는다.

⑤ $0<t<f$일 때, 점 P는 원점을 두 번 지난다.

## 10

지면으로부터 높이가 40 m인 절벽에서 10 m/s의 속도로 위로 던진 돌의 $t$초 후의 지면으로부터의 높이 $x$ m는 $x=-5t^2+10t+40$이다. 위로 던진 돌이 지면에 닿는 순간의 속도를 구하시오.

## 11

직선 선로 위를 달리던 열차가 제동을 건 후 $t$초 동안 움직인 거리 $x$ m는 $x=24t-at^2$이다. 이 열차가 제동을 건 후 정지할 때까지 12초가 걸렸다고 한다. 이 열차가 정지할 때까지 움직인 거리를 구하시오.

## 12

키가 1.8 m인 민수가 지면으로부터의 높이가 3 m인 가로등 바로 밑에서 출발하여 일직선으로 1.2 m/s의 속도로 걸어가고 있다. 민수의 그림자의 길이의 변화율을 $a$ m/s라 할 때, $10a$의 값을 구하시오.

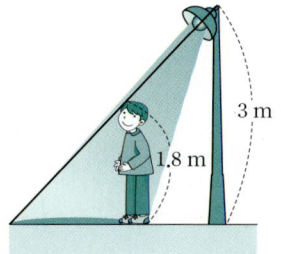

## 1

모든 실수 $x$에 대하여 등식

$$\int (x+a)(3x-2)\,dx = bx^3 + cx^2 - 4x + C \text{ ($C$는 적분상수)}$$

가 성립할 때, 상수 $a$, $b$, $c$에 대하여 $a+b+c$의 값은?

① $-4$        ② $-2$        ③ $1$

④ $3$        ⑤ $5$

## 2

함수 $f(x)$가 $f'(x) = 4x^3 + ax^2 - 2x$를 만족시키고 $f(-1) = -1$, $f(1) = 3$일 때, $f(-2)$의 값은? (단, $a$는 상수이다.)

① $-3$        ② $-2$        ③ $-1$

④ $0$        ⑤ $1$

## 3

자연수 $n$에 대하여 연속함수 $f(x)$가

$$f(x) = \int dx + 2\int x\,dx + 3\int x^2\,dx + \cdots + n\int x^{n-1}\,dx$$

이고 $f(0) = -2$, $f(1) = 8$일 때, $n$의 값을 구하시오.

## 4

'함수 $f(x)$의 부정적분을 구하시오.'라는 문제를 잘못 보고 $f(x)$를 $x$에 대하여 미분하였더니 $3x^2 + 8x + 3$이 되었다. $f(-1) = 0$일 때, 올바른 답을 구하면 $ax^4 + bx^3 + cx^2 + C$이다. 상수 $a$, $b$, $c$에 대하여 $abc$의 값을 구하시오. (단, $C$는 적분상수이다.)

## 5

함수 $f(x)$의 도함수 $f'(x)$에 대하여 $y = f'(x)$의 그래프는 직선 $y = -2x + 4$와 $x$축 위의 한 점에서 수직으로 만나는 직선이다. $f(0) = f'(2)$일 때, 함수 $f(x)$를 구하시오.

## 6

두 다항함수 $f(x)$, $g(x)$에 대하여

$$f'(x) + g'(x) = 6x^2 - 8x + 5,$$
$$f'(x) - g'(x) = 12x + 3$$

이 성립하고 $f(0) = -2$, $g(0) = 3$일 때, $f(1) - g(2)$의 값은?

① $3$        ② $5$        ③ $7$

④ $9$        ⑤ $11$

## 7

미분가능한 함수 $f(x)$가 임의의 두 실수 $x$, $y$에 대하여

$$f(x+y)=f(x)+f(y)-xy$$

를 만족시킨다. $f'(0)=1$일 때, $f(2)$의 값은?

① $-2$  ② $-1$  ③ $0$

④ $1$  ⑤ $2$

## 8

다항함수 $f(x)$가

$$\int (x-1)f(x)\,dx=2x^3+\frac{9}{2}x^2-15x+4+C$$

($C$는 적분상수)

를 만족시킬 때, $f(-1)$의 값을 구하시오.

## 9

함수 $f(x)=\int (x^2-2x+3)\,dx$에 대하여 $\lim\limits_{x\to 2}\dfrac{f(x)-f(2)}{x^2-4}$의 값은?

① $\dfrac{1}{2}$  ② $\dfrac{2}{3}$  ③ $\dfrac{3}{4}$

④ $\dfrac{4}{5}$  ⑤ $\dfrac{5}{6}$

## 10

다항함수 $f(x)$의 한 부정적분 $F(x)$에 대하여

$$F(x)=xf(x)-4x^3+3x^2+2$$

가 성립한다. $2f(2)-f(-1)=10$일 때, $f(3)$의 값을 구하시오.

## 11

두 다항함수 $f(x)$, $g(x)$가

$$\int g(x)\,dx=x^4 f(x)+C \ (C\text{는 적분상수})$$

를 만족시키고 $f(1)=3$, $f'(1)=-4$일 때, $g(1)$의 값은?

① $2$  ② $4$  ③ $6$

④ $8$  ⑤ $10$

## 12

함수 $f(x)=\int (3x^2+ax-9)\,dx$가 $x=-1$에서 극댓값 $9$를 가질 때, 함수 $f(x)$의 극솟값을 $m$이라 하자. 상수 $a$에 대하여 $a-m$의 값은?

① $15$  ② $16$  ③ $17$

④ $18$  ⑤ $19$

## 1

부등식 $\int_0^3 (x^2 - nx + 3)\,dx > 0$을 만족시키는 자연수 $n$의 개수를 구하시오.

## 2

함수 $f(x) = 3x^2 + ax$에 대하여

$$\int_0^1 \{f(x) - f'(x)\}\,dx = 0$$

이 성립할 때, $\int_1^2 f(x)\,dx$의 값은? (단, $a$는 상수이다.)

① $-4$      ② $-2$      ③ $1$

④ $3$      ⑤ $5$

## 3

두 연속함수 $f(x)$, $g(x)$에 대하여

$$\int_a^b f(x)\,dx = 2, \quad \int_a^b \{4f(x) - 3g(x)\}\,dx = 2$$

가 성립할 때, $\int_a^b g(x)\,dx$의 값을 구하시오. (단, $a$, $b$는 상수이다.)

## 4

함수 $f(x) = x^2 + ax + b$가

$$\int_0^2 f(x)\,dx = \int_0^1 f(x)\,dx = \int_1^2 f(x)\,dx$$

를 만족시킬 때, 상수 $a$, $b$에 대하여 $ab$의 값은?

① $-\dfrac{4}{3}$      ② $-\dfrac{2}{3}$      ③ $-\dfrac{1}{3}$

④ $\dfrac{1}{3}$      ⑤ $\dfrac{2}{3}$

## 5

함수 $f(x) = \begin{cases} 2x + a & (x \leq 1) \\ x^2 - 2x & (x > 1) \end{cases}$가 모든 실수 $x$에서 연속일 때, 정적분 $\int_0^2 f(x)\,dx$의 값을 구하시오. (단, $a$는 상수이다.)

## 6

함수 $f(x) = x^2 + ax + b$가

$$\int_{-1}^1 f(x)\,dx = \int_{-1}^1 xf(x)\,dx = 2$$

를 만족시킬 때, 상수 $a$, $b$에 대하여 $ab$의 값은?

① $1$      ② $2$      ③ $4$

④ $6$      ⑤ $8$

## 7

모든 실수에서 연속인 함수 $f(x)$가 다음 조건을 만족시킬 때, 정적분 $\int_{-1}^{1}(1-x)f(x)\,dx$의 값을 구하시오.

> (가) 모든 실수 $x$에 대하여 $f(-x)=f(x)$
>
> (나) $\int_{0}^{1}f(x)\,dx=2$

## 8

함수 $f(x)=3\int_{0}^{x}t(t-2)\,dt$에 대하여 정적분 $\int_{1}^{3}f'(x)\,dx$의 값은?

① $-2$  ② $-1$  ③ $0$

④ $1$  ⑤ $2$

## 9

다항함수 $f(x)$가 등식

$$f(x)=3x^2+x\int_{0}^{2}f(t)\,dt-1$$

을 만족시킬 때, $f(-1)$의 값을 구하시오.

## 10

모든 실수 $x$에서 미분가능한 함수 $f(x)$가 등식

$$xf(x)=2x^3-3x^2+\int_{1}^{x}f(t)\,dt$$

를 만족시킬 때, 함수 $f(x)$의 최솟값을 구하시오.

## 11

함수 $f(x)=\int_{0}^{x}(3t^2-12t+9)\,dt$의 극댓값을 $M$, 극솟값을 $m$이라 할 때, $M-m$의 값은?

① $2$  ② $4$  ③ $6$

④ $8$  ⑤ $10$

## 12

$\lim_{x\to 1}\dfrac{1}{x^3-1}\int_{1}^{x}(t^3-2t^2+5)\,dt$의 값은?

① $\dfrac{1}{3}$  ② $1$  ③ $\dfrac{4}{3}$

④ $2$  ⑤ $\dfrac{8}{3}$

## 1

곡선 $y=3x^2-3ax$와 $x$축으로 둘러싸인 도형의 넓이가 4일 때, 양수 $a$의 값은?

① 1　　　　　　② $\dfrac{3}{2}$　　　　　③ 2

④ $\dfrac{5}{2}$　　　　　⑤ 3

## 2

곡선 $x=-y^2+4$와 $y$축 및 두 직선 $y=2$, $y=3$으로 둘러싸인 도형의 넓이는?

① $\dfrac{5}{3}$　　　　　② 2　　　　　③ $\dfrac{7}{3}$

④ $\dfrac{8}{3}$　　　　　⑤ 3

## 3

곡선 $y=x(x-1)^2$과 직선 $y=4x$로 둘러싸인 도형의 넓이를 구하시오.

## 4

두 곡선 $y=x^2(x-2)$, $y=-2x(x-2)$로 둘러싸인 도형의 넓이는?

① 6　　　　　　② 8　　　　　③ 10

④ 12　　　　　⑤ 14

## 5

다음 그림과 같이 곡선 $y=-x^2+4x+k$와 $x$축 및 $y$축으로 둘러싸인 도형의 넓이를 $A$, 이 곡선과 $x$축으로 둘러싸인 도형의 넓이를 $B$라 할 때, $A:B=1:20$이다. 상수 $k$의 값을 구하시오.

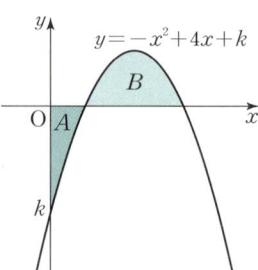

## 6

곡선 $y=x^2-3x$와 직선 $y=kx$로 둘러싸인 도형의 넓이를 $A$, 곡선 $y=x^2-3x$와 $x$축으로 둘러싸인 도형의 넓이를 $B$라 할 때, $27A=B$이다. 상수 $k$의 값을 구하시오. (단, $-3<k<0$)

## 7

곡선 $y=x^2-1$과 점 $(0, -5)$에서 이 곡선에 그은 두 접선으로 둘러싸인 도형의 넓이가 $\dfrac{q}{p}$일 때, $pq$의 값을 구하시오.

(단, $p$와 $q$는 서로소인 자연수이다.)

## 8

함수 $f(x)=2x^3$의 역함수를 $g(x)$라 할 때,
$\displaystyle\int_1^2 f(x)\,dx + \int_2^{16} g(x)\,dx$의 값을 구하시오.

## 9

좌표가 30인 점을 출발하여 수직선 위를 움직이는 점 P의 시각 $t$에서의 속도가 $v(t)=3t-\dfrac{3}{2}t^2$일 때, 시각 $t=5$에서의 점 P의 위치는?

① $-10$          ② $-5$          ③ $0$
④ $5$          ⑤ $10$

## 10

활주로에 착륙하는 비행기의 바퀴가 접지한 지 $t$초 후의 속도가 $v(t)=32-2t$일 때, 이 비행기가 접지한 후 정지할 때까지 움직인 거리를 구하시오.

## 11

지면에서 출발하여 지면에 수직인 방향으로 위로 발사된 총알의 $t$초 후의 속도 $v(t)$가

$$v(t)=\begin{cases} 2t & (0\le t\le 2) \\ -2t+8 & (2\le t\le 5) \end{cases}$$

일 때, 총알이 5초 동안 움직인 거리를 구하시오.

## 12

원점을 출발하여 수직선 위를 7초 동안 움직이는 점 P의 시각 $t$에서의 속도 $v(t)$의 그래프가 다음 그림과 같을 때, |보기|에서 옳은 것만을 있는 대로 고르시오.

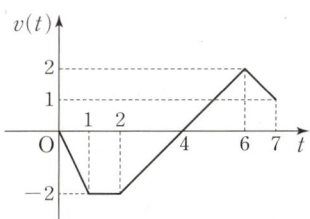

**보기**

ㄱ. 점 P는 출발한 지 4초 후에 원점에서 가장 멀리 떨어져 있다.

ㄴ. 점 P가 출발 후 6초 동안 움직인 거리는 7이다.

ㄷ. 점 P는 출발한 지 7초 후에 다시 원점에 위치한다.

# ∞ Word master

## 수능/내신 영어 1등급을 위해 반드시 알아야 할 어휘만 모았다!

단어/숙어 분야 1위*

마스터 시리즈 판매 기록 600만

수능/내신 영어 1등급을 위해 학습 목적에 따라 선택하는 **Word master 고등 시리즈**

| 고등 기본 어휘 **고등 BASIC** | 수능 빈출 어휘 **수능 2000** | 수능+내신 필수 어휘 **고등 COMPLETE** |
| 수능 고난도 어휘 **하이퍼 2000** | 주제별 EBS 어휘 **EBS 파이널 1200** | 특성별 수능 어휘 **수능 어휘완성** |

• 워드마스터 수능 2000 : YES24, 알라딘, 인터파크 등 온라인 서점 고등 영어 전문교재 〉 단어/숙어 분야 1위 (2020년 10월 판매량 기준)

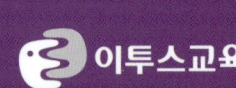

수학 Ⅱ

이투스북

파워학

POWER WORKBOOK

어떤 책과도 어울리는
모든 책에 워크북

유형설명서
유형설명

# POWER

# 파워크북

WORKBOOK

## 수학 II

유형설명서

본책 6쪽

## 유형 01 함수의 수렴

(1) $x \rightarrow a$일 때 함수의 수렴

함수 $f(x)$에서 $x$의 값이 $a$가 아니면서 $a$에 한없이 가까워질 때, $f(x)$의 값이 일정한 값 $L$에 한없이 가까워지면 함수 $f(x)$는 $L$에 **수렴**한다고 한다. 이때 $L$을 함수 $f(x)$의 $x=a$에서의 **극한값** 또는 **극한**이라 하고, 이것을 기호로 다음과 같이 나타낸다.

$$\lim_{x \to a} f(x) = L \ \text{또는} \ x \to a일 \ 때 \ f(x) \to L$$

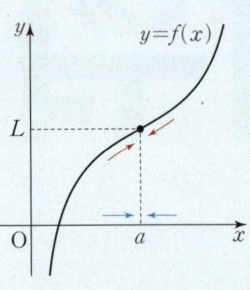

(2) $x \rightarrow \infty$, $x \rightarrow -\infty$일 때 함수의 수렴

함수 $f(x)$에서 $x$의 값이 한없이 커지거나 $x$의 값이 음수이면서 그 절댓값이 한없이 커질 때, $f(x)$의 값이 일정한 값 $L$에 수렴하는 것을 기호로 다음과 같이 나타낸다.

$$\lim_{x \to \infty} f(x) = L \ \text{또는} \ x \to \infty일 \ 때 \ f(x) \to L$$
$$\lim_{x \to -\infty} f(x) = L \ \text{또는} \ x \to -\infty일 \ 때 \ f(x) \to L$$

### Example

(1) $\lim_{x \to -1}(x-1) = -2$

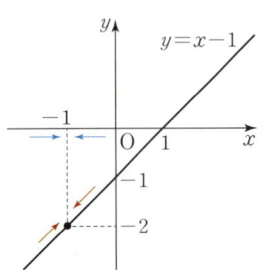

(2) 함수 $y = \dfrac{x^2-1}{x+1}$은 $x=-1$에서 정의되지 않지만 $x \ne -1$인 모든 실수 $x$에 대하여 $y = \dfrac{x^2-1}{x+1} = x-1$이므로

$$\lim_{x \to -1} \frac{x^2-1}{x+1} = -2$$

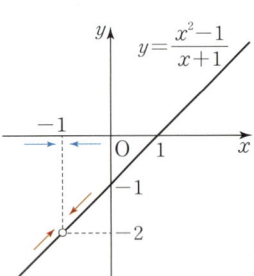

### Example

$$\lim_{x \to \infty} \frac{1}{x} = 0, \ \lim_{x \to -\infty} \frac{1}{x} = 0$$

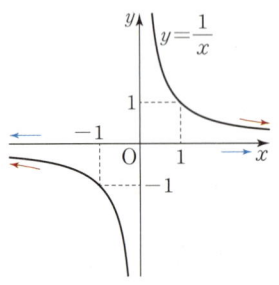

본책 7쪽

## 유형 02 함수의 발산

(1) $x \rightarrow a$일 때 함수의 발산

함수 $f(x)$에서 $x$의 값이 $a$가 아니면서 $a$에 한없이 가까워질 때

① $f(x)$의 값이 한없이 커지면 함수 $f(x)$는 양의 무한대로 **발산**한다고 하고, 이것을 기호로 다음과 같이 나타낸다.

$$\lim_{x \to a} f(x) = \infty \ \text{또는} \ x \to a일 \ 때 \ f(x) \to \infty$$

② $f(x)$의 값이 음수이면서 그 절댓값이 한없이 커지면 함수 $f(x)$는 음의 무한대로 발산한다고 하고, 이것을 기호로 다음과 같이 나타낸다.

$$\lim_{x \to a} f(x) = -\infty \ \text{또는} \ x \to a일 \ 때 \ f(x) \to -\infty$$

(2) $x \rightarrow \infty$, $x \rightarrow -\infty$일 때 함수의 발산

함수 $f(x)$에서 $x$의 값이 한없이 커지거나 $x$의 값이 음수이면서 그 절댓값이 한없이 커질 때, 함수 $f(x)$가 양의 무한대 또는 음의 무한대로 발산하는 것을 각각 기호로 다음과 같이 나타낸다.

$$\lim_{x \to \infty} f(x) = \infty, \ \lim_{x \to \infty} f(x) = -\infty$$
$$\lim_{x \to -\infty} f(x) = \infty, \ \lim_{x \to -\infty} f(x) = -\infty$$

### Example

(1) $\lim_{x \to 0} \dfrac{1}{x^2} = \infty$  (2) $\lim_{x \to 0}\left(-\dfrac{1}{x^2}\right) = -\infty$

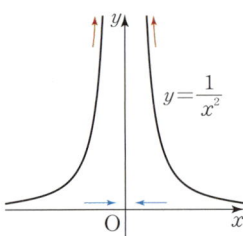 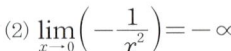 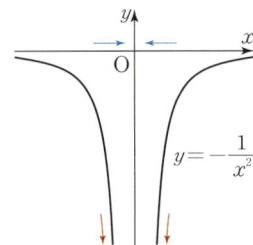

### Example

(1) $\lim_{x \to \infty} \dfrac{3}{2}x = \infty$  (2) $\lim_{x \to \infty}\left(-\dfrac{3}{2}x\right) = -\infty$

$$\lim_{x \to -\infty} \frac{3}{2}x = -\infty \qquad \lim_{x \to -\infty}\left(-\frac{3}{2}x\right) = \infty$$

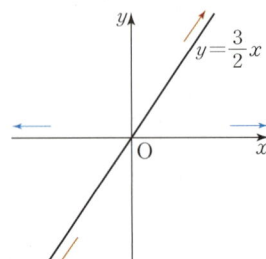 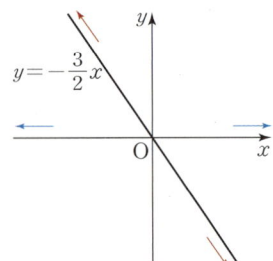

본책 8쪽

## 유형 03~04 우극한과 좌극한

(1) 우극한과 좌극한

함수 $f(x)$에서 $x$의 값이 $a$보다 크면서 $a$에 한없이 가까워질 때, $f(x)$의 값이 일정한 값 $L$에 한없이 가까워지면 $L$을 함수 $f(x)$의 $x=a$에서의 **우극한**이라 하고, 이것을 기호로 다음과 같이 나타낸다.

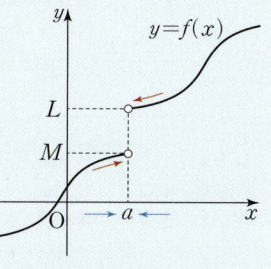

$$\lim_{x \to a+} f(x) = L \ \text{ 또는 } \ x \to a+ \text{일 때} f(x) \to L$$

또한 $x$의 값이 $a$보다 작으면서 $a$에 한없이 가까워질 때, $f(x)$의 값이 일정한 값 $M$에 한없이 가까워지면 $M$을 함수 $f(x)$의 $x=a$에서의 **좌극한**이라 하고, 이것을 기호로 다음과 같이 나타낸다.

$$\lim_{x \to a-} f(x) = M \ \text{ 또는 } \ x \to a- \text{일 때} f(x) \to M$$

(2) 극한값의 존재

함수 $f(x)$의 $x=a$에서의 극한값이 $L$이면 $x=a$에서의 우극한과 좌극한이 모두 존재하고 그 값은 모두 $L$과 같다. 또한 그 역도 성립하므로 다음이 성립한다.

$$\lim_{x \to a} f(x) = L \Longleftrightarrow \lim_{x \to a+} f(x) = \lim_{x \to a-} f(x) = L$$

[주의]

함수 $f(x)$의 $x=a$에서의 우극한과 좌극한이 모두 존재하더라도 그 값이 같지 않으면 극한값 $\lim\limits_{x \to a} f(x)$는 존재하지 않는다.

[Example]

함수

$$f(x) = \begin{cases} (x-2)^2 & (x \le 2) \\ -x-1 & (x > 2) \end{cases}$$

에서

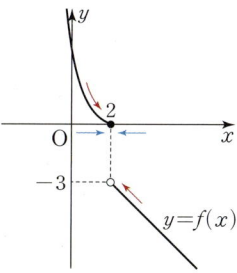

$$\lim_{x \to 2+} f(x) = \lim_{x \to 2+} (-x-1) = -3$$
$$\lim_{x \to 2-} f(x) = \lim_{x \to 2-} (x-2)^2 = 0$$

[Example]

함수 $f(x) = \dfrac{|x|}{x}$에 대하여 $\lim\limits_{x \to 0} f(x)$를 조사해 보자.

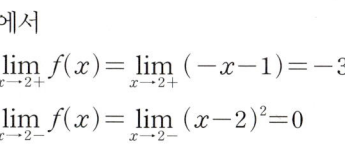

$x=0$에서의 우극한과 좌극한을 구하면

$$\lim_{x \to 0+} f(x) = \lim_{x \to 0+} \frac{|x|}{x} = \lim_{x \to 0+} \frac{x}{x} = 1$$
$$\lim_{x \to 0-} f(x) = \lim_{x \to 0-} \frac{|x|}{x} = \lim_{x \to 0-} \frac{-x}{x} = -1$$

따라서 $\lim\limits_{x \to 0+} f(x) \ne \lim\limits_{x \to 0-} f(x)$이므로 $\lim\limits_{x \to 0} f(x)$는 존재하지 않는다.

[Example]

$x$보다 크지 않은 최대의 정수를 $[x]$라 할 때, 함수 $f(x) = [x]$에 대하여 $\lim\limits_{x \to 1} f(x)$를 조사해 보자.

$1 \le x < 2$일 때 $[x] = 1$, $0 \le x < 1$일 때 $[x] = 0$이므로 $x = 1$에서의 우극한과 좌극한을 구하면

$$\lim_{x \to 1+} f(x) = \lim_{x \to 1+} [x] = 1$$
$$\lim_{x \to 1-} f(x) = \lim_{x \to 1-} [x] = 0$$

따라서 $\lim\limits_{x \to 1+} f(x) \ne \lim\limits_{x \to 1-} f(x)$이므로 $\lim\limits_{x \to 1} f(x)$는 존재하지 않는다.

본책 10쪽

## 유형 05 함수의 극한에 대한 성질

두 함수 $f(x)$, $g(x)$에 대하여 $\lim\limits_{x \to a} f(x) = \alpha$, $\lim\limits_{x \to a} g(x) = \beta$ ($\alpha$, $\beta$는 실수)일 때

(1) $\lim\limits_{x \to a} cf(x) = c\lim\limits_{x \to a} f(x) = c\alpha$ (단, $c$는 상수)

(2) $\lim\limits_{x \to a} \{f(x) \pm g(x)\} = \lim\limits_{x \to a} f(x) \pm \lim\limits_{x \to a} g(x) = \alpha \pm \beta$

(복부호동순)

(3) $\lim\limits_{x \to a} f(x)g(x) = \lim\limits_{x \to a} f(x) \times \lim\limits_{x \to a} g(x) = \alpha\beta$

(4) $\lim\limits_{x \to a} \dfrac{f(x)}{g(x)} = \dfrac{\lim\limits_{x \to a} f(x)}{\lim\limits_{x \to a} g(x)} = \dfrac{\alpha}{\beta}$ (단, $\beta \ne 0$)

[참고]

위의 성질은 $x \to a+$, $x \to a-$, $x \to \infty$, $x \to -\infty$일 때에도 모두 성립한다.

[Example]

(1) $\lim\limits_{x \to 1} (x+10) = \lim\limits_{x \to 1} x + \lim\limits_{x \to 1} 10$
$$= 1 + 10 = 11$$

(2) $\lim\limits_{x \to 2} (3x-5) = 3\lim\limits_{x \to 2} x - \lim\limits_{x \to 2} 5$
$$= 3 \times 2 - 5 = 1$$

(3) $\lim\limits_{x \to 0} (x-1)(x+1) = \lim\limits_{x \to 0} (x-1) \times \lim\limits_{x \to 0} (x+1)$
$$= (\lim\limits_{x \to 0} x - \lim\limits_{x \to 0} 1)(\lim\limits_{x \to 0} x + \lim\limits_{x \to 0} 1)$$
$$= (0-1)(0+1) = -1$$

(4) $\lim\limits_{x \to 3} \dfrac{x^2+7}{-x+1} = \dfrac{\lim\limits_{x \to 3} (x^2+7)}{\lim\limits_{x \to 3} (-x+1)} = \dfrac{\lim\limits_{x \to 3} x^2 + \lim\limits_{x \to 3} 7}{-\lim\limits_{x \to 3} x + \lim\limits_{x \to 3} 1}$
$$= \dfrac{3^2+7}{-3+1} = -8$$

## 유형 06 $\dfrac{0}{0}$ 꼴의 극한

(1) **분자, 분모가 모두 다항식**이면 **분자, 분모를 각각 인수분해**한 후 약분한다.

(2) **분자, 분모 중 무리식이 있으면 근호를 포함한 쪽을 유리화**한 후 약분한다.

**Example**

(1) $\displaystyle\lim_{x\to 2}\dfrac{x^2+4x-12}{x-2}=\lim_{x\to 2}\dfrac{(x+6)(x-2)}{x-2}$

$\qquad\qquad\qquad\quad =\lim_{x\to 2}(x+6)=8$

(2) $\displaystyle\lim_{x\to -4}\dfrac{\sqrt{x+9}-\sqrt{5}}{x+4}=\lim_{x\to -4}\dfrac{(\sqrt{x+9}-\sqrt{5})(\sqrt{x+9}+\sqrt{5})}{(x+4)(\sqrt{x+9}+\sqrt{5})}$

$\qquad\qquad\qquad\qquad =\lim_{x\to -4}\dfrac{x+4}{(x+4)(\sqrt{x+9}+\sqrt{5})}$

$\qquad\qquad\qquad\qquad =\lim_{x\to -4}\dfrac{1}{\sqrt{x+9}+\sqrt{5}}$

$\qquad\qquad\qquad\qquad =\dfrac{\sqrt{5}}{10}$

## 유형 07 $\dfrac{\infty}{\infty}$ 꼴의 극한

**분모의 최고차항으로 분모, 분자를 각각 나눈다.**

(1) (분자의 차수)=(분모의 차수)이면

극한값은 $\dfrac{(\text{분자의 최고차항의 계수})}{(\text{분모의 최고차항의 계수})}$이다.

(2) (분자의 차수)<(분모의 차수)이면

극한값은 0이다.

(3) (분자의 차수)>(분모의 차수)이면

극한값은 없다. 즉, $\infty$ 또는 $-\infty$로 발산한다.

**참고**

$x\to -\infty$일 때에는 $x=-t$로 놓고 계산한다.

**Example**

(1) $\displaystyle\lim_{x\to\infty}\dfrac{6x^2+x-3}{x^2-4}=\lim_{x\to\infty}\dfrac{6+\dfrac{1}{x}-\dfrac{3}{x^2}}{1-\dfrac{4}{x^2}}=6$

(2) $\displaystyle\lim_{x\to\infty}\dfrac{-3x+8}{5x^3-1}=\lim_{x\to\infty}\dfrac{-\dfrac{3}{x^2}+\dfrac{8}{x^3}}{5-\dfrac{1}{x^3}}=0$

(3) $\displaystyle\lim_{x\to\infty}\dfrac{\sqrt{11x^4+11}-x}{x-1}=\lim_{x\to\infty}\dfrac{\sqrt{11x^2+\dfrac{11}{x^2}}-1}{1-\dfrac{1}{x}}=\infty$

**Example**

$\displaystyle\lim_{x\to -\infty}\dfrac{\sqrt{x^2+2}+1}{x}$의 값을 구해 보자.

$x=-t$로 놓으면 $x\to -\infty$일 때 $t\to\infty$이므로

$\displaystyle\lim_{x\to -\infty}\dfrac{\sqrt{x^2+2}+1}{x}=\lim_{t\to\infty}\dfrac{\sqrt{t^2+2}+1}{-t}$

$\qquad\qquad\qquad\quad =\lim_{t\to\infty}\dfrac{\sqrt{1+\dfrac{2}{t^2}}+\dfrac{1}{t}}{-1}$

$\qquad\qquad\qquad\quad =-1$

## 유형 08 $\infty-\infty$ 꼴의 극한

(1) 다항식은 최고차항으로 묶는다.

(2) 무리식은 분모를 1로 보고 분자를 유리화한다.

**참고**

$x\to -\infty$일 때에는 $x=-t$로 놓고 계산한다.

**Example**

(1) $\displaystyle\lim_{x\to\infty}(6x^3-5x)=\lim_{x\to\infty}x^3\left(6-\dfrac{5}{x^2}\right)=\infty$

(2) $\displaystyle\lim_{x\to\infty}(\sqrt{x^2+x}-x)=\lim_{x\to\infty}\dfrac{(\sqrt{x^2+x}-x)(\sqrt{x^2+x}+x)}{\sqrt{x^2+x}+x}$

$\qquad\qquad\qquad\qquad =\lim_{x\to\infty}\dfrac{x}{\sqrt{x^2+x}+x}$

$\qquad\qquad\qquad\qquad =\lim_{x\to\infty}\dfrac{1}{\sqrt{1+\dfrac{1}{x}}+1}$

$\qquad\qquad\qquad\qquad =\dfrac{1}{2}$

**Example**

$\displaystyle\lim_{x\to -\infty}(\sqrt{4x^2-x}+2x)$의 값을 구해 보자.

$x=-t$로 놓으면 $x\to -\infty$일 때 $t\to\infty$이므로

$\displaystyle\lim_{x\to -\infty}(\sqrt{4x^2-x}+2x)=\lim_{t\to\infty}(\sqrt{4t^2+t}-2t)$

$\qquad\qquad\qquad\qquad =\lim_{t\to\infty}\dfrac{(\sqrt{4t^2+t}-2t)(\sqrt{4t^2+t}+2t)}{\sqrt{4t^2+t}+2t}$

$\qquad\qquad\qquad\qquad =\lim_{t\to\infty}\dfrac{t}{\sqrt{4t^2+t}+2t}$

$\qquad\qquad\qquad\qquad =\lim_{t\to\infty}\dfrac{1}{\sqrt{4+\dfrac{1}{t}}+2}$

$\qquad\qquad\qquad\qquad =\dfrac{1}{4}$

## 유형 09 ∞×0 꼴의 극한

(1) 통분한 후 인수분해하여 약분한다.
(2) 근호를 포함한 쪽을 유리화한다.

**Example**

(1) $\lim\limits_{x \to 2} \dfrac{1}{x-2}\left(1 - \dfrac{1}{x-1}\right) = \lim\limits_{x \to 2}\left(\dfrac{1}{x-2} \times \dfrac{x-2}{x-1}\right)$

$\qquad\qquad = \lim\limits_{x \to 2} \dfrac{1}{x-1} = 1$

(2) $\lim\limits_{x \to \infty} x\left(1 - \dfrac{\sqrt{x}}{\sqrt{x-3}}\right) = \lim\limits_{x \to \infty}\left(x \times \dfrac{\sqrt{x-3} - \sqrt{x}}{\sqrt{x-3}}\right)$

$\qquad = \lim\limits_{x \to \infty} \dfrac{x(\sqrt{x-3} - \sqrt{x})(\sqrt{x-3} + \sqrt{x})}{\sqrt{x-3}(\sqrt{x-3} + \sqrt{x})}$

$\qquad = \lim\limits_{x \to \infty} \dfrac{-3x}{x-3 + \sqrt{x^2 - 3x}}$

$\qquad = \lim\limits_{x \to \infty} \dfrac{-3}{1 - \dfrac{3}{x} + \sqrt{1 - \dfrac{3}{x}}} = -\dfrac{3}{2}$

## 유형 10 함수의 극한과 미정계수의 결정

두 함수 $f(x)$, $g(x)$에 대하여

(1) $\lim\limits_{x \to a} \dfrac{f(x)}{g(x)} = a$ ($a$는 실수)이고 $\lim\limits_{x \to a} g(x) = 0$이면

$\lim\limits_{x \to a} f(x) = 0$이다.

(2) $\lim\limits_{x \to a} \dfrac{f(x)}{g(x)} = a$ ($a$는 0이 아닌 실수)이고

$\lim\limits_{x \to a} f(x) = 0$이면 $\lim\limits_{x \to a} g(x) = 0$이다.

**Example**

$\lim\limits_{x \to 1} \dfrac{x^2 + ax - b}{x-1} = 7$이 성립하도록 하는 상수 $a$, $b$의 값을 구해 보자.

극한값이 존재하고 $\lim\limits_{x \to 1}(x-1) = 0$이므로

$\lim\limits_{x \to 1}(x^2 + ax - b) = 0$

즉, $1 + a - b = 0$이므로 $b = a+1$ ······ ㉠

㉠을 주어진 등식의 좌변에 대입하면

$\lim\limits_{x \to 1} \dfrac{x^2 + ax - b}{x-1} = \lim\limits_{x \to 1} \dfrac{x^2 + ax - a - 1}{x-1}$

$\qquad\qquad = \lim\limits_{x \to 1} \dfrac{(x-1)(x+a+1)}{x-1}$

$\qquad\qquad = \lim\limits_{x \to 1}(x + a + 1) = a + 2$

따라서 $a + 2 = 7$이므로 $a = 5$

$a = 5$를 ㉠에 대입하면 $b = 5 + 1 = 6$

**Example**

$\lim\limits_{x \to -1} \dfrac{x+1}{x^2 + ax + b} = \dfrac{1}{2}$이 성립하도록 하는 상수 $a$, $b$의 값을 구해 보자.

0이 아닌 극한값이 존재하고 $\lim\limits_{x \to -1}(x+1) = 0$이므로

$\lim\limits_{x \to -1}(x^2 + ax + b) = 0$

즉, $1 - a + b = 0$이므로 $b = a - 1$ ······ ㉠

㉠을 주어진 등식의 좌변에 대입하면

$\lim\limits_{x \to -1} \dfrac{x+1}{x^2 + ax + b} = \lim\limits_{x \to -1} \dfrac{x+1}{x^2 + ax + a - 1}$

$\qquad\qquad = \lim\limits_{x \to -1} \dfrac{x+1}{(x+1)(x+a-1)}$

$\qquad\qquad = \lim\limits_{x \to -1} \dfrac{1}{x + a - 1} = \dfrac{1}{a-2}$

따라서 $\dfrac{1}{a-2} = \dfrac{1}{2}$이므로 $a = 4$

$a = 4$를 ㉠에 대입하면 $b = 4 - 1 = 3$

## 유형 11 극한값을 이용한 다항함수의 결정

두 다항함수 $f(x)$, $g(x)$에 대하여

$$\lim\limits_{x \to \infty} \dfrac{f(x)}{g(x)} = a \ (a는 \ 0이 \ 아닌 \ 실수)$$

이면 $f(x)$와 $g(x)$의 차수가 같고,

$$a = \dfrac{(f(x)의 \ 최고차항의 \ 계수)}{(g(x)의 \ 최고차항의 \ 계수)}$$

**Example**

$\lim\limits_{x \to \infty} \dfrac{f(x)}{2x^2 - 5x + 1} = 2$, $\lim\limits_{x \to 1} \dfrac{f(x)}{x^2 - 1} = -2$를 만족시키는 다항함수 $f(x)$를 구해 보자.

$\lim\limits_{x \to \infty} \dfrac{f(x)}{2x^2 - 5x + 1} = 2$에서 $f(x)$는 최고차항의 계수가 4인 이차함수이다.

또한 $\lim\limits_{x \to 1} \dfrac{f(x)}{x^2 - 1} = -2$에서 $\lim\limits_{x \to 1}(x^2 - 1) = 0$이므로

$\lim\limits_{x \to 1} f(x) = 0$ $\qquad \therefore f(1) = 0$

따라서 $f(x) = 4(x-1)(x-a)$ ($a$는 상수)로 놓으면

$\lim\limits_{x \to 1} \dfrac{f(x)}{x^2 - 1} = \lim\limits_{x \to 1} \dfrac{4(x-1)(x-a)}{(x+1)(x-1)}$

$\qquad\qquad = \lim\limits_{x \to 1} \dfrac{4(x-a)}{x+1} = 2(1-a)$

즉, $2(1-a) = -2$이므로 $a = 2$

$\therefore f(x) = 4(x-1)(x-2) = 4x^2 - 12x + 8$

## 유형 12 함수의 극한의 대소 관계

두 함수 $f(x)$, $g(x)$에 대하여 $\lim\limits_{x \to a} f(x) = \alpha$, $\lim\limits_{x \to a} g(x) = \beta$

($\alpha$, $\beta$는 실수)일 때, $a$에 가까운 모든 실수 $x$에서

⑴ $f(x) \le g(x)$이면 $\alpha \le \beta$

⑵ 함수 $h(x)$에 대하여 $f(x) \le h(x) \le g(x)$이고 $\alpha = \beta$이면
   $$\lim_{x \to a} h(x) = \alpha$$

참고

위의 대소 관계는 $x \to a+$, $x \to a-$, $x \to \infty$, $x \to -\infty$일 때에도 모두 성립한다.

주의

$f(x) < g(x)$인 경우에 반드시 $\lim\limits_{x \to a} f(x) < \lim\limits_{x \to a} g(x)$인 것은 아니다.

즉, $f(x) < g(x)$이지만 $\lim\limits_{x \to a} f(x) = \lim\limits_{x \to a} g(x)$인 경우가 있다.

예를 들어 $f(x) = 0$, $g(x) = \dfrac{6}{x}$이면 모든 양수 $x$에서 $f(x) < g(x)$이

지만 $\lim\limits_{x \to \infty} f(x) = 0$, $\lim\limits_{x \to \infty} g(x) = 0$이므로 $\lim\limits_{x \to \infty} f(x) = \lim\limits_{x \to \infty} g(x)$이다.

Example

함수 $f(x)$가 모든 실수 $x$에 대하여
$$x^2 - 2x + 4 \le f(x) \le 2x^2 + 5$$
를 만족시킬 때, $\lim\limits_{x \to -1} f(x)$의 값을 구해 보자.

$\lim\limits_{x \to -1} (x^2 - 2x + 4) = 7$, $\lim\limits_{x \to -1} (2x^2 + 5) = 7$

이므로 함수의 극한의 대소 관계에 의하여
$$\lim_{x \to -1} f(x) = 7$$

Example

함수 $f(x)$가 모든 실수 $x$에 대하여
$$10x^2 - 5 < f(x) < 10x^2 - 3$$
을 만족시킬 때, $\lim\limits_{x \to \infty} \dfrac{f(x)}{2x^2 + 1}$의 값을 구해 보자.

$10x^2 - 5 < f(x) < 10x^2 - 3$의 각 변을 $2x^2 + 1$로 나누면

$2x^2 + 1 > 0$이므로

$$\frac{10x^2 - 5}{2x^2 + 1} < \frac{f(x)}{2x^2 + 1} < \frac{10x^2 - 3}{2x^2 + 1}$$

이때 $\lim\limits_{x \to \infty} \dfrac{10x^2 - 5}{2x^2 + 1} = 5$, $\lim\limits_{x \to \infty} \dfrac{10x^2 - 3}{2x^2 + 1} = 5$이므로 함수의 극한의

대소 관계에 의하여

$$\lim_{x \to \infty} \frac{f(x)}{2x^2 + 1} = 5$$

---

## 유형 13 함수의 극한의 활용

구하는 점의 좌표, 선분의 길이, 도형의 넓이 등을 식으로 나타낸 후 극한의 성질을 이용하여 극한값을 구한다.

Example

오른쪽 그림과 같이 두 함수 $y = 2\sqrt{x}$, $y = \sqrt{x}$의 그래프와 직선 $x = k$가 만나는 점을 각각 A, B라 하고 직선 $x = k$가 $x$축과 만나는 점을 C라 하자. $\lim\limits_{k \to 0+} \dfrac{\overline{OA} - \overline{AC}}{\overline{OB} - \overline{BC}}$의 값을 구해 보자.

(단, $k > 0$이고, O는 원점이다.)

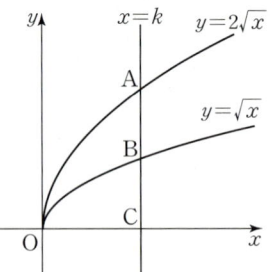

A($k$, $2\sqrt{k}$), B($k$, $\sqrt{k}$), C($k$, 0)이므로

$$\lim_{k \to 0+} \frac{\overline{OA} - \overline{AC}}{\overline{OB} - \overline{BC}}$$

$$= \lim_{k \to 0+} \frac{\sqrt{k^2 + 4k} - 2\sqrt{k}}{\sqrt{k^2 + k} - \sqrt{k}}$$

$$= \lim_{k \to 0+} \frac{(\sqrt{k^2 + 4k} - 2\sqrt{k})(\sqrt{k^2 + 4k} + 2\sqrt{k})(\sqrt{k^2 + k} + \sqrt{k})}{(\sqrt{k^2 + k} - \sqrt{k})(\sqrt{k^2 + k} + \sqrt{k})(\sqrt{k^2 + 4k} + 2\sqrt{k})}$$

$$= \lim_{k \to 0+} \frac{k^2(\sqrt{k^2 + k} + \sqrt{k})}{k^2(\sqrt{k^2 + 4k} + 2\sqrt{k})}$$

$$= \lim_{k \to 0+} \frac{\sqrt{k + 1} + 1}{\sqrt{k + 4} + 2}$$

$$= \frac{1}{2}$$

---

본책 20쪽

## 유형 14  함수의 연속과 불연속

함수 $f(x)$가 실수 $a$에 대하여 다음 조건을 모두 만족시킬 때, $f(x)$는 $x=a$에서 **연속**이라 한다.

(i) **함수 $f(x)$가 $x=a$에서 정의되어 있다.**

(ii) **극한값 $\lim\limits_{x \to a} f(x)$가 존재한다.**

(iii) $\lim\limits_{x \to a} f(x) = f(a)$

한편, 함수 $f(x)$가 $x=a$에서 연속이 아닐 때, $f(x)$는 $x=a$에서 **불연속**이라 한다.

즉, 위의 세 가지 조건 (i), (ii), (iii) 중에서 어느 한 가지라도 만족시키지 않으면 함수 $f(x)$는 $x=a$에서 불연속이다.

参考

함수 $f(x)$가 $x=a$에서 연속이면 $x=a$에서 함수의 그래프가 끊어지지 않고 이어져 있고, 불연속이면 $x=a$에서 함수의 그래프가 끊어져 있다.

Example

함수 $f(x) = x^2 - 3x$가 $x=3$에서 연속인지 불연속인지 조사해 보자.

(i) $f(3) = 0$이므로 함수 $f(x)$는 $x=3$에서 정의되어 있다.

(ii) $\lim\limits_{x \to 3} f(x) = \lim\limits_{x \to 3} (x^2 - 3x) = 0$이므로 극한값 $\lim\limits_{x \to 3} f(x)$가 존재한다.

(iii) $\lim\limits_{x \to 3} f(x) = f(3) = 0$

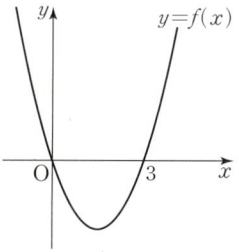

따라서 함수 $f(x)$는 $x=3$에서 연속이다.

Example

함수 $f(x) = \begin{cases} \dfrac{|x-3|}{x-3} & (x \neq 3) \\ 0 & (x=3) \end{cases}$ 이 $x=3$에서 연속인지 불연속인지 조사해 보자.

(i) $f(3) = 0$이므로 함수 $f(x)$는 $x=3$에서 정의되어 있다.

(ii) $\lim\limits_{x \to 3+} f(x) = \lim\limits_{x \to 3+} \dfrac{x-3}{x-3} = 1$,

$\lim\limits_{x \to 3-} f(x) = \lim\limits_{x \to 3-} \dfrac{-(x-3)}{x-3}$

$= -1$

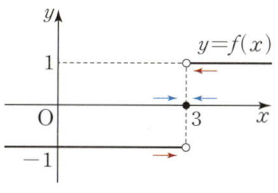

이므로 $\lim\limits_{x \to 3} f(x) = \lim\limits_{x \to 3} \dfrac{|x-3|}{x-3}$의 값이 존재하지 않는다.

따라서 함수 $f(x)$는 $x=3$에서 불연속이다.

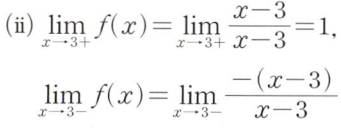

본책 21쪽

## 유형 15~17  연속함수

(1) **구간**

두 실수 $a$, $b$($a < b$)에 대하여 집합

$\{x \mid a \leq x \leq b\}$, $\{x \mid a \leq x < b\}$,

$\{x \mid a < x \leq b\}$, $\{x \mid a < x < b\}$

를 각각 **구간**이라 하며, 이것을 기호로 각각 다음과 같이 나타낸다.

$$[a, b], \ [a, b), \ (a, b], \ (a, b)$$

이때 $[a, b]$를 **닫힌구간**, $(a, b)$를 **열린구간**이라 하며 $[a, b)$와 $(a, b]$를 **반닫힌 구간** 또는 **반열린 구간**이라 한다.

또한 실수 $a$에 대하여 집합

$\{x \mid x \leq a\}$, $\{x \mid x < a\}$,

$\{x \mid x \geq a\}$, $\{x \mid x > a\}$

도 각각 구간이며, 이것을 기호로 각각 다음과 같이 나타낸다.

$(-\infty, a], \ (-\infty, a),$

$[a, \infty), \ (a, \infty)$

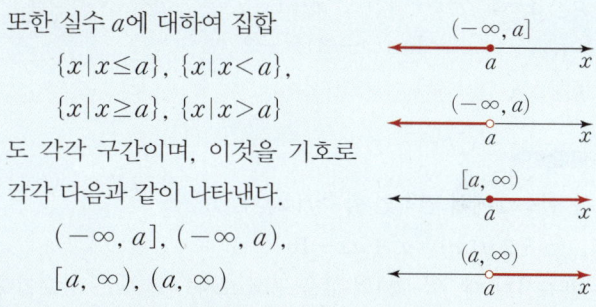

특히 실수 전체의 집합도 하나의 구간이며 기호로 $(-\infty, \infty)$와 같이 나타낸다.

(2) **연속함수**

함수 $f(x)$가 어떤 구간에 속하는 모든 실수에서 연속일 때, $f(x)$는 그 구간에서 연속 또는 그 구간에서 **연속함수**라 한다.

특히 함수 $f(x)$가 다음 조건을 모두 만족시킬 때, $f(x)$는 닫힌구간 $[a, b]$에서 연속이라 한다.

(i) 열린구간 $(a, b)$에서 연속이다.

(ii) $\lim\limits_{x \to a+} f(x) = f(a)$, $\lim\limits_{x \to b-} f(x) = f(b)$

Example

(1) 함수 $f(x) = \dfrac{1}{x}$은 $x=0$에서 불연속이므로 연속인 구간은 $(-\infty, 0) \cup (0, \infty)$이다.

(2) 함수 $f(x) = \sqrt{5-x}$는 $5-x \geq 0$, 즉 $x \leq 5$에서 연속이므로 연속인 구간은 $(-\infty, 5]$이다.

**2**

**Example**

함수 $f(x) = \begin{cases} \dfrac{x^2-4x-a}{x-1} & (x \neq 1) \\ b & (x=1) \end{cases}$ 가 모든 실수 $x$에서 연속일 때,

상수 $a$, $b$의 값을 구해 보자.

함수 $f(x)$가 모든 실수 $x$에서 연속이면 $x=1$에서도 연속이므로

$\lim\limits_{x \to 1} f(x) = f(1)$

$\therefore \lim\limits_{x \to 1} \dfrac{x^2-4x-a}{x-1} = b$ ····· ㉠

이때 $\lim\limits_{x \to 1}(x-1) = 0$이므로

$\lim\limits_{x \to 1}(x^2-4x-a) = 0$

즉, $1-4-a=0$이므로 $a=-3$

$a=-3$을 ㉠의 좌변에 대입하면

$\lim\limits_{x \to 1} \dfrac{x^2-4x+3}{x-1} = \lim\limits_{x \to 1} \dfrac{(x-1)(x-3)}{x-1}$

$\qquad\qquad\qquad\quad = \lim\limits_{x \to 1}(x-3) = -2$

$\therefore b = -2$

**Example**

모든 실수 $x$에서 연속인 함수 $f(x)$가

$\qquad (x+2)f(x) = x^2+ax-10$

을 만족시킬 때, $f(-2)$의 값을 구해 보자. (단, $a$는 상수이다.)

$x \neq -2$일 때, $f(x) = \dfrac{x^2+ax-10}{x+2}$

함수 $f(x)$가 모든 실수 $x$에서 연속이면 $x=-2$에서도 연속이므로 $\lim\limits_{x \to -2} f(x) = f(-2)$

$\therefore \lim\limits_{x \to -2} \dfrac{x^2+ax-10}{x+2} = f(-2)$ ····· ㉠

이때 $\lim\limits_{x \to -2}(x+2) = 0$이므로

$\lim\limits_{x \to -2}(x^2+ax-10) = 0$

즉, $4-2a-10=0$이므로

$2a=-6$ $\qquad \therefore a=-3$

$a=-3$을 ㉠의 좌변에 대입하면

$\lim\limits_{x \to -2} \dfrac{x^2-3x-10}{x+2} = \lim\limits_{x \to -2} \dfrac{(x+2)(x-5)}{x+2}$

$\qquad\qquad\qquad\qquad = \lim\limits_{x \to -2}(x-5) = -7$

$\therefore f(-2) = -7$

---

**유형 18 연속함수의 성질**

두 함수 $f(x)$, $g(x)$가 $x=a$에서 연속이면 다음 함수도 $x=a$에서 연속이다.

(1) $cf(x)$ (단, $c$는 상수)

(2) $f(x)+g(x)$, $f(x)-g(x)$

(3) $f(x)g(x)$

(4) $\dfrac{f(x)}{g(x)}$ (단, $g(a) \neq 0$)

또한 두 함수 $f(x)$, $g(x)$가 어떤 구간에서 연속이면 (1)~(4)의 함수는 모두 그 구간에서 연속이다.

**참고**

다항함수는 모든 실수에서 연속이다.

**Example**

두 함수 $f(x) = x+1$, $g(x) = x^2+3x-10$에 대하여 함수의 연속성을 조사해 보자.

(1) $f(x)$, $g(x)$는 다항함수이므로 모든 실수 $x$에서 연속이다.

(2) 함수 $f(x)+g(x)$, $f(x)-2g(x)$, $f(x)g(x)$는 연속함수의 성질에 의하여 모든 실수 $x$에서 연속이다.

(3) 함수 $\dfrac{g(x)}{f(x)}$는 $f(x)=0$일 때, 불연속이다.

따라서 $x+1=0$, 즉 $x=-1$에서 불연속이므로 함수 $\dfrac{g(x)}{f(x)}$가 연속인 구간은 $(-\infty, -1) \cup (-1, \infty)$이다.

(4) 함수 $\dfrac{f(x)}{g(x)}$는 $g(x)=0$일 때, 불연속이다.

따라서 $x^2+3x-10 = (x+5)(x-2) = 0$, 즉 $x=-5$, $x=2$에서 불연속이므로 함수 $\dfrac{f(x)}{g(x)}$가 연속인 구간은

$(-\infty, -5) \cup (-5, 2) \cup (2, \infty)$이다.

**유형 19** 최대·최소 정리

함수 $f(x)$가 닫힌구간 $[a, b]$에서 연속이면 $f(x)$는 이 구간에서 반드시 최댓값과 최솟값을 갖는다.

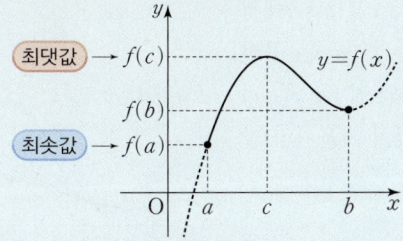

**주의**

함수가 연속이 아니면 닫힌구간에서도 최댓값 또는 최솟값을 갖지 않을 수도 있다. 또한 닫힌구간이 아닌 구간에서는 연속함수이더라도 최댓값 또는 최솟값을 갖지 않을 수도 있다.

Example

주어진 구간에서 다음 함수 $f(x)$의 최댓값과 최솟값을 구해 보자.

(1) $f(x) = -x^2 + 6x - 2$  $[-3, 5]$

함수 $f(x) = -x^2 + 6x - 2 = -(x-3)^2 + 7$은 닫힌구간 $[-3, 5]$에서 연속이고 이 구간에서 함수 $y = f(x)$의 그래프는 다음 그림과 같다.

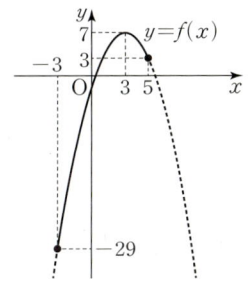

따라서 $f(x)$는 $x = 3$일 때 최댓값 $7$, $x = -3$일 때 최솟값 $-29$를 갖는다.

(2) $f(x) = -\dfrac{1}{x+4}$  $[0, 6]$

함수 $f(x) = -\dfrac{1}{x+4}$은 닫힌구간 $[0, 6]$에서 연속이고 이 구간에서 함수 $y = f(x)$의 그래프는 다음 그림과 같다.

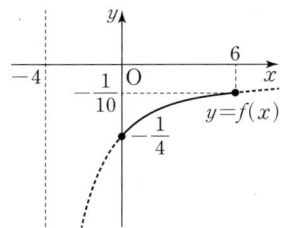

따라서 $f(x)$는 $x = 6$일 때 최댓값 $-\dfrac{1}{10}$, $x = 0$일 때 최솟값 $-\dfrac{1}{4}$을 갖는다.

**유형 20~21** 사잇값의 정리

(1) 사잇값의 정리

함수 $f(x)$가 닫힌구간 $[a, b]$에서 연속이고 $f(a) \neq f(b)$이면 $f(a)$와 $f(b)$ 사이의 임의의 값 $k$에 대하여 $f(c) = k$인 $c$가 열린구간 $(a, b)$에 적어도 하나 존재한다.

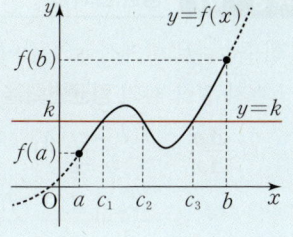

(2) 사잇값의 정리의 응용

함수 $f(x)$가 닫힌구간 $[a, b]$에서 연속이고 $f(a)$와 $f(b)$의 부호가 서로 다르면, 즉 $f(a)f(b) < 0$이면 $f(c) = 0$인 $c$가 $a$와 $b$ 사이에 적어도 하나 존재한다.

따라서 방정식 $f(x) = 0$은 열린구간 $(a, b)$에서 적어도 하나의 실근을 갖는다.

Example

방정식 $2x^3 - x^2 - x - 1 = 0$이 열린구간 $(-1, 3)$에서 적어도 하나의 실근을 가짐을 보이자.

$f(x) = 2x^3 - x^2 - x - 1$이라 하면 함수 $f(x)$는 닫힌구간 $[-1, 3]$에서 연속이고

$f(-1) = -3 < 0$, $f(3) = 41 > 0$

이므로 사잇값의 정리에 의하여 $f(c) = 0$인 $c$가 열린구간 $(-1, 3)$에 적어도 하나 존재한다.

따라서 방정식 $2x^3 - x^2 - x - 1 = 0$은 열린구간 $(-1, 3)$에서 적어도 하나의 실근을 갖는다.

Example

방정식 $2x^2 + x + a = 0$이 열린구간 $(1, 3)$에서 하나의 실근을 갖도록 하는 실수 $a$의 값의 범위를 구해 보자.

$f(x) = 2x^2 + x + a$라 하면 함수 $f(x)$는 닫힌구간 $[1, 3]$에서 연속이므로 방정식 $f(x) = 0$이 열린구간 $(1, 3)$에서 하나의 실근을 가지려면

$f(1)f(3) < 0$, $(a+3)(a+21) < 0$

$\therefore -21 < a < -3$

# 3 미분계수와 도함수

본책 28쪽

## 유형 01 평균변화율

함수 $y=f(x)$에서 $x$의 값이 $a$에서 $b$까지 변할 때의 **평균변화율**은

$$\frac{\Delta y}{\Delta x} = \frac{f(b)-f(a)}{b-a}$$
$$= \frac{f(a+\Delta x)-f(a)}{\Delta x}$$

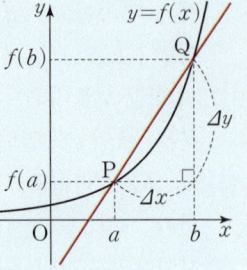

【참고】

함수 $y=f(x)$의 평균변화율은 두 점 $P(a,f(a))$, $Q(b,f(b))$를 지나는 직선 PQ의 기울기와 같다.

Example

함수 $f(x)=x^2+1$에서 $x$의 값이 다음과 같이 변할 때의 평균변화율을 구해 보자.

(1) 1에서 2까지

$$\frac{\Delta y}{\Delta x} = \frac{f(2)-f(1)}{2-1} = \frac{2^2+1-(1^2+1)}{2-1} = 3$$

(2) $a$에서 $a+\Delta x$까지

$$\frac{\Delta y}{\Delta x} = \frac{f(a+\Delta x)-f(a)}{(a+\Delta x)-a} = \frac{(a+\Delta x)^2+1-(a^2+1)}{\Delta x}$$
$$= \frac{2a\Delta x+(\Delta x)^2}{\Delta x} = 2a+\Delta x$$

본책 28쪽

## 유형 02 미분계수

함수 $y=f(x)$의 $x=a$에서의 **미분계수**(순간변화율)는

$$f'(a) = \lim_{\Delta x \to 0} \frac{\Delta y}{\Delta x}$$
$$= \lim_{\Delta x \to 0} \frac{f(a+\Delta x)-f(a)}{\Delta x}$$
$$= \lim_{x \to a} \frac{f(x)-f(a)}{x-a}$$

【참고】

$\Delta x$ 대신 $h$를 사용하여 $f'(a)=\lim\limits_{h \to 0}\dfrac{f(a+h)-f(a)}{h}$와 같이 나타낼 수도 있다.

Example

미분계수의 정의를 이용하여 함수 $f(x)=2x-1$의 $x=1$에서의 미분계수를 구해 보자.

$$f'(1) = \lim_{\Delta x \to 0} \frac{f(1+\Delta x)-f(1)}{\Delta x}$$
$$= \lim_{\Delta x \to 0} \frac{\{2(1+\Delta x)-1\}-1}{\Delta x}$$
$$= \lim_{\Delta x \to 0} \frac{2\Delta x}{\Delta x} = 2$$

본책 29쪽

## 유형 03 미분계수의 기하적 의미

함수 $y=f(x)$의 $x=a$에서의 미분계수 $f'(a)$는 곡선 $y=f(x)$ 위의 점 $(a, f(a))$에서의 접선의 기울기와 같다.

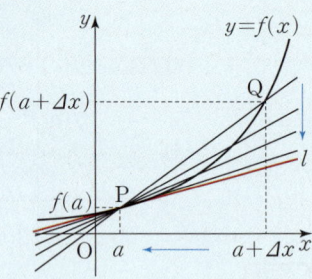

Example

함수 $f(x)=-x^2$의 그래프 위의 점 $(1, -1)$에서의 접선의 기울기는 $f'(1)$과 같으므로

$$f'(1) = \lim_{\Delta x \to 0} \frac{f(1+\Delta x)-f(1)}{\Delta x}$$
$$= \lim_{\Delta x \to 0} \frac{\{-(1+\Delta x)^2\}-(-1)}{\Delta x}$$
$$= \lim_{\Delta x \to 0} \frac{-2\Delta x-(\Delta x)^2}{\Delta x}$$
$$= \lim_{\Delta x \to 0} (-2-\Delta x) = -2$$

본책 30쪽

## 유형 04 미분계수를 이용한 극한값의 계산

(1) $\lim\limits_{\square \to 0} \dfrac{f(a+\square)-f(a)}{\square} = f'(a)$와 같이 $\square$가 모두 같아지도록 변형한다.

(2) $\lim\limits_{\square \to \triangle} \dfrac{f(\square)-f(\triangle)}{\square-\triangle} = f'(\triangle)$와 같이 $\square$는 $\square$끼리, $\triangle$는 $\triangle$끼리 서로 같아지도록 변형한다.

Example

다항함수 $f(x)$에 대하여 $f'(1)=2$일 때, 다음 극한값을 구해 보자.

(1) $\lim\limits_{h \to 0} \dfrac{f(1+3h)-f(1)}{h} = \lim\limits_{h \to 0} \dfrac{f(1+3h)-f(1)}{3h} \times 3$
$$= f'(1) \times 3 = 6$$

(2) $\lim\limits_{x \to 1} \dfrac{f(x)-f(1)}{x^2-1} = \lim\limits_{x \to 1} \dfrac{f(x)-f(1)}{(x-1)(x+1)}$
$$= \lim_{x \to 1} \left\{ \frac{f(x)-f(1)}{x-1} \times \frac{1}{x+1} \right\}$$
$$= \lim_{x \to 1} \frac{f(x)-f(1)}{x-1} \times \lim_{x \to 1} \frac{1}{x+1}$$
$$= f'(1) \times \frac{1}{2} = 1$$

## 유형 05 미분가능성과 연속성

(1) 함수 $f(x)$가 $x=a$에서 **미분가능하면** $f(x)$는 $x=a$에서 **연속이다.**
그러나 그 역은 성립하지 않는다.

함수
연속인 함수
미분가능한 함수

(2) 함수 $f(x)$에 대하여

① $\lim\limits_{x \to a} f(x) = f(a)$ ➡ $x=a$에서 연속

② $\lim\limits_{h \to 0} \dfrac{f(a+h)-f(a)}{h}$가 존재 ➡ $x=a$에서 미분가능

**참고**

함수 $f(x)$가 $x=a$에서 미분가능하지 않은 경우
① $x=a$에서 불연속인 경우
② $x=a$에서 함수의 그래프가 꺾인 경우

**Example**

오른쪽 그림과 같은 함수 $y=f(x)$의 그래프에서

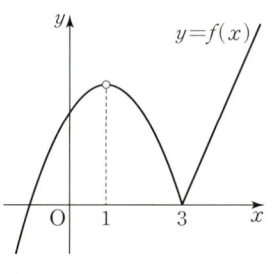

(1) $x=1$에서 극한값은 존재하지만 함숫값이 존재하지 않으므로 불연속이다.
따라서 함수 $f(x)$는 $x=1$에서 미분가능하지 않다.

(2) $x=3$에서 함수 $f(x)$는 연속이지만 그래프가 꺾인 모양이므로 미분가능하지 않다.

**Example**

함수 $f(x) = \begin{cases} 0 & (x<0) \\ x & (x \geq 0) \end{cases}$ 에 대하여 $x=0$에서의 연속성과 미분가능성을 조사해 보자.

$\lim\limits_{x \to 0} f(x) = f(0)$이므로 함수 $f(x)$는 $x=0$에서 연속이다.

한편,

$\lim\limits_{x \to 0+} \dfrac{f(x)-f(0)}{x-0} = \lim\limits_{x \to 0+} \dfrac{x}{x} = \lim\limits_{x \to 0+} 1 = 1$

$\lim\limits_{x \to 0-} \dfrac{f(x)-f(0)}{x-0} = \lim\limits_{x \to 0-} \dfrac{0}{x} = 0$

에서 $f'(0)$이 존재하지 않으므로 함수 $f(x)$는 $x=0$에서 미분가능하지 않다.

따라서 함수 $f(x)$는 $x=0$에서 연속이지만 미분가능하지 않다.

## 유형 06 도함수

미분가능한 함수 $y=f(x)$에서 정의역의 각 원소 $x$에 미분계수 $f'(x)$를 대응시키는 새로운 함수

$$f'(x) = \lim\limits_{\Delta x \to 0} \dfrac{f(x+\Delta x)-f(x)}{\Delta x}$$

를 함수 $f(x)$의 **도함수**라 하고, 이것을 기호로 $f'(x)$, $y'$, $\dfrac{dy}{dx}$, $\dfrac{d}{dx}f(x)$와 같이 나타낸다.

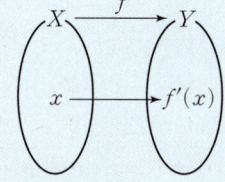

**Example**

함수 $f(x)=x^2$의 도함수는

$f'(x) = \lim\limits_{h \to 0} \dfrac{f(x+h)-f(x)}{h}$

$= \lim\limits_{h \to 0} \dfrac{(x+h)^2 - x^2}{h}$

$= \lim\limits_{h \to 0} \dfrac{2xh + h^2}{h}$

$= \lim\limits_{h \to 0} (2x+h) = 2x$

## 유형 07 함수 $y=x^n$과 상수함수의 도함수

(1) $y=x^n$ ($n$은 양의 정수)
➡ $y' = nx^{n-1}$

(2) $y=c$ ($c$는 상수)
➡ $y' = 0$

$(x^n)' = nx^{n-1}$

**Example**

다음 함수를 미분해 보자.

(1) $y=x^4$
➡ $y' = 4x^{4-1} = 4x^3$

(2) $y=100$
➡ $y' = 0$

## 유형 08 함수의 실수배, 합, 차, 곱의 미분법

세 함수 $f(x)$, $g(x)$, $h(x)$가 미분가능할 때

(1) $y=cf(x)$ ($c$는 상수)

➡ $y'=cf'(x)$

(2) $y=f(x)\pm g(x)$

➡ $y'=f'(x)\pm g'(x)$ (복부호동순)

(3) $y=f(x)g(x)$

➡ $y'=f'(x)g(x)+f(x)g'(x)$

(4) $y=f(x)g(x)h(x)$

➡ $y'=f'(x)g(x)h(x)+f(x)g'(x)h(x)$
$\qquad +f(x)g(x)h'(x)$

(5) $y=\{f(x)\}^n$ ($n$은 양의 정수)

➡ $y'=n\{f(x)\}^{n-1}f'(x)$

**Example**

다음 함수를 미분해 보자.

(1) $y=3x^2$

➡ $y'=3(x^2)'=3\times 2x=6x$

(2) $y=x^2+x$

➡ $y'=(x^2)'+(x)'=2x+1$

(3) $y=(x+1)(2x-1)$

➡ $y'=(x+1)'(2x-1)+(x+1)(2x-1)'$
$\quad =1\times(2x-1)+(x+1)\times 2$
$\quad =4x+1$

(4) $y=x(x-1)(x-2)$

➡ $y'=(x)'(x-1)(x-2)+x(x-1)'(x-2)+x(x-1)(x-2)'$
$\quad =1\times(x-1)(x-2)+x\times 1\times(x-2)+x(x-1)\times 1$
$\quad =(x^2-3x+2)+(x^2-2x)+(x^2-x)$
$\quad =3x^2-6x+2$

(5) $y=(3x+1)^2$

➡ $y'=2(3x+1)^{2-1}\times(3x+1)'$
$\quad =2(3x+1)\times 3$
$\quad =6(3x+1)$
$\quad =18x+6$

## 유형 09 미분계수를 이용하여 미정계수 구하기

다항함수 $f(x)$의 $x=a$에서의 미분계수는 도함수 $f'(x)$에 $x=a$를 대입한 값, 즉 $f'(a)$와 같다.

**Example**

함수 $f(x)=ax^2+bx+c$가 $f(0)=1$, $f'(-1)=-2$, $f'(1)=2$를 만족시킬 때, 상수 $a$, $b$, $c$의 값을 구해 보자.

$f(0)=1$에서 $c=1$

$f(x)=ax^2+bx+1$이므로

$f'(x)=2ax+b$

$f'(-1)=-2$에서

$-2a+b=-2$ $\qquad$ ……… ㉠

$f'(1)=2$에서

$2a+b=2$ $\qquad$ ……… ㉡

㉠, ㉡을 연립하여 풀면

$a=1$, $b=0$

**Example**

$f(0)=2$, $f'(0)=3$, $f'(1)=-1$을 만족시키는 이차함수 $f(x)$에 대하여 $f(1)$의 값을 구해 보자.

$f(x)=ax^2+bx+c$ ($a$, $b$, $c$는 상수)라 하면

$f(0)=2$에서 $c=2$

$f'(x)=2ax+b$이므로

$f'(0)=3$에서 $b=3$

$f'(1)=-1$에서

$2a+3=-1$ $\qquad$ ∴ $a=-2$

따라서 $f(x)=-2x^2+3x+2$이므로

$f(1)=-2+3+2=3$

## 유형 10 미분가능성을 이용하여 미정계수 구하기

두 다항함수 $f(x)$, $g(x)$에 대하여 함수

$$h(x)=\begin{cases} f(x) & (x<a) \\ g(x) & (x\geq a) \end{cases} \text{가 } x=a \text{에서 미분가능하면}$$

(1) 함수 $h(x)$가 $x=a$에서 연속이다.

➡ $\displaystyle\lim_{x\to a+} g(x)=\lim_{x\to a-} f(x)=g(a)$

(2) 미분계수 $h'(a)$가 존재한다.

➡ $\displaystyle\lim_{x\to a+} \frac{g(x)-g(a)}{x-a}=\lim_{x\to a-} \frac{f(x)-f(a)}{x-a}$

**Example**

함수 $f(x)=\begin{cases} ax^2+b & (x<1) \\ x & (x\geq 1) \end{cases}$ 가 $x=1$에서 미분가능할 때, 상수 $a$, $b$의 값을 구해 보자.

함수 $f(x)$가 $x=1$에서 미분가능하면

( i ) $x=1$에서 연속이므로

$\displaystyle\lim_{x\to 1+} x=\lim_{x\to 1-}(ax^2+b)=f(1)$

∴ $a+b=1$ ...... ㉠

(ii) 미분계수 $f'(1)$이 존재하므로

$\displaystyle\lim_{x\to 1+}\frac{f(x)-f(1)}{x-1}=\lim_{x\to 1+}\frac{x-1}{x-1}=\lim_{x\to 1+}1=1$

$\displaystyle\lim_{x\to 1-}\frac{f(x)-f(1)}{x-1}=\lim_{x\to 1-}\frac{(ax^2+b)-1}{x-1}$

$\displaystyle=\lim_{x\to 1-}\frac{(ax^2+b)-(a+b)}{x-1}\ (\because ㉠)$

$\displaystyle=\lim_{x\to 1-}\frac{a(x-1)(x+1)}{x-1}$

$\displaystyle=\lim_{x\to 1-}a(x+1)=2a$

$1=2a$에서 $a=\dfrac{1}{2}$

$a=\dfrac{1}{2}$을 ㉠에 대입하면 $b=\dfrac{1}{2}$

## 유형 11 다항식의 나눗셈과 미분

다항식 $f(x)$를 $(x-a)^2$으로 나누었을 때

(1) 몫이 $Q(x)$, 나머지가 $R(x)$이면

$$f(x)=(x-a)^2Q(x)+R(x)$$

➡ $f'(x)=2(x-a)Q(x)+(x-a)^2Q'(x)+R'(x)$

(2) 나누어떨어지면

$$f(a)=0, f'(a)=0$$

참고

다항식을 $n$차 다항식으로 나누면 나머지는 $(n-1)$차 이하의 다항식이다.

**Example**

다항식 $x^4-x^2+6$을 $(x+1)^2$으로 나누었을 때의 나머지를 구해 보자.

$x^4-x^2+6$을 $(x+1)^2$으로 나누었을 때의 몫을 $Q(x)$, 나머지를 $ax+b\ (a, b$는 상수$)$라 하면

$x^4-x^2+6=(x+1)^2Q(x)+ax+b$ ...... ㉠

㉠의 양변에 $x=-1$을 대입하면

$-a+b=6$ ...... ㉡

㉠의 양변을 $x$에 대하여 미분하면

$4x^3-2x=2(x+1)Q(x)+(x+1)^2Q'(x)+a$

양변에 $x=-1$을 대입하면 $a=-2$

$a=-2$를 ㉡에 대입하면 $b=4$

따라서 구하는 나머지는 $-2x+4$이다.

본책 38쪽

유형 **12** 곡선 위의 점에서의 접선의 방정식

함수 $f(x)$가 $x=a$에서 미분가능할 때, 곡선 $y=f(x)$ 위의 점 $(a, f(a))$에서의 접선의 방정식은

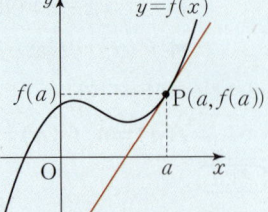

$$y-f(a)=f'(a)(x-a)$$

참고

곡선 $y=f(x)$ 위의 점 $(a, f(a))$를 지나고 이 점에서의 접선에 수직인 직선의 방정식은

$$y-f(a)=-\frac{1}{f'(a)}(x-a)$$

Example

곡선 $y=x^2-x$ 위의 점 $(2, 2)$에서의 접선의 방정식을 구해 보자.

$f(x)=x^2-x$라 하면

$f'(x)=2x-1$

점 $(2, 2)$에서의 접선의 기울기는

$f'(2)=4-1=3$

따라서 구하는 접선의 방정식은

$$y-2=3(x-2) \qquad \therefore y=3x-4$$

Example

곡선 $y=-2x^3+x^2$ 위의 점 $(1, -1)$을 지나고 이 점에서의 접선에 수직인 직선의 방정식을 구해 보자.

$f(x)=-2x^3+x^2$이라 하면

$f'(x)=-6x^2+2x$

점 $(1, -1)$에서의 접선의 기울기는

$f'(1)=-6+2=-4$

따라서 이 접선에 수직인 직선의 기울기는 $\frac{1}{4}$이므로 구하는 직선의 방정식은

$$y+1=\frac{1}{4}(x-1) \qquad \therefore y=\frac{1}{4}x-\frac{5}{4}$$

본책 38쪽

유형 **13** 기울기가 주어진 접선의 방정식

기울기가 $m$이고 곡선 $y=f(x)$에 접하는 직선의 방정식은 접점의 좌표를 $(a, f(a))$로 놓고 $f'(a)=m$인 $a$의 값을 구한 후 $y-f(a)=m(x-a)$에 대입하여 구한다.

Example

곡선 $y=x^3-2x$에 접하고 기울기가 1인 직선의 방정식을 구해 보자.

$f(x)=x^3-2x$라 하면

$f'(x)=3x^2-2$

접점의 좌표를 $(a, a^3-2a)$라 하면 접선의 기울기가 1이므로

$f'(a)=1$에서 $3a^2-2=1$

$a^2=1 \qquad \therefore a=-1$ 또는 $a=1$

따라서 접점의 좌표는 $(-1, 1)$, $(1, -1)$이므로 구하는 접선의 방정식은

$y-1=x+1$ 또는 $y+1=x-1$

$\therefore y=x+2$ 또는 $y=x-2$

본책 39쪽

유형 **14** 곡선 밖의 한 점에서 그은 접선의 방정식

곡선 밖의 한 점 $(x_1, y_1)$에서 그은 접선의 방정식은 다음과 같은 순서로 구한다.

❶ 곡선 $y=f(x)$ 위의 접점의 좌표를 $(a, f(a))$로 놓고 그 점에서의 접선의 방정식을 세운다.

❷ 점 $(x_1, y_1)$이 접선 위의 점임을 이용하여 $a$의 값을 구한다.

❸ ❷에서 구한 $a$의 값을 ❶의 접선의 방정식에 대입한다.

Example

점 $(1, -2)$에서 곡선 $y=x^2+x$에 그은 접선의 방정식을 구해 보자.

❶ $f(x)=x^2+x$라 하면

$f'(x)=2x+1$

접점의 좌표를 $(a, a^2+a)$라 하면 접선의 기울기는

$f'(a)=2a+1$이므로 접선의 방정식은

$y-(a^2+a)=(2a+1)(x-a)$

$\therefore y=(2a+1)x-a^2 \quad \cdots\cdots \bigcirc$

❷ 이 접선이 점 $(1, -2)$를 지나므로

$-2=2a+1-a^2$, $a^2-2a-3=0$

$(a+1)(a-3)=0 \qquad \therefore a=-1$ 또는 $a=3$

❸ 구한 $a$의 값을 $\bigcirc$에 대입하면 접선의 방정식은

$y=-x-1$ 또는 $y=7x-9$

## 유형 15 롤의 정리

함수 $f(x)$가 닫힌구간 $[a, b]$에서 연속이고 열린구간 $(a, b)$에서 미분가능할 때, $f(a)=f(b)$ 이면

$$f'(c)=0$$

인 $c$가 $a$와 $b$ 사이에 적어도 하나 존재한다.

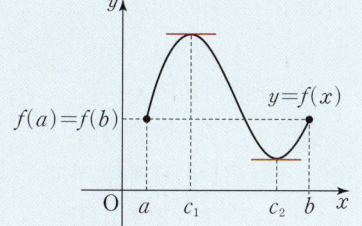

**Example**

함수 $f(x)=x^2+2x$에 대하여 닫힌구간 $[-3, 1]$에서 롤의 정리를 만족시키는 상수 $c$의 값을 구해 보자.

함수 $f(x)$는 닫힌구간 $[-3, 1]$에서 연속이고 열린구간 $(-3, 1)$에서 미분가능하며 $f(-3)=f(1)=3$이다.

따라서 롤의 정리에 의하여 $f'(c)=0$인 $c$가 열린구간 $(-3, 1)$에 적어도 하나 존재한다.

이때 $f'(x)=2x+2$에서 $f'(c)=2c+2$이므로

$2c+2=0$ $\therefore c=-1$

## 유형 16 평균값 정리

함수 $f(x)$가 닫힌구간 $[a, b]$에서 연속이고 열린구간 $(a, b)$에서 미분가능하면

$$\frac{f(b)-f(a)}{b-a}=f'(c)$$

인 $c$가 $a$와 $b$ 사이에 적어도 하나 존재한다.

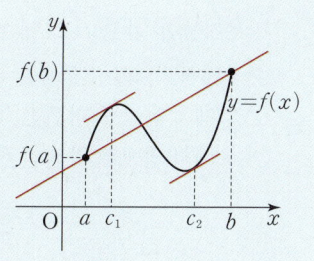

참고

평균값 정리에서 $f(a)=f(b)$인 경우가 롤의 정리이다.

**Example**

함수 $f(x)=-2x^2+x$에 대하여 닫힌구간 $[1, 2]$에서 평균값 정리를 만족시키는 상수 $c$의 값을 구해 보자.

함수 $f(x)=-2x^2+x$는 닫힌구간 $[1, 2]$에서 연속이고 열린구간 $(1, 2)$에서 미분가능하므로 평균값 정리에 의하여

$\dfrac{f(2)-f(1)}{2-1}=f'(c)$인 $c$가 열린구간 $(1, 2)$에 적어도 하나 존재한다.

이때 $\dfrac{f(2)-f(1)}{2-1}=-6-(-1)=-5$이고

$f'(x)=-4x+1$에서 $f'(c)=-4c+1$이므로

$-4c+1=-5$ $\therefore c=\dfrac{3}{2}$

## 유형 17 함수의 증가와 감소

(1) 함수의 증가와 감소

함수 $f(x)$가 어떤 구간에 속하는 임의의 두 수 $x_1$, $x_2$에 대하여

① $x_1<x_2$일 때 $f(x_1)<f(x_2)$이면

함수 $f(x)$는 이 구간에서 **증가**한다고 하고

② $x_1<x_2$일 때 $f(x_1)>f(x_2)$이면

함수 $f(x)$는 이 구간에서 **감소**한다고 한다.

증가 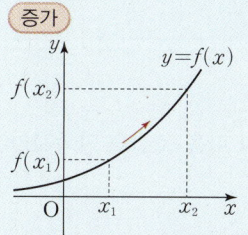 감소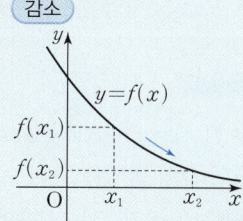

(2) 함수의 증가와 감소의 판정

함수 $f(x)$가 어떤 구간에서 미분가능하고, 이 구간의 모든 $x$에 대하여

① $f'(x)>0$이면 $f(x)$는 이 구간에서 **증가**한다.

② $f'(x)<0$이면 $f(x)$는 이 구간에서 **감소**한다.

참고

일반적으로 위의 역은 성립하지 않는다.

예를 들어 함수 $f(x)=x^3$은 구간 $(-\infty, \infty)$에서 증가하지만 $f'(x)=3x^2$에서 $f'(0)=0$이다.

**Example**

함수 $f(x)=x^2$에 대하여

$0 \leq x_1 < x_2$일 때 $x_1^2 < x_2^2$, 즉 $f(x_1)<f(x_2)$이므로

$f(x)$는 구간 $[0, \infty)$에서 증가하고

$x_1<x_2 \leq 0$일 때 $x_1^2 > x_2^2$, 즉 $f(x_1)>f(x_2)$이므로

$f(x)$는 구간 $(-\infty, 0]$에서 감소한다.

**Example**

함수 $f(x)=x^3-3x^2$의 증가와 감소를 조사해 보자.

$f'(x)=3x^2-6x$이므로

$f'(x)=0$에서 $3x^2-6x=0$

$x(x-2)=0$ $\therefore x=0$ 또는 $x=2$

함수 $f(x)$의 증가와 감소를 표로 나타내면 다음과 같다.

| $x$ | $\cdots$ | $0$ | $\cdots$ | $2$ | $\cdots$ |
|-----|-----|-----|-----|-----|-----|
| $f'(x)$ | $+$ | $0$ | $-$ | $0$ | $+$ |
| $f(x)$ | $\nearrow$ | $0$ | $\searrow$ | $-4$ | $\nearrow$ |

따라서 함수 $f(x)$는 구간 $(-\infty, 0]$, $[2, \infty)$에서 증가하고 구간 $[0, 2]$에서 감소한다.

**유형 18  삼차함수가 증가 또는 감소할 조건**

(1) 실수 전체의 집합에서 증가 또는 감소할 조건

삼차함수 $f(x)$가 실수 전체의 집합에서 증가하면
$f'(x) \geq 0$, 감소하면 $f'(x) \leq 0$이므로 이차방정식
$f'(x) = 0$의 판별식을 $D$라 할 때 $D \leq 0$임을 이용한다.

(2) 주어진 구간에서 증가 또는 감소할 조건

삼차함수 $f(x)$의 도함수 $y = f'(x)$의 그래프를 그리고 어떤 구간에서 $f(x)$가 증가하면 $f'(x) \geq 0$, 감소하면 $f'(x) \leq 0$임을 이용한다.

**Example**

함수 $f(x) = x^3 + 3x^2 + 2ax$에 대하여 다음 조건을 만족시키는 상수 $a$의 값의 범위를 구해 보자.

(1) 함수 $f(x)$가 모든 실수에서 증가

$f'(x) = 3x^2 + 6x + 2a$이므로

함수 $f(x)$가 모든 실수에서 증가하려면

$f'(x) \geq 0$, 즉 $3x^2 + 6x + 2a \geq 0$

위의 이차부등식이 모든 실수 $x$에 대하여 성립해야 하므로 이차방정식 $3x^2 + 6x + 2a = 0$의 판별식을 $D$라 하면

$$\frac{D}{4} = 9 - 6a \leq 0 \qquad \therefore a \geq \frac{3}{2}$$

(2) 함수 $f(x)$가 구간 $[-1, 0]$에서 감소

함수 $f(x)$가 구간 $[-1, 0]$에서 감소하려면
$-1 \leq x \leq 0$에서 $f'(x) \leq 0$이어야 한다.

따라서 함수 $y = f'(x)$의 그래프는 오른쪽 그림과 같아야 하므로

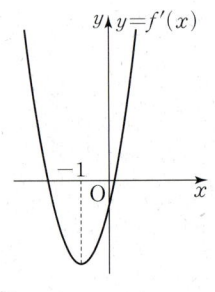

$f'(0) \leq 0$에서 $2a \leq 0$

$\therefore a \leq 0$ $\qquad$ …… ㉠

$f'(-1) \leq 0$에서 $3 - 6 + 2a \leq 0$

$\therefore a \leq \frac{3}{2}$ $\qquad$ …… ㉡

㉠, ㉡을 동시에 만족시키는 $a$의 값의 범위는

$a \leq 0$

**유형 19~21  함수의 극대와 극소**

(1) 함수의 극대와 극소

함수 $f(x)$에서 $x = a$를 포함하는 어떤 열린구간에 속하는 모든 $x$에 대하여

① $f(x) \leq f(a)$이면 $f(x)$는 $x = a$에서 **극대**라 하고, 그때의 함숫값 $f(a)$를 **극댓값**이라 한다.

② $f(x) \geq f(a)$이면 $f(x)$는 $x = a$에서 **극소**라 하고, 그때의 함숫값 $f(a)$를 **극솟값**이라 한다.

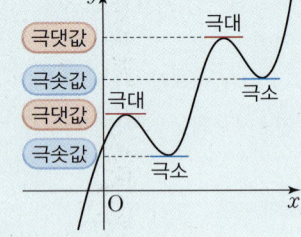

이때 극댓값과 극솟값을 통틀어 **극값**이라 한다.

**참고**

극댓값이 극솟값보다 항상 큰 것은 아니다.

(2) 극값과 미분계수

미분가능한 함수 $f(x)$가 $x = a$에서 극값을 가지면 $f'(a) = 0$이다.

**참고**

일반적으로 위의 역은 성립하지 않는다.
예를 들어 $f(x) = x^3$은 $f'(0) = 0$이지만 $x = 0$에서 극값을 갖지 않는다.

(3) 극대와 극소의 판정

미분가능한 함수 $f(x)$에 대하여 $f'(a) = 0$일 때, $x = a$의 좌우에서 $f'(x)$의 부호가

① 양에서 음으로 바뀌면 $f(x)$는 $x = a$에서 극대이다.

② 음에서 양으로 바뀌면 $f(x)$는 $x = a$에서 극소이다.

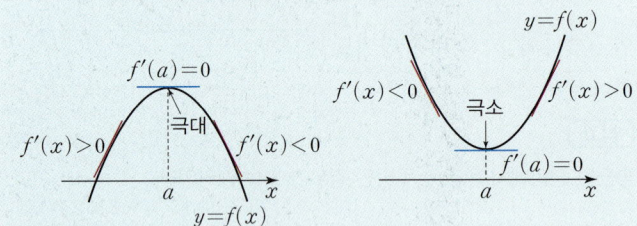

**Example**

함수 $f(x) = x^3 - 12x + 5$의 극값을 구해 보자.

$f'(x) = 3x^2 - 12 = 3(x+2)(x-2)$

$f'(x) = 0$에서 $x = -2$ 또는 $x = 2$

함수 $f(x)$의 증가와 감소를 표로 나타내면 다음과 같다.

| $x$ | $\cdots$ | $-2$ | $\cdots$ | $2$ | $\cdots$ |
|---|---|---|---|---|---|
| $f'(x)$ | $+$ | $0$ | $-$ | $0$ | $+$ |
| $f(x)$ | ↗ | $21$ | ↘ | $-11$ | ↗ |

따라서 함수 $f(x)$는 $x = -2$에서 극댓값 21, $x = 2$에서 극솟값 $-11$을 갖는다.

**Example**

함수 $f(x)=x^3+ax^2-9x+b$가 $x=1$에서 극솟값 $-3$을 가질 때, 상수 $a$, $b$의 값과 $f(x)$의 극댓값을 구해 보자.

$f'(x)=3x^2+2ax-9$이고 함수 $f(x)$가 $x=1$에서 극솟값 $-3$을 가지므로

$f'(1)=0$에서 $3+2a-9=0$

$\therefore a=3$      …… ㉠

$f(1)=-3$에서 $1+a-9+b=-3$   …… ㉡

㉠을 ㉡에 대입하여 풀면 $b=2$

따라서 $f(x)=x^3+3x^2-9x+2$이므로

$f'(x)=3x^2+6x-9=3(x+3)(x-1)$

$f'(x)=0$에서 $x=-3$ 또는 $x=1$

함수 $f(x)$의 증가와 감소를 표로 나타내면 다음과 같다.

| $x$ | $\cdots$ | $-3$ | $\cdots$ | $1$ | $\cdots$ |
|---|---|---|---|---|---|
| $f'(x)$ | $+$ | $0$ | $-$ | $0$ | $+$ |
| $f(x)$ | ↗ | $29$ | ↘ | $-3$ | ↗ |

따라서 함수 $f(x)$는 $x=-3$에서 극댓값 $29$를 갖는다.

**Example**

함수 $f(x)$의 도함수 $y=f'(x)$의 그래프가 다음 그림과 같을 때, $f(x)$가 극값을 갖는 점의 개수를 구해 보자.

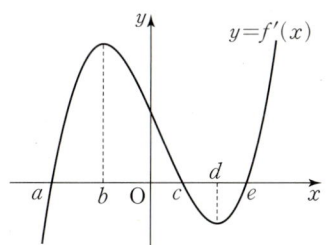

$y=f'(x)$의 그래프가 $x$축과 만나는 점의 $x$좌표는 $a$, $c$, $e$이므로 함수 $f(x)$의 증가와 감소를 표로 나타내면 다음과 같다.

| $x$ | $\cdots$ | $a$ | $\cdots$ | $c$ | $\cdots$ | $e$ | $\cdots$ |
|---|---|---|---|---|---|---|---|
| $f'(x)$ | $-$ | $0$ | $+$ | $0$ | $-$ | $0$ | $+$ |
| $f(x)$ | ↘ | 극소 | ↗ | 극대 | ↘ | 극소 | ↗ |

따라서 함수 $f(x)$는 $x=c$에서 극댓값, $x=a$, $x=e$에서 극솟값을 가지므로 $f(x)$가 극값을 갖는 점의 개수는 $3$이다.

---

**유형 22 삼차함수가 극값을 가질 조건**

(1) 삼차함수 $f(x)$가 극값을 가질 조건
 이차방정식 $f'(x)=0$이 서로 다른 두 실근을 가져야 하므로 $f'(x)=0$의 판별식을 $D$라 하면 $D>0$이어야 한다.

(2) 삼차함수 $f(x)$가 극값을 갖지 않을 조건
 이차방정식 $f'(x)=0$이 중근 또는 허근을 가져야 하므로 $f'(x)=0$의 판별식을 $D$라 하면 $D\le0$이어야 한다.

**Example**

함수 $f(x)=x^3+3x^2+ax$가 극값을 갖기 위한 실수 $a$의 값의 범위를 구해 보자.

$f'(x)=3x^2+6x+a$

삼차함수 $f(x)$가 극값을 가지려면 이차방정식 $f'(x)=0$이 서로 다른 두 실근을 가져야 하므로

$f'(x)=0$, 즉 $3x^2+6x+a=0$의 판별식을 $D$라 하면

$\dfrac{D}{4}=9-3a>0$    $\therefore a<3$

**유형 23~24 함수의 그래프의 개형**

미분가능한 함수 $y=f(x)$의 그래프의 개형은 다음과 같은 순서로 그린다.

❶ $f'(x)=0$인 $x$의 값의 좌우에서 $f'(x)$의 부호를 조사하여 $f(x)$의 증가와 감소를 표로 나타낸다.

❷ 함수 $f(x)$의 극값, 좌표축과 만나는 점의 좌표 등을 이용하여 그래프의 개형을 그린다.

**Example**

함수 $f(x)=x^3-3x$의 그래프의 개형을 그려 보자.

$f'(x)=3x^2-3=3(x+1)(x-1)$

$f'(x)=0$에서 $x=-1$ 또는 $x=1$

함수 $f(x)$의 증가와 감소를 표로 나타내면 다음과 같다.

| $x$ | $\cdots$ | $-1$ | $\cdots$ | $1$ | $\cdots$ |
|---|---|---|---|---|---|
| $f'(x)$ | $+$ | $0$ | $-$ | $0$ | $+$ |
| $f(x)$ | ↗ | $2$ | ↘ | $-2$ | ↗ |

따라서 함수 $y=f(x)$의 그래프는 다음 그림과 같다.

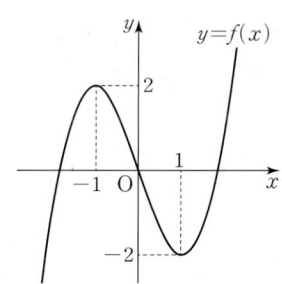

**Example**

함수 $f(x)=x^4-2x^2+2$의 그래프의 개형을 그려 보자.

$f'(x)=4x^3-4x=4x(x+1)(x-1)$

$f'(x)=0$에서 $x=-1$ 또는 $x=0$ 또는 $x=1$

함수 $f(x)$의 증가와 감소를 표로 나타내면 다음과 같다.

| $x$ | $\cdots$ | $-1$ | $\cdots$ | $0$ | $\cdots$ | $1$ | $\cdots$ |
|---|---|---|---|---|---|---|---|
| $f'(x)$ | $-$ | $0$ | $+$ | $0$ | $-$ | $0$ | $+$ |
| $f(x)$ | $\searrow$ | $1$ | $\nearrow$ | $2$ | $\searrow$ | $1$ | $\nearrow$ |

따라서 함수 $y=f(x)$의 그래프는 다음 그림과 같다.

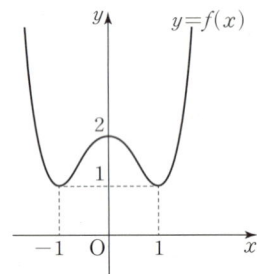

---

**Example**

구간 $[-2,\,2]$에서 함수 $f(x)=ax^3-6ax^2+b$의 최댓값이 10, 최솟값이 $-22$일 때, 상수 $a,\,b$의 값을 구해 보자. (단, $a>0$)

$f'(x)=3ax^2-12ax=3ax(x-4)$

$f'(x)=0$에서 $x=0$ $(\because -2\leq x\leq 2)$

$a>0$이므로 구간 $[-2,\,2]$에서 함수 $f(x)$의 증가와 감소를 표로 나타내면 다음과 같다.

| $x$ | $-2$ | $\cdots$ | $0$ | $\cdots$ | $2$ |
|---|---|---|---|---|---|
| $f'(x)$ | | $+$ | $0$ | $-$ | |
| $f(x)$ | $-32a+b$ | $\nearrow$ | $b$ | $\searrow$ | $-16a+b$ |

따라서 구간 $[-2,\,2]$에서 함수 $f(x)$는 $x=0$에서 최댓값 $b$, $x=-2$에서 최솟값 $-32a+b$를 가지므로

$b=10,\ -32a+b=-22$

$\therefore a=1,\ b=10$

---

본책 47쪽

**유형 25~26 함수의 최대, 최소**

함수 $f(x)$가 닫힌구간 $[a,\,b]$에서 연속이면 극댓값, 극솟값, $f(a)$, $f(b)$ 중에서 가장 큰 값이 최댓값, 가장 작은 값이 최솟값이다.

**Example**

구간 $[-1,\,1]$에서 함수 $f(x)=2x^3-6x^2+1$의 최댓값과 최솟값을 구해 보자.

$f'(x)=6x^2-12x=6x(x-2)$

$f'(x)=0$에서 $x=0$ $(\because -1\leq x\leq 1)$

구간 $[-1,\,1]$에서 함수 $f(x)$의 증가와 감소를 표로 나타내면 다음과 같다.

| $x$ | $-1$ | $\cdots$ | $0$ | $\cdots$ | $1$ |
|---|---|---|---|---|---|
| $f'(x)$ | | $+$ | $0$ | $-$ | |
| $f(x)$ | $-7$ | $\nearrow$ | $1$ | $\searrow$ | $-3$ |

따라서 구간 $[-1,\,1]$에서 함수 $f(x)$는 $x=0$에서 최댓값 1, $x=-1$에서 최솟값 $-7$을 갖는다.

---

본책 48쪽

**유형 27 함수의 최대, 최소의 활용**

도형의 길이, 넓이, 부피 등을 한 문자에 대한 함수로 나타낸 후 도함수를 이용하여 최댓값 또는 최솟값을 구한다.

**Example**

오른쪽 그림과 같이 곡선 $y=-x^2+3x$ $(0<x<3)$ 위의 점 P에서 $x$축에 내린 수선의 발을 H라 할 때, 삼각형 OHP의 넓이의 최댓값을 구해 보자. (단, O는 원점이다.)

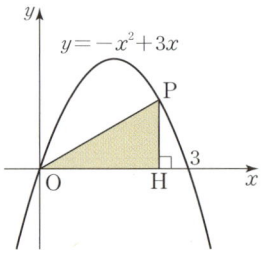

점 P의 좌표를 $(a,\,-a^2+3a)$ $(0<a<3)$라 하면

$\overline{\mathrm{OH}}=a,\ \overline{\mathrm{PH}}=-a^2+3a$

삼각형 OHP의 넓이를 $S(a)$라 하면

$S(a)=\dfrac{1}{2}a(-a^2+3a)=-\dfrac{1}{2}a^3+\dfrac{3}{2}a^2$이므로

$S'(a)=-\dfrac{3}{2}a^2+3a=-\dfrac{3}{2}a(a-2)$

$S'(a)=0$에서 $a=2$ $(\because 0<a<3)$

$0<a<3$에서 함수 $S(a)$의 증가와 감소를 표로 나타내면 다음과 같다.

| $a$ | $0$ | $\cdots$ | $2$ | $\cdots$ | $3$ |
|---|---|---|---|---|---|
| $S'(a)$ | | $+$ | $0$ | $-$ | |
| $S(a)$ | | $\nearrow$ | $2$ | $\searrow$ | |

따라서 함수 $S(a)$는 $a=2$에서 극대이면서 최대이므로 구하는 넓이의 최댓값은 2이다.

본책 50쪽

유형 **28~29** 방정식의 실근의 개수

방정식 $f(x)=a$ ($a$는 상수)의 서로 다른 실근의 개수는 함수 $y=f(x)$의 그래프와 직선 $y=a$의 교점의 개수와 같다.

[참고]

방정식 $f(x)=g(x)$가 주어진 경우 $h(x)=a$ ($a$는 상수) 꼴로 변형하여 푼다.

Example

방정식 $x^3+3x^2-2=0$의 서로 다른 실근의 개수를 구해 보자.

$f(x)=x^3+3x^2-2$라 하면

$f'(x)=3x^2+6x=3x(x+2)$

$f'(x)=0$에서 $x=-2$ 또는 $x=0$

함수 $f(x)$의 증가와 감소를 표로 나타내면 다음과 같다.

| $x$ | $\cdots$ | $-2$ | $\cdots$ | $0$ | $\cdots$ |
|---|---|---|---|---|---|
| $f'(x)$ | $+$ | $0$ | $-$ | $0$ | $+$ |
| $f(x)$ | ↗ | $2$ | ↘ | $-2$ | ↗ |

따라서 함수 $y=f(x)$의 그래프는 오른쪽 그림과 같고 $x$축과 서로 다른 세 점에서 만나므로 주어진 방정식의 서로 다른 실근의 개수는 3이다.

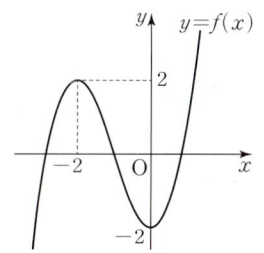

Example

방정식 $2x^3+3x^2-12x=a$의 서로 다른 실근의 개수를 실수 $a$의 값의 범위에 따라 나누어 구해 보자.

주어진 방정식의 서로 다른 실근의 개수는 곡선 $y=2x^3+3x^2-12x$와 직선 $y=a$의 교점의 개수와 같다.

$f(x)=2x^3+3x^2-12x$라 하면

$f'(x)=6x^2+6x-12=6(x+2)(x-1)$

$f'(x)=0$에서 $x=-2$ 또는 $x=1$

함수 $f(x)$의 증가와 감소를 표로 나타내면 다음과 같다.

| $x$ | $\cdots$ | $-2$ | $\cdots$ | $1$ | $\cdots$ |
|---|---|---|---|---|---|
| $f'(x)$ | $+$ | $0$ | $-$ | $0$ | $+$ |
| $f(x)$ | ↗ | $20$ | ↘ | $-7$ | ↗ |

따라서 함수 $y=f(x)$의 그래프는 오른쪽 그림과 같으므로 곡선 $y=f(x)$와 직선 $y=a$의 교점의 개수는

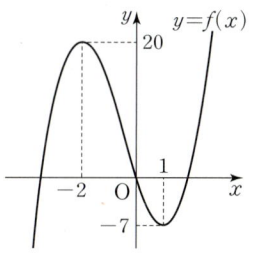

(ⅰ) $a<-7$ 또는 $a>20$일 때: 1

(ⅱ) $a=-7$ 또는 $a=20$일 때: 2

(ⅲ) $-7<a<20$일 때: 3

Example

두 곡선 $y=x^3+x^2-3x$, $y=x^2+a$가 서로 다른 세 점에서 만나도록 하는 실수 $a$의 값의 범위를 구해 보자.

방정식 $x^3+x^2-3x=x^2+a$, 즉 $x^3-3x=a$가 서로 다른 세 실근을 가져야 하므로

$f(x)=x^3-3x$라 하면 $f'(x)=3x^2-3=3(x+1)(x-1)$

$f'(x)=0$에서 $x=-1$ 또는 $x=1$

함수 $f(x)$의 증가와 감소를 표로 나타내면 다음과 같다.

| $x$ | $\cdots$ | $-1$ | $\cdots$ | $1$ | $\cdots$ |
|---|---|---|---|---|---|
| $f'(x)$ | $+$ | $0$ | $-$ | $0$ | $+$ |
| $f(x)$ | ↗ | $2$ | ↘ | $-2$ | ↗ |

따라서 함수 $y=f(x)$의 그래프는 오른쪽 그림과 같고 곡선 $y=f(x)$와 직선 $y=a$가 서로 다른 세 점에서 만나야 하므로 구하는 $a$의 값의 범위는 $-2<a<2$

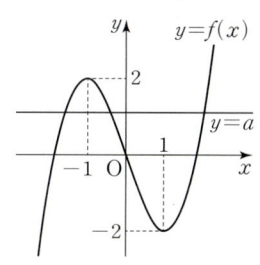

본책 51쪽

유형 **30** 방정식의 실근의 부호

방정식 $f(x)=a$ ($a$는 상수)의 실근의 부호는 함수 $y=f(x)$의 그래프와 직선 $y=a$의 **교점의 $x$좌표의 부호**와 같다.

Example

방정식 $\dfrac{2}{3}x^3-2x^2=a$가 서로 다른 두 개의 양의 근과 한 개의 음의 근을 갖도록 하는 실수 $a$의 값의 범위를 구해 보자.

주어진 방정식의 실근은 곡선 $y=\dfrac{2}{3}x^3-2x^2$과 직선 $y=a$의 교점의 $x$좌표와 같다.

$f(x)=\dfrac{2}{3}x^3-2x^2$이라 하면 $f'(x)=2x^2-4x=2x(x-2)$

$f'(x)=0$에서 $x=0$ 또는 $x=2$

함수 $f(x)$의 증가와 감소를 표로 나타내면 다음과 같다.

| $x$ | $\cdots$ | $0$ | $\cdots$ | $2$ | $\cdots$ |
|---|---|---|---|---|---|
| $f'(x)$ | $+$ | $0$ | $-$ | $0$ | $+$ |
| $f(x)$ | ↗ | $0$ | ↘ | $-\dfrac{8}{3}$ | ↗ |

따라서 함수 $y=f(x)$의 그래프는 오른쪽 그림과 같으므로 직선 $y=a$와의 교점의 $x$좌표가 양수가 2개, 음수가 1개가 되도록 하는 $a$의 값의 범위는

$-\dfrac{8}{3}<a<0$

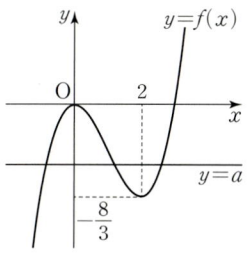

**유형 31~32** 부등식의 증명

(1) 주어진 구간에서 부등식 $f(x) \geq 0$이 성립함을 증명하려면 그 구간에서 (함수 $f(x)$의 최솟값)$\geq 0$임을 보인다.

(2) 주어진 구간에서 부등식 $f(x) \leq 0$이 성립함을 증명하려면 그 구간에서 (함수 $f(x)$의 최댓값)$\leq 0$임을 보인다.

**참고**

어떤 구간에서 부등식 $f(x) \geq g(x)$가 성립함을 증명하려면 $h(x) = f(x) - g(x)$로 놓고 $h(x) \geq 0$임을 보인다.

**Example**

$x \geq 1$일 때, 부등식 $2x^3 - 6x^2 + 9 \geq 0$이 성립함을 증명해 보자.

$f(x) = 2x^3 - 6x^2 + 9$라 하면

$f'(x) = 6x^2 - 12x = 6x(x-2)$

$f'(x) = 0$에서 $x = 2$ ($\because x \geq 1$)

$x \geq 1$에서 함수 $f(x)$의 증가와 감소를 표로 나타내면 다음과 같다.

| $x$ | 1 | $\cdots$ | 2 | $\cdots$ |
|---|---|---|---|---|
| $f'(x)$ | | $-$ | 0 | $+$ |
| $f(x)$ | 5 | $\searrow$ | 1 | $\nearrow$ |

$x \geq 1$일 때, 함수 $f(x)$는 $x = 2$에서 최솟값 1을 가지므로 $f(x) \geq 0$

따라서 $x \geq 1$일 때, 부등식 $2x^3 - 6x^2 + 9 \geq 0$이 성립한다.

**Example**

모든 실수 $x$에 대하여 부등식 $x^4 - 2x^2 \geq a$가 성립하도록 하는 실수 $a$의 값의 범위를 구해 보자.

$x^4 - 2x^2 \geq a$에서 $x^4 - 2x^2 - a \geq 0$

$f(x) = x^4 - 2x^2 - a$라 하면

$f'(x) = 4x^3 - 4x = 4x(x+1)(x-1)$

$f'(x) = 0$에서 $x = -1$ 또는 $x = 0$ 또는 $x = 1$

함수 $f(x)$의 증가와 감소를 표로 나타내면 다음과 같다.

| $x$ | $\cdots$ | $-1$ | $\cdots$ | 0 | $\cdots$ | 1 | $\cdots$ |
|---|---|---|---|---|---|---|---|
| $f'(x)$ | $-$ | 0 | $+$ | 0 | $-$ | 0 | $+$ |
| $f(x)$ | $\searrow$ | $-1-a$ | $\nearrow$ | $-a$ | $\searrow$ | $-1-a$ | $\nearrow$ |

함수 $f(x)$는 $x = -1$, $x = 1$에서 최솟값 $-1-a$를 가지므로 모든 실수 $x$에 대하여 부등식 $f(x) \geq 0$이 성립하려면

$-1-a \geq 0$　　$\therefore a \leq -1$

**유형 33** 속도와 가속도

수직선 위를 움직이는 점 P의 시각 $t$에서의 위치 $x$가 $x = f(t)$일 때, 시각 $t$에서의 점 P의 속도 $v$와 가속도 $a$는

(1) $v = \dfrac{dx}{dt} = f'(t)$　　　　(2) $a = \dfrac{dv}{dt}$

**참고**

속도 $v = f'(t)$의 부호는 점 P의 운동 방향을 나타낸다. 점 P는 $v > 0$이면 양의 방향으로, $v < 0$이면 음의 방향으로 움직인다.

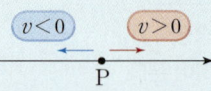

**Example**

수직선 위를 움직이는 점 P의 시각 $t$에서의 위치 $x$가 $x = t^3 - 3t$일 때, 다음을 구해 보자.

(1) $t = 2$에서의 점 P의 속도와 가속도

점 P의 시각 $t$에서의 속도를 $v$, 가속도를 $a$라 하면

$v = \dfrac{dx}{dt} = 3t^2 - 3$, $a = \dfrac{dv}{dt} = 6t$

이므로 $t = 2$에서의 점 P의 속도와 가속도는

$v = 3 \times 2^2 - 3 = 9$, $a = 6 \times 2 = 12$

(2) 점 P가 운동 방향을 바꿀 때의 시각

점 P가 운동 방향을 바꿀 때의 속도는 0이므로

$v = 0$에서 $3t^2 - 3 = 0$, $(t+1)(t-1) = 0$

$\therefore t = 1$ ($\because t > 0$)

$0 < t < 1$일 때 $v < 0$, $t > 1$일 때 $v > 0$이므로

점 P가 운동 방향을 바꾸는 시각은 1이다.

(3) 점 P의 속도가 24인 순간의 가속도

$v = 24$에서 $3t^2 - 3 = 24$, $(t+3)(t-3) = 0$

$\therefore t = 3$ ($\because t > 0$)

따라서 $t = 3$일 때, 점 P의 가속도는

$a = 6 \times 3 = 18$

**유형 34** 속도, 가속도와 그래프

수직선 위를 움직이는 점 P의 시각 $t$에서의

(1) 속도 $v(t)$의 그래프에서 $t = a$에서의 가속도는 $t = a$인 점에서의 접선의 기울기와 같다.

(2) 위치 $x(t)$의 그래프에서

$x'(a) > 0$ ➡ $t = a$에서 양의 방향으로 움직인다.

$x'(a) < 0$ ➡ $t = a$에서 음의 방향으로 움직인다.

$x'(a) = 0$ ➡ $t = a$에서 정지하거나 운동 방향을 바꾼다.

원점을 출발하여 수직선 위를 움직이
는 점 P의 시각 $t$에서의 위치 $x$의 함
수 $x=f(t)$의 그래프가 오른쪽 그림
과 같을 때, 다음을 구해 보자.

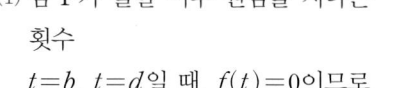

(1) 점 P가 출발 이후 원점을 지나는
　횟수

　$t=b$, $t=d$일 때, $f(t)=0$이므로

　점 P는 출발 이후 원점을 2번 지난다.

(2) 점 P의 속도가 0이 되는 $t$의 값

　$t=a$, $t=c$일 때, $f'(t)=0$이므로 점 P의 속도가 0이 되는 $t$의

　값은 $a$, $c$이다.

(3) 점 P가 운동 방향을 바꾸는 횟수

　$t=a$의 좌우에서 $f'(t)$의 부호가 양에서 음으로 바뀌고, $t=c$

　의 좌우에서 $f'(t)$의 부호가 음에서 양으로 바뀌므로 점 P는

　운동 방향을 2번 바꾼다.

원점을 출발하여 수직선 위를 움직이는 점 P의 시각 $t$에서의 속도
$v(t)$의 그래프가 다음 그림과 같을 때, 다음을 구해 보자.

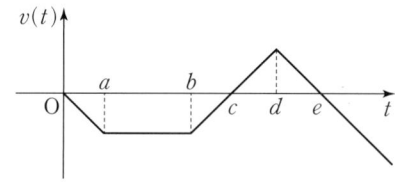

(1) 점 P의 가속도가 0이 되는 $t$의 값의 범위

　$a<t<b$일 때, $v'(t)=0$이므로 이 구간에서 점 P의 가속도는
　0이다.

(2) 점 P의 속도가 증가하는 $t$의 값의 범위

　$b<t<d$일 때, $v'(t)>0$이므로 이 구간에서 점 P의 속도는 증
　가한다.

(3) 점 P가 운동 방향을 바꾸는 횟수

　$t=c$, $t=e$의 좌우에서 각각 $v(t)$의 부호가 바뀌므로 점 P는
　운동 방향을 2번 바꾼다.

본책 56쪽

**유형 35 위로 던진 물체의 위치와 속도**

지면과 수직으로 위로 던진 물체의 $t$초 후의 높이를 $x$ m라
할 때

(1) 위로 던진 지 $t$초 후의 물체의 속도는 $\dfrac{dx}{dt}$ m/s이다.

(2) 최고 높이에 도달할 때의 속도는 0이다.

지면에서 20 m/s의 속도로 지면과 수직으로 위로 쏘아 올린 물체
의 $t$초 후의 높이 $x$ m가 $x=-5t^2+20t$일 때, 다음을 구해 보자.

(1) 물체가 최고 높이에 도달할 때의 지면으로부터의 높이

　쏘아 올린 지 $t$초 후의 물체의 속도를 $v$ m/s라 하면

$$v=\frac{dx}{dt}=-10t+20$$

　물체가 최고 높이에 도달할 때의 속도는 0이므로

　$-10t+20=0$　　$\therefore t=2$

　따라서 $t=2$일 때, 물체의 높이는

　$x=-5\times 2^2+20\times 2=20(\text{m})$

(2) 물체가 지면에 떨어지는 순간의 속도

　물체가 지면에 떨어지는 순간의 높이는 0이므로

　$-5t^2+20t=0$, $t(t-4)=0$

　$\therefore t=4$ ($\because t>0$)

　따라서 $t=4$일 때, 물체의 속도는

　$v=-10\times 4+20=-20(\text{m/s})$

본책 56쪽

**유형 36 정지하는 물체가 움직인 거리**

직선 운동을 하는 물체가 제동을 건 후 $t$초 동안 움직인 거리
를 $x$ m라 할 때

(1) 제동을 건 지 $t$초 후의 물체의 속도는 $\dfrac{dx}{dt}$ m/s이다.

(2) 물체가 정지할 때의 속도는 0이다.

직선 선로 위를 달리는 열차가 제동을 건 후 $t$초 동안 달린 거리
$x$ m는 $x=-2t^2+16t$이다. 이 열차가 제동을 건 후 정지할 때까
지 걸린 시간과 움직인 거리를 구해 보자.

제동을 건 지 $t$초 후의 열차의 속도를 $v$ m/s라 하면

$$v=\frac{dx}{dt}=-4t+16$$

열차가 정지할 때의 속도는 0이므로

$-4t+16=0$　　$\therefore t=4$

따라서 열차가 정지할 때까지 걸린 시간은 4초이고 그때까지 움직
인 거리는

$x=-2\times 4^2+16\times 4=32(\text{m})$

## 유형 37 시각에 대한 길이, 넓이, 부피의 변화율

시각 $t$에서 길이가 $l$인 도형의 길이의 변화율은

$$\lim_{\Delta t \to 0} \frac{\Delta l}{\Delta t} = \frac{dl}{dt}$$

시각 $t$에서 넓이가 $S$인 도형의 넓이의 변화율은

$$\lim_{\Delta t \to 0} \frac{\Delta S}{\Delta t} = \frac{dS}{dt}$$

시각 $t$에서 부피가 $V$인 도형의 부피의 변화율은

$$\lim_{\Delta t \to 0} \frac{\Delta V}{\Delta t} = \frac{dV}{dt}$$

**Example**

키가 1.7 m인 학생이 지면으로부터의 높이가 5.1 m인 가로등 바로 밑에서 출발하여 일직선으로 초속 2 m로 걸을 때, 그림자의 길이의 변화율을 구해 보자.

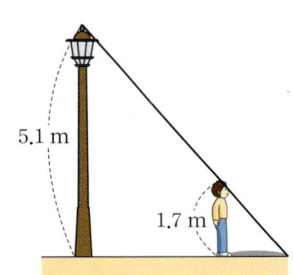

학생이 $t$초 동안 움직인 거리는

$2t$ m

그림자의 끝이 $t$초 동안 움직인 거리를 $x$ m라 하면

오른쪽 그림에서 삼각형 ABC와 삼각형 DEC가 닮음이므로

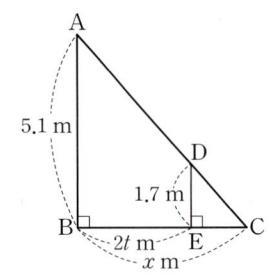

$5.1 : x = 1.7 : (x-2t)$

$1.7x = 5.1x - 10.2t$

$\therefore x = 3t$

그림자의 길이를 $l$ m라 하면

$l = \overline{CE} = \overline{BC} - \overline{BE}$

$\quad = x - 2t = 3t - 2t$

$\quad = t$

따라서 그림자의 길이의 변화율은

$$\frac{dl}{dt} = 1(\text{m/s})$$

**Example**

한 변의 길이가 9 cm인 정사각형의 각 변의 길이가 매초 3 cm씩 늘어난다고 할 때, 3초 후의 이 정사각형의 넓이의 변화율을 구해 보자.

$t$초 후의 정사각형의 한 변의 길이는 $(9+3t)$ cm

$t$초 후의 정사각형의 넓이를 $S$ cm²라 하면

$S = (9+3t)^2 = 9t^2 + 54t + 81$

시각 $t$에 대한 넓이 $S$의 변화율은

$$\frac{dS}{dt} = 18t + 54$$

따라서 $t=3$일 때, 정사각형의 넓이의 변화율은

$18 \times 3 + 54 = 108(\text{cm}^2/\text{s})$

**Example**

한 모서리의 길이가 2 cm인 정육면체의 각 모서리의 길이가 매초 1 cm씩 늘어난다고 할 때, 2초 후의 이 정육면체의 부피의 변화율을 구해 보자.

$t$초 후의 정육면체의 한 모서리의 길이는 $(2+t)$ cm

$t$초 후의 정육면체의 부피를 $V$ cm³라 하면

$V = (2+t)^3 = t^3 + 6t^2 + 12t + 8$

시각 $t$에 대한 부피 $V$의 변화율은

$$\frac{dV}{dt} = 3t^2 + 12t + 12$$

따라서 $t=2$일 때, 정육면체의 부피의 변화율은

$3 \times 2^2 + 12 \times 2 + 12 = 48(\text{cm}^3/\text{s})$

# 6 부정적분

본책 60쪽

## 유형 01 부정적분의 정의

(1) 함수 $F(x)$의 도함수가 $f(x)$일 때, 즉 $F'(x)=f(x)$일 때 $F(x)$를 $f(x)$의 **부정적분**이라 하고, 기호로 $\int f(x)\,dx$와 같이 나타낸다.

(2) 함수 $f(x)$의 한 부정적분을 $F(x)$라 하면

부정적분

$$\int f(x)\,dx = \underset{\text{미분}}{F(x)} + \underset{\text{적분상수}}{C}$$

$$\int f(x)\,dx = F(x) + C$$

이때 $C$를 **적분상수**라 한다.

참고
$f(x)$를 피적분함수, $x$를 적분변수라 한다.

Example

등식 $\int f(x)\,dx = 2x+C$를 만족시키는 함수 $f(x)$는

$f(x)=(2x+C)'=2$

Example

$(5x)'=5$이므로

$\int 5\,dx = 5x+C$

본책 61쪽

## 유형 02 부정적분의 기본 공식

(1) $n$이 자연수일 때,

$$\int x^n\,dx = \frac{1}{n+1}x^{n+1}+C \quad (\text{단, } C\text{는 적분상수})$$

(2) $\int 1\,dx = x+C$ (단, $C$는 적분상수)

참고
$\int 1\,dx = \int dx$로 간단히 나타낸다.

Example

$\int x^6\,dx = \frac{1}{6+1}x^{6+1}+C$

$\qquad = \frac{1}{7}x^7+C$

본책 61쪽

## 유형 03~04 함수의 실수배, 합, 차의 부정적분

두 함수 $f(x)$, $g(x)$에 대하여

(1) $\int kf(x)\,dx = k\int f(x)\,dx$ (단, $k$는 0이 아닌 상수)

(2) $\int \{f(x)\pm g(x)\}\,dx = \int f(x)\,dx \pm \int g(x)\,dx$

(복부호동순)

참고
• (2)의 성질은 세 개 이상의 함수에 대해서도 성립한다.
• 적분상수가 여러 개 있을 때에는 묶어서 하나의 적분상수로 나타낸다.

Example

(1) $\int 4\,dx = 4\int dx$

$\qquad = 4x+C$

(2) $\int \left(-\frac{1}{2}x^2\right)dx = -\frac{1}{2}\int x^2\,dx$

$\qquad\qquad = -\frac{1}{2}\times\frac{1}{3}x^3+C$

$\qquad\qquad = -\frac{1}{6}x^3+C$

(3) $\int x(x-2)\,dx = \int (x^2-2x)\,dx$

$\qquad\qquad = \int x^2\,dx - \int 2x\,dx$

$\qquad\qquad = \int x^2\,dx - 2\int x\,dx$

$\qquad\qquad = \left(\frac{1}{3}x^3+C_1\right)-2\left(\frac{1}{2}x^2+C_2\right)$

$\qquad\qquad = \frac{1}{3}x^3-x^2+C_1-2C_2$

$\qquad\qquad = \frac{1}{3}x^3-x^2+C \quad (\text{단, } C=C_1-2C_2)$

(4) $\int (x+1)^2\,dx - \int (x-1)^2\,dx$

$\quad = \int (x^2+2x+1)\,dx - \int (x^2-2x+1)\,dx$

$\quad = \int \{(x^2+2x+1)-(x^2-2x+1)\}\,dx$

$\quad = \int 4x\,dx$

$\quad = 4\int x\,dx$

$\quad = 4\times\frac{1}{2}x^2+C$

$\quad = 2x^2+C$

## 유형 **05** 도함수가 주어질 때 함수 구하기

함수 $f(x)$의 도함수 $f'(x)$와 함숫값이 주어지면 다음과 같은 순서로 $f(x)$를 구한다.

**❶** $f(x)=\displaystyle\int f'(x)\,dx$임을 이용하여 $f(x)$를 적분상수를 포함한 식으로 나타낸다.

**❷** 주어진 함숫값을 대입하여 적분상수를 구한다.

**❸** ❶의 식에 적분상수를 대입하여 $f(x)$를 구한다.

Example

$f'(x)=3x^2-2x+1$, $f(0)=1$인 함수 $f(x)$를 구해 보자.

**❶** $f(x)=\displaystyle\int f'(x)\,dx=\int(3x^2-2x+1)\,dx$

$=\displaystyle\int 3x^2\,dx-\int 2x\,dx+\int dx$

$=3\displaystyle\int x^2\,dx-2\int x\,dx+\int dx$

$=3\times\dfrac{1}{3}x^3-2\times\dfrac{1}{2}x^2+x+C$

$=x^3-x^2+x+C$

**❷** $f(0)=1$이므로 $C=1$

**❸** $f(x)=x^3-x^2+x+1$

## 유형 **06** 접선의 기울기가 주어질 때 함수 구하기

곡선 $y=f(x)$ 위의 임의의 점 $(x,f(x))$에서의 접선의 기울기와 곡선 $y=f(x)$가 지나는 점의 좌표가 주어진 경우

➡ **접선의 기울기가 $f'(x)$**이므로 유형 **05** 와 같은 방법으로 $f(x)$를 구한다.

Example

점 $(-1,3)$을 지나는 곡선 $y=f(x)$ 위의 점 $(x,f(x))$에서의 접선의 기울기가 $4x+3$일 때, 함수 $f(x)$를 구해 보자.

곡선 $y=f(x)$ 위의 점 $(x,f(x))$에서의 접선의 기울기가 $4x+3$이므로 $f'(x)=4x+3$

**❶** $f(x)=\displaystyle\int f'(x)\,dx=\int(4x+3)\,dx$

$=\displaystyle\int 4x\,dx+\int 3\,dx=4\int x\,dx+3\int dx$

$=4\times\dfrac{1}{2}x^2+3x+C=2x^2+3x+C$

**❷** 이 곡선이 점 $(-1,3)$을 지나므로 $f(-1)=3$에서

$2-3+C=3$　∴ $C=4$

**❸** $f(x)=2x^2+3x+4$

## 유형 **07** 부정적분과 미분의 관계

(1) $\dfrac{d}{dx}\left\{\displaystyle\int f(x)\,dx\right\}=f(x)$

(2) $\displaystyle\int\left\{\dfrac{d}{dx}f(x)\right\}dx=f(x)+C$ (단, $C$는 적분상수)

참고

$\dfrac{d}{dx}\left\{\displaystyle\int f(x)\,dx\right\}\neq\int\left\{\dfrac{d}{dx}f(x)\right\}dx$

Example

함수 $f(x)=x^2-2x$에 대하여

(1) $\dfrac{d}{dx}\left\{\displaystyle\int f(x)\,dx\right\}=\dfrac{d}{dx}\left\{\int(x^2-2x)\,dx\right\}$

$=\dfrac{d}{dx}\left(\dfrac{1}{3}x^3-x^2+C\right)$

$=x^2-2x$

$=f(x)$

(2) $\displaystyle\int\left\{\dfrac{d}{dx}f(x)\right\}dx=\int\left\{\dfrac{d}{dx}(x^2-2x)\right\}dx$

$=\displaystyle\int(2x-2)\,dx$

$=x^2-2x+C$

$=f(x)+C$

Example

$f(x)=\displaystyle\int(2x^2-3x+1)\,dx$일 때, $f'(1)$의 값을 구해 보자.

$g(x)=2x^2-3x+1$이라 하면

$f(x)=\displaystyle\int g(x)\,dx$에서 $f'(x)=g(x)$

따라서 $f'(x)=2x^2-3x+1$이므로

$f'(1)=2-3+1=0$

Example

등식 $\displaystyle\int(x-1)f(x)\,dx=x^3-\dfrac{1}{2}x^2-2x+C$를 만족시키는 다항함수 $f(x)$를 구해 보자. (단, $C$는 적분상수)

주어진 등식의 양변을 $x$에 대하여 미분하면

$(x-1)f(x)=3x^2-x-2$

$(x-1)f(x)=(x-1)(3x+2)$

$\therefore f(x)=3x+2$

## 유형 08 함수와 그 부정적분 사이의 관계

다항함수 $f(x)$와 그 부정적분 $F(x)$ 사이의 관계식 및 함숫값이 주어지면 다음과 같은 순서로 $f(x)$를 구한다.

❶ **주어진 등식의 양변을 $x$에 대하여 미분한다.**

❷ $F'(x)=f(x)$임을 이용하여 $f'(x)$를 구한다.

❸ $f(x)=\displaystyle\int f'(x)\,dx$임을 이용하여 $f(x)$를 적분상수를 포함한 식으로 나타낸다.

❹ 주어진 함숫값을 대입하여 적분상수를 구한다.

❺ ❸의 식에 적분상수를 대입하여 $f(x)$를 구한다.

### Example

다항함수 $f(x)$의 한 부정적분 $F(x)$에 대하여
$$F(x)=xf(x)+2x^3+3x^2,\ f(0)=1$$
일 때, 함수 $f(x)$를 구해 보자.

❶ 주어진 등식의 양변을 $x$에 대하여 미분하면
$$F'(x)=f(x)+xf'(x)+6x^2+6x$$

❷ $F'(x)=f(x)$이므로
$$f(x)=f(x)+xf'(x)+6x^2+6x$$
$$xf'(x)=-6x^2-6x$$
$$\therefore f'(x)=-6x-6$$

❸ $f(x)=\displaystyle\int f'(x)\,dx$
$$=\int(-6x-6)\,dx$$
$$=-3x^2-6x+C$$

❹ $f(0)=1$이므로 $C=1$

❺ $f(x)=-3x^2-6x+1$

## 유형 09 부정적분과 극대, 극소

함수 $f(x)$의 도함수 $f'(x)$와 함숫값 또는 극값이 주어지면 다음과 같은 순서로 $f(x)$ 또는 극값을 구한다.

❶ $f(x)=\displaystyle\int f'(x)\,dx$임을 이용하여 $f(x)$를 적분상수를 포함한 식으로 나타낸다.

❷ 주어진 함숫값 또는 극값을 대입하여 적분상수를 구한다.

❸ ❶의 식에 적분상수를 대입하여 $f(x)$를 구한다.

❹ 함수 $f(x)$의 증감표를 그려 극대, 극소를 판정하고 극댓값 또는 극솟값을 구한다.

### Example

삼차함수 $f(x)$의 도함수가 $f'(x)=6x^2-6x$이고 $f(-1)=0$일 때, 함수 $f(x)$의 극댓값과 극솟값을 구해 보자.

❶ $f(x)=\displaystyle\int f'(x)\,dx$
$$=\int(6x^2-6x)\,dx$$
$$=2x^3-3x^2+C$$

❷ $f(-1)=0$이므로
$$-2-3+C=0\quad\therefore C=5$$

❸ $f(x)=2x^3-3x^2+5$

❹ $f'(x)=6x^2-6x=6x(x-1)$이므로
$f'(x)=0$인 $x$의 값은 $x=0$ 또는 $x=1$
함수 $f(x)$의 증가와 감소를 표로 나타내면 다음과 같다.

| $x$ | $\cdots$ | $0$ | $\cdots$ | $1$ | $\cdots$ |
|---|---|---|---|---|---|
| $f'(x)$ | $+$ | $0$ | $-$ | $0$ | $+$ |
| $f(x)$ | ↗ | 극대 | ↘ | 극소 | ↗ |

따라서 함수 $f(x)$는 $x=0$에서 극대이므로 극댓값은
$$f(0)=5$$
또한 함수 $f(x)$는 $x=1$에서 극소이므로 극솟값은
$$f(1)=2-3+5=4$$

### Example

삼차함수 $f(x)$의 도함수가 $f'(x)=-x^2+x+2$이고 $f(x)$의 극솟값이 $-\dfrac{1}{2}$일 때, 함수 $f(x)$의 극댓값을 구해 보자.

❶ $f(x)=\displaystyle\int f'(x)\,dx=\int(-x^2+x+2)\,dx$
$$=-\frac{1}{3}x^3+\frac{1}{2}x^2+2x+C$$

이때 $f'(x)=-x^2+x+2=-(x+1)(x-2)$이므로
$f'(x)=0$인 $x$의 값은 $x=-1$ 또는 $x=2$
함수 $f(x)$의 증가와 감소를 표로 나타내면 다음과 같다.

| $x$ | $\cdots$ | $-1$ | $\cdots$ | $2$ | $\cdots$ |
|---|---|---|---|---|---|
| $f'(x)$ | $-$ | $0$ | $+$ | $0$ | $-$ |
| $f(x)$ | ↘ | 극소 | ↗ | 극대 | ↘ |

즉, 함수 $f(x)$는 $x=-1$에서 극소이므로
$$f(-1)=-\frac{1}{2}$$

❷ $f(-1)=-\dfrac{1}{2}$이므로
$$\frac{1}{3}+\frac{1}{2}-2+C=-\frac{1}{2}\quad\therefore C=\frac{2}{3}$$

❸ $f(x)=-\dfrac{1}{3}x^3+\dfrac{1}{2}x^2+2x+\dfrac{2}{3}$

❹ 함수 $f(x)$는 $x=2$에서 극대이므로 극댓값은
$$f(2)=-\frac{8}{3}+2+4+\frac{2}{3}=4$$

본책 69쪽

**유형 10** 정적분의 정의와 계산

(1) 닫힌구간 $[a, b]$에서 연속인 함수 $f(x)$의 한 부정적분을 $F(x)$라 할 때, $F(b)-F(a)$의 값을 $f(x)$의 $a$에서 $b$까지의 **정적분**이라 하고, 기호로 $\int_a^b f(x)\,dx$와 같이 나타낸다.

이때 $F(b)-F(a)$를 기호로 $\Big[F(x)\Big]_a^b$와 같이 나타내면

$$\int_a^b f(x)\,dx=\Big[F(x)\Big]_a^b=F(b)-F(a)$$

(2) 정적분의 정의에 의하여

① $\int_a^a f(x)\,dx=0$

② $\int_a^b f(x)\,dx=-\int_b^a f(x)\,dx$

참고
· $a$를 아래끝, $b$를 위끝이라 하고, $a$에서 $b$까지를 적분 구간이라 한다.
· 부정적분 $\int f(x)\,dx$는 $x$에 대한 함수이지만 정적분 $\int_a^b f(x)\,dx$는 실수이다. (단, $a$, $b$는 실수)
· 정적분에서 적분변수를 다른 문자로 바꾸어도 그 값은 변하지 않는다.
➡ $\int_a^b f(x)\,dx=\int_a^b f(t)\,dt=\int_a^b f(s)\,ds=\cdots$

Example

(1) $\int_{-2}^1 9x^2\,dx=\Big[3x^3\Big]_{-2}^1=3\times 1^3-3\times(-2)^3$
$\qquad\qquad\qquad =3+24=27$

(2) $\int_1^3 (t^2-2t)\,dt=\Big[\dfrac{1}{3}t^3-t^2\Big]_1^3$
$\qquad\qquad =\Big(\dfrac{1}{3}\times 3^3-3^2\Big)-\Big(\dfrac{1}{3}\times 1^3-1^2\Big)=\dfrac{2}{3}$

(3) $\int_0^1 (x+1)^2\,dx=\int_0^1 (x^2+2x+1)\,dx=\Big[\dfrac{1}{3}x^3+x^2+x\Big]_0^1$
$\qquad\qquad =\Big(\dfrac{1}{3}\times 1^3+1^2+1\Big)-0=\dfrac{7}{3}$

Example

(1) $\int_2^2 (2s+1)\,ds=\Big[s^2+s\Big]_2^2=(4+2)-(4+2)=0$

이므로 적분 구간의 아래끝과 위끝이 같으면 그 정적분의 값은 0임을 알 수 있다.

(2) $\int_2^1 (3x^2-4x)\,dx=\Big[x^3-2x^2\Big]_2^1=(1-2)-(8-8)=-1$,

$\int_1^2 (3x^2-4x)\,dx=\Big[x^3-2x^2\Big]_1^2=(8-8)-(1-2)=1$

에서 $\int_2^1 (3x^2-4x)\,dx=-\int_1^2 (3x^2-4x)\,dx$이므로 적분 구간의 아래끝과 위끝이 바뀌면 그 정적분의 값의 부호가 반대로 바뀜을 알 수 있다.

---

본책 71쪽

**유형 11** 정적분의 성질을 이용한 계산

두 함수 $f(x)$, $g(x)$가 임의의 세 실수 $a$, $b$, $c$를 포함하는 닫힌구간에서 연속일 때

(1) $\int_a^b kf(x)\,dx=k\int_a^b f(x)\,dx$ (단, $k$는 0이 아닌 상수)

(2) $\int_a^b \{f(x)\pm g(x)\}\,dx=\int_a^b f(x)\,dx\pm\int_a^b g(x)\,dx$
$\qquad\qquad\qquad\qquad\qquad$ (복부호동순)

(3) $\int_a^b f(x)\,dx=\int_a^c f(x)\,dx+\int_c^b f(x)\,dx$

참고
정적분의 성질은 $a$, $b$, $c$의 대소에 관계없이 성립한다.

Example

(1) $\int_0^1 (2x+1)\,dx+2\int_0^1 (2x-3)\,dx$
$=\int_0^1 (2x+1)\,dx+\int_0^1 2(2x-3)\,dx$
$=\int_0^1 \{(2x+1)+2(2x-3)\}\,dx$
$=\int_0^1 (6x-5)\,dx=\Big[3x^2-5x\Big]_0^1$
$=(3-5)-0=-2$

(2) $\int_0^2 (x+1)^2\,dx-\int_0^2 (x+1)(x-1)\,dx$
$=\int_0^2 \{(x+1)^2-(x+1)(x-1)\}\,dx$
$=\int_0^2 (2x+2)\,dx=\Big[x^2+2x\Big]_0^2$
$=(4+4)-0=8$

(3) $\int_{-1}^0 (4x^3+2x)\,dx+\int_0^2 (4t^3+2t)\,dt$
$=\int_{-1}^0 (4x^3+2x)\,dx+\int_0^2 (4x^3+2x)\,dx$
$=\int_{-1}^2 (4x^3+2x)\,dx=\Big[x^4+x^2\Big]_{-1}^2$
$=(16+4)-(1+1)=18$

(4) $\int_{-2}^1 (3x^2-2x+4)\,dx-\int_3^1 (3x^2-2x+4)\,dx$
$=\int_{-2}^1 (3x^2-2x+4)\,dx+\int_1^3 (3x^2-2x+4)\,dx$
$=\int_{-2}^3 (3x^2-2x+4)\,dx=\Big[x^3-x^2+4x\Big]_{-2}^3$
$=(27-9+12)-(-8-4-8)=50$

## 유형 12~13 구간에 따라 다른 함수의 정적분

(1) 구간에 따라 다르게 정의된 함수는 **함수가 달라지는 구간의 경계의 $x$의 값을 기준으로** 적분 구간을 나누어 정적분의 값을 구한다.

➡ 닫힌구간 $[a, b]$에서 연속인 함수 $f(x)$에 대하여

$$f(x)=\begin{cases} g(x) & (x\leq c) \\ h(x) & (x\geq c) \end{cases}$$ 이고 $a<c<b$일 때,

$$\int_a^b f(x)\,dx=\int_a^c g(x)\,dx+\int_c^b h(x)\,dx$$

(2) 절댓값 기호를 포함한 함수는 **절댓값 기호 안의 식의 값이 0이 되는 $x$의 값을 기준으로** 적분 구간을 나누고 각 구간에서의 함수를 찾아 정적분의 값을 구한다.

**Example**

함수 $f(x)=\begin{cases} -x^2+1 & (x\leq 0) \\ 2x+1 & (x\geq 0) \end{cases}$ 에 대하여 $\int_{-1}^2 f(x)\,dx$의 값을 구해 보자.

$$\begin{aligned}\int_{-1}^2 f(x)\,dx &= \int_{-1}^0 f(x)\,dx+\int_0^2 f(x)\,dx \\ &= \int_{-1}^0 (-x^2+1)\,dx+\int_0^2 (2x+1)\,dx \\ &= \left[-\frac{1}{3}x^3+x\right]_{-1}^0+\left[x^2+x\right]_0^2 \\ &= \frac{2}{3}+6=\frac{20}{3}\end{aligned}$$

**Example**

$\int_{-2}^1 |x+1|\,dx$의 값을 구해 보자.

$|x+1|=\begin{cases} -x-1 & (x\leq -1) \\ x+1 & (x\geq -1) \end{cases}$ 이므로

$$\begin{aligned}\int_{-2}^1 |x+1|\,dx &= \int_{-2}^{-1} |x+1|\,dx+\int_{-1}^1 |x+1|\,dx \\ &= \int_{-2}^{-1} (-x-1)\,dx+\int_{-1}^1 (x+1)\,dx \\ &= \left[-\frac{1}{2}x^2-x\right]_{-2}^{-1}+\left[\frac{1}{2}x^2+x\right]_{-1}^1 \\ &= \frac{1}{2}+2=\frac{5}{2}\end{aligned}$$

## 유형 14 그래프가 대칭인 함수의 정적분

함수 $f(x)$가 닫힌구간 $[-a, a]$에서 연속일 때

(1) $f(-x)=-f(x)$, 즉 원점에 대하여 대칭인 함수이면

$$\int_{-a}^a f(x)\,dx=0$$

(2) $f(-x)=f(x)$, 즉 $y$축에 대하여 대칭인 함수이면

$$\int_{-a}^a f(x)\,dx=2\int_0^a f(x)\,dx$$

**참고**

다항함수인 경우, (1)은 차수가 홀수인 항으로만 이루어졌을 때, (2)는 차수가 짝수인 항 또는 상수항으로만 이루어졌을 때이다.

**Example**

(1) $\int_{-3}^3 (4x^3-2x)\,dx=\left[x^4-x^2\right]_{-3}^3=72-72=0$

이므로 차수가 홀수인 항으로만 이루어진 다항함수 $f(x)$에 대하여 $\int_{-a}^a f(x)\,dx=0$임을 알 수 있다.

(2) $\int_{-2}^0 (6x^2-4)\,dx=\left[2x^3-4x\right]_{-2}^0=0-(-8)=8$,

$\int_0^2 (6x^2-4)\,dx=\left[2x^3-4x\right]_0^2=8-0=8$

← $\int_{-2}^2 (6x^2-4)\,dx=\int_{-2}^0 (6x^2-4)\,dx+\int_0^2 (6x^2-4)\,dx=2\int_0^2 (6x^2-4)\,dx$

이므로 차수가 짝수인 항 또는 상수항으로만 이루어진 다항함수 $f(x)$에 대하여 $\int_{-a}^a f(x)\,dx=2\int_0^a f(x)\,dx$임을 알 수 있다.

**Example**

$$\begin{aligned}& \int_{-1}^1 (x^3+3x^2-5x+1)\,dx \\ &= \int_{-1}^1 (x^3-5x)\,dx+\int_{-1}^1 (3x^2+1)\,dx \\ &= 0+2\int_0^1 (3x^2+1)\,dx \\ &= 2\left[x^3+x\right]_0^1=2\times 2=4\end{aligned}$$

## 유형 15 정적분과 미분의 관계

함수 $f(t)$가 실수 $a$를 포함한 어떤 구간에서 연속이면 그 구간에 속하는 임의의 $x$에 대하여

(1) $\dfrac{d}{dx}\displaystyle\int_a^x f(t)\,dt=f(x)$

(2) $\dfrac{d}{dx}\displaystyle\int_x^{x+a} f(t)\,dt=f(x+a)-f(x)$

**참고**

$\int_a^x f(t)\,dt$, $\int_x^{x+a} f(t)\,dt$는 $x$에 대한 함수이다.

Example

(1) $\dfrac{d}{dx}\displaystyle\int_1^x (t^2-3t)\,dt$   ← $f(t)=t^2-3t$라 하면

$=\dfrac{d}{dx}\left[\dfrac{1}{3}t^3-\dfrac{3}{2}t^2\right]_1^x$

$=\dfrac{d}{dx}\left(\dfrac{1}{3}x^3-\dfrac{3}{2}x^2+\dfrac{7}{6}\right)$

$=x^2-3x$   ← $f(x)$

이므로 $\dfrac{d}{dx}\displaystyle\int_a^x f(t)\,dt=f(x)$임을 알 수 있다.

(2) $\dfrac{d}{dx}\displaystyle\int_x^{x+1} (2t+3)\,dt$   ← $f(t)=2t+3$이라 하면

$=\dfrac{d}{dx}\left[t^2+3t\right]_x^{x+1}$

$=\dfrac{d}{dx}\left[\{(x+1)^2+3(x+1)\}-(x^2+3x)\right]$

$=\{2(x+1)+3\}-(2x+3)$   ← $f(x+1)-f(x)$

이므로 $\dfrac{d}{dx}\displaystyle\int_x^{x+a} f(t)\,dt=f(x+a)-f(x)$임을 알 수 있다.

Example

임의의 실수 $x$에 대하여 등식 $\displaystyle\int_1^x f(t)\,dt=x^2+3x+a$를 만족시키는 상수 $a$의 값과 다항함수 $f(x)$를 구해 보자.

주어진 등식의 양변에 $x=1$을 대입하면

$\displaystyle\int_1^1 f(t)\,dt=1+3+a$

$0=4+a$

$\therefore a=-4$

따라서 $\displaystyle\int_1^x f(t)\,dt=x^2+3x-4$이므로 양변을 $x$에 대하여 미분하면

$f(x)=2x+3$

본책 77쪽

유형 **16** 적분 구간이 상수인 정적분을 포함한 등식

$f(x)=g(x)+\displaystyle\int_a^b f(t)\,dt$ ($a$, $b$는 상수) 꼴의 등식이 주어지면 다음과 같은 순서로 함수 $f(x)$를 구한다.

❶ $\displaystyle\int_a^b f(t)\,dt$는 상수이므로 $\displaystyle\int_a^b f(t)\,dt=k$ ($k$는 상수)로 놓는다.

❷ $f(x)=g(x)+k$를 ❶의 식에 대입하여 $k$의 값을 구한다.

❸ $k$의 값을 ❷의 식에 대입하여 $f(x)$를 구한다.

Example

등식 $f(x)=4x+\displaystyle\int_0^2 f(t)\,dt$를 만족시키는 다항함수 $f(x)$를 구해 보자.

❶ $\displaystyle\int_0^2 f(t)\,dt=k$ ($k$는 상수)   …… ㉠

로 놓으면 $f(x)=4x+k$

❷ 이를 ㉠에 대입하면

$\displaystyle\int_0^2 (4t+k)\,dt=k$, $\left[2t^2+kt\right]_0^2=k$

$8+2k=k$   $\therefore k=-8$

❸ $f(x)=4x-8$

본책 78쪽

유형 **17** 적분 구간에 변수가 있는 정적분을 포함한 등식

$xf(x)=g(x)+\displaystyle\int_a^x f(t)\,dt$ ($a$는 상수) 꼴의 등식이 주어지면 다음과 같은 순서로 함수 $f(x)$를 구한다.

❶ **주어진 등식의 양변을 $x$에 대하여 미분하여 $f'(x)$를 구한다.**

❷ $f(x)=\displaystyle\int f'(x)\,dx$임을 이용하여 $f(x)$를 적분상수를 포함한 식으로 나타낸다.

❸ 주어진 등식의 양변에 $x=a$를 대입하여 $f(a)$의 값을 구한다.

❹ $f(a)$의 값을 ❷의 식에 대입하여 적분상수를 구한다.

❺ ❷의 식에 적분상수를 대입하여 $f(x)$를 구한다.

Example

등식 $xf(x)=x^3-x^2+\displaystyle\int_1^x f(t)\,dt$를 만족시키는 다항함수 $f(x)$를 구해 보자.

❶ 주어진 등식의 양변을 $x$에 대하여 미분하면

$f(x)+xf'(x)=3x^2-2x+f(x)$

$xf'(x)=3x^2-2x$   $\therefore f'(x)=3x-2$

❷ $f(x)=\displaystyle\int f'(x)\,dx=\int (3x-2)\,dx$

$\quad=\dfrac{3}{2}x^2-2x+C$   …… ㉠

❸ 주어진 등식의 양변에 $x=1$을 대입하면

$f(1)=1-1+0=0$

❹ ㉠에서

$f(1)=\dfrac{3}{2}-2+C=0$   $\therefore C=\dfrac{1}{2}$

❺ $f(x)=\dfrac{3}{2}x^2-2x+\dfrac{1}{2}$

### 유형 18 적분 구간과 피적분함수에 변수가 있는 정적분을 포함한 등식

$\int_a^x (x-t)f(t)dt=g(x)$ ($a$는 상수) 꼴의 등식이 주어지면 다음과 같은 순서로 함수 $f(x)$를 구한다.

❶ 주어진 등식의 좌변을 $x\int_a^x f(t)dt-\int_a^x tf(t)dt$로 변형한다.

❷ ❶의 등식의 양변을 $x$에 대하여 미분하여 정리하면
$$\int_a^x f(t)dt=g'(x)$$

❸ ❷의 등식의 양변을 다시 $x$에 대하여 미분하여 $f(x)$를 구한다.

**Example**

등식 $\int_1^x (x-t)f(t)dt=2x^3-x-1$을 만족시키는 다항함수 $f(x)$를 구해 보자.

❶ 주어진 등식의 좌변을 변형하면
$$x\int_1^x f(t)dt-\int_1^x tf(t)dt=2x^3-x-1$$

❷ 위의 등식의 양변을 $x$에 대하여 미분하면
$$\int_1^x f(t)dt+xf(x)-xf(x)=6x^2-1$$
$$\therefore \int_1^x f(t)dt=6x^2-1$$

❸ 위의 등식의 양변을 다시 $x$에 대하여 미분하면
$$f(x)=12x$$

### 유형 19 정적분으로 정의된 함수의 극대, 극소

$f(x)=\int_a^x g(t)dt$ ($a$는 상수) 꼴로 정의된 함수 $f(x)$의 극값은 다음과 같은 순서로 구한다.

❶ 주어진 등식의 양변을 $x$에 대하여 미분하면 $f'(x)=g(x)$
❷ 함수 $f(x)$의 증감표를 그려 극대, 극소를 판정한다.
❸ 주어진 식에 ❷에서 판정한 $x$의 값을 대입하여 극댓값 또는 극솟값을 구한다.

**Example**

함수 $f(x)=\int_{-2}^x (t^2-1)dt$의 극댓값과 극솟값을 구해 보자.

❶ 주어진 등식의 양변을 $x$에 대하여 미분하면
$$f'(x)=x^2-1=(x+1)(x-1)$$

❷ $f'(x)=0$인 $x$의 값은 $x=-1$ 또는 $x=1$
함수 $f(x)$의 증가와 감소를 표로 나타내면 다음과 같다.

| $x$ | $\cdots$ | $-1$ | $\cdots$ | $1$ | $\cdots$ |
|---|---|---|---|---|---|
| $f'(x)$ | $+$ | $0$ | $-$ | $0$ | $+$ |
| $f(x)$ | ↗ | 극대 | ↘ | 극소 | ↗ |

❸ 따라서 함수 $f(x)$는 $x=-1$에서 극대이므로 극댓값은
$$f(-1)=\int_{-2}^{-1} (t^2-1)dt=\left[\frac{1}{3}t^3-t\right]_{-2}^{-1}=\frac{4}{3}$$
또한 함수 $f(x)$는 $x=1$에서 극소이므로 극솟값은
$$f(1)=\int_{-2}^1 (t^2-1)dt=\left[\frac{1}{3}t^3-t\right]_{-2}^1=0$$

### 유형 20 정적분으로 정의된 함수의 극한

실수 $a$에 대하여

(1) $\lim\limits_{x\to a} \dfrac{1}{x-a}\int_a^x f(t)dt=f(a)$

(2) $\lim\limits_{h\to 0} \dfrac{1}{h}\int_a^{a+h} f(t)dt=f(a)$

**Example**

$\lim\limits_{x\to 1} \dfrac{1}{x-1}\int_1^x (4t-3)dt$의 극한값을 구해 보자.

$f(t)=4t-3$이라 하고, $f(t)$의 한 부정적분을 $F(t)$라 하면
$$\lim_{x\to 1} \frac{1}{x-1}\int_1^x (4t-3)dt=\lim_{x\to 1}\frac{1}{x-1}\int_1^x f(t)dt$$
$$=\lim_{x\to 1}\frac{F(x)-F(1)}{x-1}$$
$$=F'(1)=f(1)=1$$

**Example**

$\lim\limits_{h\to 0} \dfrac{1}{h}\int_2^{2+h} (2t^2-3t+2)dt$의 극한값을 구해 보자.

$f(t)=2t^2-3t+2$라 하고, $f(t)$의 한 부정적분을 $F(t)$라 하면
$$\lim_{h\to 0} \frac{1}{h}\int_2^{2+h} (2t^2-3t+2)dt=\lim_{h\to 0}\frac{1}{h}\int_2^{2+h} f(t)dt$$
$$=\lim_{h\to 0}\frac{F(2+h)-F(2)}{h}$$
$$=F'(2)=f(2)=4$$

본책 82쪽

함수 $f(x)$가 닫힌구간 $[a, b]$에서 연속일 때, 곡선 $y=f(x)$와 $x$축 및 두 직선 $x=a$, $x=b$로 둘러싸인 도형의 넓이 $S$는

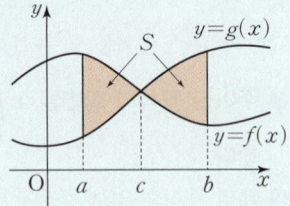

$$S=\int_a^b |f(x)|\,dx$$

[참고]

함수 $f(x)$의 값이 양수인 구간과 음수인 구간으로 나누어 생각한다.

Example

곡선 $y=x^3-x$와 $x$축으로 둘러싸인 도형의 넓이를 구해 보자.

곡선 $y=x^3-x$와 $x$축의 교점의 $x$좌표는 $x^3-x=0$에서
$x(x+1)(x-1)=0$
$\therefore x=-1$ 또는 $x=0$ 또는 $x=1$
구간 $[-1, 0]$에서 $y\geq 0$이고 구간 $[0, 1]$에서 $y\leq 0$이므로 구하는 넓이는

$$\int_{-1}^0 (x^3-x)dx+\int_0^1 (-x^3+x)dx$$
$$=\left[\frac{1}{4}x^4-\frac{1}{2}x^2\right]_{-1}^0+\left[-\frac{1}{4}x^4+\frac{1}{2}x^2\right]_0^1=\frac{1}{4}+\frac{1}{4}=\frac{1}{2}$$

본책 83쪽

함수 $g(y)$가 닫힌구간 $[c, d]$에서 연속일 때, 곡선 $x=g(y)$와 $y$축 및 두 직선 $y=c$, $y=d$로 둘러싸인 도형의 넓이 $S$는

$$S=\int_c^d |g(y)|\,dy$$

[주의]

적분변수가 $y$임에 유의한다.

Example

곡선 $x=y^2-1$과 $y$축 및 두 직선 $y=1$, $y=2$로 둘러싸인 도형의 넓이를 구해 보자.

$y^2-1=(y+1)(y-1)=0$에서
$y=-1$ 또는 $y=1$
$1\leq y\leq 2$에서 $x\geq 0$이므로 구하는 넓이는

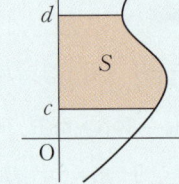

$$\int_1^2 (y^2-1)dy=\left[\frac{1}{3}y^3-y\right]_1^2=\frac{4}{3}$$

본책 84쪽

두 함수 $f(x)$, $g(x)$가 닫힌구간 $[a, b]$에서 연속일 때, 두 곡선 $y=f(x)$, $y=g(x)$ 및 두 직선 $x=a$, $x=b$로 둘러싸인 도형의 넓이 $S$는

$$S=\int_a^b |f(x)-g(x)|\,dx$$

[참고]

주어진 구간에서 두 함수의 대소 관계가 바뀔 때에는 $f(x)-g(x)$의 값이 양수인 구간과 음수인 구간으로 나누어 생각한다.

Example

곡선 $y=x^2+1$과 직선 $y=4x-2$로 둘러싸인 도형의 넓이를 구해 보자.

곡선 $y=x^2+1$과 직선 $y=4x-2$의 교점의 $x$좌표는 $x^2+1=4x-2$에서
$x^2-4x+3=0$, $(x-1)(x-3)=0$
$\therefore x=1$ 또는 $x=3$
구간 $[1, 3]$에서 $x^2+1\leq 4x-2$이므로 구하는 넓이는

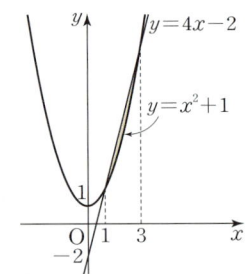

$$\int_1^3 \{4x-2-(x^2+1)\}dx$$
$$=\int_1^3 (-x^2+4x-3)dx$$
$$=\left[-\frac{1}{3}x^3+2x^2-3x\right]_1^3=\frac{4}{3}$$

Example

두 곡선 $y=-x^3+x^2$, $y=x^2-x$로 둘러싸인 도형의 넓이를 구해 보자.

두 곡선의 교점의 $x$좌표는
$-x^3+x^2=x^2-x$에서
$x^3-x=0$, $x(x+1)(x-1)=0$
$\therefore x=-1$ 또는 $x=0$ 또는 $x=1$
구간 $[-1, 0]$에서 $-x^3+x^2\leq x^2-x$이고 구간 $[0, 1]$에서 $-x^3+x^2\geq x^2-x$이므로 구하는 넓이는

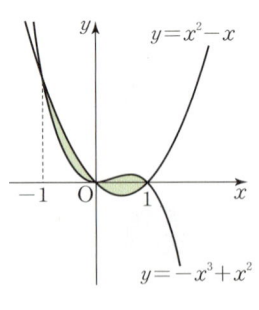

$$\int_{-1}^0 \{x^2-x-(-x^3+x^2)\}dx+\int_0^1 \{-x^3+x^2-(x^2-x)\}dx$$
$$=\int_{-1}^0 (x^3-x)dx+\int_0^1 (-x^3+x)dx$$
$$=\left[\frac{1}{4}x^4-\frac{1}{2}x^2\right]_{-1}^0+\left[-\frac{1}{4}x^4+\frac{1}{2}x^2\right]_0^1$$
$$=\frac{1}{4}+\frac{1}{4}=\frac{1}{2}$$

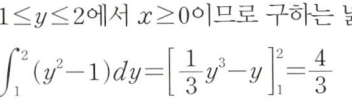
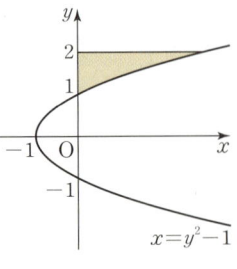

## 유형 25 두 도형의 넓이가 같을 조건

곡선 $y=f(x)$와 $x$축으로 둘러싸인 두 도형의 넓이를 각각 $S_1$, $S_2$라 할 때, $S_1=S_2$이면

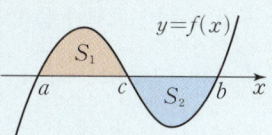

$$\int_a^b f(x)\,dx=0$$

**Example**

오른쪽 그림과 같이 곡선 $y=2x^2-2x$와 직선 $x=k$ 및 $x$축으로 둘러싸인 두 도형의 넓이가 서로 같을 때, 상수 $k$의 값을 구해 보자. (단, $k>1$)

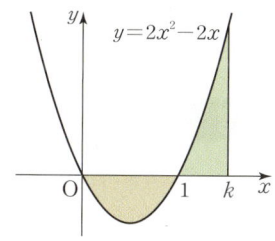

곡선 $y=2x^2-2x$와 두 직선 $x=0$, $x=k$ 및 $x$축으로 둘러싸인 두 도형의 넓이가 서로 같으므로

$$\int_0^k (2x^2-2x)\,dx=0, \quad \left[\frac{2}{3}x^3-x^2\right]_0^k=0$$

$$\frac{2}{3}k^3-k^2=0, \quad k^2(2k-3)=0$$

$$\therefore k=\frac{3}{2} \;\; (\because k>1)$$

## 유형 26 곡선과 접선으로 둘러싸인 도형의 넓이

곡선 $y=f(x)$와 곡선 위의 점 $(a, f(a))$에서의 접선으로 둘러싸인 도형의 넓이는 다음과 같은 순서로 구한다.

❶ 접선의 방정식을 구한다.

➡ $y-f(a)=f'(a)(x-a)$

❷ 곡선과 접선의 위치 관계를 파악하여 도형의 넓이를 구한다.

**Example**

곡선 $y=x^2$과 이 곡선 위의 점 $(1, 1)$에서의 접선 및 $y$축으로 둘러싸인 도형의 넓이를 구해 보자.

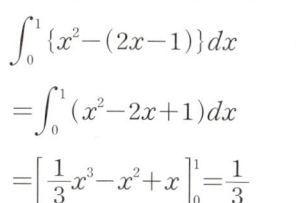

❶ $f(x)=x^2$이라 하면 $f'(x)=2x$
곡선 $y=f(x)$ 위의 점 $(1, 1)$에서의 접선의 기울기는 $f'(1)=2$이므로 접선의 방정식은

$$y-1=2(x-1) \qquad \therefore y=2x-1$$

❷ 따라서 구하는 도형의 넓이는

$$\int_0^1 \{x^2-(2x-1)\}dx$$

$$=\int_0^1 (x^2-2x+1)dx$$

$$=\left[\frac{1}{3}x^3-x^2+x\right]_0^1=\frac{1}{3}$$

## 유형 27 역함수의 그래프와 넓이

함수 $y=f(x)$와 그 역함수 $y=g(x)$의 그래프로 둘러싸인 도형의 넓이 $S$는 곡선 $y=f(x)$와 직선 $y=x$로 둘러싸인 도형의 넓이의 2배와 같다.

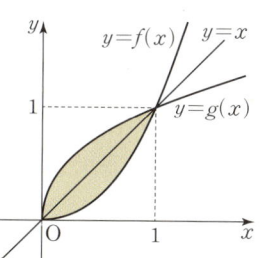

➡ $S=\displaystyle\int_a^b |f(x)-g(x)|\,dx$

$$=2\int_a^b |f(x)-x|\,dx$$

**Example**

함수 $f(x)=x^2\ (x\geq 0)$의 역함수를 $g(x)$라 할 때, 두 곡선 $y=f(x)$, $y=g(x)$로 둘러싸인 도형의 넓이를 구해 보자.

두 곡선 $y=f(x)$, $y=g(x)$로 둘러싸인 도형의 넓이는 곡선 $y=f(x)$와 직선 $y=x$로 둘러싸인 도형의 넓이의 2배와 같다.

곡선 $y=f(x)$와 직선 $y=x$의 교점의 $x$좌표는 $x^2=x$에서

$$x^2-x=0, \quad x(x-1)=0$$

$$\therefore x=0 \;\text{또는}\; x=1$$

구간 $[0, 1]$에서 $x^2\leq x$이므로 구하는 넓이는

$$2\int_0^1 (x-x^2)dx=2\left[\frac{1}{2}x^2-\frac{1}{3}x^3\right]_0^1$$

$$=2\times\frac{1}{6}=\frac{1}{3}$$

## 유형 28~29 속도와 거리

수직선 위를 움직이는 점 P의 시각 $t$에서의 속도가 $v(t)$이고, 시각 $t=a$에서의 위치가 $x_0$일 때

(1) 시각 $t$에서의 점 P의 위치 $x$

➡ $x=x_0+\displaystyle\int_a^t v(t)dt$

(2) 시각 $t=a$에서 $t=b$까지 점 P의 위치의 변화량

➡ $\displaystyle\int_a^b v(t)dt$

(3) 시각 $t=a$에서 $t=b$까지 점 P가 움직인 거리

➡ $\displaystyle\int_a^b |v(t)|dt$

원점을 출발하여 수직선 위를 움직이는 점 P의 시각 $t$에서의 속도가 $v(t)=12t-3t^2$일 때, 다음을 구해 보자.

(1) 시각 $t=3$에서의 점 P의 위치

시각 $t=0$에서의 점 P의 위치가 원점이므로 시각 $t=3$에서의 점 P의 위치는

$$0+\int_0^3 (12t-3t^2)dt=\left[6t^2-t^3\right]_0^3=27$$

(2) 시각 $t=1$에서 $t=3$까지 점 P의 위치의 변화량

$$\int_1^3 (12t-3t^2)dt=\left[6t^2-t^3\right]_1^3=22$$

(3) 시각 $t=2$에서 $t=5$까지 점 P가 움직인 거리

$2\le t\le 4$에서 $v(t)\ge 0$이고 $4\le t\le 5$에서 $v(t)\le 0$이므로 시각 $t=2$에서 $t=5$까지 점 P가 움직인 거리는

$$\int_2^4 (12t-3t^2)dt+\int_4^5 (-12t+3t^2)dt$$
$$=\left[6t^2-t^3\right]_2^4+\left[-6t^2+t^3\right]_4^5=16+7=23$$

(4) 점 P가 처음으로 운동 방향을 바꾸는 시각에서의 점 P의 위치

점 P가 운동 방향을 바꿀 때의 속도는 0이므로

$v(t)=12t-3t^2=0$, $t(t-4)=0$

$\therefore t=0$ 또는 $t=4$

따라서 $t=4$일 때, 처음으로 운동 방향을 바꾸므로 점 P의 위치는

$$0+\int_0^4 (12t-3t^2)dt=\left[6t^2-t^3\right]_0^4=32$$

Example

수평인 지면으로부터 25 m 높이에서 20 m/s의 속도로 수직으로 위로 던져 올린 물체의 $t$초 후의 속도가 $v(t)=20-10t$ (m/s)일 때, 다음을 구해 보자.

(1) 물체를 던진 지 1초 후의 지면으로부터의 높이

$$25+\int_0^1 (20-10t)dt=25+\left[20t-5t^2\right]_0^1=40\,(\text{m})$$

(2) 물체가 최고 높이에 도달할 때의 지면으로부터의 높이

물체가 최고 높이에 도달할 때의 속도는 0이므로

$v(t)=20-10t=0$   $\therefore t=2$

따라서 $t=2$일 때, 물체의 높이는

$$25+\int_0^2 (20-10t)dt=25+\left[20t-5t^2\right]_0^2=45\,(\text{m})$$

(3) 물체가 지면에 떨어지는 순간의 속도

물체를 던진 지 $t$초 후의 지면으로부터의 높이는

$$25+\int_0^t (20-10t)dt=25+\left[20t-5t^2\right]_0^t=25+20t-5t^2$$

물체가 지면에 떨어지는 순간의 높이는 0이므로

$25+20t-5t^2=0$, $(t+1)(t-5)=0$   $\therefore t=5\ (\because t\ge 0)$

따라서 $t=5$일 때, 물체의 속도는

$$v(5)=20-10\times 5=-30\,(\text{m/s})$$

(4) 던진 후 3초 동안 물체가 움직인 거리

$0\le t\le 2$에서 $v(t)\ge 0$이고 $2\le t\le 3$에서 $v(t)\le 0$이므로 던진 후 3초 동안 물체가 움직인 거리는

$$\int_0^2 (20-10t)dt+\int_2^3 (-20+10t)dt$$
$$=\left[20t-5t^2\right]_0^2+\left[-20t+5t^2\right]_2^3=20+5=25\,(\text{m})$$

본책 90쪽

유형 30 속도의 그래프

오른쪽 그림과 같이 수직선 위를 움직이는 점 P의 시각 $t$에서의 속도 $v(t)$의 그래프가 주어지고 $v(t)$의 그래프와 $t$축으로 둘러싸인 두 도형의 넓이를 각각 $S_1$, $S_2$라 할 때, 시각 $t=0$에서 $t=a$까지

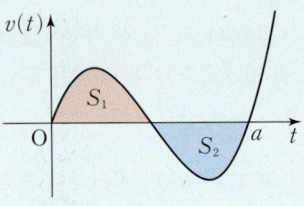

(1) 점 P의 위치의 변화량

$\Rightarrow \displaystyle\int_0^a v(t)dt=S_1-S_2$

(2) 점 P가 움직인 거리

$\Rightarrow \displaystyle\int_0^a |v(t)|dt=S_1+S_2$

Example

원점을 출발하여 수직선 위를 움직이는 점 P의 시각 $t$에서의 속도 $v(t)$의 그래프가 오른쪽 그림과 같을 때, 다음을 구해 보자.

(단, $0\le t\le 4$)

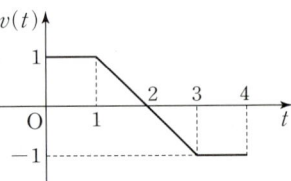

(1) 시각 $t=1$에서의 점 P의 위치

$$\int_0^1 v(t)dt=S_1=1\times 1=1$$

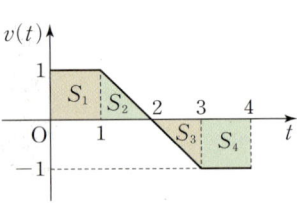

(2) 시각 $t=0$에서 $t=4$까지 점 P가 움직인 거리

$$\int_0^4 |v(t)|dt=(S_1+S_2)+(S_3+S_4)$$
$$=\frac{1}{2}\times(1+2)\times 1+\frac{1}{2}\times(2+1)\times 1=3$$

(3) 점 P가 원점으로부터 가장 멀리 떨어져 있을 때의 시각 $t$

점 P는 $t=2$까지 양의 방향으로 움직이다가 $t=2$에서 방향을 바꾸어 원점으로 돌아온다.

따라서 $t=2$일 때, 점 P는 원점으로부터 가장 멀리 떨어져 있다.

(4) 출발 후 운동 방향을 바꿀 때까지 점 P가 움직인 거리

$$\int_0^2 |v(t)|dt=S_1+S_2=\frac{1}{2}\times(1+2)\times 1=\frac{3}{2}$$

# 수학 II

수학 Ⅱ

개념파워

POWER WORKBOOK

이투스북

어떤 책과도 어울리는
모든 책의 워크북

정답과 풀이

## 1 함수의 극한
6 ~ 19쪽

| | |
|---|---|
| 001 0 | 002 2 |
| 003 $\sqrt{5}$ | 004 3 |
| 005 6 | 006 $-3$ |
| 007 $-3$ | 008 $-3$ |
| 009 $\sqrt{11}$ | 010 0 |
| 011 0 | 012 8 |
| 013 $\infty$ | 014 $-\infty$ |
| 015 $\infty$ | 016 $-\infty$ |
| 017 $\infty$ | 018 $-\infty$ |
| 019 $\infty$ | 020 $\infty$ |
| 021 $-\infty$ | 022 $\infty$ |
| 023 $-\infty$ | 024 $\infty$ |
| 025 1 | 026 1 |
| 027 0 | 028 $\frac{1}{2}$ |
| 029 0 | 030 $-1$ |
| 031 0 | 032 0 |
| 033 0 | 034 $-1$ |
| 035 2 | 036 1 |
| 037 1 | 038 3 |
| 039 3 | 040 2 |
| 041 1 | 042 $-1$ |
| 043 $-4$ | 044 4 |
| 045 존재하지 않는다. | 046 존재하지 않는다. |
| 047 0 | 048 존재하지 않는다. |
| 049 존재하지 않는다. | 050 존재하지 않는다. |
| 051 7 | 052 $-9$ |
| 053 8 | 054 $-20$ |
| 055 25 | 056 1 |
| 057 $-2$ | 058 $-5$ |
| 059 $-10$ | 060 15 |
| 061 $-1$ | 062 $-2$ |
| 063 2 | 064 $\frac{1}{10}$ |
| 065 $-5$ | 066 0 |
| 067 $\frac{1}{6}$ | 068 128 |
| 069 $\frac{\sqrt{5}}{5}$ | 070 $4\sqrt{2}$ |
| 071 $\frac{1}{3}$ | 072 4 |
| 073 $-4$ | 074 $\sqrt{2}$ |
| 075 0 | 076 $-\infty$ |
| 077 0 | 078 $\infty$ |

| | |
|---|---|
| 079 $-2$ | 080 $\frac{1}{6}$ |
| 081 $-5$ | 082 $-3$ |
| 083 $\infty$ | 084 $-\infty$ |
| 085 0 | 086 4 |
| 087 2 | 088 $\frac{\sqrt{2}}{2}$ |
| 089 $-1$ | 090 $-\frac{1}{36}$ |
| 091 $-2$ | 092 $-\frac{1}{3}$ |
| 093 $\frac{1}{2}$ | 094 $-1$ |
| 095 $a=1$, $b=-6$ | 096 $a=-2$, $b=-3$ |
| 097 $a=4$, $b=6$ | 098 $a=10$, $b=-10\sqrt{5}$ |
| 099 $a=14$, $b=-4$ | 100 $a=1$, $b=9$ |
| 101 $a=16$, $b=17$ | 102 $a=-18$, $b=4$ |
| 103 $a=\frac{1}{7}$, $b=\frac{1}{7}$ | 104 $a=\frac{2\sqrt{3}}{3}$, $b=\frac{8\sqrt{3}}{3}$ |
| 105 $f(x)=-x^2+6x-5$ | 106 $f(x)=3x^2-15x+18$ |
| 107 $f(x)=2x^2+2x-4$ | 108 $f(x)=-8x^2+76x-156$ |
| 109 9 | 110 $-2$ |
| 111 6 | 112 6 |
| 113 3 | 114 6 |
| 115 2 | 116 1 |
| 117 3 | 118 $\frac{1}{2}$ |
| 119 4 | 120 1 |
| 121 1 | |
| 122 ⑤ | 123 $-3$ |
| 124 ㄱ, ㄴ | 125 $\frac{1}{3}$ |
| 126 ② | 127 8 |
| 128 ① | |

## 2 함수의 연속
20 ~ 26쪽

| | |
|---|---|
| 129 불연속, ㄱ | 130 연속 |
| 131 불연속, ㄴ | 132 불연속, ㄷ |
| 133 연속 | 134 불연속 |

135 연속
136 불연속
137 불연속
138 연속
139 불연속
140 불연속
141 $(-\infty, \infty)$
142 $(-\infty, 2) \cup (2, \infty)$
143 $(-\infty, -5) \cup (-5, \infty)$
144 $[-1, \infty)$
145 $\left(-\infty, \dfrac{3}{2}\right]$
146 4
147 2
148 $a=9, b=3$
149 $a=3, b=-1$
150 $-5$
151 1
152 3
153 $(-\infty, \infty)$
154 $(-\infty, \infty)$
155 $(-\infty, \infty)$
156 $(-\infty, \infty)$
157 $(-\infty, 5) \cup (5, \infty)$
158 연속
159 연속
160 불연속
161 불연속
162 최댓값: 8, 최솟값: 4
163 최댓값: 16, 최솟값: 0
164 최댓값: 2, 최솟값: $\dfrac{1}{2}$
165 최댓값: $-3$, 최솟값: $-4$
166 최댓값: 7, 최솟값: 5
167 풀이 참조
168 풀이 참조
169 풀이 참조
170 풀이 참조
171 ㄹ
172 ㄷ
173 2개
174 3개
175 11
176 3
177 26
178 15
179 ③
180 6
181 ⑤
182 $\dfrac{1}{3}$
183 ⑤
184 36
185 3

**3** 미분계수와 도함수    28 ~ 37쪽

001 2
002 3
003 $2a+\Delta x$
004 2
005 $-4$
006 $-2$
007 5
008 $-3$
009 3
010 $-4$
011 7
012 $-3$
013 2
014 7
015 $-3$
016 12
017 >
018 >
019 >
020 ㄴ, ㄷ
021 4
022 $-10$
023 4
024 8
025 $-2$
026 5
027 2
028 20
029 $\dfrac{2}{5}$
030 $-7$
031 ○
032 ×
033 ○
034 ×
035 연속이지만 미분가능하지 않다.
036 연속이고 미분가능하다.
037 연속이지만 미분가능하지 않다.
038 연속이고 미분가능하다.
039 $f'(x)=0$
040 $f'(x)=3$
041 $f'(x)=2x-2$
042 $f'(x)=4x+1$
043 $f'(x)=-3x^2+3$
044 $y'=8x^7$
045 $y'=25x^{24}$
046 $y'=100x^{99}$
047 $y'=0$
048 $y'=0$
049 $y'=4$
050 $y'=-2x+1$
051 $y'=6x^2-2x+3$
052 $y'=-12x^2+6$
053 $y'=x^3-x^2+x-1$
054 $y'=3x^2-2x+1$
055 $y'=6x^2-6x-9$
056 $y'=8x^3+18x$
057 $y'=5x^4+4x^3+3x^2-10x-5$
058 $y'=14x^6-12x^3+6x^2$
059 $y'=12x^2-10x-23$
060 $y'=30x^2+98x-7$
061 $y'=4x^3-12x^2+2x+6$
062 $y'=6(2x-3)^2$
063 $y'=-15(-3x+2)^4$
064 $y'=4x^3+18x^2+14x-6$
065 1
066 $-25$
067 $-26$
068 160
069 $a=-3, b=4, c=2$
070 $a=\dfrac{5}{2}, b=-2, c=-3$
071 $a=2, b=-1, c=1$
072 $a=-\dfrac{1}{2}, b=5, c=4$
073 3
074 3
075 16
076 49
077 $a=2, b=-1$
078 $a=-3, b=2$
079 $a=4, b=3$
080 $a=3, b=2$
081 $8x-10$
082 $-4x-2$
083 $a=-3, b=4$
084 $a=12, b=2$
085 ①
086 ③
087 2
088 ⑤
089 8
090 30
091 ⑤
092 $-8$

**II. 미분**

## 4 도함수의 활용 (1)
38 ~ 49쪽

**093** $y=2x-4$

**094** $y=3x+1$

**095** $y=x+6$

**096** $y=4x-9$

**097** $y=3x-7$

**098** $y=\dfrac{1}{2}x+\dfrac{9}{2}$

**099** $y=-\dfrac{1}{4}x+\dfrac{9}{4}$

**100** $y=-\dfrac{1}{2}x-\dfrac{1}{2}$

**101** $y=-2x+7$

**102** $y=5x-2$

**103** $y=7x+2$ 또는 $y=7x-2$

**104** $y=-10x-15$ 또는 $y=-10x+17$

**105** $y=5x+2$

**106** $y=4x+4$

**107** $y=-3x+1$

**108** $y=-5x+1$ 또는 $y=3x-7$

**109** $y=-6x-15$ 또는 $y=6x-3$

**110** $y=-3x+3$ 또는 $y=-11x+19$

**111** $y=x+2$

**112** $y=-9x+14$

**113** 1

**114** 4

**115** $-\dfrac{\sqrt{3}}{3}$

**116** $\dfrac{7}{3}$

**117** $\dfrac{a+b}{2}$

**118** 1

**119** 2

**120** $-\sqrt{3}$

**121** 1

**122** 증가

**123** 감소

**124** 증가

**125** 감소

**126** 구간 $(-\infty,\ 1]$에서 증가, 구간 $[1,\ \infty)$에서 감소

**127** 구간 $(-\infty,\ -1]$, $[1,\ \infty)$에서 증가, 구간 $[-1,\ 1]$에서 감소

**128** 구간 $(-\infty,\ \infty)$에서 증가

**129** 구간 $[-1,\ 0]$, $[1,\ \infty)$에서 증가, 구간 $(-\infty,\ -1]$, $[0,\ 1]$에서 감소

**130** $a\le-\dfrac{3}{4}$

**131** $0\le a\le\dfrac{3}{4}$

**132** $0\le a\le9$

**133** $a\le8$

**134** $a\ge0$

**135** $a\ge5$

**136** 극댓값: 7, 극솟값: 3

**137** 극댓값: 18, 극솟값: $-14$

**138** 극댓값: 6, 극솟값: $-26$

**139** 극댓값: 5, 극솟값: 3

**140** 극댓값: 3, 극솟값: $-13$

**141** 극댓값: 6

**142** 극댓값: 1, 극솟값: 0

**143** 극솟값: 2

**144** $a=9$, $b=1$

**145** $a=4$, $b=14$

**146** 3

**147** $-4$

**148** ×

**149** ×

**150** ○

**151** ○

**152** 4

**153** 극댓값을 갖는 $x$의 값: $a$, $d$, 극솟값을 갖는 $x$의 값: 0

**154** 극댓값을 갖는 $x$의 값: $a$, 극솟값을 갖는 $x$의 값: $c$

**155** $a<-3$ 또는 $a>3$

**156** $a<0$ 또는 $a>6$

**157** $-3\sqrt{2}\le a\le3\sqrt{2}$

**158** $-9\le a\le0$

**159**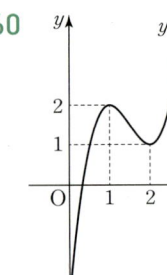

**160**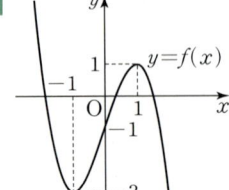

**161**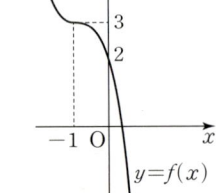

**162**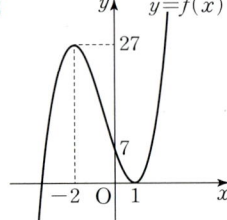

**163**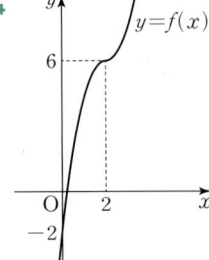

**164**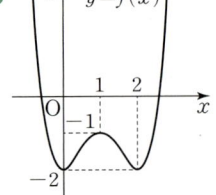

**165**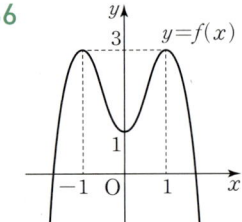

**166**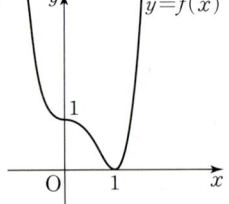

**167**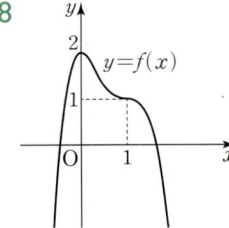

**168**

**169** 최댓값: 3, 최솟값: $-17$

**170** 최댓값: 23, 최솟값: 7

**171** 최댓값: 10, 최솟값: $-22$

**172** 최댓값: 10, 최솟값: $-\dfrac{5}{4}$

**173** 3

**174** $a=1$, $b=10$

**175** $a=1$, $b=13$

**176** 16

**177** 32

**178** 128 cm³

**179** 144 cm³

**180** 12

**181** ②

**182** ④

**183** ②

**184** ③

**185** 22

**186** 19

**187** 10 cm

## 5  도함수의 활용 (2)

**188** 3

**189** 1

**190** 4

**191** 2

**192** $-\dfrac{1}{3}<a<1$

**193** $a<1$ 또는 $a>5$

**194** 2 또는 6

**195** $0<a<4$

**196** $-5$ 또는 27

**197** $a<-5$ 또는 $a>3$

**198** $0<a<4$

**199** $0<a<5$

**200** $2<a<4$

**201** 풀이 참조

**202** 풀이 참조

**203** 풀이 참조

**204** 풀이 참조

**205** 풀이 참조

**206** 풀이 참조

**207** $a\le-8$

**208** $a\ge4$

**209** $a>-2$

**210** $a\le-3$

**211** 속도: 7, 가속도: 12

**212** 속도: 8, 가속도: 16

**213** 속도: 20, 가속도: 4

**214** 속도: $-32$, 가속도: $-34$

**215** 2

**216** 6

**217** 4

**218** 1 또는 2

**219** 3

**220** 18

**221** 15

**222** $-4$

**223** ○

**224** ○

**225** ×

**226** 2

**227** 2

**228** ○

**229** ○

**230** ×

**231** 2

**232** $c<t<d$

**233** 5 m

**234** $-10$ m/s

**235** 속도: 10 m/s, 가속도: $-10$ m/s²

**236** 45 m

**237** $-30$ m/s

**238** 5초

**239** 50 m

**240** 6초

**241** 108 m

**242** 1 m/s

**243** 2 m/s

**244** 48 cm²/s

**245** $12\sqrt{3}$ cm²/s

**246** 108 cm³/s

**247** $32\pi$ cm³/s

**248** 15

**249** 4

**250** $k\le-7$

**251** 8

**252** 4

**253** ㄱ, ㄴ

**254** $72\pi$ cm³/s

## 6  부정적분

**001** $f(x)=4$

**002** $f(x)=-2x$

**003** $f(x)=2x+5$

**004** $f(x)=6x^2-6x$

**005** $f(x)=x^2-4x+1$

**006** $9x+C$

**007** $-x^2+C$

**008** $2x^3+C$

**009** $x^4+C$

**010** $4x^2-7x+C$

**011** $x+C$

**012** $\dfrac{1}{6}x^6+C$

**013** $\dfrac{1}{25}x^{25}+C$

**014** $\dfrac{1}{101}x^{101}+C$

**015** $\dfrac{1}{1000}x^{1000}+C$

**016** $-\dfrac{1}{3}x+C$

**017** $x^5+C$

**018** $3x^2+3x+C$

**019** $\dfrac{1}{2}x^4-\dfrac{5}{2}x^2+C$

**020** $-\dfrac{1}{3}x^3+2x^2-x+C$

**021** $\dfrac{2}{3}x^3+\dfrac{3}{2}x^2+C$

**022** $\dfrac{1}{3}x^3-9x+C$

**023** $5x^5-x+C$

**024** $\dfrac{1}{3}x^3+2x^2+4x+C$

**025** $3x^3-3x^2+x+C$

**026** $\dfrac{1}{4}x^4+x^3+\dfrac{3}{2}x^2+x+C$

**027** $\dfrac{1}{3}x^3+\dfrac{1}{2}x^2-2x+C$

**028** $x^3-4x^2-3x+C$

**029** $\dfrac{1}{2}x^4+\dfrac{5}{3}x^3-x^2-5x+C$

**030** $\dfrac{1}{4}x^4-x+C$

**031** $x^2+C$

**032** $6x+C$

**033** $-x^2+5x+C$

**034** $8x^2+C$

**035** $12x^2+24x+C$

**036** $4x^3+16x+C$

**037** $\dfrac{1}{2}x^2+C$

**038** $\dfrac{1}{2}x^2+4x+C$

**039** $\dfrac{1}{2}x^2+x+C$

**040** $\dfrac{1}{3}x^3+\dfrac{3}{2}x^2+9x+C$

**041** $f(x)=2x^3+x^2-1$

**042** $f(x)=x^3-2x^2+x+2$

**043** $f(x)=-3x^3+x^2-2x+4$

**044** $f(x)=2x^4-2x^3+4x+1$

**045** $f(x)=2x^3-\dfrac{1}{2}x^2-2x-5$

**046** $f(x)=x^2+3x-2$

**047** 7

**048** $-4$

**049** 1

**050** $3x^2+4x$

**051** $3x^2+4x+C$

**052** $x^3-2x^2+1$

**053** $x^3-2x^2+C$

**054** $-1$

**055** 12

**056** $-4$

**057** $-15$

**058** $f(x)=x^2-4x$

**059** $f(x)=-3x^2-x-1$

**060** $f(x)=x^2-3x+3$

**061** $f(x)=3x-4$

**062** $f(x)=3x^2-2x+2$

**063** $f(x)=-6x^2+4x+6$

**064** $-9$

**065** $-13$

**066** $-1$

**067** 11

**068** $f(x)=x^3-3x^2+2$

**069** $\frac{1}{3}$

**070** 2

**071** ④

**072** 1022

**073** $x^4+2x^3-x^2+3x+C$

**074** ④

**075** 12

**076** $\frac{3}{4}$

**077** 35

**III. 적분**

## 7 정적분

69 ~ 81쪽

**078** 6

**079** $-15$

**080** 3

**081** 15

**082** 275

**083** 4

**084** 24

**085** 72

**086** $-\frac{22}{3}$

**087** 26

**088** 14

**089** $-\frac{52}{3}$

**090** $\frac{37}{3}$

**091** $\frac{78}{5}$

**092** 0

**093** 0

**094** 0

**095** $-68$

**096** 12

**097** $-177$

**098** 2

**099** $-3$

**100** 26

**101** 68

**102** $-\frac{28}{3}$

**103** 18

**104** 320

**105** 40

**106** 6

**107** 3

**108** 2

**109** 15

**110** 0

**111** 0

**112** 216

**113** $\frac{160}{3}$

**114** 4

**115** $\frac{525}{2}$

**116** 24

**117** 70

**118** 0

**119** $\frac{43}{6}$

**120** $\frac{35}{3}$

**121** $-\frac{16}{3}$

**122** $\frac{5}{2}$

**123** $\frac{13}{2}$

**124** $\frac{9}{2}$

**125** 1

**126** 8

**127** 4

**128** $\frac{31}{6}$

**129** 1

**130** 6

**131** 0

**132** 48

**133** $-\frac{4}{3}$

**134** 30

**135** $-4$

**136** $-24$

**137** $\frac{8}{3}$

**138** $x^3-2x$

**139** $2x^2+4x-1$

**140** $x(x^2+3x)$

**141** $(x+3)(x^2-2)$

**142** 9

**143** $2x+2$

**144** $-8x-8$

**145** $-2x+2$

**146** $a=1, f(x)=2x-2$

**147** $a=1, f(x)=6x+4$

**148** $a=-2, f(x)=-3x^2+6x-2$

**149** $a=-1, f(x)=9x^2-4x$

**150** 3

**151** 6

**152** 18

**153** 8

**154** $f(x)=2x-4$

**155** $f(x)=x^2-4x+\frac{9}{2}$

**156** $f(x)=x^3+x-6$

**157** $f(x)=4x^3+3x^2-\frac{4}{3}x$

**158** 7

**159** $-4$

**160** $-3$

**161** 1

**162** $f(x)=3x^2+2x-2$

**163** $f(x)=-6x^2+6x+2$

**164** $f(x)=\frac{4}{3}x^3-3x^2$

**165** $f(x)=12x^2+12x-14$

**166** $-14$

**167** 26

**168** 34

**169** 8

**170** $\frac{7}{3}$

**171** $-27$

**172** 27

**173** $-\frac{10}{3}$

**174** 1

**175** 3

**176** $-6$

**177** 9

**178** 1

**179** 13

**180** 72

**181** 6

**182** ③

**183** 2

**184** 10

**185** ②

**186** 2

**187** 3

**188** 12

**189** ①

## 8 정적분의 활용

**190** 36

**191** $\dfrac{32}{3}$

**192** $\dfrac{9}{2}$

**193** $\dfrac{125}{24}$

**194** $\dfrac{37}{12}$

**195** $\dfrac{71}{6}$

**196** 8

**197** $\dfrac{37}{6}$

**198** 1

**199** 4

**200** $\dfrac{23}{64}$

**201** $\dfrac{137}{12}$

**202** $\dfrac{1}{3}$

**203** $\dfrac{10}{3}$

**204** $\dfrac{11}{12}$

**205** $\dfrac{28}{3}$

**206** $\dfrac{9}{2}$

**207** $\dfrac{9}{2}$

**208** $\dfrac{4}{3}$

**209** $\dfrac{1}{24}$

**210** 8

**211** $\dfrac{27}{4}$

**212** $\dfrac{37}{12}$

**213** $\dfrac{37}{12}$

**214** $\dfrac{125}{3}$

**215** $\dfrac{8}{3}$

**216** $\dfrac{243}{8}$

**217** $\dfrac{343}{54}$

**218** $\dfrac{1}{12}$

**219** $\dfrac{1}{2}$

**220** 1

**221** $\dfrac{1}{6}$

**222** $-1$

**223** $\dfrac{3}{2}$

**224** 3

**225** $\dfrac{9}{2}$

**226** $-1$

**227** 2

**228** 4

**229** $\dfrac{3}{2}$

**230** $\dfrac{2}{3}$

**231** 4

**232** $\dfrac{27}{4}$

**233** $\dfrac{1}{12}$

**234** $\dfrac{1}{2}$

**235** $\dfrac{4}{27}$

**236** 2

**237** $\dfrac{1}{3}$

**238** 0

**239** $-\dfrac{9}{2}$

**240** $\dfrac{15}{2}$

**241** $\dfrac{28}{3}$

**242** 3

**243** $\dfrac{23}{3}$

**244** $\dfrac{9}{2}$

**245** $-\dfrac{47}{3}$

**246** 250 m

**247** 45 m

**248** 60 m

**249** $\dfrac{245}{4}$ m

**250** $-35$ m/s

**251** $\dfrac{85}{2}$ m

**252** 98 m

**253** 176.4 m

**254** $-58.8$ m/s

**255** 127.4 m

**256** ○

**257** ×

**258** ○

**259** ○

**260** $-2$

**261** 3

**262** 2

**263** $\dfrac{13}{4}$

**264** $\dfrac{7}{2}$

**265** 3

**266** $\dfrac{3}{4}$

**267** 3

**268** ②

**269** 4

**270** $\dfrac{1}{3}$

**271** 3

**272** ④

**273** 45

**274** 7

### 1 함수의 극한 94 ~ 95쪽

1 ④  　2 ②  　3 ③  　4 ⑤
5 ㄱ, ㄷ  　6 ①  　7 ⑤  　8 ②
9 ②  　10 $-18$  　11 $\frac{2}{3}$  　12 3

### 2 함수의 연속 96 ~ 97쪽

1 ②  　2 54  　3 ⑤  　4 12
5 2  　6 ㄱ, ㄴ  　7 $-1$  　8 ③
9 ③
10 ㈎: $3x^4-5x^2-3$, ㈏: 연속, ㈐: 사잇값의 정리
11 ③  　12 4개

### 3 미분계수와 도함수 98 ~ 99쪽

1 ④  　2 ㄱ, ㄷ  　3 ③  　4 $-5$
5 7  　6 ②  　7 ⑤  　8 8
9 ⑤  　10 ④  　11 ④  　12 $-3$

### 4 도함수의 활용 (1) 100 ~ 101쪽

1 ③  　2 32  　3 ①  　4 ③
5 ③  　6 3  　7 $-6$  　8 12
9 ③  　10 $-8$  　11 ②  　12 $96\sqrt{3}\,\pi$

### 5 도함수의 활용 (2) 102 ~ 103쪽

1 3  　2 ②  　3 1  　4 26
5 ③  　6 2  　7 ④  　8 ③
9 ③  　10 $-30$ m/s  　11 144 m  　12 18

### 6 부정적분 104 ~ 105쪽

1 ⑤  　2 ①  　3 10  　4 $\frac{1}{2}$
5 $f(x)=\frac{1}{4}x^2-x$  　6 ⑤  　7 ③
8 9  　9 ③  　10 34  　11 ④
12 ③

### 7 정적분 106 ~ 107쪽

1 3  　2 ③  　3 2  　4 ①
5 $-\frac{8}{3}$  　6 ②  　7 4  　8 ⑤
9 8  　10 $-1$  　11 ②  　12 ③

### 8 정적분의 활용 108 ~ 109쪽

1 ③  　2 ③  　3 $\frac{71}{6}$  　4 ②
5 $-\frac{8}{3}$  　6 $-2$  　7 48  　8 30
9 ④  　10 256  　11 9  　12 ㄱ, ㄴ

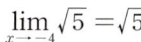

**1 함수의 극한**

**001 답 0**

**002 답 2**

**003 답 $\sqrt{5}$**

$f(x)=\sqrt{5}$라 하면 함수 $y=f(x)$의 그래프에서 $x$의 값이 $-4$가 아니면서 $-4$에 한없이 가까워질 때, $f(x)$의 값은 $\sqrt{5}$로 일정하므로

$\lim\limits_{x \to -4} \sqrt{5} = \sqrt{5}$

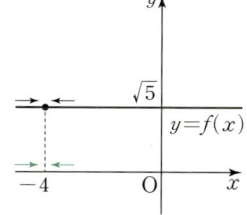

**004 답 3**

$f(x)=-x^2+2x+3$이라 하면 함수 $y=f(x)$의 그래프에서 $x$의 값이 0이 아니면서 0에 한없이 가까워질 때, $f(x)$의 값은 3에 한없이 가까워지므로

$\lim\limits_{x \to 0}(-x^2+2x+3)=3$

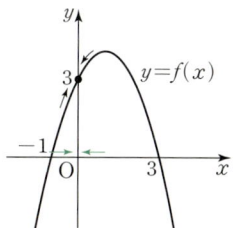

**005 답 6**

$f(x)=\dfrac{x^2-9}{x-3}$라 하면 $x \neq 3$일 때,

$f(x)=\dfrac{x^2-9}{x-3}=\dfrac{(x+3)(x-3)}{x-3}$
$\qquad =x+3$

이므로 함수 $y=f(x)$의 그래프는 오른쪽 그림과 같다.

$x$의 값이 3이 아니면서 3에 한없이 가까워질 때, $f(x)$의 값은 6에 한없이 가까워지므로

$\lim\limits_{x \to 3}\dfrac{x^2-9}{x-3}=6$

**006 답 $-3$**

$f(x)=\dfrac{6}{x-4}$이라 하면 함수 $y=f(x)$의 그래프에서 $x$의 값이 2가 아니면서 2에 한없이 가까워질 때, $f(x)$의 값은 $-3$에 한없이 가까워지므로

$\lim\limits_{x \to 2}\dfrac{6}{x-4}=-3$

**007 답 $-3$**

**008 답 $-3$**

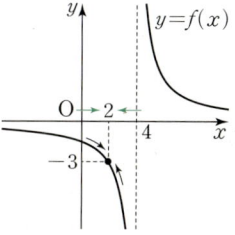

**009 답 $\sqrt{11}$**

$f(x)=\sqrt{11}$이라 하면 함수 $y=f(x)$의 그래프에서

$\lim\limits_{x \to -\infty} \sqrt{11}=\sqrt{11}$

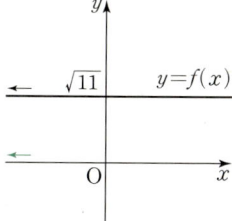

**010 답 0**

$f(x)=-\dfrac{1}{5x}$이라 하면 함수 $y=f(x)$의 그래프에서

$\lim\limits_{x \to \infty}\left(-\dfrac{1}{5x}\right)=0$

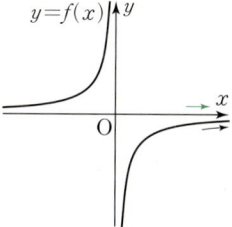

**011 답 0**

$f(x)=\dfrac{7}{x+2}$이라 하면 함수 $y=f(x)$의 그래프에서

$\lim\limits_{x \to \infty}\dfrac{7}{x+2}=0$

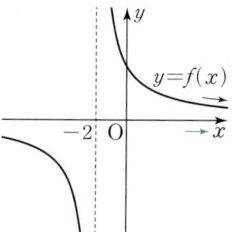

**012 답 8**

$f(x)=\dfrac{8x-9}{x-1}=8-\dfrac{1}{x-1}$이라 하면 함수 $y=f(x)$의 그래프에서

$\lim\limits_{x \to -\infty}\dfrac{8x-9}{x-1}=8$

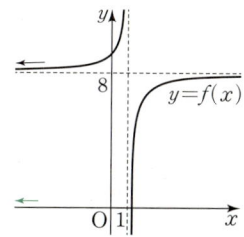

**013 답 $\infty$**

**014 답 $-\infty$**

**015 답 $\infty$**

$f(x)=\dfrac{1}{|x|}$이라 하면 함수 $y=f(x)$의 그래프에서

$\lim\limits_{x \to 0}\dfrac{1}{|x|}=\infty$

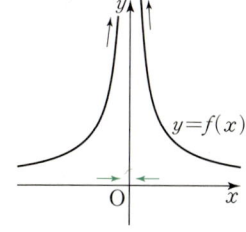

**016** 답 $-\infty$

$f(x)=-\dfrac{1}{|x-1|}$이라 하면 함수

$y=f(x)$의 그래프에서

$\displaystyle\lim_{x\to1}\left(-\dfrac{1}{|x-1|}\right)=-\infty$

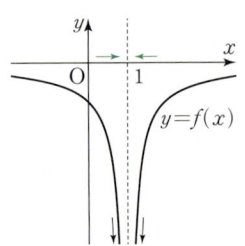

**017** 답 $\infty$

$f(x)=\dfrac{1}{x^2}-3$이라 하면 함수 $y=f(x)$

의 그래프에서

$\displaystyle\lim_{x\to0}\left(\dfrac{1}{x^2}-3\right)=\infty$

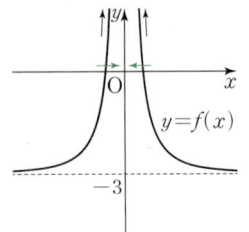

**018** 답 $-\infty$

$f(x)=1-\dfrac{1}{(x-2)^2}$이라 하면 함수

$y=f(x)$의 그래프에서

$\displaystyle\lim_{x\to2}\left\{1-\dfrac{1}{(x-2)^2}\right\}=-\infty$

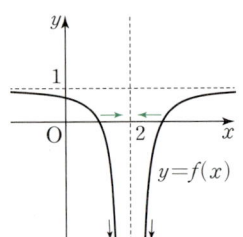

**019** 답 $\infty$

**020** 답 $\infty$

**021** 답 $-\infty$

$f(x)=2-3x$라 하면 함수 $y=f(x)$의

그래프에서

$\displaystyle\lim_{x\to\infty}(2-3x)=-\infty$

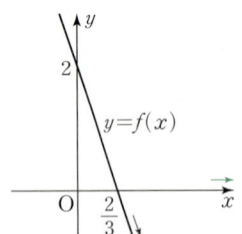

**022** 답 $\infty$

$f(x)=x^2-5x+6$이라 하면 함수

$y=f(x)$의 그래프에서

$\displaystyle\lim_{x\to\infty}(x^2-5x+6)=\infty$

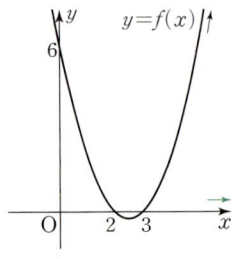

**023** 답 $-\infty$

$f(x)=\dfrac{x^2-4}{x+2}$라 하면 $x\neq-2$일 때,

$f(x)=\dfrac{x^2-4}{x+2}=\dfrac{(x+2)(x-2)}{x+2}$

$\qquad=x-2$

이므로 함수 $y=f(x)$의 그래프에서

$\displaystyle\lim_{x\to-\infty}\dfrac{x^2-4}{x+2}=-\infty$

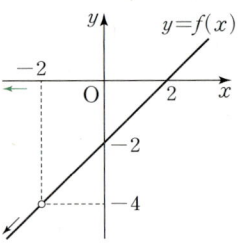

**024** 답 $\infty$

$f(x)=\sqrt{4-x}$라 하면 함수 $y=f(x)$의

그래프에서

$\displaystyle\lim_{x\to-\infty}\sqrt{4-x}=\infty$

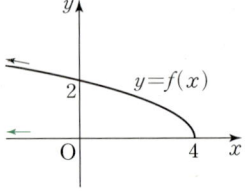

**025** 답 $1$

**026** 답 $1$

**027** 답 $0$

**028** 답 $\dfrac{1}{2}$

**029** 답 $0$

**030** 답 $-1$

**031** 답 $0$

**032** 답 $0$

**033** 답 $0$

**034** 답 $-1$

**035** 답 $2$

**036** 답 $1$

**037** 답 $1$

함수 $y=f(x)$의 그래프는 오른쪽 그림

과 같으므로

$\displaystyle\lim_{x\to1+}f(x)=1$

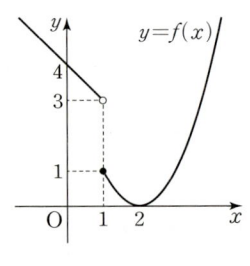

**038** 답 **3**

함수 $y=f(x)$의 그래프는 위의 그림과 같으므로

$$\lim_{x \to -1-} f(x) = 3$$

**039** 답 **3**

함수 $y=f(x)$의 그래프는 오른쪽 그림과 같으므로

$$\lim_{x \to -1+} f(x) = 3$$

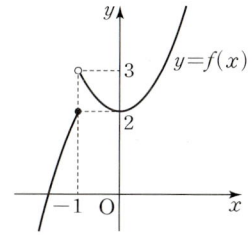

**040** 답 **2**

함수 $y=f(x)$의 그래프는 위의 그림과 같으므로

$$\lim_{x \to -1-} f(x) = 2$$

**041** 답 **1**

$x > 2$일 때, $|x-2| = x-2$이므로

$$\lim_{x \to 2+} \frac{|x-2|}{x-2} = \lim_{x \to 2+} \frac{x-2}{x-2} = 1$$

**042** 답 **-1**

$x < 2$일 때, $|x-2| = -(x-2)$이므로

$$\lim_{x \to 2-} \frac{|x-2|}{x-2} = \lim_{x \to 2-} \frac{-(x-2)}{x-2} = -1$$

**043** 답 **-4**

$x > -2$일 때, $|x+2| = x+2$이므로

$$\lim_{x \to -2+} \frac{x^2-4}{|x+2|} = \lim_{x \to -2+} \frac{(x+2)(x-2)}{x+2}$$
$$= \lim_{x \to -2+} (x-2) = -4$$

**044** 답 **4**

$x < -2$일 때, $|x+2| = -(x+2)$이므로

$$\lim_{x \to -2-} \frac{x^2-4}{|x+2|} = \lim_{x \to -2-} \frac{(x+2)(x-2)}{-(x+2)}$$
$$= \lim_{x \to -2-} (-x+2) = 4$$

**045** 답 **존재하지 않는다.**

$x=3$에서의 우극한과 좌극한을 구하면

$$\lim_{x \to 3+} \frac{|x-3|}{x-3} = \lim_{x \to 3+} \frac{x-3}{x-3} = 1$$

$$\lim_{x \to 3-} \frac{|x-3|}{x-3} = \lim_{x \to 3-} \frac{-(x-3)}{x-3} = -1$$

따라서 $\lim\limits_{x \to 3+} \frac{|x-3|}{x-3} \neq \lim\limits_{x \to 3-} \frac{|x-3|}{x-3}$이므로 $\lim\limits_{x \to 3} \frac{|x-3|}{x-3}$은 존재하지 않는다.

**046** 답 **존재하지 않는다.**

$x=5$에서의 우극한과 좌극한을 구하면

$$\lim_{x \to 5+} \frac{x^2-5x}{|x-5|} = \lim_{x \to 5+} \frac{x(x-5)}{x-5} = \lim_{x \to 5+} x = 5$$

$$\lim_{x \to 5-} \frac{x^2-5x}{|x-5|} = \lim_{x \to 5-} \frac{x(x-5)}{-(x-5)} = \lim_{x \to 5-} (-x) = -5$$

따라서 $\lim\limits_{x \to 5+} \frac{x^2-5x}{|x-5|} \neq \lim\limits_{x \to 5-} \frac{x^2-5x}{|x-5|}$이므로 $\lim\limits_{x \to 5} \frac{x^2-5x}{|x-5|}$는 존재하지 않는다.

**047** 답 **0**

$x=2$에서의 우극한과 좌극한을 구하면

$$\lim_{x \to 2+} \frac{x^2-4x+4}{|x-2|} = \lim_{x \to 2+} \frac{(x-2)^2}{x-2} = \lim_{x \to 2+} (x-2) = 0$$

$$\lim_{x \to 2-} \frac{x^2-4x+4}{|x-2|} = \lim_{x \to 2-} \frac{(x-2)^2}{-(x-2)} = \lim_{x \to 2-} (-x+2) = 0$$

따라서 $\lim\limits_{x \to 2+} \frac{x^2-4x+4}{|x-2|} = \lim\limits_{x \to 2-} \frac{x^2-4x+4}{|x-2|} = 0$이므로

$$\lim_{x \to 2} \frac{x^2-4x+4}{|x-2|} = 0$$

**048** 답 **존재하지 않는다.**

$-3 \leq x < -2$일 때, $[x] = -3$

$-2 \leq x < -1$일 때, $[x] = -2$

$x = -2$에서의 우극한과 좌극한을 구하면

$$\lim_{x \to -2+} [x] = -2, \quad \lim_{x \to -2-} [x] = -3$$

따라서 $\lim\limits_{x \to -2+} [x] \neq \lim\limits_{x \to -2-} [x]$이므로 $\lim\limits_{x \to -2} [x]$는 존재하지 않는다.

**049** 답 **존재하지 않는다.**

$1 \leq x < 2$일 때, $[x] = 1$이므로 $1-[x] = 0$

$2 \leq x < 3$일 때, $[x] = 2$이므로 $1-[x] = -1$

$x = 2$에서의 우극한과 좌극한을 구하면

$$\lim_{x \to 2+} (1-[x]) = -1, \quad \lim_{x \to 2-} (1-[x]) = 0$$

따라서 $\lim\limits_{x \to 2+} (1-[x]) \neq \lim\limits_{x \to 2-} (1-[x])$이므로 $\lim\limits_{x \to 2}(1-[x])$는 존재하지 않는다.

**050** 답 **존재하지 않는다.**

$-2 \leq x < -1$일 때, $[x] = -2$

$-1 \leq x < 0$일 때, $[x] = -1$

$x = -1$에서의 우극한과 좌극한을 구하면

$$\lim_{x \to -1+} (x-[x]) = \lim_{x \to -1+} \{x-(-1)\} = \lim_{x \to -1+} (x+1) = 0$$

$$\lim_{x \to -1-} (x-[x]) = \lim_{x \to -1-} \{x-(-2)\} = \lim_{x \to -1-} (x+2) = 1$$

따라서 $\lim\limits_{x \to -1+} (x-[x]) \neq \lim\limits_{x \to -1-} (x-[x])$이므로

$$\lim_{x \to -1} (x-[x])$$는 존재하지 않는다.

**051** 답 **7**

$$\lim_{x \to 2} 7f(x) = 7\lim_{x \to 2} f(x) = 7 \times 1 = 7$$

**052** 답 **−9**

$$\lim_{x \to 2} \{f(x) + 2g(x)\} = \lim_{x \to 2} f(x) + 2\lim_{x \to 2} g(x)$$
$$= 1 + 2 \times (-5) = -9$$

**053** 답 **8**

$$\lim_{x \to 2} \{3f(x) - g(x)\} = 3\lim_{x \to 2} f(x) - \lim_{x \to 2} g(x)$$
$$= 3 \times 1 - (-5) = 8$$

**054** 답 **−20**

$$\lim_{x \to 2} 4f(x)g(x) = 4\lim_{x \to 2} f(x) \times \lim_{x \to 2} g(x)$$
$$= 4 \times 1 \times (-5) = -20$$

**055** 답 **25**

$$\lim_{x \to 2} \{g(x)\}^2 = \lim_{x \to 2} g(x) \times \lim_{x \to 2} g(x)$$
$$= -5 \times (-5) = 25$$

**056** 답 **1**

$$\lim_{x \to 2} \frac{f(x) + 10}{-2g(x) + 1} = \frac{\lim_{x \to 2} \{f(x) + 10\}}{\lim_{x \to 2} \{-2g(x) + 1\}}$$
$$= \frac{\lim_{x \to 2} f(x) + \lim_{x \to 2} 10}{-2\lim_{x \to 2} g(x) + \lim_{x \to 2} 1}$$
$$= \frac{1 + 10}{-2 \times (-5) + 1} = 1$$

**057** 답 **−2**

$$\lim_{x \to -1} (3x + 1) = 3 \times (-1) + 1 = -2$$

**058** 답 **−5**

$$\lim_{x \to 3} (x - 4)(x + 2) = (3 - 4)(3 + 2) = -5$$

**059** 답 **−10**

$$\lim_{x \to 1} (x^2 - 5x - 6) = 1^2 - 5 \times 1 - 6 = -10$$

**060** 답 **15**

$$\lim_{x \to -2} (-x^3 + 7) = -(-2)^3 + 7 = 15$$

**061** 답 **−1**

$$\lim_{x \to 2} \frac{x^2 - 9}{2x + 1} = \frac{2^2 - 9}{2 \times 2 + 1} = -1$$

**062** 답 **−2**

$$\lim_{x \to -3} \frac{\sqrt{2x + 10}}{-3x - 10} = \frac{\sqrt{2 \times (-3) + 10}}{-3 \times (-3) - 10} = -2$$

**063** 답 **2**

$$\lim_{x \to 0} \frac{-4x^2 + 2x}{x} = \lim_{x \to 0} \frac{x(-4x + 2)}{x}$$
$$= \lim_{x \to 0} (-4x + 2) = 2$$

**064** 답 **$\dfrac{1}{10}$**

$$\lim_{x \to 5} \frac{x - 5}{x^2 - 25} = \lim_{x \to 5} \frac{x - 5}{(x + 5)(x - 5)}$$
$$= \lim_{x \to 5} \frac{1}{x + 5} = \frac{1}{10}$$

**065** 답 **−5**

$$\lim_{x \to -1} \frac{x^2 - 3x - 4}{x + 1} = \lim_{x \to -1} \frac{(x + 1)(x - 4)}{x + 1}$$
$$= \lim_{x \to -1} (x - 4) = -5$$

**066** 답 **0**

$$\lim_{x \to 1} \frac{x^3 - 3x^2 + 3x - 1}{x^2 - 1} = \lim_{x \to 1} \frac{(x - 1)^3}{(x + 1)(x - 1)}$$
$$= \lim_{x \to 1} \frac{(x - 1)^2}{x + 1} = 0$$

**067** 답 **$\dfrac{1}{6}$**

$$\lim_{x \to -2} \frac{\sqrt{x + 11} - 3}{x + 2} = \lim_{x \to -2} \frac{(\sqrt{x + 11} - 3)(\sqrt{x + 11} + 3)}{(x + 2)(\sqrt{x + 11} + 3)}$$
$$= \lim_{x \to -2} \frac{x + 2}{(x + 2)(\sqrt{x + 11} + 3)}$$
$$= \lim_{x \to -2} \frac{1}{\sqrt{x + 11} + 3}$$
$$= \frac{1}{6}$$

**068** 답 **128**

$$\lim_{x \to 16} \frac{x^2 - 16x}{\sqrt{x} - 4} = \lim_{x \to 16} \frac{x(x - 16)(\sqrt{x} + 4)}{(\sqrt{x} - 4)(\sqrt{x} + 4)}$$
$$= \lim_{x \to 16} \frac{x(x - 16)(\sqrt{x} + 4)}{x - 16}$$
$$= \lim_{x \to 16} x(\sqrt{x} + 4)$$
$$= 16 \times (4 + 4) = 128$$

**069** 답 **$\dfrac{\sqrt{5}}{5}$**

$$\lim_{x \to 0} \frac{\sqrt{5 + x} - \sqrt{5 - x}}{x}$$
$$= \lim_{x \to 0} \frac{(\sqrt{5 + x} - \sqrt{5 - x})(\sqrt{5 + x} + \sqrt{5 - x})}{x(\sqrt{5 + x} + \sqrt{5 - x})}$$

$$=\lim_{x\to 0}\frac{2x}{x(\sqrt{5+x}+\sqrt{5-x})}$$
$$=\lim_{x\to 0}\frac{2}{\sqrt{5+x}+\sqrt{5-x}}$$
$$=\frac{\sqrt{5}}{5}$$

**070** 답 $4\sqrt{2}$

$$\lim_{x\to 1}\frac{x-1}{\sqrt{x+7}-2\sqrt{2}}=\lim_{x\to 1}\frac{(x-1)(\sqrt{x+7}+2\sqrt{2})}{(\sqrt{x+7}-2\sqrt{2})(\sqrt{x+7}+2\sqrt{2})}$$
$$=\lim_{x\to 1}\frac{(x-1)(\sqrt{x+7}+2\sqrt{2})}{x-1}$$
$$=\lim_{x\to 1}(\sqrt{x+7}+2\sqrt{2})$$
$$=4\sqrt{2}$$

**071** 답 $\dfrac{1}{3}$

$$\lim_{x\to\infty}\frac{x^2-5x+1}{3x^2+x+2}=\lim_{x\to\infty}\frac{1-\dfrac{5}{x}+\dfrac{1}{x^2}}{3+\dfrac{1}{x}+\dfrac{2}{x^2}}=\frac{1}{3}$$

**072** 답 $4$

$$\lim_{x\to\infty}\frac{(8x^2+1)(x-1)}{2x^3-2x+1}=\lim_{x\to\infty}\frac{8x^3-8x^2+x-1}{2x^3-2x+1}$$
$$=\lim_{x\to\infty}\frac{8-\dfrac{8}{x}+\dfrac{1}{x^2}-\dfrac{1}{x^3}}{2-\dfrac{2}{x^2}+\dfrac{1}{x^3}}$$
$$=4$$

**073** 답 $-4$

$$\lim_{x\to\infty}\frac{-4x}{\sqrt{x^2+1}-13}=\lim_{x\to\infty}\frac{-4}{\sqrt{1+\dfrac{1}{x^2}}-\dfrac{13}{x}}=-4$$

**074** 답 $\sqrt{2}$

$$\lim_{x\to\infty}\frac{\sqrt{2x^2-x}+20}{x-10}=\lim_{x\to\infty}\frac{\sqrt{2-\dfrac{1}{x}}+\dfrac{20}{x}}{1-\dfrac{10}{x}}=\sqrt{2}$$

**075** 답 $0$

$$\lim_{x\to\infty}\frac{-x+12}{(3x+1)(x-9)}=\lim_{x\to\infty}\frac{-x+12}{3x^2-26x-9}$$
$$=\lim_{x\to\infty}\frac{-\dfrac{1}{x}+\dfrac{12}{x^2}}{3-\dfrac{26}{x}-\dfrac{9}{x^2}}$$
$$=0$$

**076** 답 $-\infty$

$$\lim_{x\to\infty}\frac{-x^2+10}{5x-11}=\lim_{x\to\infty}\frac{-x+\dfrac{10}{x}}{5-\dfrac{11}{x}}=-\infty$$

**077** 답 $0$

$$\lim_{x\to\infty}\frac{7x+15}{\sqrt{4x^4+1}+x}=\lim_{x\to\infty}\frac{\dfrac{7}{x}+\dfrac{15}{x^2}}{\sqrt{4+\dfrac{1}{x^4}}+\dfrac{1}{x}}=0$$

**078** 답 $\infty$

$$\lim_{x\to\infty}\frac{8x^2+1}{6x-\sqrt{2x^2+6}}=\lim_{x\to\infty}\frac{8x+\dfrac{1}{x}}{6-\sqrt{2+\dfrac{6}{x^2}}}=\infty$$

**079** 답 $-2$

$x=-t$로 놓으면 $x\to-\infty$일 때 $t\to\infty$이므로

$$\lim_{x\to-\infty}\frac{\sqrt{4x^2-x}+1}{x}=\lim_{t\to\infty}\frac{\sqrt{4t^2+t}+1}{-t}$$
$$=\lim_{t\to\infty}\frac{\sqrt{4+\dfrac{1}{t}}+\dfrac{1}{t}}{-1}$$
$$=-2$$

**080** 답 $\dfrac{1}{6}$

$x=-t$로 놓으면 $x\to-\infty$일 때 $t\to\infty$이므로

$$\lim_{x\to-\infty}\frac{3-\sqrt{1+x^2}}{6x+2}=\lim_{t\to\infty}\frac{3-\sqrt{1+t^2}}{-6t+2}$$
$$=\lim_{t\to\infty}\frac{\dfrac{3}{t}-\sqrt{\dfrac{1}{t^2}+1}}{-6+\dfrac{2}{t}}$$
$$=\frac{1}{6}$$

**081** 답 $-5$

$x=-t$로 놓으면 $x\to-\infty$일 때 $t\to\infty$이므로

$$\lim_{x\to-\infty}\frac{5x-1}{\sqrt{x^2+10}+1}=\lim_{t\to\infty}\frac{-5t-1}{\sqrt{t^2+10}+1}$$
$$=\lim_{t\to\infty}\frac{-5-\dfrac{1}{t}}{\sqrt{1+\dfrac{10}{t^2}}+\dfrac{1}{t}}$$
$$=-5$$

**082** 답 $-3$

$x=-t$로 놓으면 $x\to-\infty$일 때 $t\to\infty$이므로

$$\lim_{x\to-\infty}\frac{9x}{\sqrt{x^2-x}+\sqrt{4x^2+5}}=\lim_{t\to\infty}\frac{-9t}{\sqrt{t^2+t}+\sqrt{4t^2+5}}$$
$$=\lim_{t\to\infty}\frac{-9}{\sqrt{1+\dfrac{1}{t}}+\sqrt{4+\dfrac{5}{t^2}}}$$
$$=-3$$

**083** 답 ∞

$$\lim_{x\to\infty}(x^2-3x)=\lim_{x\to\infty}x^2\left(1-\frac{3}{x}\right)=\infty$$

**084** 답 $-\infty$

$$\lim_{x\to\infty}(2+5x^2-x^3)=\lim_{x\to\infty}x^3\left(\frac{2}{x^3}+\frac{5}{x}-1\right)=-\infty$$

**085** 답 0

$$\lim_{x\to\infty}(\sqrt{x^2+1}-x)=\lim_{x\to\infty}\frac{(\sqrt{x^2+1}-x)(\sqrt{x^2+1}+x)}{\sqrt{x^2+1}+x}$$
$$=\lim_{x\to\infty}\frac{1}{\sqrt{x^2+1}+x}=0$$

**086** 답 4

$$\lim_{x\to\infty}\sqrt{x}(\sqrt{x+8}-\sqrt{x})$$
$$=\lim_{x\to\infty}\frac{\sqrt{x}(\sqrt{x+8}-\sqrt{x})(\sqrt{x+8}+\sqrt{x})}{\sqrt{x+8}+\sqrt{x}}$$
$$=\lim_{x\to\infty}\frac{8\sqrt{x}}{\sqrt{x+8}+\sqrt{x}}$$
$$=\lim_{x\to\infty}\frac{8}{\sqrt{1+\frac{8}{x}}+1}=4$$

**087** 답 2

$x=-t$로 놓으면 $x\to-\infty$일 때 $t\to\infty$이므로

$$\lim_{x\to-\infty}(\sqrt{x^2-4x+1}+x)$$
$$=\lim_{t\to\infty}(\sqrt{t^2+4t+1}-t)$$
$$=\lim_{t\to\infty}\frac{(\sqrt{t^2+4t+1}-t)(\sqrt{t^2+4t+1}+t)}{\sqrt{t^2+4t+1}+t}$$
$$=\lim_{t\to\infty}\frac{4t+1}{\sqrt{t^2+4t+1}+t}$$
$$=\lim_{t\to\infty}\frac{4+\frac{1}{t}}{\sqrt{1+\frac{4}{t}+\frac{1}{t^2}}+1}=2$$

**088** 답 $\frac{\sqrt{2}}{2}$

$x=-t$로 놓으면 $x\to-\infty$일 때 $t\to\infty$이므로

$$\lim_{x\to-\infty}(\sqrt{2x^2-x}-\sqrt{2x^2+x})$$
$$=\lim_{t\to\infty}(\sqrt{2t^2+t}-\sqrt{2t^2-t})$$
$$=\lim_{t\to\infty}\frac{(\sqrt{2t^2+t}-\sqrt{2t^2-t})(\sqrt{2t^2+t}+\sqrt{2t^2-t})}{\sqrt{2t^2+t}+\sqrt{2t^2-t}}$$
$$=\lim_{t\to\infty}\frac{2t}{\sqrt{2t^2+t}+\sqrt{2t^2-t}}$$
$$=\lim_{t\to\infty}\frac{2}{\sqrt{2+\frac{1}{t}}+\sqrt{2-\frac{1}{t}}}$$
$$=\frac{\sqrt{2}}{2}$$

**089** 답 $-1$

$$\lim_{x\to0}\frac{1}{x}\left(\frac{1}{x+1}-1\right)=\lim_{x\to0}\left(\frac{1}{x}\times\frac{-x}{x+1}\right)$$
$$=\lim_{x\to0}\frac{-1}{x+1}$$
$$=-1$$

**090** 답 $-\frac{1}{36}$

$$\lim_{x\to-1}\frac{1}{x+1}\left(\frac{1}{x-5}+\frac{1}{6}\right)=\lim_{x\to-1}\left\{\frac{1}{x+1}\times\frac{x+1}{6(x-5)}\right\}$$
$$=\lim_{x\to-1}\frac{1}{6(x-5)}$$
$$=-\frac{1}{36}$$

**091** 답 $-2$

$$\lim_{x\to0}\frac{1}{x}\left\{\frac{1}{(x+1)^2}-1\right\}=\lim_{x\to0}\frac{1}{x}\left(\frac{1}{x+1}+1\right)\left(\frac{1}{x+1}-1\right)$$
$$=\lim_{x\to0}\left(\frac{1}{x}\times\frac{x+2}{x+1}\times\frac{-x}{x+1}\right)$$
$$=\lim_{x\to0}\frac{-x-2}{(x+1)^2}$$
$$=-2$$

**092** 답 $-\frac{1}{3}$

$$\lim_{x\to0}\frac{1}{x}\left(\frac{1}{\sqrt{3}}-\frac{1}{\sqrt{3}-x}\right)=\lim_{x\to0}\left\{\frac{1}{x}\times\frac{-x}{\sqrt{3}(\sqrt{3}-x)}\right\}$$
$$=\lim_{x\to0}\frac{-1}{\sqrt{3}(\sqrt{3}-x)}$$
$$=-\frac{1}{3}$$

**093** 답 $\frac{1}{2}$

$$\lim_{x\to\infty}x\left(\frac{\sqrt{x+1}}{\sqrt{x}}-1\right)=\lim_{x\to\infty}\frac{x(\sqrt{x+1}-\sqrt{x})}{\sqrt{x}}$$
$$=\lim_{x\to\infty}\frac{x(\sqrt{x+1}-\sqrt{x})(\sqrt{x+1}+\sqrt{x})}{\sqrt{x}(\sqrt{x+1}+\sqrt{x})}$$
$$=\lim_{x\to\infty}\frac{x}{\sqrt{x^2+x}+x}$$
$$=\lim_{x\to\infty}\frac{1}{\sqrt{1+\frac{1}{x}}+1}$$
$$=\frac{1}{2}$$

**094** 답 $-1$

$$\lim_{x\to\infty}2x^2\left(\frac{x}{\sqrt{x^2+1}}-1\right)=\lim_{x\to\infty}\frac{2x^2(x-\sqrt{x^2+1})}{\sqrt{x^2+1}}$$
$$=\lim_{x\to\infty}\frac{2x^2(x-\sqrt{x^2+1})(x+\sqrt{x^2+1})}{\sqrt{x^2+1}(x+\sqrt{x^2+1})}$$

$$= \lim_{x \to \infty} \frac{-2x^2}{x\sqrt{x^2+1} + x^2 + 1}$$

$$= \lim_{x \to \infty} \frac{-2}{\sqrt{1 + \dfrac{1}{x^2}} + 1 + \dfrac{1}{x^2}}$$

$$= -1$$

## 095 답 $a=1, b=-6$

$\lim\limits_{x \to -2}(x+2) = 0$이므로 $\lim\limits_{x \to -2}(x^2 - ax + b) = 0$

즉, $4 + 2a + b = 0$이므로

$b = -2a - 4$ ...... ㉠

㉠을 주어진 등식의 좌변에 대입하면

$$\lim_{x \to -2} \frac{x^2 - ax + b}{x+2} = \lim_{x \to -2} \frac{x^2 - ax - 2a - 4}{x+2}$$

$$= \lim_{x \to -2} \frac{(x+2)(x-a-2)}{x+2}$$

$$= \lim_{x \to -2} (x-a-2) = -a-4$$

따라서 $-a-4 = -5$이므로 $a=1$

$a=1$을 ㉠에 대입하면

$b = -2 - 4 = -6$

## 096 답 $a=-2, b=-3$

$\lim\limits_{x \to 3}(x^2 - 4x + 3) = 0$이므로 $\lim\limits_{x \to 3}\{(a+3)x + b\} = 0$

즉, $3a + 9 + b = 0$이므로

$b = -3a - 9$ ...... ㉠

㉠을 주어진 등식의 좌변에 대입하면

$$\lim_{x \to 3} \frac{(a+3)x + b}{x^2 - 4x + 3} = \lim_{x \to 3} \frac{(a+3)x - 3a - 9}{x^2 - 4x + 3}$$

$$= \lim_{x \to 3} \frac{(a+3)(x-3)}{(x-1)(x-3)}$$

$$= \lim_{x \to 3} \frac{a+3}{x-1} = \frac{a+3}{2}$$

따라서 $\dfrac{a+3}{2} = \dfrac{1}{2}$이므로 $a=-2$

$a=-2$를 ㉠에 대입하면

$b = 6 - 9 = -3$

## 097 답 $a=4, b=6$

$\lim\limits_{x \to 1}(x^2 - 1) = 0$이므로 $\lim\limits_{x \to 1}(2x^2 + ax - b) = 0$

즉, $2 + a - b = 0$이므로

$b = a + 2$ ...... ㉠

㉠을 주어진 등식의 좌변에 대입하면

$$\lim_{x \to 1} \frac{2x^2 + ax - b}{x^2 - 1} = \lim_{x \to 1} \frac{2x^2 + ax - a - 2}{x^2 - 1}$$

$$= \lim_{x \to 1} \frac{(2x + a + 2)(x-1)}{(x+1)(x-1)}$$

$$= \lim_{x \to 1} \frac{2x + a + 2}{x+1} = \frac{a+4}{2}$$

따라서 $\dfrac{a+4}{2} = 4$이므로 $a+4 = 8$

$\therefore a = 4$

$a=4$를 ㉠에 대입하면

$b = 4 + 2 = 6$

## 098 답 $a=10, b=-10\sqrt{5}$

$\lim\limits_{x \to 5}(x-5) = 0$이므로 $\lim\limits_{x \to 5}(a\sqrt{x} + b) = 0$

즉, $\sqrt{5}a + b = 0$이므로

$b = -\sqrt{5}a$ ...... ㉠

㉠을 주어진 등식의 좌변에 대입하면

$$\lim_{x \to 5} \frac{a\sqrt{x} + b}{x-5} = \lim_{x \to 5} \frac{a\sqrt{x} - \sqrt{5}a}{x-5}$$

$$= \lim_{x \to 5} \frac{a(\sqrt{x} - \sqrt{5})(\sqrt{x} + \sqrt{5})}{(x-5)(\sqrt{x} + \sqrt{5})}$$

$$= \lim_{x \to 5} \frac{a(x-5)}{(x-5)(\sqrt{x} + \sqrt{5})}$$

$$= \lim_{x \to 5} \frac{a}{\sqrt{x} + \sqrt{5}} = \frac{a}{2\sqrt{5}}$$

따라서 $\dfrac{a}{2\sqrt{5}} = \sqrt{5}$이므로 $a=10$

$a=10$을 ㉠에 대입하면

$b = -10\sqrt{5}$

## 099 답 $a=14, b=-4$

$\lim\limits_{x \to 2}(x-2) = 0$이므로 $\lim\limits_{x \to 2}(\sqrt{x+a} + b) = 0$

즉, $\sqrt{2+a} + b = 0$이므로

$b = -\sqrt{2+a}$ ...... ㉠

㉠을 주어진 등식의 좌변에 대입하면

$$\lim_{x \to 2} \frac{\sqrt{x+a} + b}{x-2}$$

$$= \lim_{x \to 2} \frac{\sqrt{x+a} - \sqrt{2+a}}{x-2}$$

$$= \lim_{x \to 2} \frac{(\sqrt{x+a} - \sqrt{2+a})(\sqrt{x+a} + \sqrt{2+a})}{(x-2)(\sqrt{x+a} + \sqrt{2+a})}$$

$$= \lim_{x \to 2} \frac{x-2}{(x-2)(\sqrt{x+a} + \sqrt{2+a})}$$

$$= \lim_{x \to 2} \frac{1}{\sqrt{x+a} + \sqrt{2+a}}$$

$$= \frac{1}{2\sqrt{2+a}}$$

따라서 $\dfrac{1}{2\sqrt{2+a}} = \dfrac{1}{8}$이므로 $\sqrt{2+a} = 4$

$\therefore a = 14$

$a=14$를 ㉠에 대입하면

$b = -\sqrt{16} = -4$

**100** 답 $a=1$, $b=9$

$\lim_{x \to -3}(x+3)=0$이므로 $\lim_{x \to -3}(ax^2-b)=0$

즉, $9a-b=0$이므로

$b=9a$ ...... ㉠

㉠을 주어진 등식의 좌변에 대입하면

$$\lim_{x \to -3}\frac{x+3}{ax^2-b}=\lim_{x \to -3}\frac{x+3}{ax^2-9a}$$

$$=\lim_{x \to -3}\frac{x+3}{a(x+3)(x-3)}$$

$$=\lim_{x \to -3}\frac{1}{a(x-3)}$$

$$=-\frac{1}{6a}$$

따라서 $-\dfrac{1}{6a}=-\dfrac{1}{6}$이므로 $a=1$

$a=1$을 ㉠에 대입하면

$b=9$

**101** 답 $a=16$, $b=17$

$\lim_{x \to 1}(x^2+6x-7)=0$이므로 $\lim_{x \to 1}(ax-b+1)=0$

즉, $a-b+1=0$이므로

$b=a+1$ ...... ㉠

㉠을 주어진 등식의 좌변에 대입하면

$$\lim_{x \to 1}\frac{x^2+6x-7}{ax-b+1}=\lim_{x \to 1}\frac{x^2+6x-7}{ax-(a+1)+1}$$

$$=\lim_{x \to 1}\frac{(x-1)(x+7)}{a(x-1)}$$

$$=\lim_{x \to 1}\frac{x+7}{a}=\frac{8}{a}$$

따라서 $\dfrac{8}{a}=\dfrac{1}{2}$이므로 $a=16$

$a=16$을 ㉠에 대입하면

$b=17$

**102** 답 $a=-18$, $b=4$

$\lim_{x \to 2}\{x^2+(a-2)x-2a\}=0$이므로 $\lim_{x \to 2}(x^2-b)=0$

즉, $4-b=0$이므로

$b=4$

이를 주어진 등식의 좌변에 대입하면

$$\lim_{x \to 2}\frac{x^2+(a-2)x-2a}{x^2-b}=\lim_{x \to 2}\frac{x^2+(a-2)x-2a}{x^2-4}$$

$$=\lim_{x \to 2}\frac{(x+a)(x-2)}{(x+2)(x-2)}$$

$$=\lim_{x \to 2}\frac{x+a}{x+2}$$

$$=\frac{2+a}{4}$$

따라서 $\dfrac{2+a}{4}=-4$이므로 $2+a=-16$

$\therefore a=-18$

**103** 답 $a=\dfrac{1}{7}$, $b=\dfrac{1}{7}$

$\lim_{x \to -1}(x+1)=0$이므로 $\lim_{x \to -1}(a\sqrt{2x+3}-b)=0$

즉, $a-b=0$이므로

$b=a$ ...... ㉠

㉠을 주어진 등식의 좌변에 대입하면

$$\lim_{x \to -1}\frac{x+1}{a\sqrt{2x+3}-b}=\lim_{x \to -1}\frac{x+1}{a\sqrt{2x+3}-a}$$

$$=\lim_{x \to -1}\frac{(x+1)(\sqrt{2x+3}+1)}{a(\sqrt{2x+3}-1)(\sqrt{2x+3}+1)}$$

$$=\lim_{x \to -1}\frac{(x+1)(\sqrt{2x+3}+1)}{2a(x+1)}$$

$$=\lim_{x \to -1}\frac{\sqrt{2x+3}+1}{2a}=\frac{1}{a}$$

따라서 $\dfrac{1}{a}=7$이므로 $a=\dfrac{1}{7}$

$a=\dfrac{1}{7}$을 ㉠에 대입하면

$b=\dfrac{1}{7}$

**104** 답 $a=\dfrac{2\sqrt{3}}{3}$, $b=\dfrac{8\sqrt{3}}{3}$

$\lim_{x \to -4}(\sqrt{x+7}-\sqrt{3})=0$이므로 $\lim_{x \to -4}(ax+b)=0$

즉, $-4a+b=0$이므로

$b=4a$ ...... ㉠

㉠을 주어진 등식의 좌변에 대입하면

$$\lim_{x \to -4}\frac{\sqrt{x+7}-\sqrt{3}}{ax+b}=\lim_{x \to -4}\frac{\sqrt{x+7}-\sqrt{3}}{ax+4a}$$

$$=\lim_{x \to -4}\frac{(\sqrt{x+7}-\sqrt{3})(\sqrt{x+7}+\sqrt{3})}{a(x+4)(\sqrt{x+7}+\sqrt{3})}$$

$$=\lim_{x \to -4}\frac{x+4}{a(x+4)(\sqrt{x+7}+\sqrt{3})}$$

$$=\lim_{x \to -4}\frac{1}{a(\sqrt{x+7}+\sqrt{3})}=\frac{1}{2\sqrt{3}a}$$

따라서 $\dfrac{1}{2\sqrt{3}a}=\dfrac{1}{4}$이므로 $\sqrt{3}a=2$

$\therefore a=\dfrac{2\sqrt{3}}{3}$

$a=\dfrac{2\sqrt{3}}{3}$을 ㉠에 대입하면

$b=\dfrac{8\sqrt{3}}{3}$

**105** 답 $f(x)=-x^2+6x-5$

$\lim_{x \to \infty}\dfrac{f(x)}{x^2+x+12}=-1$에서 $f(x)$는 최고차항의 계수가 $-1$인 이차함수이다.

또한 $\lim_{x \to 1}\dfrac{f(x)}{2x^2-2x}=2$에서 $\lim_{x \to 1}(2x^2-2x)=0$이므로

$\lim_{x \to 1}f(x)=0$ $\quad \therefore f(1)=0$

따라서 $f(x)=-(x-1)(x-a)$ ($a$는 상수)로 놓으면

$$\lim_{x \to 1} \frac{f(x)}{2x^2-2x} = \lim_{x \to 1} \frac{-(x-1)(x-a)}{2x(x-1)}$$
$$= \lim_{x \to 1} \frac{a-x}{2x} = \frac{a-1}{2}$$

즉, $\dfrac{a-1}{2}=2$이므로 $a-1=4$　∴ $a=5$

∴ $f(x)=-(x-1)(x-5)=-x^2+6x-5$

### 106 답 $f(x)=3x^2-15x+18$

$\lim\limits_{x \to \infty} \dfrac{f(x)}{x^2-5x+7}=3$에서 $f(x)$는 최고차항의 계수가 3인 이차함수이다.

또한 $\lim\limits_{x \to 2} \dfrac{f(x)}{x^2-6x+8}=\dfrac{3}{2}$에서 $\lim\limits_{x \to 2}(x^2-6x+8)=0$이므로

$\lim\limits_{x \to 2} f(x)=0$　∴ $f(2)=0$

따라서 $f(x)=3(x-2)(x-a)$ ($a$는 상수)로 놓으면

$$\lim_{x \to 2} \frac{f(x)}{x^2-6x+8} = \lim_{x \to 2} \frac{3(x-2)(x-a)}{(x-2)(x-4)}$$
$$= \lim_{x \to 2} \frac{3(x-a)}{x-4} = \frac{3(2-a)}{-2}$$

즉, $\dfrac{3(2-a)}{-2}=\dfrac{3}{2}$이므로 $2-a=-1$　∴ $a=3$

∴ $f(x)=3(x-2)(x-3)=3x^2-15x+18$

### 107 답 $f(x)=2x^2+2x-4$

$\lim\limits_{x \to \infty} \dfrac{-2x^2+x-9}{f(x)}=-1$에서 $f(x)$는 최고차항의 계수가 2인 이차함수이다.

또한 $\lim\limits_{x \to -2} \dfrac{x^2+x-2}{f(x)}=\dfrac{1}{2}$에서 $\lim\limits_{x \to -2}(x^2+x-2)=0$이므로

$\lim\limits_{x \to -2} f(x)=0$　∴ $f(-2)=0$

따라서 $f(x)=2(x+2)(x-a)$ ($a$는 상수)로 놓으면

$$\lim_{x \to -2} \frac{x^2+x-2}{f(x)} = \lim_{x \to -2} \frac{(x+2)(x-1)}{2(x+2)(x-a)}$$
$$= \lim_{x \to -2} \frac{x-1}{2(x-a)} = \frac{-3}{2(-2-a)}$$
$$= \frac{3}{2(2+a)}$$

즉, $\dfrac{3}{2(2+a)}=\dfrac{1}{2}$이므로 $2+a=3$　∴ $a=1$

∴ $f(x)=2(x+2)(x-1)=2x^2+2x-4$

### 108 답 $f(x)=-8x^2+76x-156$

$\lim\limits_{x \to \infty} \dfrac{2x^2-3x-10}{f(x)}=-\dfrac{1}{4}$에서 $f(x)$는 최고차항의 계수가 $-8$인 이차함수이다.

또한 $\lim\limits_{x \to 3} \dfrac{2x^2-5x-3}{f(x)}=\dfrac{1}{4}$에서 $\lim\limits_{x \to 3}(2x^2-5x-3)=0$이므로

$\lim\limits_{x \to 3} f(x)=0$　∴ $f(3)=0$

따라서 $f(x)=-8(x-3)(x-a)$ ($a$는 상수)로 놓으면

$$\lim_{x \to 3} \frac{2x^2-5x-3}{f(x)} = \lim_{x \to 3} \frac{(x-3)(2x+1)}{-8(x-3)(x-a)}$$
$$= \lim_{x \to 3} \frac{2x+1}{-8(x-a)} = \frac{7}{-8(3-a)}$$

즉, $\dfrac{7}{-8(3-a)}=\dfrac{1}{4}$이므로 $3-a=-\dfrac{7}{2}$　∴ $a=\dfrac{13}{2}$

∴ $f(x)=-8(x-3)\left(x-\dfrac{13}{2}\right)=-8x^2+76x-156$

### 109 답 9

$\lim\limits_{x \to 1}(5x+4)=9$, $\lim\limits_{x \to 1}(x^2+3x+5)=9$이므로 함수의 극한의 대소 관계에 의하여

$\lim\limits_{x \to 1} f(x)=9$

### 110 답 $-2$

$\lim\limits_{x \to 1}(-x^2+3x-4)=-2$, $\lim\limits_{x \to 1}(x^2-x-2)=-2$이므로 함수의 극한의 대소 관계에 의하여

$\lim\limits_{x \to 1} f(x)=-2$

### 111 답 6

$\lim\limits_{x \to 1}(2x^2-3x+7)=6$, $\lim\limits_{x \to 1}(3x^2-5x+8)=6$이므로 함수의 극한의 대소 관계에 의하여

$\lim\limits_{x \to 1} f(x)=6$

### 112 답 6

$\lim\limits_{x \to \infty} \dfrac{6x-4}{x+3}=6$, $\lim\limits_{x \to \infty} \dfrac{6x+3}{x+2}=6$이므로 함수의 극한의 대소 관계에 의하여

$\lim\limits_{x \to \infty} f(x)=6$

### 113 답 3

$\lim\limits_{x \to \infty} \dfrac{3x^2-1}{x^2+4}=3$, $\lim\limits_{x \to \infty} \dfrac{9x+8}{3x}=3$이므로 함수의 극한의 대소 관계에 의하여

$\lim\limits_{x \to \infty} f(x)=3$

### 114 답 6

주어진 부등식의 각 변을 $x$로 나누면 $x>0$이므로

$$6-\frac{1}{x}<f(x)<6+\frac{1}{x}$$

이때 $\lim\limits_{x \to \infty}\left(6-\dfrac{1}{x}\right)=6$, $\lim\limits_{x \to \infty}\left(6+\dfrac{1}{x}\right)=6$이므로 함수의 극한의 대소 관계에 의하여

$\lim\limits_{x \to \infty} f(x)=6$

### 115 답 2

주어진 부등식의 각 변을 $x^2$으로 나누면 $x^2>0$이므로

$$2+\frac{7}{x^2}<f(x)<2+\frac{1}{x}+\frac{9}{x^2}$$

이때 $\lim_{x\to\infty}\left(2+\frac{7}{x^2}\right)=2$, $\lim_{x\to\infty}\left(2+\frac{1}{x}+\frac{9}{x^2}\right)=2$이므로 함수의 극

한의 대소 관계에 의하여

$$\lim_{x\to\infty}f(x)=2$$

### 116 답 1

주어진 부등식의 각 변을 $x^2+2$로 나누면 $x^2+2>0$이므로

$$\frac{x^2-10}{x^2+2}<\frac{f(x)}{x^2+2}<\frac{x^2+13}{x^2+2}$$

이때 $\lim_{x\to\infty}\frac{x^2-10}{x^2+2}=1$, $\lim_{x\to\infty}\frac{x^2+13}{x^2+2}=1$이므로 함수의 극한의 대

소 관계에 의하여

$$\lim_{x\to\infty}\frac{f(x)}{x^2+2}=1$$

### 117 답 3

주어진 부등식의 각 변을 $x^2+2$로 나누면 $x^2+2>0$이므로

$$\frac{3x^2+5x-1}{x^2+2}<\frac{f(x)}{x^2+2}<\frac{3x^2+5x+9}{x^2+2}$$

이때 $\lim_{x\to\infty}\frac{3x^2+5x-1}{x^2+2}=3$, $\lim_{x\to\infty}\frac{3x^2+5x+9}{x^2+2}=3$이므로 함수의

극한의 대소 관계에 의하여

$$\lim_{x\to\infty}\frac{f(x)}{x^2+2}=3$$

### 118 답 $\frac{1}{2}$

직선 PQ의 방정식은 $y-(t^2+1)=(2t+1)(x-t)$

$$\therefore y=(2t+1)x-t^2-t+1$$

직선 PQ와 직선 $y=x+1$의 교점의 $x$좌표는

$$(2t+1)x-t^2-t+1=x+1$$

$$2tx=t^2+t$$

$t\ne0$일 때, $x=\frac{t+1}{2}$

따라서 $t\ne0$일 때, $f(t)=\frac{t+1}{2}$이므로

$$\lim_{t\to0}f(t)=\lim_{t\to0}\frac{t+1}{2}=\frac{1}{2}$$

### 119 답 4

$$\overline{AP}=\sqrt{(t+2)^2+(\sqrt{t})^2}=\sqrt{t^2+5t+4}$$
$$\overline{BP}=\sqrt{(t-2)^2+(\sqrt{t})^2}=\sqrt{t^2-3t+4}$$

이므로

$$\lim_{t\to\infty}(\overline{AP}-\overline{BP})$$
$$=\lim_{t\to\infty}(\sqrt{t^2+5t+4}-\sqrt{t^2-3t+4})$$
$$=\lim_{t\to\infty}\frac{(\sqrt{t^2+5t+4}-\sqrt{t^2-3t+4})(\sqrt{t^2+5t+4}+\sqrt{t^2-3t+4})}{\sqrt{t^2+5t+4}+\sqrt{t^2-3t+4}}$$

$$=\lim_{t\to\infty}\frac{8t}{\sqrt{t^2+5t+4}+\sqrt{t^2-3t+4}}$$
$$=\lim_{t\to\infty}\frac{8}{\sqrt{1+\frac{5}{t}+\frac{4}{t^2}}+\sqrt{1-\frac{3}{t}+\frac{4}{t^2}}}$$
$$=4$$

### 120 답 1

직선 $l$은 선분 OP와 수직이므로 기울기는 $-\frac{\sqrt{t}}{2}$이고,

점 $P(t, 2\sqrt{t})$를 지나므로 직선 $l$의 방정식은

$$y-2\sqrt{t}=-\frac{\sqrt{t}}{2}(x-t) \qquad \therefore y=-\frac{\sqrt{t}}{2}(x-t)+2\sqrt{t}$$

따라서 $f(t)=t+4$, $g(t)=\frac{t\sqrt{t}}{2}+2\sqrt{t}=\frac{(t+4)\sqrt{t}}{2}$이므로

$$\lim_{t\to\infty}\frac{2g(t)-f(t)}{2g(t)+f(t)}=\lim_{t\to\infty}\frac{(t+4)\sqrt{t}-(t+4)}{(t+4)\sqrt{t}+(t+4)}$$
$$=\lim_{t\to\infty}\frac{t\sqrt{t}+4\sqrt{t}-t-4}{t\sqrt{t}+4\sqrt{t}+t+4}$$
$$=\lim_{t\to\infty}\frac{1+\frac{4}{t}-\frac{1}{\sqrt{t}}-\frac{4}{t\sqrt{t}}}{1+\frac{4}{t}+\frac{1}{\sqrt{t}}+\frac{4}{t\sqrt{t}}}$$
$$=1$$

### 121 답 1

두 점 A, B를 지나는 직선의 방정식은

$$y-2=\frac{\frac{2}{t}-2}{t-1}(x-1) \qquad \therefore y=-\frac{2}{t}(x-1)+2$$

따라서 $P(t+1, 0)$이므로 삼각형 OPB의 넓이는

$$S(t)=\frac{1}{2}\times(t+1)\times\frac{2}{t}=\frac{t+1}{t}$$

$$\therefore \lim_{t\to\infty}S(t)=\lim_{t\to\infty}\frac{t+1}{t}=1$$

19쪽

중단원 #기출 #교과서

| 122 ⑤ | 123 $-3$ | 124 ㄱ, ㄴ | 125 $\frac{1}{3}$ |
| 126 ② | 127 8 | 128 ① | |

### 122

$\lim_{x\to0+}f(x)=2$, $\lim_{x\to2-}f(x)=0$이므로

$\lim_{x\to0+}f(x)+\lim_{x\to2-}f(x)=2+0=2$

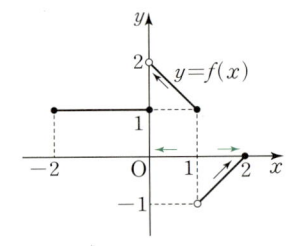

## 123

$\lim_{x \to -2} \{f(x) - g(x)\} - \lim_{x \to -2} \{6f(x) - g(x)\} = 5 - (-10)$

이므로

$-5 \lim_{x \to -2} f(x) = 15$

$\therefore \lim_{x \to -2} f(x) = -3$

## 124

ㄱ. $\lim_{x \to 1} \dfrac{5 - \sqrt{x+24}}{1-x} = \lim_{x \to 1} \dfrac{(5 - \sqrt{x+24})(5 + \sqrt{x+24})}{(1-x)(5 + \sqrt{x+24})}$

$= \lim_{x \to 1} \dfrac{1-x}{(1-x)(5 + \sqrt{x+24})}$

$= \lim_{x \to 1} \dfrac{1}{5 + \sqrt{x+24}}$

$= \dfrac{1}{10}$

ㄴ. $\lim_{x \to \infty} \dfrac{7x^2 - x + 1}{x^2 - 8x + 6} = \lim_{x \to \infty} \dfrac{7 - \dfrac{1}{x} + \dfrac{1}{x^2}}{1 - \dfrac{8}{x} + \dfrac{6}{x^2}} = 7$

ㄷ. $\lim_{x \to \infty} (2x - \sqrt{4x^2 + 1})$

$= \lim_{x \to \infty} \dfrac{(2x - \sqrt{4x^2+1})(2x + \sqrt{4x^2+1})}{2x + \sqrt{4x^2+1}}$

$= \lim_{x \to \infty} \dfrac{-1}{2x + \sqrt{4x^2+1}} = 0$

ㄹ. $\lim_{x \to 2} \dfrac{5}{x-2}\left(2 - \dfrac{2}{3-x}\right) = \lim_{x \to 2} \left(\dfrac{5}{x-2} \times \dfrac{-2x+4}{3-x}\right)$

$= \lim_{x \to 2} \dfrac{-10}{3-x} = -10$

따라서 극한값이 양수인 것은 ㄱ, ㄴ이다.

## 125

$\lim_{x \to 1} (\sqrt{x^2 + 8} - 3) = 0$이므로 $\lim_{x \to 1} (ax - b) = 0$

즉, $a - b = 0$이므로

$b = a$ ...... ㉠

㉠을 주어진 등식의 좌변에 대입하면

$\lim_{x \to 1} \dfrac{\sqrt{x^2+8}-3}{ax-b} = \lim_{x \to 1} \dfrac{\sqrt{x^2+8}-3}{ax-a}$

$= \lim_{x \to 1} \dfrac{(\sqrt{x^2+8}-3)(\sqrt{x^2+8}+3)}{a(x-1)(\sqrt{x^2+8}+3)}$

$= \lim_{x \to 1} \dfrac{x^2-1}{a(x-1)(\sqrt{x^2+8}+3)}$

$= \lim_{x \to 1} \dfrac{(x+1)(x-1)}{a(x-1)(\sqrt{x^2+8}+3)}$

$= \lim_{x \to 1} \dfrac{x+1}{a(\sqrt{x^2+8}+3)}$

$= \dfrac{1}{3a}$

따라서 $\dfrac{1}{3a} = \dfrac{\sqrt{3}}{3}$이므로 $\dfrac{1}{a} = \sqrt{3}$

$\therefore a = \dfrac{\sqrt{3}}{3}$

$a = \dfrac{\sqrt{3}}{3}$을 ㉠에 대입하면 $b = \dfrac{\sqrt{3}}{3}$

$\therefore ab = \dfrac{\sqrt{3}}{3} \times \dfrac{\sqrt{3}}{3} = \dfrac{1}{3}$

## 126

조건 (가)에서 $\lim_{x \to \infty} \dfrac{f(x)}{x^2} = 2$이므로 함수 $f(x)$는 최고차항의 계수가 2인 이차함수이다.

$\therefore f(x) = 2x^2 + ax + b$ (단, $a$, $b$는 상수)

조건 (나)에서 $\lim_{x \to 0} \dfrac{f(x)}{x} = 3$이고 $\lim_{x \to 0} x = 0$이므로 $\lim_{x \to 0} f(x) = 0$

즉, $\lim_{x \to 0} (2x^2 + ax + b) = b = 0$이므로

$\lim_{x \to 0} \dfrac{f(x)}{x} = \lim_{x \to 0} \dfrac{2x^2 + ax + b}{x}$

$= \lim_{x \to 0} \dfrac{2x^2 + ax}{x}$

$= \lim_{x \to 0} (2x + a)$

$= a$

따라서 $a = 3$이므로 $f(x) = 2x^2 + 3x$

$\therefore f(2) = 8 + 6 = 14$

## 127

$(2x-1)^3 < \{f(x)\}^3 < (2x+5)^3$

$x \to \infty$일 때 $x^3 + 1 > 0$이므로 각 변을 $x^3 + 1$로 나누면

$\dfrac{(2x-1)^3}{x^3+1} < \dfrac{\{f(x)\}^3}{x^3+1} < \dfrac{(2x+5)^3}{x^3+1}$

이때 $\lim_{x \to \infty} \dfrac{(2x-1)^3}{x^3+1} = 8$, $\lim_{x \to \infty} \dfrac{(2x+5)^3}{x^3+1} = 8$이므로 함수의 극한의 대소 관계에 의하여

$\lim_{x \to \infty} \dfrac{\{f(x)\}^3}{x^3+1} = 8$

## 128

$P(t, t^2 - t)$, $Q(t, \sqrt{2t+1} - 1)$이므로

$A(t) = \dfrac{1}{2} t |t^2 - t|$, $B(t) = \dfrac{1}{2} t |\sqrt{2t+1} - 1|$

$\therefore \lim_{t \to 0+} \dfrac{B(t)}{A(t)} = \lim_{t \to 0+} \dfrac{\dfrac{t}{2} |\sqrt{2t+1}-1|}{\dfrac{t}{2} |t^2 - t|}$

$= \lim_{t \to 0+} \dfrac{\sqrt{2t+1}-1}{t(1-t)}$ ($\because 0 < t < 1$)

$= \lim_{t \to 0+} \dfrac{(\sqrt{2t+1}-1)(\sqrt{2t+1}+1)}{t(1-t)(\sqrt{2t+1}+1)}$

$= \lim_{t \to 0+} \dfrac{2t}{t(1-t)(\sqrt{2t+1}+1)}$

$= \lim_{t \to 0+} \dfrac{2}{(1-t)(\sqrt{2t+1}+1)}$

$= 1$

## 2  함수의 연속

**129** 답 불연속, ㄱ

$f(1)$이 정의되어 있지 않으므로 함수 $f(x)$는 $x=1$에서 불연속이다.

**130** 답 연속

$f(1)=1$, $\lim\limits_{x \to 1} f(x)=1$이므로

$\lim\limits_{x \to 1} f(x)=f(1)$

따라서 함수 $f(x)$는 $x=1$에서 연속이다.

**131** 답 불연속, ㄴ

$\lim\limits_{x \to 1+} f(x)=1$, $\lim\limits_{x \to 1-} f(x)=0$이므로 $\lim\limits_{x \to 1} f(x)$의 값이 존재하지 않는다.

따라서 함수 $f(x)$는 $x=1$에서 불연속이다.

**132** 답 불연속, ㄷ

$f(1)=1$, $\lim\limits_{x \to 1} f(x)=\dfrac{3}{2}$이므로

$\lim\limits_{x \to 1} f(x) \neq f(1)$

따라서 함수 $f(x)$는 $x=1$에서 불연속이다.

**133** 답 연속

$f(0)=1$, $\lim\limits_{x \to 0} f(x)=1$이므로 $\lim\limits_{x \to 0} f(x)=f(0)$

따라서 함수 $f(x)$는 $x=0$에서 연속이다.

**134** 답 불연속

$f(1)$이 정의되지 않으므로 함수 $f(x)$는 $x=1$에서 불연속이다.

**135** 답 연속

$f(2)=-1$, $\lim\limits_{x \to 2} f(x)=-1$이므로 $\lim\limits_{x \to 2} f(x)=f(2)$

따라서 함수 $f(x)$는 $x=2$에서 연속이다.

**136** 답 불연속

$\lim\limits_{x \to -1+} f(x)=\lim\limits_{x \to -1+} \dfrac{|x+1|}{x+1}=\lim\limits_{x \to -1+} \dfrac{x+1}{x+1}=1$,

$\lim\limits_{x \to -1-} f(x)=\lim\limits_{x \to -1-} \dfrac{|x+1|}{x+1}=\lim\limits_{x \to -1-} \dfrac{-(x+1)}{x+1}=-1$

이므로 $\lim\limits_{x \to -1} f(x)$의 값이 존재하지 않는다.

따라서 함수 $f(x)$는 $x=-1$에서 불연속이다.

**137** 답 불연속

$-1 \leq x < 0$일 때 $f(x)=-1$, $0 \leq x < 1$일 때 $f(x)=0$

$\lim\limits_{x \to 0+} f(x)=0$, $\lim\limits_{x \to 0-} f(x)=-1$이므로 $\lim\limits_{x \to 0} f(x)$의 값이 존재하지 않는다.

따라서 함수 $f(x)$는 $x=0$에서 불연속이다.

**138** 답 연속

$f(3)=2$이고

$\lim\limits_{x \to 3+} f(x)=\lim\limits_{x \to 3+} (x-1)=2$,

$\lim\limits_{x \to 3-} f(x)=\lim\limits_{x \to 3-} (2x-4)=2$

이므로 $\lim\limits_{x \to 3} f(x)=2$

$\therefore \lim\limits_{x \to 3} f(x)=f(3)$

따라서 함수 $f(x)$는 $x=3$에서 연속이다.

**139** 답 불연속

$\lim\limits_{x \to 1+} f(x)=\lim\limits_{x \to 1+} \dfrac{1}{x}=1$, $\lim\limits_{x \to 1-} f(x)=\lim\limits_{x \to 1-} (2x-2)=0$이므로

$\lim\limits_{x \to 1} f(x)$의 값이 존재하지 않는다.

따라서 함수 $f(x)$는 $x=1$에서 불연속이다.

**140** 답 불연속

$f(-1)=-2$이고

$\lim\limits_{x \to -1} f(x)=\lim\limits_{x \to -1} \dfrac{x^2+4x+3}{x+1}=\lim\limits_{x \to -1} \dfrac{(x+1)(x+3)}{x+1}$

$\qquad\qquad\quad =\lim\limits_{x \to -1} (x+3)=2$

이므로 $\lim\limits_{x \to -1} f(x) \neq f(-1)$

따라서 함수 $f(x)$는 $x=-1$에서 불연속이다.

**141** 답 $(-\infty, \infty)$

함수 $f(x)=x^2-1$은 모든 실수 $x$에서 연속이므로 연속인 구간은 $(-\infty, \infty)$이다.

**142** 답 $(-\infty, 2) \cup (2, \infty)$

함수 $f(x)=\dfrac{1}{x-2}$은 $x=2$에서 불연속이므로 연속인 구간은 $(-\infty, 2) \cup (2, \infty)$이다.

**143** 답 $(-\infty, -5) \cup (-5, \infty)$

함수 $f(x)=-\dfrac{x}{x+5}$는 $x=-5$에서 불연속이므로 연속인 구간은 $(-\infty, -5) \cup (-5, \infty)$이다.

**144** 답 $[-1, \infty)$

함수 $f(x)=\sqrt{x+1}$은 $x+1 \geq 0$, 즉 $x \geq -1$에서 연속이므로 연속인 구간은 $[-1, \infty)$이다.

**145** 답 $\left(-\infty, \dfrac{3}{2}\right]$

함수 $f(x)=\sqrt{3-2x}$는 $3-2x \geq 0$, 즉 $x \leq \dfrac{3}{2}$에서 연속이므로 연속인 구간은 $\left(-\infty, \dfrac{3}{2}\right]$이다.

**146** 답 **4**

함수 $f(x)$가 모든 실수 $x$에서 연속이면 $x=-1$에서도 연속이므로

$$\lim_{x \to -1+} f(x) = \lim_{x \to -1-} f(x) = f(-1)$$

$$\lim_{x \to -1+} f(x) = \lim_{x \to -1+} (3x+1) = -2,$$

$$\lim_{x \to -1-} f(x) = \lim_{x \to -1-} (x^2-x-a) = 2-a,$$

$f(-1)=-2$이므로

$$2-a=-2$$

$$\therefore a=4$$

**147** 답 **2**

함수 $f(x)$가 모든 실수 $x$에서 연속이면 $x=2$에서도 연속이므로

$$\lim_{x \to 2+} f(x) = \lim_{x \to 2-} f(x) = f(2)$$

$$\lim_{x \to 2+} f(x) = \lim_{x \to 2+} \sqrt{x-a} = \sqrt{2-a},$$

$$\lim_{x \to 2-} f(x) = \lim_{x \to 2-} (-2x^2+x+6) = 0,$$

$f(2)=0$이므로

$$\sqrt{2-a}=0$$

$$\therefore a=2$$

**148** 답 **$a=9$, $b=3$**

함수 $f(x)$가 모든 실수 $x$에서 연속이면 $x=6$에서도 연속이므로

$$\lim_{x \to 6} f(x) = f(6)$$

$$\therefore \lim_{x \to 6} \frac{x^2-ax+18}{x-6} = b \qquad \cdots\cdots \ \text{㉠}$$

이때 $\lim_{x \to 6} (x-6)=0$이므로 $\lim_{x \to 6} (x^2-ax+18)=0$

즉, $36-6a+18=0$이므로 $6a=54$ $\therefore a=9$

$a=9$를 ㉠의 좌변에 대입하면

$$\lim_{x \to 6} \frac{x^2-9x+18}{x-6} = \lim_{x \to 6} \frac{(x-3)(x-6)}{x-6} = \lim_{x \to 6} (x-3) = 3$$

$$\therefore b=3$$

**149** 답 **$a=3$, $b=-1$**

함수 $f(x)$가 모든 실수 $x$에서 연속이면 $x=1$에서도 연속이므로

$$\lim_{x \to 1} f(x) = f(1)$$

$$\therefore \lim_{x \to 1} \frac{x^2+2x-a}{x-1} = b+5 \qquad \cdots\cdots \ \text{㉠}$$

이때 $\lim_{x \to 1} (x-1)=0$이므로 $\lim_{x \to 1} (x^2+2x-a)=0$

즉, $1+2-a=0$이므로 $a=3$

$a=3$을 ㉠의 좌변에 대입하면

$$\lim_{x \to 1} \frac{x^2+2x-3}{x-1} = \lim_{x \to 1} \frac{(x+3)(x-1)}{x-1}$$

$$= \lim_{x \to 1} (x+3) = 4$$

즉, $b+5=4$이므로 $b=-1$

**150** 답 **$-5$**

$x \ne -1$일 때, $f(x) = \dfrac{x^2-3x+a}{x+1}$

함수 $f(x)$가 모든 실수 $x$에서 연속이면 $x=-1$에서도 연속이므로

$$\lim_{x \to -1} f(x) = f(-1)$$

$$\therefore \lim_{x \to -1} \frac{x^2-3x+a}{x+1} = f(-1) \qquad \cdots\cdots \ \text{㉠}$$

이때 $\lim_{x \to -1} (x+1)=0$이므로 $\lim_{x \to -1} (x^2-3x+a)=0$

즉, $1+3+a=0$이므로 $a=-4$

$a=-4$를 ㉠의 좌변에 대입하면

$$\lim_{x \to -1} \frac{x^2-3x-4}{x+1} = \lim_{x \to -1} \frac{(x+1)(x-4)}{x+1}$$

$$= \lim_{x \to -1} (x-4) = -5$$

$$\therefore f(-1) = -5$$

**151** 답 **1**

$x \ne 1$일 때, $f(x) = \dfrac{x^2-x-a}{x-1}$

함수 $f(x)$가 모든 실수 $x$에서 연속이면 $x=1$에서도 연속이므로

$$\lim_{x \to 1} f(x) = f(1)$$

$$\therefore \lim_{x \to 1} \frac{x^2-x-a}{x-1} = f(1) \qquad \cdots\cdots \ \text{㉠}$$

이때 $\lim_{x \to 1} (x-1)=0$이므로 $\lim_{x \to 1} (x^2-x-a)=0$

즉, $1-1-a=0$이므로 $a=0$

$a=0$을 ㉠의 좌변에 대입하면

$$\lim_{x \to 1} \frac{x^2-x}{x-1} = \lim_{x \to 1} \frac{x(x-1)}{x-1} = \lim_{x \to 1} x = 1$$

$$\therefore f(1) = 1$$

**152** 답 **3**

$x \ne -1$, $x \ne 2$일 때, $f(x) = \dfrac{x^3-ax+b}{x^2-x-2}$

함수 $f(x)$가 모든 실수 $x$에서 연속이면 $x=-1$, $x=2$에서도 연속이므로

$$\lim_{x \to -1} f(x) = f(-1), \quad \lim_{x \to 2} f(x) = f(2)$$

$$\therefore \lim_{x \to -1} \frac{x^3-ax+b}{x^2-x-2} = f(-1), \quad \lim_{x \to 2} \frac{x^3-ax+b}{x^2-x-2} = f(2)$$

이때 $\lim_{x \to -1} (x^2-x-2)=0$이므로 $\lim_{x \to -1} (x^3-ax+b)=0$

즉, $-1+a+b=0$이므로 $a+b=1$ $\qquad \cdots\cdots \ \text{㉠}$

$\lim_{x \to 2} (x^2-x-2)=0$이므로 $\lim_{x \to 2} (x^3-ax+b)=0$

즉, $8-2a+b=0$이므로 $-2a+b=-8$ $\qquad \cdots\cdots \ \text{㉡}$

㉠, ㉡을 연립하여 풀면

$$a=3, \ b=-2$$

$$\therefore f(2) = \lim_{x \to 2} \frac{x^3-3x-2}{x^2-x-2} = \lim_{x \to 2} \frac{(x+1)^2(x-2)}{(x+1)(x-2)}$$

$$= \lim_{x \to 2} (x+1) = 3$$

**153** 답 $(-\infty, \infty)$

$f(x)$는 다항함수이므로 모든 실수 $x$에서 연속이다.
따라서 함수 $2f(x)$는 연속함수의 성질에 의하여 모든 실수 $x$에서
연속이므로 연속인 구간은 $(-\infty, \infty)$이다.

**154** 답 $(-\infty, \infty)$

$f(x)$, $g(x)$는 다항함수이므로 모든 실수 $x$에서 연속이다.
따라서 함수 $-3f(x)+g(x)$는 연속함수의 성질에 의하여 모든
실수 $x$에서 연속이므로 연속인 구간은 $(-\infty, \infty)$이다.

**155** 답 $(-\infty, \infty)$

$f(x)$, $g(x)$는 다항함수이므로 모든 실수 $x$에서 연속이다.
따라서 함수 $f(x)g(x)$는 연속함수의 성질에 의하여 모든 실수 $x$
에서 연속이므로 연속인 구간은 $(-\infty, \infty)$이다.

**156** 답 $(-\infty, \infty)$

$f(x)$, $g(x)$는 다항함수이므로 모든 실수 $x$에서 연속이다.
모든 실수 $x$에 대하여 $g(x) \neq 0$이므로 함수 $\dfrac{f(x)}{g(x)}$는 연속함수의
성질에 의하여 모든 실수 $x$에서 연속이다.
따라서 연속인 구간은 $(-\infty, \infty)$이다.

**157** 답 $(-\infty, 5) \cup (5, \infty)$

$f(x)$, $g(x)$는 다항함수이므로 모든 실수 $x$에서 연속이다.
함수 $\dfrac{g(x)}{f(x)}$는 $f(x)=0$일 때, 불연속이다.
따라서 $x-5=0$, 즉 $x=5$에서 불연속이므로 함수 $\dfrac{g(x)}{f(x)}$가 연속
인 구간은 $(-\infty, 5) \cup (5, \infty)$이다.

**158** 답 연속

$g(x)=\left|x-\dfrac{1}{2}\right|$, $h(x)=\left|x+\dfrac{1}{2}\right|$이라 하면 두 함수 $g(x)$, $h(x)$
는 닫힌구간 $[-1, 1]$에서 각각 연속이므로 함수
$f(x)=g(x)+h(x)$도 이 구간에서 연속이다.

**159** 답 연속

$g(x)=|x|$라 하면 함수 $g(x)$는 닫힌구간 $[-1, 1]$에서 연속이
므로 함수 $f(x)=\{g(x)\}^2$도 이 구간에서 연속이다.

**160** 답 불연속

$g(x)=x^2$, $h(x)=|x|$라 하면 두 함수 $g(x)$, $h(x)$는 닫힌구간
$[-1, 1]$에서 각각 연속이지만 함수 $f(x)=\dfrac{h(x)}{g(x)}$는 $g(x)=0$,
즉 $x=0$에서 불연속이므로 닫힌구간 $[-1, 1]$에서 불연속이다.

**161** 답 불연속

$g(x)=|x|$, $h(x)=x^2$이라 하면 두 함수 $g(x)$, $h(x)$는 닫힌구간
$[-1, 1]$에서 각각 연속이지만 함수 $f(x)=\dfrac{h(x)}{g(x)}$는 $g(x)=0$,
즉 $x=0$에서 불연속이므로 닫힌구간 $[-1, 1]$에서 불연속이다.

**162** 답 최댓값: 8, 최솟값: 4

함수 $f(x)=x^2-2x+5=(x-1)^2+4$는 닫
힌구간 $[-1, 1]$에서 연속이고 이 구간에서
함수 $y=f(x)$의 그래프는 오른쪽 그림과 같
다.
따라서 $f(x)$는 $x=-1$일 때 최댓값 8,
$x=1$일 때 최솟값 4를 갖는다.

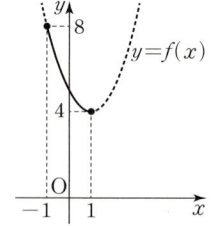

**163** 답 최댓값: 16, 최솟값: 0

함수 $f(x)=-x^2-8x=-(x+4)^2+16$
은 닫힌구간 $[-5, 0]$에서 연속이고 이
구간에서 함수 $y=f(x)$의 그래프는 오른
쪽 그림과 같다.
따라서 $f(x)$는 $x=-4$일 때 최댓값 16,
$x=0$일 때 최솟값 0을 갖는다.

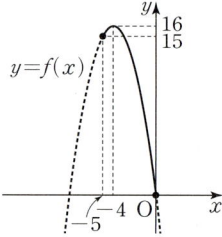

**164** 답 최댓값: 2, 최솟값: $\dfrac{1}{2}$

함수 $f(x)=\dfrac{2}{x+3}$는 닫힌구간
$[-2, 1]$에서 연속이고 이 구간에서
함수 $y=f(x)$의 그래프는 오른쪽 그
림과 같다.
따라서 $f(x)$는 $x=-2$일 때 최댓값
2, $x=1$일 때 최솟값 $\dfrac{1}{2}$을 갖는다.

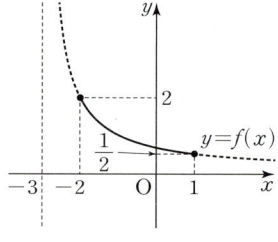

**165** 답 최댓값: $-3$, 최솟값: $-4$

함수 $f(x)=-\sqrt{x+5}$는 닫힌구간
$[4, 11]$에서 연속이고 이 구간에서
함수 $y=f(x)$의 그래프는 오른쪽 그
림과 같다.
따라서 $f(x)$는 $x=4$일 때 최댓값 $-3$, $x=11$일 때 최솟값 $-4$를
갖는다.

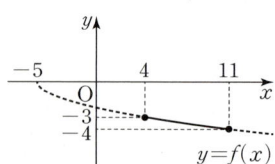

**166** 답 최댓값: 7, 최솟값: 5

함수 $f(x)=\sqrt{19-2x}$는 닫힌구간
$[-15, -3]$에서 연속이고 이 구
간에서 함수 $y=f(x)$의 그래프는
오른쪽 그림과 같다.
따라서 $f(x)$는 $x=-15$일 때 최댓값 7, $x=-3$일 때 최솟값 5를
갖는다.

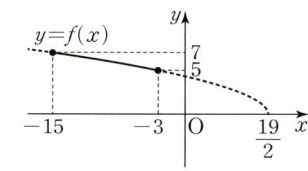

**167** 답 풀이 참조

$f(x)=x^2+3x-3$이라 하면 함수 $f(x)$는 닫힌구간 $[0, 1]$에서 연속이고

$f(0)=-3<0$, $f(1)=1>0$

이므로 사잇값의 정리에 의하여 $f(c)=0$인 $c$가 열린구간 $(0, 1)$에 적어도 하나 존재한다.

따라서 방정식 $x^2+3x-3=0$은 열린구간 $(0, 1)$에서 적어도 하나의 실근을 갖는다.

**168** 답 풀이 참조

$f(x)=x^3-x+5$라 하면 함수 $f(x)$는 닫힌구간 $[-4, 2]$에서 연속이고

$f(-4)=-55<0$, $f(2)=11>0$

이므로 사잇값의 정리에 의하여 $f(c)=0$인 $c$가 열린구간 $(-4, 2)$에 적어도 하나 존재한다.

따라서 방정식 $x^3-x+5=0$은 열린구간 $(-4, 2)$에서 적어도 하나의 실근을 갖는다.

**169** 답 풀이 참조

$f(x)=x^3+3x^2-6x-1$이라 하면 함수 $f(x)$는 닫힌구간 $[-2, 0]$에서 연속이고

$f(-2)=15>0$, $f(0)=-1<0$

이므로 사잇값의 정리에 의하여 $f(c)=0$인 $c$가 열린구간 $(-2, 0)$에 적어도 하나 존재한다.

따라서 방정식 $x^3+3x^2-6x-1=0$은 열린구간 $(-2, 0)$에서 적어도 하나의 실근을 갖는다.

**170** 답 풀이 참조

$f(x)=x^4-4x^3+6$이라 하면 함수 $f(x)$는 닫힌구간 $[1, 2]$에서 연속이고

$f(1)=3>0$, $f(2)=-10<0$

이므로 사잇값의 정리에 의하여 $f(c)=0$인 $c$가 열린구간 $(1, 2)$에 적어도 하나 존재한다.

따라서 방정식 $x^4-4x^3+6=0$은 열린구간 $(1, 2)$에서 적어도 하나의 실근을 갖는다.

**171** 답 ㄹ

$f(x)=x^3-x-22$라 하면 함수 $f(x)$는 모든 실수 $x$에서 연속이고

$f(-1)=-22<0$, $f(0)=-22<0$, $f(1)=-22<0$,

$f(2)=-16<0$, $f(3)=2>0$

$\therefore f(2)f(3)<0$

따라서 사잇값의 정리에 의하여 방정식 $f(x)=0$은 열린구간 $(2, 3)$에서 실근을 갖는다.

**172** 답 ㄷ

$f(x)=-x^3-5x+7$이라 하면 함수 $f(x)$는 모든 실수 $x$에서 연속이고

$f(-1)=13>0$, $f(0)=7>0$, $f(1)=1>0$, $f(2)=-11<0$,

$f(3)=-35<0$

$\therefore f(1)f(2)<0$

따라서 사잇값의 정리에 의하여 방정식 $f(x)=0$은 열린구간 $(1, 2)$에서 실근을 갖는다.

**173** 답 2개

함수 $f(x)$는 닫힌구간 $[-3, 2]$에서 연속이고

$f(-2)f(-1)<0$, $f(0)f(1)<0$

이므로 사잇값의 정리에 의하여 방정식 $f(x)=0$은 열린구간 $(-2, -1)$, $(0, 1)$에서 각각 적어도 하나의 실근을 갖는다.

따라서 방정식 $f(x)=0$은 열린구간 $(-3, 2)$에서 적어도 2개의 실근을 갖는다.

**174** 답 3개

함수 $f(x)$는 닫힌구간 $[-3, 2]$에서 연속이고

$f(-3)f(-2)<0$, $f(-1)f(0)<0$, $f(1)f(2)<0$

이므로 사잇값의 정리에 의하여 방정식 $f(x)=0$은 열린구간 $(-3, -2)$, $(-1, 0)$, $(1, 2)$에서 각각 적어도 하나의 실근을 갖는다.

따라서 방정식 $f(x)=0$은 열린구간 $(-3, 2)$에서 적어도 3개의 실근을 갖는다.

**175** 답 11

$f(x)=x^2-3x+a$라 하면 함수 $f(x)$는 닫힌구간 $[-2, 1]$에서 연속이므로 방정식 $f(x)=0$이 열린구간 $(-2, 1)$에서 하나의 실근을 가지려면

$f(-2)f(1)<0$

$(a+10)(a-2)<0$

$\therefore -10<a<2$

따라서 정수 $a$는 $-9$, $-8$, $-7$, $\cdots$, 1의 11개이다.

**176** 답 3

$f(x)=2x^2-2x+a$라 하면 함수 $f(x)$는 닫힌구간 $[-1, 0]$에서 연속이므로 방정식 $f(x)=0$이 열린구간 $(-1, 0)$에서 하나의 실근을 가지려면

$f(-1)f(0)<0$

$a(a+4)<0$

$\therefore -4<a<0$

따라서 정수 $a$는 $-3$, $-2$, $-1$의 3개이다.

**177** 답 26

$f(x)=-3x^2+a$라 하면 함수 $f(x)$는 닫힌구간 $[0, 3]$에서 연속이므로 방정식 $f(x)=0$이 열린구간 $(0, 3)$에서 하나의 실근을 가지려면

$f(0)f(3)<0$

$a(a-27)<0$

$\therefore 0<a<27$

따라서 정수 $a$는 1, 2, 3, $\cdots$, 26의 26개이다.

## 178 답 15

$f(x)=-5x^2-x+a$라 하면 함수 $f(x)$는 닫힌구간 $[1, 2]$에서 연속이므로 방정식 $f(x)=0$이 열린구간 $(1, 2)$에서 하나의 실근을 가지려면

$f(1)f(2)<0$

$(a-6)(a-22)<0$

$\therefore 6<a<22$

따라서 정수 $a$는 7, 8, 9, $\cdots$, 21의 15개이다.

## 179

① $f(2)=-\dfrac{5}{3}$, $\lim\limits_{x\to 2}f(x)=-\dfrac{5}{3}$이므로 $\lim\limits_{x\to 2}f(x)=f(2)$

　따라서 함수 $f(x)$는 $x=2$에서 연속이다.

② $f(2)=1$, $\lim\limits_{x\to 2}f(x)=1$이므로 $\lim\limits_{x\to 2}f(x)=f(2)$

　따라서 함수 $f(x)$는 $x=2$에서 연속이다.

③ $\lim\limits_{x\to 2+}f(x)=\lim\limits_{x\to 2+}\left(\dfrac{x-2}{x-2}+1\right)=2$,

　$\lim\limits_{x\to 2-}f(x)=\lim\limits_{x\to 2-}\left\{\dfrac{-(x-2)}{x-2}+1\right\}=0$

　이므로 $\lim\limits_{x\to 2}f(x)$의 값이 존재하지 않는다.

　따라서 함수 $f(x)$는 $x=2$에서 불연속이다.

④ $f(2)=7$이고

　$\lim\limits_{x\to 2+}f(x)=\lim\limits_{x\to 2+}(5x-3)=7$,

　$\lim\limits_{x\to 2-}f(x)=\lim\limits_{x\to 2-}(x+5)=7$

　이므로 $\lim\limits_{x\to 2}f(x)=7$

　$\therefore \lim\limits_{x\to 2}f(x)=f(2)$

　따라서 함수 $f(x)$는 $x=2$에서 연속이다.

⑤ $f(2)=2$이고

　$\lim\limits_{x\to 2}f(x)=\lim\limits_{x\to 2}\dfrac{3x^2-10x+8}{x-2}=\lim\limits_{x\to 2}\dfrac{(3x-4)(x-2)}{x-2}$

　$\qquad\qquad=\lim\limits_{x\to 2}(3x-4)=2$

　이므로 $\lim\limits_{x\to 2}f(x)=f(2)$

　따라서 함수 $f(x)$는 $x=2$에서 연속이다.

## 180

함수 $f(x)$가 실수 전체의 집합에서 연속이면 $x=1$에서도 연속이므로

$\lim\limits_{x\to 1+}f(x)=\lim\limits_{x\to 1-}f(x)=f(1)$

$\therefore \lim\limits_{x\to 1+}\dfrac{x+b}{\sqrt{x+3}-2}=-3+a$ 　　　$\cdots\cdots$ ㉠

이때 $\lim\limits_{x\to 1+}(\sqrt{x+3}-2)=0$이므로 $\lim\limits_{x\to 1+}(x+b)=0$

즉, $1+b=0$이므로 $b=-1$

$b=-1$을 ㉠의 좌변에 대입하면

$\lim\limits_{x\to 1+}\dfrac{x-1}{\sqrt{x+3}-2}=\lim\limits_{x\to 1+}\dfrac{(x-1)(\sqrt{x+3}+2)}{(\sqrt{x+3}-2)(\sqrt{x+3}+2)}$

$\qquad\qquad=\lim\limits_{x\to 1+}\dfrac{(x-1)(\sqrt{x+3}+2)}{x-1}$

$\qquad\qquad=\lim\limits_{x\to 1+}(\sqrt{x+3}+2)=4$

따라서 $-3+a=4$이므로 $a=7$

$\therefore a+b=7+(-1)=6$

## 181

함수 $f(x)$가 $x=0$에서 연속이므로

$\lim\limits_{x\to 0}f(x)=f(0)$

$g(x)=\begin{cases} -f(x)+x^2+4 & (x<0) \\ f(x)-x^2-2x-8 & (x>0) \end{cases}$이므로

$\lim\limits_{x\to 0-}g(x)=\lim\limits_{x\to 0-}\{-f(x)+x^2+4\}=-f(0)+4$

$\lim\limits_{x\to 0+}g(x)=\lim\limits_{x\to 0+}\{f(x)-x^2-2x-8\}=f(0)-8$

이때 $\lim\limits_{x\to 0-}g(x)-\lim\limits_{x\to 0+}g(x)=6$이므로

$-f(0)+4-\{f(0)-8\}=6$, $-2f(0)=-6$

$\therefore f(0)=3$

## 182

함수 $f(x)=-\dfrac{10}{|x-2|}$ 은 닫힌구간 $[-1, 1]$에서 연속이고 이 구간에서 함수 $y=f(x)$의 그래프는 오른쪽 그림과 같다.

따라서 $f(x)$는 $x=-1$일 때 최댓값 $-\dfrac{10}{3}$, $x=1$일 때 최솟값 $-10$을 가지므로 $a=-\dfrac{10}{3}$, $b=-10$

$\therefore \dfrac{a}{b}=-\dfrac{10}{3}\times\left(-\dfrac{1}{10}\right)=\dfrac{1}{3}$

## 183

① $\lim\limits_{x\to -1+}f(x)=2$, $\lim\limits_{x\to -1-}f(x)=2$이므로 $\lim\limits_{x\to -1}f(x)=2$ (참)

② $\lim\limits_{x\to 1+}f(x)=0$, $\lim\limits_{x\to 1-}f(x)=1$이므로 $\lim\limits_{x\to 1}f(x)$의 값은 존재하지 않는다. (참)

③ 함수 $f(x)$는 $x=1$에서 불연속이므로 불연속이 되는 $x$의 값은 1개이다. (참)

④ 함수 $f(x)$는 닫힌구간 $[-1, 0]$에서 연속이므로 최대 · 최소 정리에 의하여 최솟값을 갖는다. (참)

⑤ 함수 $f(x)$는 열린구간 $\left(\dfrac{1}{2}, \dfrac{3}{2}\right)$에서 최댓값이 없다. (거짓)

### 184

$f(x)=g(x)$에서 $f(x)-g(x)=0$

$h(x)=f(x)-g(x)$라 하면

$h(x)=x^5+2x^2+k-3$

함수 $h(x)$는 닫힌구간 $[1, 2]$에서 연속이므로 방정식 $h(x)=0$이 열린구간 $(1, 2)$에서 적어도 하나의 실근을 가지려면

$h(1)h(2)<0$

$k(k+37)<0$

$\therefore -37<k<0$

따라서 정수 $k$는 $-36, -35, -34, \cdots, -1$의 36개이다.

### 185

$f(-3)f(-2)<0$, $f(-2)f(-1)<0$, $f(0)f(1)<0$이므로 사잇값의 정리에 의하여 방정식 $f(x)=0$은 열린구간 $(-3, -2)$, $(-2, -1)$, $(0, 1)$에서 각각 적어도 하나의 실근을 갖는다.

따라서 방정식 $f(x)=0$은 적어도 3개의 실근을 갖는다.

$\therefore n=3$

---

## 3 미분계수와 도함수

**001** 답 2

$\dfrac{\Delta y}{\Delta x}=\dfrac{f(3)-f(1)}{3-1}=\dfrac{7-3}{2}=2$

**002** 답 3

$\dfrac{\Delta y}{\Delta x}=\dfrac{f(4)-f(0)}{4-0}=\dfrac{12-0}{4}=3$

**003** 답 $2a+\Delta x$

$\begin{aligned}\dfrac{\Delta y}{\Delta x}&=\dfrac{f(a+\Delta x)-f(a)}{(a+\Delta x)-a}\\&=\dfrac{\{(a+\Delta x)^2+2\}-(a^2+2)}{\Delta x}\\&=\dfrac{2a\Delta x+(\Delta x)^2}{\Delta x}=2a+\Delta x\end{aligned}$

**004** 답 2

$\begin{aligned}\dfrac{\Delta y}{\Delta x}&=\dfrac{f(a)-f(1)}{a-1}=\dfrac{(a^2-a)-0}{a-1}\\&=\dfrac{a(a-1)}{a-1}=a\end{aligned}$

$\therefore a=2$

**005** 답 $-4$

$\begin{aligned}\dfrac{\Delta y}{\Delta x}&=\dfrac{f(a)-f(1)}{a-1}=\dfrac{(2a^2+3a-1)-4}{a-1}\\&=\dfrac{2a^2+3a-5}{a-1}=\dfrac{(a-1)(2a+5)}{a-1}\\&=2a+5\end{aligned}$

따라서 $2a+5=-3$이므로 $a=-4$

**006** 답 $-2$

$\begin{aligned}\dfrac{\Delta y}{\Delta x}&=\dfrac{f(a)-f(1)}{a-1}=\dfrac{(-a^2+5a+2)-6}{a-1}\\&=\dfrac{-a^2+5a-4}{a-1}=\dfrac{-(a-1)(a-4)}{a-1}\\&=-a+4\end{aligned}$

따라서 $-a+4=6$이므로 $a=-2$

**007** 답 5

$\begin{aligned}f'(1)&=\lim_{\Delta x\to 0}\dfrac{f(1+\Delta x)-f(1)}{\Delta x}\\&=\lim_{\Delta x\to 0}\dfrac{\{5(1+\Delta x)-3\}-2}{\Delta x}\\&=\lim_{\Delta x\to 0}\dfrac{5\Delta x}{\Delta x}=5\end{aligned}$

**008 답 −3**

$$f'(1) = \lim_{\Delta x \to 0} \frac{f(1+\Delta x)-f(1)}{\Delta x}$$

$$= \lim_{\Delta x \to 0} \frac{\{-3(1+\Delta x)+1\}-(-2)}{\Delta x}$$

$$= \lim_{\Delta x \to 0} \frac{-3\Delta x}{\Delta x} = -3$$

**009 답 3**

$$f'(1) = \lim_{\Delta x \to 0} \frac{f(1+\Delta x)-f(1)}{\Delta x}$$

$$= \lim_{\Delta x \to 0} \frac{\frac{3}{2}(1+\Delta x)^2-\frac{3}{2}}{\Delta x}$$

$$= \lim_{\Delta x \to 0} \frac{3\Delta x+\frac{3}{2}(\Delta x)^2}{\Delta x}$$

$$= \lim_{\Delta x \to 0} \left(3+\frac{3}{2}\Delta x\right) = 3$$

**010 답 −4**

$$f'(2) = \lim_{\Delta x \to 0} \frac{f(2+\Delta x)-f(2)}{\Delta x}$$

$$= \lim_{\Delta x \to 0} \frac{\{-4(2+\Delta x)+5\}-(-3)}{\Delta x}$$

$$= \lim_{\Delta x \to 0} \frac{-4\Delta x}{\Delta x} = -4$$

**011 답 7**

$$f'(2) = \lim_{\Delta x \to 0} \frac{f(2+\Delta x)-f(2)}{\Delta x}$$

$$= \lim_{\Delta x \to 0} \frac{\{(2+\Delta x)^2+3(2+\Delta x)\}-10}{\Delta x}$$

$$= \lim_{\Delta x \to 0} \frac{7\Delta x+(\Delta x)^2}{\Delta x}$$

$$= \lim_{\Delta x \to 0} (7+\Delta x) = 7$$

**012 답 −3**

$$f'(2) = \lim_{\Delta x \to 0} \frac{f(2+\Delta x)-f(2)}{\Delta x}$$

$$= \lim_{\Delta x \to 0} \frac{\{-(2+\Delta x)^2+(2+\Delta x)+3\}-1}{\Delta x}$$

$$= \lim_{\Delta x \to 0} \frac{-3\Delta x-(\Delta x)^2}{\Delta x}$$

$$= \lim_{\Delta x \to 0} (-3-\Delta x) = -3$$

**013 답 2**

구하는 접선의 기울기는 $f'(1)$과 같으므로

$$f'(1) = \lim_{\Delta x \to 0} \frac{f(1+\Delta x)-f(1)}{\Delta x}$$

$$= \lim_{\Delta x \to 0} \frac{\{(1+\Delta x)^2+1\}-2}{\Delta x}$$

$$= \lim_{\Delta x \to 0} \frac{2\Delta x+(\Delta x)^2}{\Delta x} = \lim_{\Delta x \to 0} (2+\Delta x) = 2$$

**014 답 7**

구하는 접선의 기울기는 $f'(2)$와 같으므로

$$f'(2) = \lim_{\Delta x \to 0} \frac{f(2+\Delta x)-f(2)}{\Delta x}$$

$$= \lim_{\Delta x \to 0} \frac{\{2(2+\Delta x)^2-(2+\Delta x)\}-6}{\Delta x}$$

$$= \lim_{\Delta x \to 0} \frac{7\Delta x+2(\Delta x)^2}{\Delta x}$$

$$= \lim_{\Delta x \to 0} (7+2\Delta x) = 7$$

**015 답 −3**

구하는 접선의 기울기는 $f'(3)$과 같으므로

$$f'(3) = \lim_{\Delta x \to 0} \frac{f(3+\Delta x)-f(3)}{\Delta x}$$

$$= \lim_{\Delta x \to 0} \frac{\{-(3+\Delta x)^2+3(3+\Delta x)-1\}-(-1)}{\Delta x}$$

$$= \lim_{\Delta x \to 0} \frac{-3\Delta x-(\Delta x)^2}{\Delta x}$$

$$= \lim_{\Delta x \to 0} (-3-\Delta x) = -3$$

**016 답 12**

구하는 접선의 기울기는 $f'(-2)$와 같으므로

$$f'(-2) = \lim_{\Delta x \to 0} \frac{f(-2+\Delta x)-f(-2)}{\Delta x}$$

$$= \lim_{\Delta x \to 0} \frac{\{(-2+\Delta x)^3+10\}-2}{\Delta x}$$

$$= \lim_{\Delta x \to 0} \frac{12\Delta x-6(\Delta x)^2+(\Delta x)^3}{\Delta x}$$

$$= \lim_{\Delta x \to 0} \{12-6\Delta x+(\Delta x)^2\} = 12$$

**017 답 >**

함수 $y=f(x)$의 그래프는 원점을 지나므로 $f(0)=0$

$\dfrac{f(a)}{a} = \dfrac{f(a)-f(0)}{a-0}$, $\dfrac{f(b)}{b} = \dfrac{f(b)-f(0)}{b-0}$이고, 원점과 점 $(a, f(a))$를 지나는 직선의 기울기가 원점과 점 $(b, f(b))$를 지나는 직선의 기울기보다 크므로

$$\frac{f(a)}{a} > \frac{f(b)}{b}$$

**018 답 >**

$0<a<b$이므로 $b-a>0$

점 $(a, f(a))$와 점 $(b, f(b))$를 지나는 직선의 기울기는

$\dfrac{f(b)-f(a)}{b-a}$와 같고, 그림에서 직선 $y=x$의 기울기 1보다 작으므로

$$1 > \frac{f(b)-f(a)}{b-a}$$

$\therefore b-a > f(b)-f(a)$ $(\because b-a>0)$

**019 답 >**

점 $(a, f(a))$에서의 접선의 기울기가 점 $(b, f(b))$에서의 접선의

기울기보다 크므로

$$f'(a)>f'(b)$$

## 020 답 ㄴ, ㄷ

ㄱ. 함수 $y=f(x)$의 그래프는 원점을 지나므로 $f(0)=0$

$\dfrac{f(a)}{a}=\dfrac{f(a)-f(0)}{a-0}$, $\dfrac{f(b)}{b}=\dfrac{f(b)-f(0)}{b-0}$이고, 원점과 점

$(a, f(a))$를 지나는 직선의 기울기가 원점과 점 $(b, f(b))$를

지나는 직선의 기울기보다 크므로

$\dfrac{f(a)}{a}>\dfrac{f(b)}{b}$ (거짓)

ㄴ. 점 $(a, f(a))$와 점 $(b, f(b))$를 지나는 직선의 기울기는

$\dfrac{f(b)-f(a)}{b-a}$와 같고, 그림에서 직선 $y=-x$의 기울기 $-1$보

다 작으므로

$\dfrac{f(b)-f(a)}{b-a}<-1$ (참)

ㄷ. 점 $(b, f(b))$에서의 접선의 기울기는 직선 $y=-x$의

기울기 $-1$보다 작으므로

$f'(b)<-1$ (참)

따라서 옳은 것은 ㄴ, ㄷ이다.

## 021 답 4

$$\lim_{h\to 0}\frac{f(a+2h)-f(a)}{h}=\lim_{h\to 0}\frac{f(a+2h)-f(a)}{2h}\times 2$$
$$=f'(a)\times 2$$
$$=2\times 2=4$$

## 022 답 −10

$$\lim_{h\to 0}\frac{f(a-5h)-f(a)}{h}=\lim_{h\to 0}\frac{f(a-5h)-f(a)}{-5h}\times(-5)$$
$$=f'(a)\times(-5)$$
$$=2\times(-5)=-10$$

## 023 답 4

$$\lim_{h\to 0}\frac{f(a+4h)-f(a)}{2h}=\lim_{h\to 0}\frac{f(a+4h)-f(a)}{4h}\times 2$$
$$=f'(a)\times 2$$
$$=2\times 2=4$$

## 024 답 8

$$\lim_{h\to 0}\frac{f(a+3h)-f(a-h)}{h}$$
$$=\lim_{h\to 0}\frac{f(a+3h)-f(a)-f(a-h)+f(a)}{h}$$
$$=\lim_{h\to 0}\frac{f(a+3h)-f(a)}{3h}\times 3+\lim_{h\to 0}\frac{f(a-h)-f(a)}{-h}$$
$$=f'(a)\times 3+f'(a)$$
$$=f'(a)\times 4$$
$$=2\times 4=8$$

## 025 답 −2

$$\lim_{h\to 0}\frac{f(a-h)-f(a+2h)}{3h}$$
$$=\lim_{h\to 0}\frac{f(a-h)-f(a)-f(a+2h)+f(a)}{3h}$$
$$=\lim_{h\to 0}\frac{f(a-h)-f(a)}{-h}\times\left(-\frac{1}{3}\right)$$
$$\qquad+\lim_{h\to 0}\frac{f(a+2h)-f(a)}{2h}\times\left(-\frac{2}{3}\right)$$
$$=f'(a)\times\left(-\frac{1}{3}\right)+f'(a)\times\left(-\frac{2}{3}\right)$$
$$=f'(a)\times(-1)=2\times(-1)=-2$$

## 026 답 5

$$\lim_{x\to 1}\frac{f(x)-f(1)}{x^2-1}=\lim_{x\to 1}\frac{f(x)-f(1)}{(x-1)(x+1)}$$
$$=\lim_{x\to 1}\left\{\frac{f(x)-f(1)}{x-1}\times\frac{1}{x+1}\right\}$$
$$=\lim_{x\to 1}\frac{f(x)-f(1)}{x-1}\times\lim_{x\to 1}\frac{1}{x+1}$$
$$=f'(1)\times\frac{1}{2}$$
$$=10\times\frac{1}{2}=5$$

## 027 답 2

$$\lim_{x\to 1}\frac{f(x)-f(1)}{x^2+3x-4}=\lim_{x\to 1}\frac{f(x)-f(1)}{(x-1)(x+4)}$$
$$=\lim_{x\to 1}\left\{\frac{f(x)-f(1)}{x-1}\times\frac{1}{x+4}\right\}$$
$$=\lim_{x\to 1}\frac{f(x)-f(1)}{x-1}\times\lim_{x\to 1}\frac{1}{x+4}$$
$$=f'(1)\times\frac{1}{5}$$
$$=10\times\frac{1}{5}=2$$

## 028 답 20

$$\lim_{x\to 1}\frac{f(x^2)-f(1)}{x-1}=\lim_{x\to 1}\left\{\frac{f(x^2)-f(1)}{(x-1)(x+1)}\times(x+1)\right\}$$
$$=\lim_{x\to 1}\frac{f(x^2)-f(1)}{x^2-1}\times\lim_{x\to 1}(x+1)$$
$$=f'(1)\times 2$$
$$=10\times 2=20$$

## 029 답 $\dfrac{2}{5}$

$$\lim_{x\to 1}\frac{x^4-1}{f(x)-f(1)}=\lim_{x\to 1}\left\{\frac{x-1}{f(x)-f(1)}\times(x+1)(x^2+1)\right\}$$
$$=\lim_{x\to 1}\left\{\frac{1}{\dfrac{f(x)-f(1)}{x-1}}\times(x+1)(x^2+1)\right\}$$

$$=\lim_{x\to 1}\frac{1}{\dfrac{f(x)-f(1)}{x-1}}\times\lim_{x\to 1}(x+1)(x^2+1)$$

$$=\frac{1}{f'(1)}\times 4$$

$$=\frac{1}{10}\times 4=\frac{2}{5}$$

**030** 답 $-7$

$$\lim_{x\to 1}\frac{xf(1)-f(x)}{x-1}=\lim_{x\to 1}\frac{xf(1)-f(1)-f(x)+f(1)}{x-1}$$

$$=\lim_{x\to 1}\frac{(x-1)f(1)}{x-1}-\lim_{x\to 1}\frac{f(x)-f(1)}{x-1}$$

$$=f(1)-f'(1)$$

$$=3-10=-7$$

**031** 답 ○

$f'(a)=0$이므로 $x=a$에서 미분가능하다.

**032** 답 ×

$x=a$에서 불연속이므로 $x=a$에서 미분가능하지 않다.

**033** 답 ○

$x=a$에서 연속이고, 직선의 기울기는 항상 일정하므로 $x=a$에서 미분가능하다.

**034** 답 ×

$f'(a)$가 존재하지 않으므로 $x=a$에서 미분가능하지 않다.

**035** 답 **연속이지만 미분가능하지 않다.**

$\lim\limits_{x\to 0}f(x)=f(0)$이므로 함수 $f(x)$는 $x=0$에서 연속이다.

한편,

$$\lim_{x\to 0+}\frac{f(x)-f(0)}{x-0}=\lim_{x\to 0+}\frac{|x|}{x}=\lim_{x\to 0+}\frac{x}{x}=1$$

$$\lim_{x\to 0-}\frac{f(x)-f(0)}{x-0}=\lim_{x\to 0-}\frac{|x|}{x}=\lim_{x\to 0-}\frac{-x}{x}=-1$$

에서 $f'(0)$이 존재하지 않으므로 함수 $f(x)$는 $x=0$에서 미분가능하지 않다.

따라서 함수 $f(x)$는 $x=0$에서 연속이지만 미분가능하지 않다.

**036** 답 **연속이고 미분가능하다.**

$\lim\limits_{x\to 0}f(x)=f(0)$이므로 함수 $f(x)$는 $x=0$에서 연속이다.

한편,

$$\lim_{x\to 0+}\frac{f(x)-f(0)}{x-0}=\lim_{x\to 0+}\frac{x|x|}{x}=\lim_{x\to 0+}\frac{x^2}{x}=\lim_{x\to 0+}x=0$$

$$\lim_{x\to 0-}\frac{f(x)-f(0)}{x-0}=\lim_{x\to 0-}\frac{x|x|}{x}=\lim_{x\to 0-}\frac{-x^2}{x}=\lim_{x\to 0-}(-x)=0$$

에서 $f'(0)=0$이므로 함수 $f(x)$는 $x=0$에서 미분가능하다.

따라서 함수 $f(x)$는 $x=0$에서 연속이고 미분가능하다.

**037** 답 **연속이지만 미분가능하지 않다.**

$\lim\limits_{x\to 0}f(x)=f(0)$이므로 함수 $f(x)$는 $x=0$에서 연속이다.

한편,

$$\lim_{x\to 0+}\frac{f(x)-f(0)}{x-0}=\lim_{x\to 0+}\frac{x^2}{x}=\lim_{x\to 0+}x=0$$

$$\lim_{x\to 0-}\frac{f(x)-f(0)}{x-0}=\lim_{x\to 0-}\frac{x}{x}=1$$

에서 $f'(0)$이 존재하지 않으므로 함수 $f(x)$는 $x=0$에서 미분가능하지 않다.

따라서 함수 $f(x)$는 $x=0$에서 연속이지만 미분가능하지 않다.

**038** 답 **연속이고 미분가능하다.**

$\lim\limits_{x\to 0}f(x)=f(0)$이므로 함수 $f(x)$는 $x=0$에서 연속이다.

한편,

$$\lim_{x\to 0+}\frac{f(x)-f(0)}{x-0}=\lim_{x\to 0+}\frac{x^3}{x}=\lim_{x\to 0+}x^2=0$$

$$\lim_{x\to 0-}\frac{f(x)-f(0)}{x-0}=\lim_{x\to 0-}\frac{x^2}{x}=\lim_{x\to 0-}x=0$$

에서 $f'(0)=0$이므로 함수 $f(x)$는 $x=0$에서 미분가능하다.

따라서 함수 $f(x)$는 $x=0$에서 연속이고 미분가능하다.

**039** 답 $f'(x)=0$

$$f'(x)=\lim_{h\to 0}\frac{f(x+h)-f(x)}{h}$$

$$=\lim_{h\to 0}\frac{5-5}{h}=0$$

**040** 답 $f'(x)=3$

$$f'(x)=\lim_{h\to 0}\frac{f(x+h)-f(x)}{h}$$

$$=\lim_{h\to 0}\frac{\{3(x+h)-7\}-(3x-7)}{h}$$

$$=\lim_{h\to 0}\frac{3h}{h}=3$$

**041** 답 $f'(x)=2x-2$

$$f'(x)=\lim_{h\to 0}\frac{f(x+h)-f(x)}{h}$$

$$=\lim_{h\to 0}\frac{\{(x+h)^2-2(x+h)\}-(x^2-2x)}{h}$$

$$=\lim_{h\to 0}\frac{(2x-2)h+h^2}{h}$$

$$=\lim_{h\to 0}(2x-2+h)$$

$$=2x-2$$

**042** 답 $f'(x)=4x+1$

$$f'(x)=\lim_{h\to 0}\frac{f(x+h)-f(x)}{h}$$

$$=\lim_{h\to 0}\frac{\{2(x+h)^2+(x+h)-3\}-(2x^2+x-3)}{h}$$

$$= \lim_{h \to 0} \frac{(4x+1)h + 2h^2}{h}$$

$$= \lim_{h \to 0} (4x+1+2h)$$

$$= 4x+1$$

**043** 탑 $f'(x) = -3x^2 + 3$

$$f'(x) = \lim_{h \to 0} \frac{f(x+h) - f(x)}{h}$$

$$= \lim_{h \to 0} \frac{\{-(x+h)^3 + 3(x+h)\} - (-x^3 + 3x)}{h}$$

$$= \lim_{h \to 0} \frac{(-3x^2+3)h - 3xh^2 - h^3}{h}$$

$$= \lim_{h \to 0} (-3x^2 + 3 - 3xh - h^2)$$

$$= -3x^2 + 3$$

**044** 탑 $y' = 8x^7$

$y' = 8x^{8-1} = 8x^7$

**045** 탑 $y' = 25x^{24}$

$y' = 25x^{25-1} = 25x^{24}$

**046** 탑 $y' = 100x^{99}$

$y' = 100x^{100-1} = 100x^{99}$

**047** 탑 $y' = 0$

**048** 탑 $y' = 0$

**049** 탑 $y' = 4$

$y' = 4(x)' + (1)'$
$\quad = 4 \times 1 + 0 = 4$

**050** 탑 $y' = -2x+1$

$y' = -(x^2)' + (x)' - (1)'$
$\quad = -2x + 1 - 0$
$\quad = -2x + 1$

**051** 탑 $y' = 6x^2 - 2x + 3$

$y' = 2(x^3)' - (x^2)' + 3(x)' - (4)'$
$\quad = 2 \times 3x^2 - 2x + 3 \times 1 - 0$
$\quad = 6x^2 - 2x + 3$

**052** 탑 $y' = -12x^2 + 6$

$y' = -4(x^3)' + 6(x)'$
$\quad = -4 \times 3x^2 + 6 \times 1$
$\quad = -12x^2 + 6$

**053** 탑 $y' = x^3 - x^2 + x - 1$

$y' = \frac{1}{4}(x^4)' - \frac{1}{3}(x^3)' + \frac{1}{2}(x^2)' - (x)' + (5)'$

$\quad = \frac{1}{4} \times 4x^3 - \frac{1}{3} \times 3x^2 + \frac{1}{2} \times 2x - 1 + 0$

$\quad = x^3 - x^2 + x - 1$

**054** 탑 $y' = 3x^2 - 2x + 1$

$y' = (x-1)'(x^2+1) + (x-1)(x^2+1)'$
$\quad = (x^2+1) + (x-1) \times 2x$
$\quad = (x^2+1) + (2x^2 - 2x)$
$\quad = 3x^2 - 2x + 1$

**055** 탑 $y' = 6x^2 - 6x - 9$

$y' = (2x+3)'(x^2-3x) + (2x+3)(x^2-3x)'$
$\quad = 2(x^2-3x) + (2x+3)(2x-3)$
$\quad = (2x^2 - 6x) + (4x^2 - 9)$
$\quad = 6x^2 - 6x - 9$

**056** 탑 $y' = 8x^3 + 18x$

$y' = (x^2+5)'(2x^2-1) + (x^2+5)(2x^2-1)'$
$\quad = 2x(2x^2-1) + (x^2+5) \times 4x$
$\quad = (4x^3 - 2x) + (4x^3 + 20x)$
$\quad = 8x^3 + 18x$

**057** 탑 $y' = 5x^4 + 4x^3 + 3x^2 - 10x - 5$

$y' = (x^3-5)'(x^2+x+1) + (x^3-5)(x^2+x+1)'$
$\quad = 3x^2(x^2+x+1) + (x^3-5)(2x+1)$
$\quad = (3x^4 + 3x^3 + 3x^2) + (2x^4 + x^3 - 10x - 5)$
$\quad = 5x^4 + 4x^3 + 3x^2 - 10x - 5$

**058** 탑 $y' = 14x^6 - 12x^3 + 6x^2$

$y' = (x^4+1)'(2x^3-3) + (x^4+1)(2x^3-3)'$
$\quad = 4x^3(2x^3-3) + (x^4+1) \times 6x^2$
$\quad = (8x^6 - 12x^3) + (6x^6 + 6x^2)$
$\quad = 14x^6 - 12x^3 + 6x^2$

**059** 탑 $y' = 12x^2 - 10x - 23$

$y' = (x-3)'(x+2)(4x-1) + (x-3)(x+2)'(4x-1)$
$\qquad\qquad + (x-3)(x+2)(4x-1)'$
$\quad = (x+2)(4x-1) + (x-3)(4x-1) + (x-3)(x+2) \times 4$
$\quad = (4x^2 + 7x - 2) + (4x^2 - 13x + 3) + (4x^2 - 4x - 24)$
$\quad = 12x^2 - 10x - 23$

**060** 답 $y'=30x^2+98x-7$

$y'=(2x-1)'(x+5)(5x+2)+(2x-1)(x+5)'(5x+2)$
$\qquad\qquad\qquad\qquad +(2x-1)(x+5)(5x+2)'$
$=2(x+5)(5x+2)+(2x-1)(5x+2)+(2x-1)(x+5)\times5$
$=(10x^2+54x+20)+(10x^2-x-2)+(10x^2+45x-25)$
$=30x^2+98x-7$

**061** 답 $y'=4x^3-12x^2+2x+6$

$y'=(x-2)'(x+1)(x^2-3x)+(x-2)(x+1)'(x^2-3x)$
$\qquad\qquad\qquad\qquad +(x-2)(x+1)(x^2-3x)'$
$=(x+1)(x^2-3x)+(x-2)(x^2-3x)$
$\qquad\qquad\qquad\qquad +(x-2)(x+1)(2x-3)$
$=(x^3-2x^2-3x)+(x^3-5x^2+6x)+(2x^3-5x^2-x+6)$
$=4x^3-12x^2+2x+6$

**062** 답 $y'=6(2x-3)^2$

$y'=3(2x-3)^{3-1}\times(2x-3)'$
$=3(2x-3)^2\times2$
$=6(2x-3)^2$

**063** 답 $y'=-15(-3x+2)^4$

$y'=5(-3x+2)^{5-1}\times(-3x+2)'$
$=5(-3x+2)^4\times(-3)$
$=-15(-3x+2)^4$

**064** 답 $y'=4x^3+18x^2+14x-6$

$y'=2(x^2+3x-1)^{2-1}\times(x^2+3x-1)'$
$=2(x^2+3x-1)\times(2x+3)$
$=4x^3+18x^2+14x-6$

**065** 답 **1**

$f'(x)=\dfrac{1}{4}x^3+\dfrac{1}{4}x+\dfrac{1}{2}$ $\qquad\therefore f'(1)=\dfrac{1}{4}+\dfrac{1}{4}+\dfrac{1}{2}=1$

**066** 답 $-25$

$f'(x)=-(6x^2+5x-3)-x(12x+5)$
$=-6x^2-5x+3-12x^2-5x$
$=-18x^2-10x+3$
$\therefore f'(1)=-18-10+3=-25$

**067** 답 $-26$

$f'(x)=(2x-5)(3x-1)+2(x+3)(3x-1)+3(x+3)(2x-5)$
$=6x^2-17x+5+2(3x^2+8x-3)+3(2x^2+x-15)$
$=18x^2+2x-46$
$\therefore f'(1)=18+2-46=-26$

**068** 답 **160**

$f'(x)=4(2x^2-9x+5)^3\times(4x-9)$
$=(16x-36)(2x^2-9x+5)^3$
$\therefore f'(1)=-20\times(-8)=160$

**069** 답 $a=-3,\ b=4,\ c=2$

$f(0)=2$에서 $c=2$
$f(x)=ax^2+bx+2$이므로 $f'(x)=2ax+b$
$f'(-1)=10$에서 $-2a+b=10$ $\quad$ …… ㉠
$f'(1)=-2$에서 $2a+b=-2$ $\quad$ …… ㉡
㉠, ㉡을 연립하여 풀면
$a=-3,\ b=4$

**070** 답 $a=\dfrac{5}{2},\ b=-2,\ c=-3$

$f(0)=-3$에서 $c=-3$
$f(x)=ax^2+bx-3$이므로 $f'(x)=2ax+b$
$f'(-1)=-7$에서 $-2a+b=-7$ $\quad$ …… ㉠
$f'(1)=3$에서 $2a+b=3$ $\quad$ …… ㉡
㉠, ㉡을 연립하여 풀면
$a=\dfrac{5}{2},\ b=-2$

**071** 답 $a=2,\ b=-1,\ c=1$

$f(0)=1$에서 $c=1$
$f(x)=ax^2+bx+1$이므로 $f'(x)=2ax+b$
$f'(1)=3$에서 $2a+b=3$ $\quad$ …… ㉠
$f'(2)=7$에서 $4a+b=7$ $\quad$ …… ㉡
㉠, ㉡을 연립하여 풀면
$a=2,\ b=-1$

**072** 답 $a=-\dfrac{1}{2},\ b=5,\ c=4$

$f(0)=4$에서 $c=4$
$f(x)=ax^2+bx+4$이므로 $f'(x)=2ax+b$
$f'(-1)=6$에서 $-2a+b=6$ $\quad$ …… ㉠
$f'(3)=2$에서 $6a+b=2$ $\quad$ …… ㉡
㉠, ㉡을 연립하여 풀면
$a=-\dfrac{1}{2},\ b=5$

**073** 답 **3**

$f(x)=ax^2+bx+c\,(a,\ b,\ c$는 상수)라 하면
$f(0)=0$에서 $c=0$
$f'(x)=2ax+b$이므로
$f'(0)=2$에서 $b=2$
$f'(1)=4$에서 $2a+2=4$ $\quad\therefore a=1$
따라서 $f(x)=x^2+2x$이므로 $f(1)=1+2=3$

**074** 답 3

$f(x)=ax^2+bx+c$ ($a$, $b$, $c$는 상수)라 하면

$f(-2)=3$에서 $4a-2b+c=3$ ...... ㉠

$f'(x)=2ax+b$이므로

$f'(0)=1$에서 $b=1$

$f'(2)=5$에서 $4a+1=5$ ∴ $a=1$

㉠에서 $c=1$이므로 $f(x)=x^2+x+1$

∴ $f(1)=1+1+1=3$

**075** 답 16

$f(x)=ax^2+bx+c$ ($a$, $b$, $c$는 상수)라 하면

$f(-1)=4$에서 $a-b+c=4$ ...... ㉠

$f'(x)=2ax+b$이므로

$f'(-3)=-2$에서 $-6a+b=-2$ ...... ㉡

$f'(0)=6$에서 $b=6$ ...... ㉢

㉠, ㉡, ㉢을 연립하여 풀면

$a=\dfrac{4}{3}$, $b=6$, $c=\dfrac{26}{3}$

따라서 $f(x)=\dfrac{4}{3}x^2+6x+\dfrac{26}{3}$이므로

$f(1)=\dfrac{4}{3}+6+\dfrac{26}{3}=16$

**076** 답 49

$f(x)=ax^2+bx+c$ ($a$, $b$, $c$는 상수)라 하면

$f(3)=7$에서 $9a+3b+c=7$ ...... ㉠

$f'(x)=2ax+b$이므로

$f'(-1)=3$에서 $-2a+b=3$ ...... ㉡

$f'(0)=-5$에서 $b=-5$ ...... ㉢

㉠, ㉡, ㉢을 연립하여 풀면

$a=-4$, $b=-5$, $c=58$

따라서 $f(x)=-4x^2-5x+58$이므로

$f(1)=-4-5+58=49$

**077** 답 $a=2$, $b=-1$

함수 $f(x)$가 $x=1$에서 미분가능하면

(i) $x=1$에서 연속이므로

$\lim\limits_{x\to1+}(ax+b)=\lim\limits_{x\to1-}x^2=f(1)$

∴ $a+b=1$ ...... ㉠

(ii) 미분계수 $f'(1)$이 존재하므로

$\lim\limits_{x\to1+}\dfrac{f(x)-f(1)}{x-1}=\lim\limits_{x\to1+}\dfrac{(ax+b)-(a+b)}{x-1}$

$=\lim\limits_{x\to1+}\dfrac{a(x-1)}{x-1}=a$

$\lim\limits_{x\to1-}\dfrac{f(x)-f(1)}{x-1}=\lim\limits_{x\to1-}\dfrac{x^2-(a+b)}{x-1}$

$=\lim\limits_{x\to1-}\dfrac{x^2-1}{x-1}$ (∵ ㉠)

$=\lim\limits_{x\to1-}\dfrac{(x-1)(x+1)}{x-1}$

$=\lim\limits_{x\to1-}(x+1)=2$

∴ $a=2$

이를 ㉠에 대입하면 $b=-1$

**078** 답 $a=-3$, $b=2$

함수 $f(x)$가 $x=1$에서 미분가능하면

(i) $x=1$에서 연속이므로

$\lim\limits_{x\to1+}(bx+2)=\lim\limits_{x\to1-}(x^2-a)=f(1)$

∴ $b+2=1-a$ ...... ㉠

(ii) 미분계수 $f'(1)$이 존재하므로

$\lim\limits_{x\to1+}\dfrac{f(x)-f(1)}{x-1}=\lim\limits_{x\to1+}\dfrac{(bx+2)-(b+2)}{x-1}$

$=\lim\limits_{x\to1+}\dfrac{b(x-1)}{x-1}=b$

$\lim\limits_{x\to1-}\dfrac{f(x)-f(1)}{x-1}=\lim\limits_{x\to1-}\dfrac{(x^2-a)-(b+2)}{x-1}$

$=\lim\limits_{x\to1-}\dfrac{(x^2-a)-(1-a)}{x-1}$ (∵ ㉠)

$=\lim\limits_{x\to1-}\dfrac{(x-1)(x+1)}{x-1}$

$=\lim\limits_{x\to1-}(x+1)=2$

∴ $b=2$

이를 ㉠에 대입하면 $a=-3$

**079** 답 $a=4$, $b=3$

함수 $f(x)$가 $x=1$에서 미분가능하면

(i) $x=1$에서 연속이므로

$\lim\limits_{x\to1+}(3x^2+bx)=\lim\limits_{x\to1-}(ax^2+x+1)=f(1)$

∴ $3+b=a+2$ ...... ㉠

(ii) 미분계수 $f'(1)$이 존재하므로

$\lim\limits_{x\to1+}\dfrac{f(x)-f(1)}{x-1}=\lim\limits_{x\to1+}\dfrac{(3x^2+bx)-(3+b)}{x-1}$

$=\lim\limits_{x\to1+}\dfrac{3(x-1)(x+1)+b(x-1)}{x-1}$

$=\lim\limits_{x\to1+}\{3(x+1)+b\}=6+b$

$\lim\limits_{x\to1-}\dfrac{f(x)-f(1)}{x-1}=\lim\limits_{x\to1-}\dfrac{(ax^2+x+1)-(3+b)}{x-1}$

$=\lim\limits_{x\to1-}\dfrac{(ax^2+x+1)-(a+2)}{x-1}$ (∵ ㉠)

$=\lim\limits_{x\to1-}\dfrac{a(x-1)(x+1)+x-1}{x-1}$

$=\lim\limits_{x\to1-}\{a(x+1)+1\}=2a+1$

∴ $6+b=2a+1$ ...... ㉡

㉠, ㉡을 연립하여 풀면

$a=4$, $b=3$

**080** 답 $a=3, b=2$

함수 $f(x)$가 $x=1$에서 미분가능하면

(i) $x=1$에서 연속이므로

$$\lim_{x \to 1+}(4bx-3)=\lim_{x \to 1-}(ax^2+bx)=f(1)$$

$$\therefore 4b-3=a+b \quad \cdots\cdots \ \text{㉠}$$

(ii) 미분계수 $f'(1)$이 존재하므로

$$\lim_{x \to 1+}\frac{f(x)-f(1)}{x-1}=\lim_{x \to 1+}\frac{(4bx-3)-(a+b)}{x-1}$$

$$=\lim_{x \to 1+}\frac{(4bx-3)-(4b-3)}{x-1} \ (\because \ \text{㉠})$$

$$=\lim_{x \to 1+}\frac{4b(x-1)}{x-1}=4b$$

$$\lim_{x \to 1-}\frac{f(x)-f(1)}{x-1}=\lim_{x \to 1-}\frac{(ax^2+bx)-(a+b)}{x-1}$$

$$=\lim_{x \to 1-}\frac{a(x-1)(x+1)+b(x-1)}{x-1}$$

$$=\lim_{x \to 1-}\{a(x+1)+b\}=2a+b$$

$$\therefore 4b=2a+b \quad \cdots\cdots \ \text{㉡}$$

㉠, ㉡을 연립하여 풀면 $a=3, b=2$


**081** 답 $8x-10$

$x^4+2x^2-5$를 $(x-1)^2$으로 나누었을 때의 몫을 $Q(x)$, 나머지를 $ax+b(a, b$는 상수$)$라 하면

$$x^4+2x^2-5=(x-1)^2Q(x)+ax+b \quad \cdots\cdots \ \text{㉠}$$

㉠의 양변에 $x=1$을 대입하면

$$a+b=-2 \quad \cdots\cdots \ \text{㉡}$$

㉠의 양변을 $x$에 대하여 미분하면

$$4x^3+4x=2(x-1)Q(x)+(x-1)^2Q'(x)+a$$

양변에 $x=1$을 대입하면 $a=8$

$a=8$을 ㉡에 대입하면 $b=-10$

따라서 구하는 나머지는 $8x-10$이다.


**082** 답 $-4x-2$

$x^{10}-x^6+2$를 $(x+1)^2$으로 나누었을 때의 몫을 $Q(x)$, 나머지를 $ax+b(a, b$는 상수$)$라 하면

$$x^{10}-x^6+2=(x+1)^2Q(x)+ax+b \quad \cdots\cdots \ \text{㉠}$$

㉠의 양변에 $x=-1$을 대입하면

$$-a+b=2 \quad \cdots\cdots \ \text{㉡}$$

㉠의 양변을 $x$에 대하여 미분하면

$$10x^9-6x^5=2(x+1)Q(x)+(x+1)^2Q'(x)+a$$

양변에 $x=-1$을 대입하면 $a=-4$

$a=-4$를 ㉡에 대입하면 $b=-2$

따라서 구하는 나머지는 $-4x-2$이다.


**083** 답 $a=-3, b=4$

$x^4+ax^3+bx$를 $(x-2)^2$으로 나누었을 때의 몫을 $Q(x)$라 하면

$$x^4+ax^3+bx=(x-2)^2Q(x) \quad \cdots\cdots \ \text{㉠}$$

㉠의 양변에 $x=2$를 대입하면

$$16+8a+2b=0 \quad \cdots\cdots \ \text{㉡}$$

㉠의 양변을 $x$에 대하여 미분하면

$$4x^3+3ax^2+b=2(x-2)Q(x)+(x-2)^2Q'(x)$$

양변에 $x=2$를 대입하면 $32+12a+b=0 \quad \cdots\cdots \ \text{㉢}$

㉡, ㉢을 연립하여 풀면

$$a=-3, b=4$$


**084** 답 $a=12, b=2$

$x^3-ax-16$을 $(x+b)^2$으로 나누었을 때의 몫을 $Q(x)$라 하면

$$x^3-ax-16=(x+b)^2Q(x) \quad \cdots\cdots \ \text{㉠}$$

㉠의 양변에 $x=-b$를 대입하면

$$-b^3+ab-16=0 \quad \cdots\cdots \ \text{㉡}$$

㉠의 양변을 $x$에 대하여 미분하면

$$3x^2-a=2(x+b)Q(x)+(x+b)^2Q'(x)$$

양변에 $x=-b$를 대입하면 $3b^2-a=0 \quad \cdots\cdots \ \text{㉢}$

㉢에서 $a=3b^2$이므로 이를 ㉡에 대입하면

$$-b^3+3b^3-16=0, \ b^3=8 \quad \therefore b=2$$

$$\therefore a=12$$


중단원 **#기출#교과서**     37쪽

| | | | |
|---|---|---|---|
| **085** ① | **086** ③ | **087** 2 | **088** ⑤ |
| **089** 8 | **090** 30 | **091** ⑤ | **092** $-8$ |


**085**

함수 $f(x)$에서 $x$의 값이 $-1$에서 $2$까지 변할 때의 평균변화율은

$$\frac{\Delta y}{\Delta x}=\frac{f(2)-f(-1)}{2-(-1)}=\frac{15-0}{3}=5$$

$x=k$에서의 미분계수 $f'(k)$는

$$f'(k)=\lim_{\Delta x \to 0}\frac{f(k+\Delta x)-f(k)}{\Delta x}$$

$$=\lim_{\Delta x \to 0}\frac{\{2(k+\Delta x)^3-(k+\Delta x)+1\}-(2k^3-k+1)}{\Delta x}$$

$$=\lim_{\Delta x \to 0}\frac{6k^2\Delta x+6k(\Delta x)^2+2(\Delta x)^3-\Delta x}{\Delta x}$$

$$=\lim_{\Delta x \to 0}\{(6k^2-1)+6k\Delta x+2(\Delta x)^2\}=6k^2-1$$

두 값이 서로 같으므로

$$6k^2-1=5, \ k^2=1 \quad \therefore k=1 \ (\because \ k>0)$$


**086**

$$\lim_{h \to 0}\frac{f(2+h)-f(2)}{3h}=\lim_{h \to 0}\frac{f(2+h)-f(2)}{h}\times\frac{1}{3}$$

$$=f'(2)\times\frac{1}{3}=5$$

$$\therefore f'(2)=5\times3=15$$

**087**

주어진 조건에서 $f'(2)=8$이므로

$$\lim_{x\to 2}\frac{f(x)-f(2)}{x^2-4}=\lim_{x\to 2}\frac{f(x)-f(2)}{(x-2)(x+2)}$$
$$=\lim_{x\to 2}\left\{\frac{f(x)-f(2)}{x-2}\times\frac{1}{x+2}\right\}$$
$$=\lim_{x\to 2}\frac{f(x)-f(2)}{x-2}\times\lim_{x\to 2}\frac{1}{x+2}$$
$$=f'(2)\times\frac{1}{4}$$
$$=8\times\frac{1}{4}=2$$

**088**

$f(x+y)=f(x)+f(y)$ ······ ㉠

㉠의 양변에 $x=0, y=0$을 대입하면

$f(0)=f(0)+f(0)$ ∴ $f(0)=0$

㉠의 양변에 $x=1, y=h$를 대입하면

$f(1+h)=f(1)+f(h)$

$$\therefore f'(0)=\lim_{h\to 0}\frac{f(h)-f(0)}{h}=\lim_{h\to 0}\frac{f(h)}{h}$$
$$=\lim_{h\to 0}\frac{f(1+h)-f(1)}{h}$$
$$=f'(1)=5$$

**089**

$g(x)=(x^3+3x-2)f(x)$에서

$g'(x)=(3x^2+3)f(x)+(x^3+3x-2)f'(x)$

$\therefore g'(1)=6f(1)+2f'(1)=6\times 2+2\times(-2)=8$

**090**

$\lim_{x\to 2}\frac{f(x+1)-5}{x^2-4}=1$에서 $x\to 2$일 때, 극한값이 존재하고

(분모)$\to 0$이므로 (분자)$\to 0$이어야 한다.

즉, $\lim_{x\to 2}\{f(x+1)-5\}=0$이므로 $f(3)=5$

$-27+3a-b=5$ ∴ $b=3a-32$ ······ ㉠

$$\lim_{x\to 2}\frac{f(x+1)-5}{x^2-4}=\lim_{x\to 2}\frac{f(x+1)-f(3)}{(x-2)(x+2)}$$
$$=\lim_{x\to 2}\left\{\frac{f(x+1)-f(3)}{x+1-3}\times\frac{1}{x+2}\right\}$$

에서 $x+1=t$로 놓으면

$$\lim_{t\to 3}\left\{\frac{f(t)-f(3)}{t-3}\times\frac{1}{t+1}\right\}=\lim_{t\to 3}\frac{f(t)-f(3)}{t-3}\times\lim_{t\to 3}\frac{1}{t+1}$$
$$=f'(3)\times\frac{1}{4}=1$$

$\therefore f'(3)=4$

이때 $f'(x)=-3x^2+a$이므로

$f'(3)=-27+a=4$ ∴ $a=31$

이를 ㉠에 대입하면 $b=61$

$\therefore b-a=61-31=30$

**091**

함수 $f(x)$가 실수 전체의 집합에서 미분가능하므로 $x=2$에서도 미분가능하다.

(ⅰ) $x=2$에서 연속이므로

$$\lim_{x\to 2+}(4x+b)=\lim_{x\to 2-}(2x^2+ax)=f(2)$$
$$\therefore 8+b=8+2a \quad\cdots\cdots ㉠$$

(ⅱ) 미분계수 $f'(2)$가 존재하므로

$$\lim_{x\to 2+}\frac{f(x)-f(2)}{x-2}=\lim_{x\to 2+}\frac{(4x+b)-(8+b)}{x-2}$$
$$=\lim_{x\to 2+}\frac{4(x-2)}{x-2}=4$$
$$\lim_{x\to 2-}\frac{f(x)-f(2)}{x-2}=\lim_{x\to 2-}\frac{(2x^2+ax)-(8+b)}{x-2}$$
$$=\lim_{x\to 2-}\frac{(2x^2+ax)-(8+2a)}{x-2}\ (\because ㉠)$$
$$=\lim_{x\to 2-}\frac{2(x-2)(x+2)+a(x-2)}{x-2}$$
$$=\lim_{x\to 2-}\{2(x+2)+a\}=8+a$$

$4=8+a$에서 $a=-4$

$a=-4$를 ㉠에 대입하면 $b=-8$

$\therefore ab=-4\times(-8)=32$

**092**

$x^8+ax+7$을 $(x-b)^2$으로 나누었을 때의 몫을 $Q(x)$라 하면

$x^8+ax+7=(x-b)^2Q(x)$ ······ ㉠

㉠의 양변에 $x=b$를 대입하면

$b^8+ab+7=0$ ······ ㉡

㉠의 양변을 $x$에 대하여 미분하면

$8x^7+a=2(x-b)Q(x)+(x-b)^2Q'(x)$

양변에 $x=b$를 대입하면 $8b^7+a=0$ ······ ㉢

㉢에서 $a=-8b^7$이므로 이를 ㉡에 대입하면

$b^8-8b^8+7=0, b^8=1$ ∴ $b=1\ (\because b>0)$

따라서 $a=-8$이므로 $ab=-8\times 1=-8$

## 4 도함수의 활용 (1)

**093** 답 $y=2x-4$

$f(x)=x^2-2x$라 하면

$f'(x)=2x-2$

점 $(2, 0)$에서의 접선의 기울기는

$f'(2)=4-2=2$

따라서 구하는 접선의 방정식은

$y=2(x-2)$ $\quad \therefore y=2x-4$

**094** 답 $y=3x+1$

$f(x)=x^2+x+2$라 하면

$f'(x)=2x+1$

점 $(1, 4)$에서의 접선의 기울기는

$f'(1)=2+1=3$

따라서 구하는 접선의 방정식은

$y-4=3(x-1)$ $\quad \therefore y=3x+1$

**095** 답 $y=x+6$

$f(x)=-2x^2-3x+4$라 하면

$f'(x)=-4x-3$

점 $(-1, 5)$에서의 접선의 기울기는

$f'(-1)=4-3=1$

따라서 구하는 접선의 방정식은

$y-5=x+1$ $\quad \therefore y=x+6$

**096** 답 $y=4x-9$

$f(x)=x^3-2x^2-1$이라 하면

$f'(x)=3x^2-4x$

점 $(2, -1)$에서의 접선의 기울기는

$f'(2)=12-8=4$

따라서 구하는 접선의 방정식은

$y+1=4(x-2)$ $\quad \therefore y=4x-9$

**097** 답 $y=3x-7$

$f(x)=x^4-x-4$라 하면

$f'(x)=4x^3-1$

점 $(1, -4)$에서의 접선의 기울기는

$f'(1)=4-1=3$

따라서 구하는 접선의 방정식은

$y+4=3(x-1)$ $\quad \therefore y=3x-7$

**098** 답 $y=\dfrac{1}{2}x+\dfrac{9}{2}$

$f(x)=x^2+3$이라 하면

$f'(x)=2x$

점 $(-1, 4)$에서의 접선의 기울기는

$f'(-1)=-2$

따라서 이 접선에 수직인 직선의 기울기는 $\dfrac{1}{2}$이므로 구하는 직선의 방정식은

$y-4=\dfrac{1}{2}(x+1)$ $\quad \therefore y=\dfrac{1}{2}x+\dfrac{9}{2}$

**099** 답 $y=-\dfrac{1}{4}x+\dfrac{9}{4}$

$f(x)=x^3+x$라 하면

$f'(x)=3x^2+1$

점 $(1, 2)$에서의 접선의 기울기는

$f'(1)=3+1=4$

따라서 이 접선에 수직인 직선의 기울기는 $-\dfrac{1}{4}$이므로 구하는 직선의 방정식은

$y-2=-\dfrac{1}{4}(x-1)$ $\quad \therefore y=-\dfrac{1}{4}x+\dfrac{9}{4}$

**100** 답 $y=-\dfrac{1}{2}x-\dfrac{1}{2}$

$f(x)=-2x^3+4x^2-3$이라 하면

$f'(x)=-6x^2+8x$

점 $(1, -1)$에서의 접선의 기울기는

$f'(1)=-6+8=2$

따라서 이 접선에 수직인 직선의 기울기는 $-\dfrac{1}{2}$이므로 구하는 직선의 방정식은

$y+1=-\dfrac{1}{2}(x-1)$ $\quad \therefore y=-\dfrac{1}{2}x-\dfrac{1}{2}$

**101** 답 $y=-2x+7$

$f(x)=-x^2+2x+3$이라 하면

$f'(x)=-2x+2$

접점의 좌표를 $(a, -a^2+2a+3)$이라 하면 접선의 기울기가 $-2$이므로

$f'(a)=-2$에서 $-2a+2=-2$

$\therefore a=2$

따라서 접점의 좌표는 $(2, 3)$이므로 구하는 접선의 방정식은

$y-3=-2(x-2)$ $\quad \therefore y=-2x+7$

**102** 답 $y=5x-2$

$f(x)=x^2+3x-1$이라 하면

$f'(x)=2x+3$

접점의 좌표를 $(a, a^2+3a-1)$이라 하면 접선의 기울기가 5이므로

$f'(a)=5$에서 $2a+3=5$

$\therefore a=1$

따라서 접점의 좌표는 $(1, 3)$이므로 구하는 접선의 방정식은

$y-3=5(x-1)$ $\qquad \therefore y=5x-2$

**103** 답 $y=7x+2$ 또는 $y=7x-2$

$f(x)=x^3+4x$라 하면

$f'(x)=3x^2+4$

접점의 좌표를 $(a, a^3+4a)$라 하면 접선의 기울기가 7이므로

$f'(a)=7$에서 $3a^2+4=7$

$a^2=1$ $\qquad \therefore a=-1$ 또는 $a=1$

따라서 접점의 좌표는 $(-1, -5)$ 또는 $(1, 5)$이므로 구하는 접선의 방정식은

$y+5=7(x+1)$ 또는 $y-5=7(x-1)$

$\therefore y=7x+2$ 또는 $y=7x-2$

**104** 답 $y=-10x-15$ 또는 $y=-10x+17$

$f(x)=-x^3+2x+1$이라 하면

$f'(x)=-3x^2+2$

접점의 좌표를 $(a, -a^3+2a+1)$이라 하면 접선의 기울기가 $-10$이므로

$f'(a)=-10$에서 $-3a^2+2=-10$

$a^2=4$ $\qquad \therefore a=-2$ 또는 $a=2$

따라서 접점의 좌표는 $(-2, 5)$ 또는 $(2, -3)$이므로 구하는 접선의 방정식은

$y-5=-10(x+2)$ 또는 $y+3=-10(x-2)$

$\therefore y=-10x-15$ 또는 $y=-10x+17$

**105** 답 $y=5x+2$

$f(x)=2x^2+x+4$라 하면

$f'(x)=4x+1$

접점의 좌표를 $(a, 2a^2+a+4)$라 하면 직선 $y=5x+3$에 평행한 접선의 기울기가 5이므로

$f'(a)=5$에서 $4a+1=5$

$\therefore a=1$

따라서 접점의 좌표는 $(1, 7)$이므로 구하는 접선의 방정식은

$y-7=5(x-1)$ $\qquad \therefore y=5x+2$

**106** 답 $y=4x+4$

$f(x)=-x^2-2x-5$라 하면

$f'(x)=-2x-2$

접점의 좌표를 $(a, -a^2-2a-5)$라 하면 직선 $x+4y+2=0$, 즉

$y=-\dfrac{1}{4}x-\dfrac{1}{2}$에 수직인 접선의 기울기가 4이므로

$f'(a)=4$에서 $-2a-2=4$

$\therefore a=-3$

따라서 접점의 좌표는 $(-3, -8)$이므로 구하는 접선의 방정식은

$y+8=4(x+3)$ $\qquad \therefore y=4x+4$

**107** 답 $y=-3x+1$

$f(x)=x^3-3x^2$이라 하면

$f'(x)=3x^2-6x$

접점의 좌표를 $(a, a^3-3a^2)$이라 하면 직선 $3x+y+2=0$, 즉

$y=-3x-2$에 평행한 접선의 기울기가 $-3$이므로

$f'(a)=-3$에서 $3a^2-6a=-3$

$(a-1)^2=0$ $\qquad \therefore a=1$

따라서 접점의 좌표는 $(1, -2)$이므로 구하는 접선의 방정식은

$y+2=-3(x-1)$ $\qquad \therefore y=-3x+1$

**108** 답 $y=-5x+1$ 또는 $y=3x-7$

$f(x)=x^2-3x+2$라 하면

$f'(x)=2x-3$

접점의 좌표를 $(a, a^2-3a+2)$라 하면 접선의 방정식은

$y-(a^2-3a+2)=(2a-3)(x-a)$

$\therefore y=(2a-3)x-a^2+2$ $\qquad \cdots\cdots\ \bigcirc$

이 접선이 점 $(1, -4)$를 지나므로

$-4=2a-3-a^2+2$, $a^2-2a-3=0$

$(a+1)(a-3)=0$ $\qquad \therefore a=-1$ 또는 $a=3$

이를 $\bigcirc$에 대입하면 구하는 접선의 방정식은

$y=-5x+1$ 또는 $y=3x-7$

**109** 답 $y=-6x-15$ 또는 $y=6x-3$

$f(x)=x^2+2x+1$이라 하면

$f'(x)=2x+2$

접점의 좌표를 $(a, a^2+2a+1)$이라 하면 접선의 방정식은

$y-(a^2+2a+1)=(2a+2)(x-a)$

$\therefore y=(2a+2)x-a^2+1$ $\qquad \cdots\cdots\ \bigcirc$

이 접선이 점 $(-1, -9)$를 지나므로

$-9=-2a-2-a^2+1$, $a^2+2a-8=0$

$(a+4)(a-2)=0$ $\qquad \therefore a=-4$ 또는 $a=2$

이를 $\bigcirc$에 대입하면 구하는 접선의 방정식은

$y=-6x-15$ 또는 $y=6x-3$

**110** 답 $y=-3x+3$ 또는 $y=-11x+19$

$f(x)=-2x^2+x+1$이라 하면

$f'(x)=-4x+1$

접점의 좌표를 $(a, -2a^2+a+1)$이라 하면 접선의 방정식은

$y-(-2a^2+a+1)=(-4a+1)(x-a)$

$\therefore y=(-4a+1)x+2a^2+1$ $\qquad \cdots\cdots\ \bigcirc$

이 접선이 점 $(2, -3)$을 지나므로

$-3=-8a+2+2a^2+1$, $a^2-4a+3=0$

$(a-1)(a-3)=0$ $\qquad \therefore a=1$ 또는 $a=3$

이를 $\bigcirc$에 대입하면 구하는 접선의 방정식은

$y=-3x+3$ 또는 $y=-11x+19$

**111** 답 $y=x+2$

$f(x)=x^3-2x$라 하면

$f'(x)=3x^2-2$

접점의 좌표를 $(a, a^3-2a)$라 하면 접선의 방정식은

$y-(a^3-2a)=(3a^2-2)(x-a)$

$\therefore y=(3a^2-2)x-2a^3$ ...... ㉠

이 접선이 점 $(0, 2)$를 지나므로

$2=-2a^3,\ a^3+1=0$

$(a+1)(a^2-a+1)=0$ $\therefore a=-1$

이를 ㉠에 대입하면 구하는 접선의 방정식은

$y=x+2$

**112** 답 $y=-9x+14$

$f(x)=-x^3+3x-2$라 하면

$f'(x)=-3x^2+3$

접점의 좌표를 $(a, -a^3+3a-2)$라 하면 접선의 방정식은

$y-(-a^3+3a-2)=(-3a^2+3)(x-a)$

$\therefore y=(-3a^2+3)x+2a^3-2$ ...... ㉠

이 접선이 점 $(0, 14)$를 지나므로

$14=2a^3-2,\ a^3-8=0$

$(a-2)(a^2+2a+4)=0$ $\therefore a=2$

이를 ㉠에 대입하면 구하는 접선의 방정식은

$y=-9x+14$

**113** 답 $1$

함수 $f(x)=x^2-2x+3$은 닫힌구간 $[0, 2]$에서 연속이고 열린구간 $(0, 2)$에서 미분가능하며 $f(0)=f(2)=3$이다.

따라서 롤의 정리에 의하여 $f'(c)=0$인 $c$가 열린구간 $(0, 2)$에 적어도 하나 존재한다.

이때 $f'(x)=2x-2$이므로 $f'(c)=0$에서

$2c-2=0$ $\therefore c=1$

**114** 답 $4$

함수 $f(x)=-x^2+8x-15$는 닫힌구간 $[3, 5]$에서 연속이고 열린구간 $(3, 5)$에서 미분가능하며 $f(3)=f(5)=0$이다.

따라서 롤의 정리에 의하여 $f'(c)=0$인 $c$가 열린구간 $(3, 5)$에 적어도 하나 존재한다.

이때 $f'(x)=-2x+8$이므로 $f'(c)=0$에서

$-2c+8=0$ $\therefore c=4$

**115** 답 $-\dfrac{\sqrt{3}}{3}$

함수 $f(x)=x^3-x+1$은 닫힌구간 $[-1, 0]$에서 연속이고 열린구간 $(-1, 0)$에서 미분가능하며 $f(-1)=f(0)=1$이다.

따라서 롤의 정리에 의하여 $f'(c)=0$인 $c$가 열린구간 $(-1, 0)$에 적어도 하나 존재한다.

이때 $f'(x)=3x^2-1$이므로 $f'(c)=0$에서

$3c^2-1=0,\ c^2=\dfrac{1}{3}$

$\therefore c=-\dfrac{\sqrt{3}}{3}\ (\because -1<c<0)$

**116** 답 $\dfrac{7}{3}$

함수 $f(x)=x^3-5x^2+7x-3$은 닫힌구간 $[1, 3]$에서 연속이고 열린구간 $(1, 3)$에서 미분가능하며 $f(1)=f(3)=0$이다.

따라서 롤의 정리에 의하여 $f'(c)=0$인 $c$가 열린구간 $(1, 3)$에 적어도 하나 존재한다.

이때 $f'(x)=3x^2-10x+7$이므로 $f'(c)=0$에서

$3c^2-10c+7=0,\ (3c-7)(c-1)=0$

$\therefore c=\dfrac{7}{3}\ (\because 1<c<3)$

**117** 답 $\dfrac{a+b}{2}$

함수 $f(x)=(x-a)(x-b)$는 닫힌구간 $[a, b]$에서 연속이고 열린구간 $(a, b)$에서 미분가능하며 $f(a)=f(b)=0$이다.

따라서 롤의 정리에 의하여 $f'(c)=0$인 $c$가 열린구간 $(a, b)$에 적어도 하나 존재한다.

이때 $f'(x)=(x-b)+(x-a)=2x-(a+b)$이므로 $f'(c)=0$에서

$2c-(a+b)=0$ $\therefore c=\dfrac{a+b}{2}$

**118** 답 $1$

함수 $f(x)=x^2-3x$는 닫힌구간 $[0, 2]$에서 연속이고 열린구간 $(0, 2)$에서 미분가능하므로 평균값 정리에 의하여

$\dfrac{f(2)-f(0)}{2-0}=f'(c)$인 $c$가 열린구간 $(0, 2)$에 적어도 하나 존재한다.

이때 $\dfrac{f(2)-f(0)}{2-0}=\dfrac{-2-0}{2}=-1$이고

$f'(x)=2x-3$에서 $f'(c)=2c-3$이므로

$2c-3=-1$ $\therefore c=1$

**119** 답 $2$

함수 $f(x)=-2x^2+x+1$은 닫힌구간 $[1, 3]$에서 연속이고 열린구간 $(1, 3)$에서 미분가능하므로 평균값 정리에 의하여

$\dfrac{f(3)-f(1)}{3-1}=f'(c)$인 $c$가 열린구간 $(1, 3)$에 적어도 하나 존재한다.

이때 $\dfrac{f(3)-f(1)}{3-1}=\dfrac{-14-0}{2}=-7$이고

$f'(x)=-4x+1$에서 $f'(c)=-4c+1$이므로

$-4c+1=-7$ $\therefore c=2$

## 120  답 $-\sqrt{3}$

함수 $f(x)=-x^3+2$는 닫힌구간 $[-3, 0]$에서 연속이고 열린구간 $(-3, 0)$에서 미분가능하므로 평균값 정리에 의하여

$\dfrac{f(0)-f(-3)}{0-(-3)}=f'(c)$인 $c$가 열린구간 $(-3, 0)$에 적어도 하나 존재한다.

이때 $\dfrac{f(0)-f(-3)}{0-(-3)}=\dfrac{2-29}{3}=-9$이고

$f'(x)=-3x^2$에서 $f'(c)=-3c^2$이므로

$-3c^2=-9$, $c^2=3$

$\therefore c=-\sqrt{3}\ (\because -3<c<0)$

## 121  답 1

함수 $f(x)=2x^3-5x+1$은 닫힌구간 $[-1, 2]$에서 연속이고 열린구간 $(-1, 2)$에서 미분가능하므로 평균값 정리에 의하여

$\dfrac{f(2)-f(-1)}{2-(-1)}=f'(c)$인 $c$가 열린구간 $(-1, 2)$에 적어도 하나 존재한다.

이때 $\dfrac{f(2)-f(-1)}{2-(-1)}=\dfrac{7-4}{3}=1$이고

$f'(x)=6x^2-5$에서 $f'(c)=6c^2-5$이므로

$6c^2-5=1$, $c^2=1$

$\therefore c=1\ (\because -1<c<2)$

## 122  답 증가

구간 $[0, \infty)$에 속하는 임의의 수 $x_1$, $x_2$에 대하여 $x_1<x_2$일 때 $x_1{}^2<x_2{}^2$이므로

$f(x_1)-f(x_2)=3x_1{}^2-3x_2{}^2=3(x_1{}^2-x_2{}^2)<0$

$\therefore f(x_1)<f(x_2)$

따라서 함수 $f(x)=3x^2$은 구간 $[0, \infty)$에서 증가한다.

## 123  답 감소

구간 $[0, \infty)$에 속하는 임의의 수 $x_1$, $x_2$에 대하여 $x_1<x_2$일 때 $x_1{}^2<x_2{}^2$이므로

$f(x_1)-f(x_2)=-x_1{}^2+2-(-x_2{}^2+2)=x_2{}^2-x_1{}^2>0$

$\therefore f(x_1)>f(x_2)$

따라서 함수 $f(x)=-x^2+2$는 구간 $[0, \infty)$에서 감소한다.

## 124  답 증가

구간 $(-\infty, \infty)$에 속하는 임의의 수 $x_1$, $x_2$에 대하여 $x_1<x_2$일 때 $x_1{}^3<x_2{}^3$이므로

$f(x_1)-f(x_2)=2x_1{}^3+1-(2x_2{}^3+1)=2(x_1{}^3-x_2{}^3)<0$

$\therefore f(x_1)<f(x_2)$

따라서 함수 $f(x)=2x^3+1$은 구간 $(-\infty, \infty)$에서 증가한다.

## 125  답 감소

구간 $(-\infty, 0)$에 속하는 임의의 수 $x_1$, $x_2$에 대하여 $x_1<x_2$일 때

$\dfrac{1}{x_1}>\dfrac{1}{x_2}$이므로

$f(x_1)-f(x_2)=\dfrac{1}{x_1}-\dfrac{1}{x_2}>0$

$\therefore f(x_1)>f(x_2)$

따라서 함수 $f(x)=\dfrac{1}{x}$은 구간 $(-\infty, 0)$에서 감소한다.

## 126  답 구간 $(-\infty, 1]$에서 증가, 구간 $[1, \infty)$에서 감소

$f(x)=-x^2+2x+7$에서 $f'(x)=-2x+2$

$f'(x)=0$에서 $x=1$

함수 $f(x)$의 증가와 감소를 표로 나타내면 다음과 같다.

| $x$ | $\cdots$ | 1 | $\cdots$ |
|---|---|---|---|
| $f'(x)$ | + | 0 | − |
| $f(x)$ | ↗ | 8 | ↘ |

따라서 함수 $f(x)$는 구간 $(-\infty, 1]$에서 증가하고 구간 $[1, \infty)$에서 감소한다.

## 127  답 구간 $(-\infty, -1]$, $[1, \infty)$에서 증가, 구간 $[-1, 1]$에서 감소

$f(x)=x^3-3x+1$에서 $f'(x)=3x^2-3=3(x+1)(x-1)$

$f'(x)=0$에서 $x=-1$ 또는 $x=1$

함수 $f(x)$의 증가와 감소를 표로 나타내면 다음과 같다.

| $x$ | $\cdots$ | $-1$ | $\cdots$ | 1 | $\cdots$ |
|---|---|---|---|---|---|
| $f'(x)$ | + | 0 | − | 0 | + |
| $f(x)$ | ↗ | 3 | ↘ | $-1$ | ↗ |

따라서 함수 $f(x)$는 구간 $(-\infty, -1]$, $[1, \infty)$에서 증가하고 구간 $[-1, 1]$에서 감소한다.

## 128  답 구간 $(-\infty, \infty)$에서 증가

$f(x)=x^3+6x^2+12x+3$에서

$f'(x)=3x^2+12x+12=3(x+2)^2$

$f'(x)=0$에서 $x=-2$

함수 $f(x)$의 증가와 감소를 표로 나타내면 다음과 같다.

| $x$ | $\cdots$ | $-2$ | $\cdots$ |
|---|---|---|---|
| $f'(x)$ | + | 0 | + |
| $f(x)$ | ↗ | $-5$ | ↗ |

따라서 함수 $f(x)$는 구간 $(-\infty, \infty)$에서 증가한다.

## 129  답 구간 $[-1, 0]$, $[1, \infty)$에서 증가, 구간 $(-\infty, -1]$, $[0, 1]$에서 감소

$f(x)=x^4-2x^2+5$에서 $f'(x)=4x^3-4x=4x(x+1)(x-1)$

$f'(x)=0$에서 $x=-1$ 또는 $x=0$ 또는 $x=1$

함수 $f(x)$의 증가와 감소를 표로 나타내면 다음과 같다.

| $x$ | $\cdots$ | $-1$ | $\cdots$ | 0 | $\cdots$ | 1 | $\cdots$ |
|---|---|---|---|---|---|---|---|
| $f'(x)$ | − | 0 | + | 0 | − | 0 | + |
| $f(x)$ | ↘ | 4 | ↗ | 5 | ↘ | 4 | ↗ |

따라서 함수 $f(x)$는 구간 $[-1, 0]$, $[1, \infty)$에서 증가하고 구간 $(-\infty, -1]$, $[0, 1]$에서 감소한다.

**130** 답 $a\le -\dfrac{3}{4}$

$f(x)=2x^3+3x^2-2ax$에서 $f'(x)=6x^2+6x-2a$

함수 $f(x)$가 모든 실수에서 증가하려면

$f'(x)\ge 0$, 즉 $6x^2+6x-2a\ge 0$

위의 이차부등식이 모든 실수 $x$에 대하여 성립해야 하므로 이차방
정식 $6x^2+6x-2a=0$의 판별식을 $D$라 하면

$\dfrac{D}{4}=9+12a\le 0$ $\therefore a\le -\dfrac{3}{4}$

**131** 답 $0\le a\le \dfrac{3}{4}$

$f(x)=-x^3+2ax^2-ax$에서 $f'(x)=-3x^2+4ax-a$

함수 $f(x)$가 모든 실수에서 감소하려면

$f'(x)\le 0$, 즉 $-3x^2+4ax-a\le 0$

$3x^2-4ax+a\ge 0$

위의 이차부등식이 모든 실수 $x$에 대하여 성립해야 하므로 이차방
정식 $3x^2-4ax+a=0$의 판별식을 $D$라 하면

$\dfrac{D}{4}=4a^2-3a\le 0$, $a(4a-3)\le 0$

$\therefore 0\le a\le \dfrac{3}{4}$

**132** 답 $0\le a\le 9$

$f(x)=x^3-ax^2+3ax$에서 $f'(x)=3x^2-2ax+3a$

함수 $f(x)$가 모든 실수에서 증가하려면

$f'(x)\ge 0$, 즉 $3x^2-2ax+3a\ge 0$

위의 이차부등식이 모든 실수 $x$에 대하여 성립해야 하므로 이차방
정식 $3x^2-2ax+3a=0$의 판별식을 $D$라 하면

$\dfrac{D}{4}=a^2-9a\le 0$, $a(a-9)\le 0$

$\therefore 0\le a\le 9$

**133** 답 $a\le 8$

$f(x)=\dfrac{1}{3}x^3-3x^2+ax$에서

$f'(x)=x^2-6x+a$

함수 $f(x)$가 구간 $[2,\ 3]$에서 감소하려면

$2\le x\le 3$에서 $f'(x)\le 0$이어야 한다.

따라서 함수 $y=f'(x)$의 그래프는 오른쪽
그림과 같아야 하므로

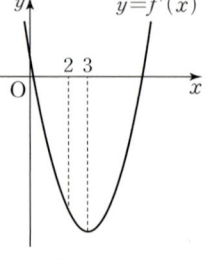

$f'(3)\le 0$에서 $9-18+a\le 0$

$\therefore a\le 9$ ...... ㉠

$f'(2)\le 0$에서 $4-12+a\le 0$

$\therefore a\le 8$ ...... ㉡

㉠, ㉡을 동시에 만족시키는 $a$의 값의 범위는

$a\le 8$

**134** 답 $a\ge 0$

$f(x)=-x^3-2x^2+ax+1$에서

$f'(x)=-3x^2-4x+a$

함수 $f(x)$가 구간 $[-1,\ 0]$에서 증가하려면

$-1\le x\le 0$에서 $f'(x)\ge 0$이어야 한다.

따라서 함수 $y=f'(x)$의 그래프는 오른쪽
그림과 같아야 하므로

$f'(-1)\ge 0$에서 $-3+4+a\ge 0$

$\therefore a\ge -1$ ...... ㉠

$f'(0)\ge 0$에서

$a\ge 0$ ...... ㉡

㉠, ㉡을 동시에 만족시키는 $a$의 값의 범위는 $a\ge 0$

**135** 답 $a\ge 5$

$f(x)=x^3-x^2-ax-2$에서

$f'(x)=3x^2-2x-a$

함수 $f(x)$가 구간 $[-1,\ 1]$에서 감소하려면

$-1\le x\le 1$에서 $f'(x)\le 0$이어야 한다.

따라서 함수 $y=f'(x)$의 그래프는 오른
쪽 그림과 같아야 하므로

$f'(-1)\le 0$에서 $3+2-a\le 0$

$\therefore a\ge 5$ ...... ㉠

$f'(1)\le 0$에서 $3-2-a\le 0$

$\therefore a\ge 1$ ...... ㉡

㉠, ㉡을 동시에 만족시키는 $a$의 값의 범위는

$a\ge 5$

**136** 답 극댓값: 7, 극솟값: 3

$f(x)=x^3-3x+5$에서 $f'(x)=3x^2-3=3(x+1)(x-1)$

$f'(x)=0$에서 $x=-1$ 또는 $x=1$

함수 $f(x)$의 증가와 감소를 표로 나타내면 다음과 같다.

| $x$ | $\cdots$ | $-1$ | $\cdots$ | $1$ | $\cdots$ |
|---|---|---|---|---|---|
| $f'(x)$ | $+$ | $0$ | $-$ | $0$ | $+$ |
| $f(x)$ | ↗ | $7$ | ↘ | $3$ | ↗ |

따라서 함수 $f(x)$는 $x=-1$에서 극댓값 7, $x=1$에서 극솟값 3을
갖는다.

**137** 답 극댓값: 18, 극솟값: $-14$

$f(x)=-x^3+12x+2$에서

$f'(x)=-3x^2+12=-3(x+2)(x-2)$

$f'(x)=0$에서 $x=-2$ 또는 $x=2$

함수 $f(x)$의 증가와 감소를 표로 나타내면 다음과 같다.

| $x$ | $\cdots$ | $-2$ | $\cdots$ | $2$ | $\cdots$ |
|---|---|---|---|---|---|
| $f'(x)$ | $-$ | $0$ | $+$ | $0$ | $-$ |
| $f(x)$ | ↘ | $-14$ | ↗ | $18$ | ↘ |

따라서 함수 $f(x)$는 $x=2$에서 극댓값 18, $x=-2$에서 극솟값 $-14$를 갖는다.

**138** 답 극댓값: 6, 극솟값: $-26$

$f(x)=x^3-3x^2-9x+1$에서

$f'(x)=3x^2-6x-9=3(x+1)(x-3)$

$f'(x)=0$에서 $x=-1$ 또는 $x=3$

함수 $f(x)$의 증가와 감소를 표로 나타내면 다음과 같다.

| $x$ | $\cdots$ | $-1$ | $\cdots$ | $3$ | $\cdots$ |
|---|---|---|---|---|---|
| $f'(x)$ | $+$ | $0$ | $-$ | $0$ | $+$ |
| $f(x)$ | ↗ | $6$ | ↘ | $-26$ | ↗ |

따라서 함수 $f(x)$는 $x=-1$에서 극댓값 6, $x=3$에서 극솟값 $-26$을 갖는다.

**139** 답 극댓값: 5, 극솟값: 3

$f(x)=-4x^3+6x^2+3$에서

$f'(x)=-12x^2+12x=-12x(x-1)$

$f'(x)=0$에서 $x=0$ 또는 $x=1$

함수 $f(x)$의 증가와 감소를 표로 나타내면 다음과 같다.

| $x$ | $\cdots$ | $0$ | $\cdots$ | $1$ | $\cdots$ |
|---|---|---|---|---|---|
| $f'(x)$ | $-$ | $0$ | $+$ | $0$ | $-$ |
| $f(x)$ | ↘ | $3$ | ↗ | $5$ | ↘ |

따라서 함수 $f(x)$는 $x=1$에서 극댓값 5, $x=0$에서 극솟값 3을 갖는다.

**140** 답 극댓값: 3, 극솟값: $-13$

$f(x)=x^4-8x^2+3$에서 $f'(x)=4x^3-16x=4x(x+2)(x-2)$

$f'(x)=0$에서 $x=-2$ 또는 $x=0$ 또는 $x=2$

함수 $f(x)$의 증가와 감소를 표로 나타내면 다음과 같다.

| $x$ | $\cdots$ | $-2$ | $\cdots$ | $0$ | $\cdots$ | $2$ | $\cdots$ |
|---|---|---|---|---|---|---|---|
| $f'(x)$ | $-$ | $0$ | $+$ | $0$ | $-$ | $0$ | $+$ |
| $f(x)$ | ↘ | $-13$ | ↗ | $3$ | ↘ | $-13$ | ↗ |

따라서 함수 $f(x)$는 $x=0$에서 극댓값 3, $x=-2$, $x=2$에서 극솟값 $-13$을 갖는다.

**141** 답 극댓값: 6

$f(x)=-3x^4+4x^3+5$에서

$f'(x)=-12x^3+12x^2=-12x^2(x-1)$

$f'(x)=0$에서 $x=0$ 또는 $x=1$

함수 $f(x)$의 증가와 감소를 표로 나타내면 다음과 같다.

| $x$ | $\cdots$ | $0$ | $\cdots$ | $1$ | $\cdots$ |
|---|---|---|---|---|---|
| $f'(x)$ | $+$ | $0$ | $+$ | $0$ | $-$ |
| $f(x)$ | ↗ | $5$ | ↗ | $6$ | ↘ |

따라서 함수 $f(x)$는 $x=1$에서 극댓값 6을 갖는다.

**142** 답 극댓값: 1, 극솟값: 0

$f(x)=-x^4+4x^3-4x^2+1$에서

$f'(x)=-4x^3+12x^2-8x=-4x(x-1)(x-2)$

$f'(x)=0$에서 $x=0$ 또는 $x=1$ 또는 $x=2$

함수 $f(x)$의 증가와 감소를 표로 나타내면 다음과 같다.

| $x$ | $\cdots$ | $0$ | $\cdots$ | $1$ | $\cdots$ | $2$ | $\cdots$ |
|---|---|---|---|---|---|---|---|
| $f'(x)$ | $+$ | $0$ | $-$ | $0$ | $+$ | $0$ | $-$ |
| $f(x)$ | ↗ | $1$ | ↘ | $0$ | ↗ | $1$ | ↘ |

따라서 함수 $f(x)$는 $x=0$, $x=2$에서 극댓값 1, $x=1$에서 극솟값 0을 갖는다.

**143** 답 극솟값: 2

$f(x)=x^4+\dfrac{8}{3}x^3+2x^2+2$에서

$f'(x)=4x^3+8x^2+4x=4x(x+1)^2$

$f'(x)=0$에서 $x=-1$ 또는 $x=0$

함수 $f(x)$의 증가와 감소를 표로 나타내면 다음과 같다.

| $x$ | $\cdots$ | $-1$ | $\cdots$ | $0$ | $\cdots$ |
|---|---|---|---|---|---|
| $f'(x)$ | $-$ | $0$ | $-$ | $0$ | $+$ |
| $f(x)$ | ↘ | $\dfrac{7}{3}$ | ↘ | $2$ | ↗ |

따라서 함수 $f(x)$는 $x=0$에서 극솟값 2를 갖는다.

**144** 답 $a=9$, $b=1$

$f(x)=-x^3-3x^2+ax+b$에서

$f'(x)=-3x^2-6x+a$

함수 $f(x)$가 $x=1$에서 극댓값 6을 가지므로

$f'(1)=0$에서 $-3-6+a=0$

$\therefore a=9$ ...... ㉠

$f(1)=6$에서 $-1-3+a+b=6$ ...... ㉡

㉠을 ㉡에 대입하여 풀면 $b=1$

**145** 답 $a=4$, $b=14$

$f(x)=-2x^3+ax^2+bx+3$에서

$f'(x)=-6x^2+2ax+b$

함수 $f(x)$가 $x=-1$에서 극솟값 $-5$를 가지므로

$f'(-1)=0$에서 $-6-2a+b=0$ ...... ㉠

$f(-1)=-5$에서 $2+a-b+3=-5$ ...... ㉡

㉠, ㉡을 연립하여 풀면 $a=4$, $b=14$

**146** 답 3

$f(x)=2x^3+ax^2+bx+c$에서

$f'(x)=6x^2+2ax+b$

함수 $f(x)$가 $x=0$에서 극솟값 $-5$를 가지므로

$f'(0)=0$에서 $b=0$

$f(0)=-5$에서 $c=-5$

함수 $f(x)$가 $x=-2$에서 극댓값을 가지므로

$f'(-2)=0$에서 $24-4a=0$

$\therefore a=6$

따라서 $f(x)=2x^3+6x^2-5$이므로 구하는 극댓값은

$f(-2)=-16+24-5=3$

## 147 답 $-4$

$f(x)=x^3+ax^2+bx-2$에서

$f'(x)=3x^2+2ax+b$

함수 $f(x)$가 $x=-1$에서 극댓값 0을 가지므로

$f'(-1)=0$에서 $3-2a+b=0$ $\qquad$ ······ ㉠

$f(-1)=0$에서 $-1+a-b-2=0$ $\qquad$ ······ ㉡

㉠, ㉡을 연립하여 풀면 $a=0$, $b=-3$

따라서 $f(x)=x^3-3x-2$이므로

$f'(x)=3x^2-3=3(x+1)(x-1)$

$f'(x)=0$에서 $x=-1$ 또는 $x=1$

함수 $f(x)$의 증가와 감소를 표로 나타내면 다음과 같다.

| $x$ | $\cdots$ | $-1$ | $\cdots$ | $1$ | $\cdots$ |
|---|---|---|---|---|---|
| $f'(x)$ | $+$ | $0$ | $-$ | $0$ | $+$ |
| $f(x)$ | ↗ | $0$ | ↘ | $-4$ | ↗ |

따라서 함수 $f(x)$는 $x=1$에서 극솟값 $-4$를 갖는다.

## 148 답 ×

$f'(b)=0$이지만 $x=b$의 좌우에서 $f'(x)$의 부호가 바뀌지 않으므로 함수 $f(x)$는 $x=b$에서 극값을 갖지 않는다.

## 149 답 ×

$f'(a)=0$, $f'(c)=0$, $f'(e)=0$이고 $x=a$, $x=c$, $x=e$의 좌우에서 $f'(x)$의 부호가 음에서 양으로 바뀌므로 함수 $f(x)$는 $x=a$, $x=c$, $x=e$에서 극솟값을 갖는다.

따라서 함수 $f(x)$가 극솟값을 갖는 점의 개수는 3이다.

## 150 답 ○

$b<x<c$일 때 $f'(x)<0$이므로 함수 $f(x)$는 감소한다.

## 151 답 ○

$f'(d)=0$이고 $x=d$의 좌우에서 $f'(x)$의 부호가 양에서 음으로 바뀌므로 함수 $f(x)$는 $x=d$에서 극댓값을 갖는다.

따라서 구간 $(c, e)$에서 함수 $f(x)$는 극댓값을 갖는다.

## 152 답 4

함수 $y=f'(x)$의 그래프가 $x$축과 만나는 점의 $x$좌표는 $a$, $0$, $b$, $c$, $d$이므로 함수 $f(x)$의 증가와 감소를 표로 나타내면 다음과 같다.

| $x$ | $\cdots$ | $a$ | $\cdots$ | $0$ | $\cdots$ | $b$ | $\cdots$ | $c$ | $\cdots$ | $d$ | $\cdots$ |
|---|---|---|---|---|---|---|---|---|---|---|---|
| $f'(x)$ | $+$ | $0$ | $+$ | $0$ | $-$ | $0$ | $+$ | $0$ | $-$ | $0$ | $+$ |
| $f(x)$ | ↗ | | ↗ | 극대 | ↘ | 극소 | ↗ | 극대 | ↘ | 극소 | ↗ |

따라서 함수 $f(x)$는 $x=0$, $x=c$에서 극댓값, $x=b$, $x=d$에서 극솟값을 가지므로 $f(x)$가 극값을 갖는 점의 개수는 4이다.

## 153 답 극댓값을 갖는 $x$의 값: $a$, $d$, 극솟값을 갖는 $x$의 값: $0$

함수 $y=f'(x)$의 그래프가 $x$축과 만나는 점의 $x$좌표는 $a$, $0$, $d$이므로 함수 $f(x)$의 증가와 감소를 표로 나타내면 다음과 같다.

| $x$ | $\cdots$ | $a$ | $\cdots$ | $0$ | $\cdots$ | $d$ | $\cdots$ |
|---|---|---|---|---|---|---|---|
| $f'(x)$ | $+$ | $0$ | $-$ | $0$ | $+$ | $0$ | $-$ |
| $f(x)$ | ↗ | 극대 | ↘ | 극소 | ↗ | 극대 | ↘ |

따라서 함수 $f(x)$는 $x=a$, $x=d$에서 극댓값, $x=0$에서 극솟값을 갖는다.

## 154 답 극댓값을 갖는 $x$의 값: $a$, 극솟값을 갖는 $x$의 값: $c$

함수 $y=f'(x)$의 그래프가 $x$축과 만나는 점의 $x$좌표는 $a$, $c$, $e$이므로 함수 $f(x)$의 증가와 감소를 표로 나타내면 다음과 같다.

| $x$ | $\cdots$ | $a$ | $\cdots$ | $c$ | $\cdots$ | $e$ | $\cdots$ |
|---|---|---|---|---|---|---|---|
| $f'(x)$ | $+$ | $0$ | $-$ | $0$ | $+$ | $0$ | $+$ |
| $f(x)$ | ↗ | 극대 | ↘ | 극소 | ↗ | | ↗ |

따라서 함수 $f(x)$는 $x=a$에서 극댓값, $x=c$에서 극솟값을 갖는다.

## 155 답 $a<-3$ 또는 $a>3$

$f(x)=x^3+ax^2+3x+1$에서

$f'(x)=3x^2+2ax+3$

삼차함수 $f(x)$가 극값을 가지려면

이차방정식 $f'(x)=0$이 서로 다른 두 실근을 가져야 하므로

$f'(x)=0$, 즉 $3x^2+2ax+3=0$의 판별식을 $D$라 하면

$\dfrac{D}{4}=a^2-9>0$, $(a+3)(a-3)>0$

$\therefore a<-3$ 또는 $a>3$

## 156 답 $a<0$ 또는 $a>6$

$f(x)=-2x^3+ax^2-ax+5$에서

$f'(x)=-6x^2+2ax-a$

삼차함수 $f(x)$가 극값을 가지려면

이차방정식 $f'(x)=0$이 서로 다른 두 실근을 가져야 하므로

$f'(x)=0$, 즉 $-6x^2+2ax-a=0$의 판별식을 $D$라 하면

$\dfrac{D}{4}=a^2-6a>0$, $a(a-6)>0$

$\therefore a<0$ 또는 $a>6$

## 157 답 $-3\sqrt{2}\le a\le 3\sqrt{2}$

$f(x)=2x^3+ax^2+3x+2$에서

$f'(x)=6x^2+2ax+3$

삼차함수 $f(x)$가 극값을 갖지 않으려면

이차방정식 $f'(x)=0$이 중근 또는 허근을 가져야 하므로

$f'(x)=0$, 즉 $6x^2+2ax+3=0$의 판별식을 $D$라 하면

$\dfrac{D}{4}=a^2-18\leq0$, $(a+3\sqrt{2})(a-3\sqrt{2})\leq0$

$\therefore -3\sqrt{2}\leq a\leq3\sqrt{2}$

**158** 답 $-9\leq a\leq0$

$f(x)=-x^3+ax^2+3ax+6$에서

$f'(x)=-3x^2+2ax+3a$

삼차함수 $f(x)$가 극값을 갖지 않으려면

이차방정식 $f'(x)=0$이 중근 또는 허근을 가져야 하므로

$f'(x)=0$, 즉 $-3x^2+2ax+3a=0$의 판별식을 $D$라 하면

$\dfrac{D}{4}=a^2+9a\leq0$, $a(a+9)\leq0$

$\therefore -9\leq a\leq0$

**159** 답 풀이 참조

$f(x)=x^3-3x^2+2$에서

$f'(x)=3x^2-6x=3x(x-2)$

$f'(x)=0$에서 $x=0$ 또는 $x=2$

함수 $f(x)$의 증가와 감소를 표로 나타내면 다음과 같다.

| $x$ | $\cdots$ | $0$ | $\cdots$ | $2$ | $\cdots$ |
|---|---|---|---|---|---|
| $f'(x)$ | $+$ | $0$ | $-$ | $0$ | $+$ |
| $f(x)$ | $\nearrow$ | $2$ | $\searrow$ | $-2$ | $\nearrow$ |

따라서 함수 $y=f(x)$의 그래프는 오른쪽 그림과 같다.

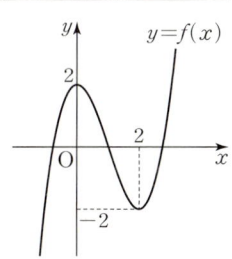

**160** 답 풀이 참조

$f(x)=2x^3-9x^2+12x-3$에서

$f'(x)=6x^2-18x+12=6(x-1)(x-2)$

$f'(x)=0$에서 $x=1$ 또는 $x=2$

함수 $f(x)$의 증가와 감소를 표로 나타내면 다음과 같다.

| $x$ | $\cdots$ | $1$ | $\cdots$ | $2$ | $\cdots$ |
|---|---|---|---|---|---|
| $f'(x)$ | $+$ | $0$ | $-$ | $0$ | $+$ |
| $f(x)$ | $\nearrow$ | $2$ | $\searrow$ | $1$ | $\nearrow$ |

따라서 함수 $y=f(x)$의 그래프는 오른쪽 그림과 같다.

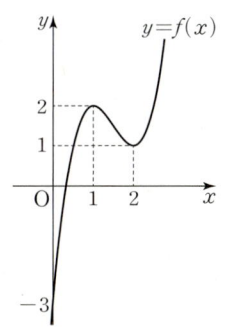

**161** 답 풀이 참조

$f(x)=-x^3+3x-1$에서

$f'(x)=-3x^2+3=-3(x+1)(x-1)$

$f'(x)=0$에서 $x=-1$ 또는 $x=1$

함수 $f(x)$의 증가와 감소를 표로 나타내면 다음과 같다.

| $x$ | $\cdots$ | $-1$ | $\cdots$ | $1$ | $\cdots$ |
|---|---|---|---|---|---|
| $f'(x)$ | $-$ | $0$ | $+$ | $0$ | $-$ |
| $f(x)$ | $\searrow$ | $-3$ | $\nearrow$ | $1$ | $\searrow$ |

따라서 함수 $y=f(x)$의 그래프는 오른쪽 그림과 같다.

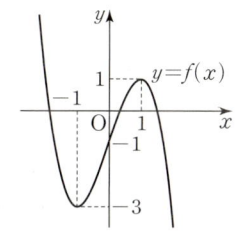

**162** 답 풀이 참조

$f(x)=-x^3-3x^2-3x+2$에서

$f'(x)=-3x^2-6x-3=-3(x+1)^2$

$f'(x)=0$에서 $x=-1$

함수 $f(x)$의 증가와 감소를 표로 나타내면 다음과 같다.

| $x$ | $\cdots$ | $-1$ | $\cdots$ |
|---|---|---|---|
| $f'(x)$ | $-$ | $0$ | $-$ |
| $f(x)$ | $\searrow$ | $3$ | $\searrow$ |

따라서 함수 $y=f(x)$의 그래프는 오른쪽 그림과 같다.

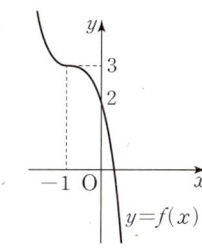

**163** 답 풀이 참조

$f(x)=2x^3+3x^2-12x+7$에서

$f'(x)=6x^2+6x-12=6(x+2)(x-1)$

$f'(x)=0$에서 $x=-2$ 또는 $x=1$

함수 $f(x)$의 증가와 감소를 표로 나타내면 다음과 같다.

| $x$ | $\cdots$ | $-2$ | $\cdots$ | $1$ | $\cdots$ |
|---|---|---|---|---|---|
| $f'(x)$ | $+$ | $0$ | $-$ | $0$ | $+$ |
| $f(x)$ | $\nearrow$ | $27$ | $\searrow$ | $0$ | $\nearrow$ |

따라서 함수 $y=f(x)$의 그래프는 오른쪽 그림과 같다.

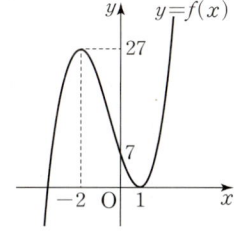

## 164 답 풀이 참조

$f(x)=x^3-6x^2+12x-2$에서

$f'(x)=3x^2-12x+12=3(x-2)^2$

$f'(x)=0$에서 $x=2$

함수 $f(x)$의 증가와 감소를 표로 나타내면 다음과 같다.

| $x$ | $\cdots$ | 2 | $\cdots$ |
|---|---|---|---|
| $f'(x)$ | $+$ | 0 | $+$ |
| $f(x)$ | ↗ | 6 | ↗ |

따라서 함수 $y=f(x)$의 그래프는 오른쪽 그림과 같다.

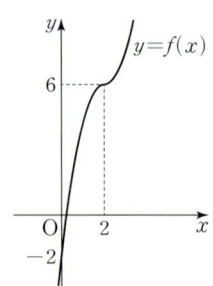

## 165 답 풀이 참조

$f(x)=x^4-4x^3+4x^2-2$에서

$f'(x)=4x^3-12x^2+8x=4x(x-1)(x-2)$

$f'(x)=0$에서 $x=0$ 또는 $x=1$ 또는 $x=2$

함수 $f(x)$의 증가와 감소를 표로 나타내면 다음과 같다.

| $x$ | $\cdots$ | 0 | $\cdots$ | 1 | $\cdots$ | 2 | $\cdots$ |
|---|---|---|---|---|---|---|---|
| $f'(x)$ | $-$ | 0 | $+$ | 0 | $-$ | 0 | $+$ |
| $f(x)$ | ↘ | $-2$ | ↗ | $-1$ | ↘ | $-2$ | ↗ |

따라서 함수 $y=f(x)$의 그래프는 오른쪽 그림과 같다.

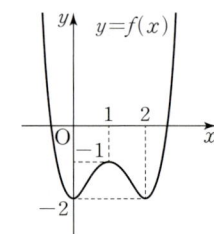

## 166 답 풀이 참조

$f(x)=-2x^4+4x^2+1$에서

$f'(x)=-8x^3+8x=-8x(x+1)(x-1)$

$f'(x)=0$에서 $x=-1$ 또는 $x=0$ 또는 $x=1$

함수 $f(x)$의 증가와 감소를 표로 나타내면 다음과 같다.

| $x$ | $\cdots$ | $-1$ | $\cdots$ | 0 | $\cdots$ | 1 | $\cdots$ |
|---|---|---|---|---|---|---|---|
| $f'(x)$ | $+$ | 0 | $-$ | 0 | $+$ | 0 | $-$ |
| $f(x)$ | ↗ | 3 | ↘ | 1 | ↗ | 3 | ↘ |

따라서 함수 $y=f(x)$의 그래프는 오른쪽 그림과 같다.

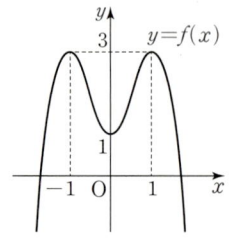

## 167 답 풀이 참조

$f(x)=3x^4-4x^3+1$에서

$f'(x)=12x^3-12x^2=12x^2(x-1)$

$f'(x)=0$에서 $x=0$ 또는 $x=1$

함수 $f(x)$의 증가와 감소를 표로 나타내면 다음과 같다.

| $x$ | $\cdots$ | 0 | $\cdots$ | 1 | $\cdots$ |
|---|---|---|---|---|---|
| $f'(x)$ | $-$ | 0 | $-$ | 0 | $+$ |
| $f(x)$ | ↘ | 1 | ↘ | 0 | ↗ |

따라서 함수 $y=f(x)$의 그래프는 오른쪽 그림과 같다.

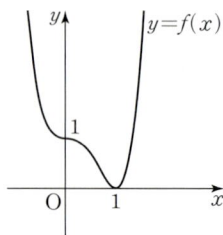

## 168 답 풀이 참조

$f(x)=-3x^4+8x^3-6x^2+2$에서

$f'(x)=-12x^3+24x^2-12x=-12x(x-1)^2$

$f'(x)=0$에서 $x=0$ 또는 $x=1$

함수 $f(x)$의 증가와 감소를 표로 나타내면 다음과 같다.

| $x$ | $\cdots$ | 0 | $\cdots$ | 1 | $\cdots$ |
|---|---|---|---|---|---|
| $f'(x)$ | $+$ | 0 | $-$ | 0 | $-$ |
| $f(x)$ | ↗ | 2 | ↘ | 1 | ↘ |

따라서 함수 $y=f(x)$의 그래프는 오른쪽 그림과 같다.

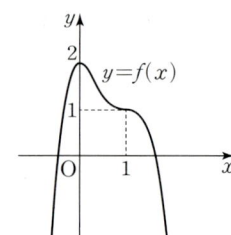

## 169 답 최댓값: 3, 최솟값: $-17$

$f(x)=x^3-6x^2+9x-1$에서

$f'(x)=3x^2-12x+9=3(x-1)(x-3)$

$f'(x)=0$에서 $x=1$ ($\because -1 \leq x \leq 2$)

구간 $[-1, 2]$에서 함수 $f(x)$의 증가와 감소를 표로 나타내면 다음과 같다.

| $x$ | $-1$ | $\cdots$ | 1 | $\cdots$ | 2 |
|---|---|---|---|---|---|
| $f'(x)$ | | $+$ | 0 | $-$ | |
| $f(x)$ | $-17$ | ↗ | 3 | ↘ | 1 |

따라서 구간 $[-1, 2]$에서 함수 $f(x)$는 $x=1$에서 최댓값 3, $x=-1$에서 최솟값 $-17$을 갖는다.

## 170 답 최댓값: 23, 최솟값: 7

$f(x)=-x^3+12x+7$에서

$f'(x)=-3x^2+12=-3(x+2)(x-2)$

$f'(x)=0$에서 $x=2$ $(\because 0 \le x \le 3)$

구간 $[0, 3]$에서 함수 $f(x)$의 증가와 감소를 표로 나타내면 다음과 같다.

| $x$ | 0 | $\cdots$ | 2 | $\cdots$ | 3 |
|---|---|---|---|---|---|
| $f'(x)$ | | $+$ | 0 | $-$ | |
| $f(x)$ | 7 | ↗ | 23 | ↘ | 16 |

따라서 구간 $[0, 3]$에서 함수 $f(x)$는 $x=2$에서 최댓값 23, $x=0$에서 최솟값 7을 갖는다.

### 171 답 최댓값: 10, 최솟값: $-22$

$f(x)=x^4-4x^3+5$에서

$f'(x)=4x^3-12x^2=4x^2(x-3)$

$f'(x)=0$에서 $x=0$ 또는 $x=3$

구간 $[-1, 4]$에서 함수 $f(x)$의 증가와 감소를 표로 나타내면 다음과 같다.

| $x$ | $-1$ | $\cdots$ | 0 | $\cdots$ | 3 | $\cdots$ | 4 |
|---|---|---|---|---|---|---|---|
| $f'(x)$ | | $-$ | 0 | $-$ | 0 | $+$ | |
| $f(x)$ | 10 | ↘ | 5 | ↘ | $-22$ | ↗ | 5 |

따라서 구간 $[-1, 4]$에서 함수 $f(x)$는 $x=-1$에서 최댓값 10, $x=3$에서 최솟값 $-22$를 갖는다.

### 172 답 최댓값: 10, 최솟값: $-\dfrac{5}{4}$

$f(x)=\dfrac{1}{4}x^4+\dfrac{1}{2}x^2-2x$에서

$f'(x)=x^3+x-2=(x-1)(x^2+x+2)$

$f'(x)=0$에서 $x=1$

구간 $[-2, 2]$에서 함수 $f(x)$의 증가와 감소를 표로 나타내면 다음과 같다.

| $x$ | $-2$ | $\cdots$ | 1 | $\cdots$ | 2 |
|---|---|---|---|---|---|
| $f'(x)$ | | $-$ | 0 | $+$ | |
| $f(x)$ | 10 | ↘ | $-\dfrac{5}{4}$ | ↗ | 2 |

따라서 구간 $[-2, 2]$에서 함수 $f(x)$는 $x=-2$에서 최댓값 10, $x=1$에서 최솟값 $-\dfrac{5}{4}$를 갖는다.

### 173 답 3

$f(x)=x^3+6x^2+a$에서

$f'(x)=3x^2+12x=3x(x+4)$

$f'(x)=0$에서 $x=0$ $(\because -1 \le x \le 1)$

구간 $[-1, 1]$에서 함수 $f(x)$의 증가와 감소를 표로 나타내면 다음과 같다.

| $x$ | $-1$ | $\cdots$ | 0 | $\cdots$ | 1 |
|---|---|---|---|---|---|
| $f'(x)$ | | $-$ | 0 | $+$ | |
| $f(x)$ | $a+5$ | ↘ | $a$ | ↗ | $a+7$ |

따라서 구간 $[-1, 1]$에서 함수 $f(x)$는 $x=1$에서 최댓값 $a+7$을 가지므로

$a+7=10$ $\quad \therefore a=3$

### 174 답 $a=1$, $b=10$

$f(x)=ax^3+3ax^2+b$에서

$f'(x)=3ax^2+6ax=3ax(x+2)$

$f'(x)=0$에서 $x=-2$ $(\because -3 \le x \le -1)$

$a>0$이므로 구간 $[-3, -1]$에서 함수 $f(x)$의 증가와 감소를 표로 나타내면 다음과 같다.

| $x$ | $-3$ | $\cdots$ | $-2$ | $\cdots$ | $-1$ |
|---|---|---|---|---|---|
| $f'(x)$ | | $+$ | 0 | $-$ | |
| $f(x)$ | $b$ | ↗ | $4a+b$ | ↘ | $2a+b$ |

따라서 구간 $[-3, -1]$에서 함수 $f(x)$는 $x=-2$에서 최댓값 $4a+b$, $x=-3$에서 최솟값 $b$를 가지므로

$4a+b=14$, $b=10$

$\therefore a=1$, $b=10$

### 175 답 $a=1$, $b=13$

$f(x)=ax^4+4ax^3+b$에서

$f'(x)=4ax^3+12ax^2=4ax^2(x+3)$

$f'(x)=0$에서 $x=-3$ $(\because -4 \le x \le -1)$

$a>0$이므로 구간 $[-4, -1]$에서 함수 $f(x)$의 증가와 감소를 표로 나타내면 다음과 같다.

| $x$ | $-4$ | $\cdots$ | $-3$ | $\cdots$ | $-1$ |
|---|---|---|---|---|---|
| $f'(x)$ | | $-$ | 0 | $+$ | |
| $f(x)$ | $b$ | ↘ | $-27a+b$ | ↗ | $-3a+b$ |

따라서 구간 $[-4, -1]$에서 함수 $f(x)$는 $x=-4$에서 최댓값 $b$, $x=-3$에서 최솟값 $-27a+b$를 가지므로

$b=13$, $-27a+b=-14$

$\therefore a=1$, $b=13$

### 176 답 16

점 P의 좌표를 $(a, -a^2+6a)$ $(0<a<6)$라 하면

$\overline{OH}=a$, $\overline{PH}=-a^2+6a$

삼각형 OHP의 넓이를 $S(a)$라 하면

$S(a)=\dfrac{1}{2}a(-a^2+6a)=-\dfrac{1}{2}a^3+3a^2$이므로

$S'(a)=-\dfrac{3}{2}a^2+6a=-\dfrac{3}{2}a(a-4)$

$S'(a)=0$에서 $a=4$ $(\because 0<a<6)$

$0<a<6$에서 함수 $S(a)$의 증가와 감소를 표로 나타내면 다음과 같다.

| $a$ | 0 | $\cdots$ | 4 | $\cdots$ | 6 |
|---|---|---|---|---|---|
| $S'(a)$ | | $+$ | 0 | $-$ | |
| $S(a)$ | | ↗ | 16 | ↘ | |

따라서 함수 $S(a)$는 $a=4$에서 극대이면서 최대이므로 구하는 넓이의 최댓값은 16이다.

## 177 답 32

점 A의 좌표를 $(a, -a^2+12)$ $(0<a<2\sqrt{3})$라 하면
$\overline{CD}=2a$, $\overline{AD}=-a^2+12$
직사각형 ABCD의 넓이를 $S(a)$라 하면
$S(a)=2a(-a^2+12)=-2a^3+24a$이므로
$S'(a)=-6a^2+24=-6(a+2)(a-2)$
$S'(a)=0$에서 $a=2$ $(\because 0<a<2\sqrt{3})$
$0<a<2\sqrt{3}$에서 함수 $S(a)$의 증가와 감소를 표로 나타내면 다음과 같다.

| $a$ | 0 | $\cdots$ | 2 | $\cdots$ | $2\sqrt{3}$ |
|---|---|---|---|---|---|
| $S'(a)$ | | $+$ | 0 | $-$ | |
| $S(a)$ | | ↗ | 32 | ↘ | |

따라서 함수 $S(a)$는 $a=2$에서 극대이면서 최대이므로 구하는 넓이의 최댓값은 32이다.

## 178 답 128 cm³

잘라 낸 정사각형의 한 변의 길이를 $x$ cm라 하면 상자의 가로의 길이와 세로의 길이는 모두 $(12-2x)$ cm이다.
이때 $x>0$, $12-2x>0$이므로 $0<x<6$
상자의 부피를 $V(x)$ cm³라 하면
$V(x)=x(12-2x)^2=4x^3-48x^2+144x$이므로
$V'(x)=12x^2-96x+144=12(x-2)(x-6)$
$V'(x)=0$에서 $x=2$ $(\because 0<x<6)$
$0<x<6$에서 함수 $V(x)$의 증가와 감소를 표로 나타내면 다음과 같다.

| $x$ | 0 | $\cdots$ | 2 | $\cdots$ | 6 |
|---|---|---|---|---|---|
| $V'(x)$ | | $+$ | 0 | $-$ | |
| $V(x)$ | | ↗ | 128 | ↘ | |

따라서 함수 $V(x)$는 $x=2$에서 극대이면서 최대이므로 구하는 부피의 최댓값은 128 cm³이다.

## 179 답 144 cm³

잘라 낸 정사각형의 한 변의 길이를 $x$ cm라 하면 상자의 가로, 세로의 길이는 각각 $(16-2x)$ cm, $(10-2x)$ cm이다.
이때 $x>0$, $16-2x>0$, $10-2x>0$이므로 $0<x<5$
상자의 부피를 $V(x)$ cm³라 하면
$V(x)=x(16-2x)(10-2x)=4x^3-52x^2+160x$이므로
$V'(x)=12x^2-104x+160=4(x-2)(3x-20)$
$V'(x)=0$에서 $x=2$ $(\because 0<x<5)$
$0<x<5$에서 함수 $V(x)$의 증가와 감소를 표로 나타내면 다음과 같다.

| $x$ | 0 | $\cdots$ | 2 | $\cdots$ | 5 |
|---|---|---|---|---|---|
| $V'(x)$ | | $+$ | 0 | $-$ | |
| $V(x)$ | | ↗ | 144 | ↘ | |

따라서 함수 $V(x)$는 $x=2$에서 극대이면서 최대이므로 구하는 부피의 최댓값은 144 cm³이다.

---

중단원 **#기출 #교과서**          49쪽

| 180 12 | 181 ② | 182 ④ | 183 ② |
|---|---|---|---|
| 184 ③ | 185 22 | 186 19 | 187 10 cm |

## 180

$f(x)=-x^3+4x$라 하면
$f'(x)=-3x^2+4$
점 $(1, 3)$에서의 접선의 기울기는
$f'(1)=-3+4=1$
이므로 접선의 방정식은
$y-3=x-1$ $\quad \therefore y=x+2$
따라서 $a=1$, $b=2$이므로
$10a+b=10\times 1+2=12$

## 181

$f(x)=x^2-8x+3$이라 하면
$f'(x)=2x-8$
점 $P(a, b)$에서의 접선의 기울기는
$f'(a)=2a-8$
직선 $x-4y+5=0$, 즉 $y=\dfrac{1}{4}x+\dfrac{5}{4}$에 수직인 직선의 기울기는 $-4$
이므로
$f'(a)=-4$에서 $2a-8=-4$
$\therefore a=2$
점 $P(2, b)$가 곡선 $y=f(x)$ 위의 점이므로
$b=4-16+3=-9$
$\therefore a+b=2+(-9)=-7$

## 182

$f(x)=x^3+x+2$라 하면
$f'(x)=3x^2+1$
접점의 좌표를 $(a, a^3+a+2)$라 하면 접선의 방정식은
$y-(a^3+a+2)=(3a^2+1)(x-a)$
$\therefore y=(3a^2+1)x-2a^3+2$ $\quad \cdots\cdots \bigcirc$
이 접선이 점 $(0, 4)$를 지나므로
$4=-2a^3+2$, $a^3+1=0$
$(a+1)(a^2-a+1)=0$ $\quad \therefore a=-1$
이를 $\bigcirc$에 대입하면 접선의 방정식이 $y=4x+4$이므로 구하는 $y$절편은 4이다.

## 183

함수 $f(x)=x^2-6x+3$에 대하여 닫힌구간 $[a, b]$에서 평균값 정리를 만족시키는 상수가 $-1$이므로

$$\frac{f(b)-f(a)}{b-a}=f'(-1)$$

이때

$$\begin{aligned}\frac{f(b)-f(a)}{b-a}&=\frac{(b^2-6b+3)-(a^2-6a+3)}{b-a}\\&=\frac{(b^2-a^2)-6(b-a)}{b-a}\\&=b+a-6\end{aligned}$$

이고 $f'(x)=2x-6$에서 $f'(-1)=-8$이므로

$b+a-6=-8$   ∴ $a+b=-2$

## 184

$f(x)=2x^3+ax^2-2ax+1$에서 $f'(x)=6x^2+2ax-2a$

함수 $f(x)$가 구간 $(-\infty, \infty)$에서 증가하려면

$f'(x)\geq0$, 즉 $6x^2+2ax-2a\geq0$

위의 이차부등식이 모든 실수 $x$에 대하여 성립해야 하므로 이차방정식 $6x^2+2ax-2a=0$의 판별식을 $D$라 하면

$$\frac{D}{4}=a^2+12a\leq0,\ a(a+12)\leq0$$

∴ $-12\leq a\leq0$

따라서 조건을 만족시키는 정수 $a$는 $-12$, $-11$, $-10$, $\cdots$, $-1$, $0$의 13개이다.

## 185

$f(x)=2x^3-12x^2+ax-4$에서 $f'(x)=6x^2-24x+a$

함수 $f(x)$가 $x=1$에서 극댓값을 가지므로

$f'(1)=0$에서 $6-24+a=0$

∴ $a=18$

따라서 $f(x)=2x^3-12x^2+18x-4$이므로 함수 $f(x)$의 극댓값은

$M=f(1)=2-12+18-4=4$

∴ $a+M=18+4=22$

## 186

$f(x)=2x^3+ax^2+bx+c$에서

$f'(x)=6x^2+2ax+b$이므로

$f'(-2)=0$에서 $24-4a+b=0$   $\cdots\cdots$ ㉠

$f'(1)=0$에서 $6+2a+b=0$   $\cdots\cdots$ ㉡

㉠, ㉡을 연립하여 풀면 $a=3$, $b=-12$

따라서 $f(x)=2x^3+3x^2-12x+c$이고

$x=1$에서 극솟값 $-3$을 가지므로

$f(1)=-3$에서 $2+3-12+c=-3$

∴ $c=4$

∴ $a-b+c=3-(-12)+4=19$

## 187

원기둥의 밑면의 반지름의 길이를 $x$ cm $(0<x<15)$라 하면

원기둥의 높이는 $(15-x)$ cm

원기둥의 부피를 $V(x)$ cm$^3$라 하면

$V(x)=\pi x^2(15-x)=15\pi x^2-\pi x^3$이므로

$V'(x)=30\pi x-3\pi x^2=3\pi x(10-x)$

$V'(x)=0$에서 $x=10$ $(\because 0<x<15)$

$0<x<15$에서 함수 $V(x)$의 증가와 감소를 표로 나타내면 다음과 같다.

| $x$ | 0 | $\cdots$ | 10 | $\cdots$ | 15 |
|---|---|---|---|---|---|
| $V'(x)$ | | $+$ | 0 | $-$ | |
| $V(x)$ | | ↗ | 극대 | ↘ | |

따라서 함수 $V(x)$는 $x=10$에서 극대이면서 최대이므로 원기둥의 부피가 최대일 때 밑면의 반지름의 길이는 10 cm이다.

## 5 도함수의 활용 (2)

50 ~ 58쪽

### 188 답 3

$f(x)=2x^3-6x^2+5$라 하면

$f'(x)=6x^2-12x=6x(x-2)$

$f'(x)=0$에서 $x=0$ 또는 $x=2$

함수 $f(x)$의 증가와 감소를 표로 나타내면 다음과 같다.

| $x$ | $\cdots$ | 0 | $\cdots$ | 2 | $\cdots$ |
|---|---|---|---|---|---|
| $f'(x)$ | + | 0 | − | 0 | + |
| $f(x)$ | ↗ | 5 | ↘ | −3 | ↗ |

따라서 함수 $y=f(x)$의 그래프는 오른쪽 그림과 같고 $x$축과 서로 다른 세 점에서 만나므로 주어진 방정식의 서로 다른 실근의 개수는 3이다.

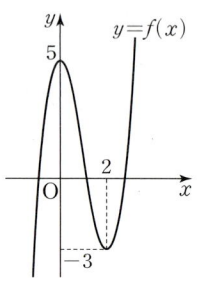

### 189 답 1

$f(x)=x^3-3x^2+3x+1$이라 하면

$f'(x)=3x^2-6x+3=3(x-1)^2$

$f'(x)=0$에서 $x=1$

함수 $f(x)$의 증가와 감소를 표로 나타내면 다음과 같다.

| $x$ | $\cdots$ | 1 | $\cdots$ |
|---|---|---|---|
| $f'(x)$ | + | 0 | + |
| $f(x)$ | ↗ | 2 | ↗ |

따라서 함수 $y=f(x)$의 그래프는 오른쪽 그림과 같고 $x$축과 한 점에서 만나므로 주어진 방정식의 서로 다른 실근의 개수는 1이다.

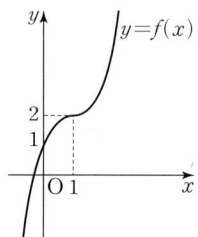

### 190 답 4

$f(x)=2x^4-4x^2+1$이라 하면

$f'(x)=8x^3-8x=8x(x+1)(x-1)$

$f'(x)=0$에서 $x=-1$ 또는 $x=0$ 또는 $x=1$

함수 $f(x)$의 증가와 감소를 표로 나타내면 다음과 같다.

| $x$ | $\cdots$ | −1 | $\cdots$ | 0 | $\cdots$ | 1 | $\cdots$ |
|---|---|---|---|---|---|---|---|
| $f'(x)$ | − | 0 | + | 0 | − | 0 | + |
| $f(x)$ | ↘ | −1 | ↗ | 1 | ↘ | −1 | ↗ |

따라서 함수 $y=f(x)$의 그래프는 오른쪽 그림과 같고 $x$축과 서로 다른 네 점에서 만나므로 주어진 방정식의 서로 다른 실근의 개수는 4이다.

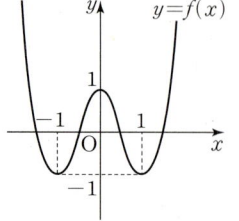

### 191 답 2

$f(x)=x^4+2x^2-2$라 하면

$f'(x)=4x^3+4x=4x(x^2+1)$

$f'(x)=0$에서 $x=0$

함수 $f(x)$의 증가와 감소를 표로 나타내면 다음과 같다.

| $x$ | $\cdots$ | 0 | $\cdots$ |
|---|---|---|---|
| $f'(x)$ | − | 0 | + |
| $f(x)$ | ↘ | −2 | ↗ |

따라서 함수 $y=f(x)$의 그래프는 오른쪽 그림과 같고 $x$축과 서로 다른 두 점에서 만나므로 주어진 방정식의 서로 다른 실근의 개수는 2이다.

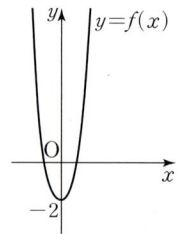

### 192 답 $-\dfrac{1}{3}<a<1$

방정식 $\dfrac{1}{3}x^3-x^2+1=a$의 서로 다른 실근의 개수는 곡선

$y=\dfrac{1}{3}x^3-x^2+1$과 직선 $y=a$의 교점의 개수와 같다.

$f(x)=\dfrac{1}{3}x^3-x^2+1$이라 하면

$f'(x)=x^2-2x=x(x-2)$

$f'(x)=0$에서 $x=0$ 또는 $x=2$

함수 $f(x)$의 증가와 감소를 표로 나타내면 다음과 같다.

| $x$ | $\cdots$ | 0 | $\cdots$ | 2 | $\cdots$ |
|---|---|---|---|---|---|
| $f'(x)$ | + | 0 | − | 0 | + |
| $f(x)$ | ↗ | 1 | ↘ | $-\dfrac{1}{3}$ | ↗ |

따라서 함수 $y=f(x)$의 그래프는 오른쪽 그림과 같으므로 직선 $y=a$와 서로 다른 세 점에서 만나도록 하는 $a$의 값의 범위는

$-\dfrac{1}{3}<a<1$

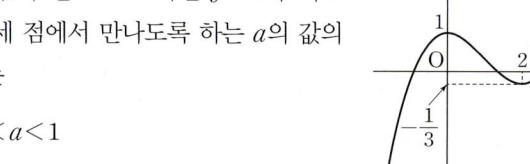

### 193 답 $a<1$ 또는 $a>5$

$x^3-6x^2+9x+1-a=0$에서 $x^3-6x^2+9x+1=a$

위의 방정식의 서로 다른 실근의 개수는 곡선

$y=x^3-6x^2+9x+1$과 직선 $y=a$의 교점의 개수와 같다.

$f(x)=x^3-6x^2+9x+1$이라 하면

$f'(x)=3x^2-12x+9=3(x-1)(x-3)$

$f'(x)=0$에서 $x=1$ 또는 $x=3$

함수 $f(x)$의 증가와 감소를 표로 나타내면 다음과 같다.

| $x$ | $\cdots$ | 1 | $\cdots$ | 3 | $\cdots$ |
|---|---|---|---|---|---|
| $f'(x)$ | + | 0 | − | 0 | + |
| $f(x)$ | ↗ | 5 | ↘ | 1 | ↗ |

따라서 함수 $y=f(x)$의 그래프는 오른쪽
그림과 같으므로 직선 $y=a$와 한 점에서
만나도록 하는 $a$의 값의 범위는
$a<1$ 또는 $a>5$

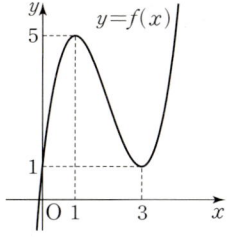

**194** 답 2 또는 6

방정식 $x^3-3x+4=a$의 서로 다른 실근의 개수는 곡선
$y=x^3-3x+4$와 직선 $y=a$의 교점의 개수와 같다.
$f(x)=x^3-3x+4$라 하면
$f'(x)=3x^2-3=3(x+1)(x-1)$
$f'(x)=0$에서 $x=-1$ 또는 $x=1$
함수 $f(x)$의 증가와 감소를 표로 나타내면 다음과 같다.

| $x$ | $\cdots$ | $-1$ | $\cdots$ | $1$ | $\cdots$ |
|---|---|---|---|---|---|
| $f'(x)$ | $+$ | $0$ | $-$ | $0$ | $+$ |
| $f(x)$ | ↗ | $6$ | ↘ | $2$ | ↗ |

따라서 함수 $y=f(x)$의 그래프는 오른쪽
그림과 같으므로 직선 $y=a$와 서로 다른
두 점에서 만나도록 하는 $a$의 값은
$a=2$ 또는 $a=6$

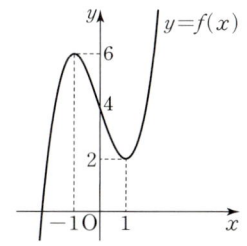

**195** 답 $0<a<4$

두 곡선 $y=x^3+x^2$, $y=-2x^2+a$가 서로 다른 세 점에서 만나려
면 방정식 $x^3+x^2=-2x^2+a$, 즉 $x^3+3x^2=a$가 서로 다른 세 실
근을 가져야 한다.
$f(x)=x^3+3x^2$이라 하면
$f'(x)=3x^2+6x=3x(x+2)$
$f'(x)=0$에서 $x=-2$ 또는 $x=0$
함수 $f(x)$의 증가와 감소를 표로 나타내면 다음과 같다.

| $x$ | $\cdots$ | $-2$ | $\cdots$ | $0$ | $\cdots$ |
|---|---|---|---|---|---|
| $f'(x)$ | $+$ | $0$ | $-$ | $0$ | $+$ |
| $f(x)$ | ↗ | $4$ | ↘ | $0$ | ↗ |

따라서 함수 $y=f(x)$의 그래프는 오른
쪽 그림과 같고 곡선 $y=f(x)$와 직선
$y=a$가 서로 다른 세 점에서 만나야 하
므로 구하는 $a$의 값의 범위는
$0<a<4$

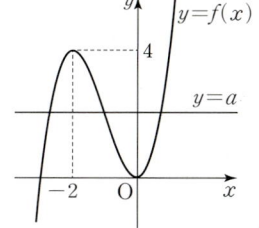

**196** 답 $-5$ 또는 27

두 곡선 $y=x^3+4x^2-8x$, $y=x^2+x+a$가 서로 다른 두 점에서
만나려면 방정식 $x^3+4x^2-8x=x^2+x+a$, 즉 $x^3+3x^2-9x=a$
가 서로 다른 두 실근을 가져야 한다.
$f(x)=x^3+3x^2-9x$라 하면

$f'(x)=3x^2+6x-9=3(x+3)(x-1)$
$f'(x)=0$에서 $x=-3$ 또는 $x=1$
함수 $f(x)$의 증가와 감소를 표로 나타내면 다음과 같다.

| $x$ | $\cdots$ | $-3$ | $\cdots$ | $1$ | $\cdots$ |
|---|---|---|---|---|---|
| $f'(x)$ | $+$ | $0$ | $-$ | $0$ | $+$ |
| $f(x)$ | ↗ | $27$ | ↘ | $-5$ | ↗ |

따라서 함수 $y=f(x)$의 그래프는 오른
쪽 그림과 같고 곡선 $y=f(x)$와 직선
$y=a$가 서로 다른 두 점에서 만나야 하
므로 구하는 $a$의 값은
$a=-5$ 또는 $a=27$

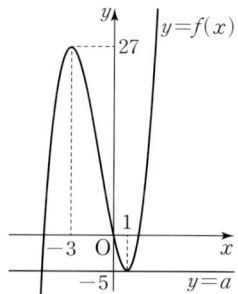

**197** 답 $a<-5$ 또는 $a>3$

두 곡선 $y=x^3+2x-1$, $y=3x^3-4x+a$가 오직 한 점에서 만나
려면 방정식 $x^3+2x-1=3x^3-4x+a$, 즉 $-2x^3+6x-1=a$가
오직 하나의 실근을 가져야 한다.
$f(x)=-2x^3+6x-1$이라 하면
$f'(x)=-6x^2+6=-6(x+1)(x-1)$
$f'(x)=0$에서 $x=-1$ 또는 $x=1$
함수 $f(x)$의 증가와 감소를 표로 나타내면 다음과 같다.

| $x$ | $\cdots$ | $-1$ | $\cdots$ | $1$ | $\cdots$ |
|---|---|---|---|---|---|
| $f'(x)$ | $-$ | $0$ | $+$ | $0$ | $-$ |
| $f(x)$ | ↘ | $-5$ | ↗ | $3$ | ↘ |

따라서 함수 $y=f(x)$의 그래프는 오른쪽
그림과 같고 곡선 $y=f(x)$와 직선 $y=a$
가 한 점에서 만나야 하므로 구하는 $a$의
값의 범위는
$a<-5$ 또는 $a>3$

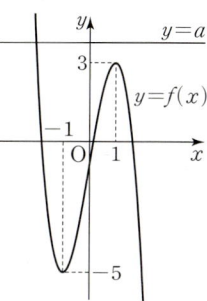

**198** 답 $0<a<4$

방정식 $-x^3+3x^2=a$의 실근은 곡선 $y=-x^3+3x^2$과 직선 $y=a$
의 교점의 $x$좌표와 같다.
$f(x)=-x^3+3x^2$이라 하면
$f'(x)=-3x^2+6x=-3x(x-2)$
$f'(x)=0$에서 $x=0$ 또는 $x=2$
함수 $f(x)$의 증가와 감소를 표로 나타내면 다음과 같다.

| $x$ | $\cdots$ | $0$ | $\cdots$ | $2$ | $\cdots$ |
|---|---|---|---|---|---|
| $f'(x)$ | $-$ | $0$ | $+$ | $0$ | $-$ |
| $f(x)$ | ↘ | $0$ | ↗ | $4$ | ↘ |

따라서 함수 $y=f(x)$의 그래프는 오른쪽 그림과 같으므로 직선 $y=a$와의 교점의 $x$좌표가 양수가 2개, 음수가 1개가 되도록 하는 $a$의 값의 범위는
$0<a<4$

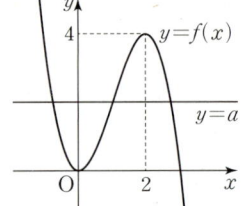

### 199 답 $0<a<5$

방정식 $4x^3+3x^2-6x=a$의 실근은 곡선 $y=4x^3+3x^2-6x$와 직선 $y=a$의 교점의 $x$좌표와 같다.
$f(x)=4x^3+3x^2-6x$라 하면
$f'(x)=12x^2+6x-6=6(x+1)(2x-1)$
$f'(x)=0$에서 $x=-1$ 또는 $x=\dfrac{1}{2}$

함수 $f(x)$의 증가와 감소를 표로 나타내면 다음과 같다.

| $x$ | $\cdots$ | $-1$ | $\cdots$ | $\dfrac{1}{2}$ | $\cdots$ |
|---|---|---|---|---|---|
| $f'(x)$ | $+$ | $0$ | $-$ | $0$ | $+$ |
| $f(x)$ | $\nearrow$ | $5$ | $\searrow$ | $-\dfrac{7}{4}$ | $\nearrow$ |

따라서 함수 $y=f(x)$의 그래프는 오른쪽 그림과 같으므로 직선 $y=a$와의 교점의 $x$좌표가 양수가 1개, 음수가 2개가 되도록 하는 $a$의 값의 범위는
$0<a<5$

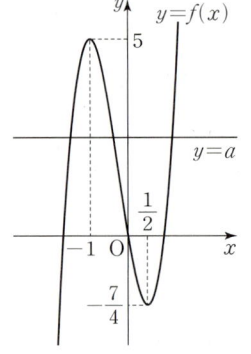

### 200 답 $2<a<4$

방정식 $4x^3+6x^2+2=a$의 실근은 곡선 $y=4x^3+6x^2+2$와 직선 $y=a$의 교점의 $x$좌표와 같다.
$f(x)=4x^3+6x^2+2$라 하면
$f'(x)=12x^2+12x=12x(x+1)$
$f'(x)=0$에서 $x=-1$ 또는 $x=0$
함수 $f(x)$의 증가와 감소를 표로 나타내면 다음과 같다.

| $x$ | $\cdots$ | $-1$ | $\cdots$ | $0$ | $\cdots$ |
|---|---|---|---|---|---|
| $f'(x)$ | $+$ | $0$ | $-$ | $0$ | $+$ |
| $f(x)$ | $\nearrow$ | $4$ | $\searrow$ | $2$ | $\nearrow$ |

따라서 함수 $y=f(x)$의 그래프는 오른쪽 그림과 같으므로 직선 $y=a$와의 교점의 $x$좌표가 양수가 1개, 음수가 2개가 되도록 하는 $a$의 값의 범위는
$2<a<4$

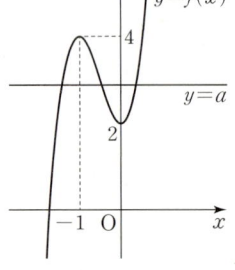

### 201 답 풀이 참조

$f(x)=x^3-3x^2+5$라 하면
$f'(x)=3x^2-6x=3x(x-2)$
$f'(x)=0$에서 $x=2$ $(\because x\geq1)$
$x\geq1$에서 함수 $f(x)$의 증가와 감소를 표로 나타내면 다음과 같다.

| $x$ | $1$ | $\cdots$ | $2$ | $\cdots$ |
|---|---|---|---|---|
| $f'(x)$ | | $-$ | $0$ | $+$ |
| $f(x)$ | $3$ | $\searrow$ | $1$ | $\nearrow$ |

$x\geq1$일 때, 함수 $f(x)$는 $x=2$에서 최솟값 1을 가지므로 $f(x)\geq0$
따라서 $x\geq1$일 때, 부등식 $x^3-3x^2+5\geq0$이 성립한다.

### 202 답 풀이 참조

$f(x)=2x^3+3x^2-12x+10$이라 하면
$f'(x)=6x^2+6x-12=6(x+2)(x-1)$
$f'(x)=0$에서 $x=1$ $(\because x\geq0)$
$x\geq0$에서 함수 $f(x)$의 증가와 감소를 표로 나타내면 다음과 같다.

| $x$ | $0$ | $\cdots$ | $1$ | $\cdots$ |
|---|---|---|---|---|
| $f'(x)$ | | $-$ | $0$ | $+$ |
| $f(x)$ | $10$ | $\searrow$ | $3$ | $\nearrow$ |

$x\geq0$일 때, 함수 $f(x)$는 $x=1$에서 최솟값 3을 가지므로 $f(x)\geq0$
따라서 $x\geq0$일 때, 부등식 $2x^3+3x^2-12x+10\geq0$이 성립한다.

### 203 답 풀이 참조

$x^4\geq4x-3$에서 $x^4-4x+3\geq0$
$f(x)=x^4-4x+3$이라 하면
$f'(x)=4x^3-4=4(x-1)(x^2+x+1)$
$f'(x)=0$에서 $x=1$ $(\because x^2+x+1>0)$
함수 $f(x)$의 증가와 감소를 표로 나타내면 다음과 같다.

| $x$ | $\cdots$ | $1$ | $\cdots$ |
|---|---|---|---|
| $f'(x)$ | $-$ | $0$ | $+$ |
| $f(x)$ | $\searrow$ | $0$ | $\nearrow$ |

함수 $f(x)$는 $x=1$에서 최솟값 0을 가지므로 $f(x)\geq0$
따라서 모든 실수 $x$에 대하여 부등식 $x^4\geq4x-3$이 성립한다.

### 204 답 풀이 참조

$3x^4-4x^3\geq-1$에서 $3x^4-4x^3+1\geq0$
$f(x)=3x^4-4x^3+1$이라 하면
$f'(x)=12x^3-12x^2=12x^2(x-1)$
$f'(x)=0$에서 $x=0$ 또는 $x=1$
함수 $f(x)$의 증가와 감소를 표로 나타내면 다음과 같다.

| $x$ | $\cdots$ | $0$ | $\cdots$ | $1$ | $\cdots$ |
|---|---|---|---|---|---|
| $f'(x)$ | $-$ | $0$ | $-$ | $0$ | $+$ |
| $f(x)$ | $\searrow$ | $1$ | $\searrow$ | $0$ | $\nearrow$ |

함수 $f(x)$는 $x=1$에서 최솟값 0을 가지므로 $f(x)\geq0$
따라서 모든 실수 $x$에 대하여 부등식 $3x^4-4x^3\geq-1$이 성립한다.

**205** 답 풀이 참조

$x^3-3x^2-5x\le 4x+6$에서 $x^3-3x^2-9x-6\le 0$

$f(x)=x^3-3x^2-9x-6$이라 하면

$f'(x)=3x^2-6x-9=3(x+1)(x-3)$

$f'(x)=0$에서 $x=-1$ $(\because -2\le x\le 0)$

$-2\le x\le 0$에서 함수 $f(x)$의 증가와 감소를 표로 나타내면 다음과 같다.

| $x$ | $-2$ | $\cdots$ | $-1$ | $\cdots$ | $0$ |
|---|---|---|---|---|---|
| $f'(x)$ | | $+$ | $0$ | $-$ | |
| $f(x)$ | $-8$ | $\nearrow$ | $-1$ | $\searrow$ | $-6$ |

$-2\le x\le 0$일 때, 함수 $f(x)$는 $x=-1$에서 최댓값 $-1$을 가지므로 $f(x)\le 0$

따라서 $-2\le x\le 0$일 때, 부등식 $x^3-3x^2-5x\le 4x+6$이 성립한다.

**206** 답 풀이 참조

$x^4-6x^2\le 2x^2+2$에서 $x^4-8x^2-2\le 0$

$f(x)=x^4-8x^2-2$라 하면

$f'(x)=4x^3-16x=4x(x+2)(x-2)$

$f'(x)=0$에서 $x=0$ $(\because -1\le x\le 1)$

$-1\le x\le 1$에서 함수 $f(x)$의 증가와 감소를 표로 나타내면 다음과 같다.

| $x$ | $-1$ | $\cdots$ | $0$ | $\cdots$ | $1$ |
|---|---|---|---|---|---|
| $f'(x)$ | | $+$ | $0$ | $-$ | |
| $f(x)$ | $-9$ | $\nearrow$ | $-2$ | $\searrow$ | $-9$ |

$-1\le x\le 1$일 때, 함수 $f(x)$는 $x=0$에서 최댓값 $-2$를 가지므로 $f(x)\le 0$

따라서 $-1\le x\le 1$일 때, 부등식 $x^4-6x^2\le 2x^2+2$가 성립한다.

**207** 답 $a\le -8$

$\frac{1}{2}x^4-4x^2\ge a$에서 $\frac{1}{2}x^4-4x^2-a\ge 0$

$f(x)=\frac{1}{2}x^4-4x^2-a$라 하면

$f'(x)=2x^3-8x=2x(x+2)(x-2)$

$f'(x)=0$에서 $x=-2$ 또는 $x=0$ 또는 $x=2$

함수 $f(x)$의 증가와 감소를 표로 나타내면 다음과 같다.

| $x$ | $\cdots$ | $-2$ | $\cdots$ | $0$ | $\cdots$ | $2$ | $\cdots$ |
|---|---|---|---|---|---|---|---|
| $f'(x)$ | $-$ | $0$ | $+$ | $0$ | $-$ | $0$ | $+$ |
| $f(x)$ | $\searrow$ | $-8-a$ | $\nearrow$ | $-a$ | $\searrow$ | $-8-a$ | $\nearrow$ |

함수 $f(x)$는 $x=-2$, $x=2$에서 최솟값 $-8-a$를 가지므로 모든 실수 $x$에 대하여 부등식 $f(x)\ge 0$이 성립하려면

$-8-a\ge 0$    $\therefore a\le -8$

**208** 답 $a\ge 4$

$x^3-6x^2\le -9x+a$에서 $x^3-6x^2+9x-a\le 0$

$f(x)=x^3-6x^2+9x-a$라 하면

$f'(x)=3x^2-12x+9=3(x-1)(x-3)$

$f'(x)=0$에서 $x=1$ 또는 $x=3$

$0\le x\le 3$에서 함수 $f(x)$의 증가와 감소를 표로 나타내면 다음과 같다.

| $x$ | $0$ | $\cdots$ | $1$ | $\cdots$ | $3$ |
|---|---|---|---|---|---|
| $f'(x)$ | | $+$ | $0$ | $-$ | $0$ |
| $f(x)$ | $-a$ | $\nearrow$ | $4-a$ | $\searrow$ | $-a$ |

함수 $f(x)$가 $x=1$에서 최댓값 $4-a$를 가지므로 $0\le x\le 3$일 때, 부등식 $f(x)\le 0$이 성립하려면

$4-a\le 0$    $\therefore a\ge 4$

**209** 답 $a>-2$

$3x^3-x^2+3>x^3+2x^2-a$에서 $2x^3-3x^2+a+3>0$

$f(x)=2x^3-3x^2+a+3$이라 하면

$f'(x)=6x^2-6x=6x(x-1)$

$f'(x)=0$에서 $x=1$ $(\because x>0)$

$x>0$에서 함수 $f(x)$의 증가와 감소를 표로 나타내면 다음과 같다.

| $x$ | $0$ | $\cdots$ | $1$ | $\cdots$ |
|---|---|---|---|---|
| $f'(x)$ | | $-$ | $0$ | $+$ |
| $f(x)$ | | $\searrow$ | $a+2$ | $\nearrow$ |

함수 $f(x)$는 $x=1$에서 최솟값 $a+2$를 가지므로 $x>0$일 때, 부등식 $f(x)>0$이 성립하려면

$a+2>0$    $\therefore a>-2$

**210** 답 $a\le -3$

$x^4+2x\ge -2x+a$에서 $x^4+4x-a\ge 0$

$f(x)=x^4+4x-a$라 하면

$f'(x)=4x^3+4=4(x+1)(x^2-x+1)$

$f'(x)=0$에서 $x=-1$ $(\because x^2-x+1>0)$

함수 $f(x)$의 증가와 감소를 표로 나타내면 다음과 같다.

| $x$ | $\cdots$ | $-1$ | $\cdots$ |
|---|---|---|---|
| $f'(x)$ | $-$ | $0$ | $+$ |
| $f(x)$ | $\searrow$ | $-a-3$ | $\nearrow$ |

함수 $f(x)$는 $x=-1$에서 최솟값 $-a-3$을 가지므로 모든 실수 $x$에 대하여 부등식 $f(x)\ge 0$이 성립하려면

$-a-3\ge 0$    $\therefore a\le -3$

**211** 답 속도: 7, 가속도: 12

점 P의 시각 $t$에서의 속도를 $v$, 가속도를 $a$라 하면

$$v=\frac{dx}{dt}=3t^2-5, \quad a=\frac{dv}{dt}=6t$$

이므로 $t=2$에서의 점 P의 속도와 가속도는

$$v=3\times 4-5=7, \quad a=6\times 2=12$$

**212** 답 속도: 8, 가속도: 16

점 P의 시각 $t$에서의 속도를 $v$, 가속도를 $a$라 하면

$v=\dfrac{dx}{dt}=6t^2-8t,\ a=\dfrac{dv}{dt}=12t-8$

이므로 $t=2$에서의 점 P의 속도와 가속도는

$v=6\times4-8\times2=8,\ a=12\times2-8=16$

**213** 답 속도: 20, 가속도: 4

점 P의 시각 $t$에서의 속도를 $v$, 가속도를 $a$라 하면

$v=\dfrac{dx}{dt}=-3t^2+16t,\ a=\dfrac{dv}{dt}=-6t+16$

이므로 $t=2$에서의 점 P의 속도와 가속도는

$v=-3\times4+16\times2=20,\ a=-6\times2+16=4$

**214** 답 속도: $-32$, 가속도: $-34$

점 P의 시각 $t$에서의 속도를 $v$, 가속도를 $a$라 하면

$v=\dfrac{dx}{dt}=-9t^2+2t,\ a=\dfrac{dv}{dt}=-18t+2$

이므로 $t=2$에서의 점 P의 속도와 가속도는

$v=-9\times4+2\times2=-32,\ a=-18\times2+2=-34$

**215** 답 2

점 P의 시각 $t$에서의 속도를 $v$라 하면

$v=\dfrac{dx}{dt}=2t-4$

점 P가 운동 방향을 바꾸는 순간의 속도는 0이므로

$2t-4=0\qquad\therefore t=2$

**216** 답 6

점 P의 시각 $t$에서의 속도를 $v$라 하면

$v=\dfrac{dx}{dt}=3t^2-18t$

점 P가 운동 방향을 바꾸는 순간의 속도는 0이므로

$3t^2-18t=0,\ t(t-6)=0$

$\therefore t=6\ (\because t>0)$

**217** 답 4

점 P의 시각 $t$에서의 속도를 $v$라 하면

$v=\dfrac{dx}{dt}=t^2-3t-4$

점 P가 운동 방향을 바꾸는 순간의 속도는 0이므로

$t^2-3t-4=0,\ (t+1)(t-4)=0$

$\therefore t=4\ (\because t>0)$

**218** 답 1 또는 2

점 P의 시각 $t$에서의 속도를 $v$라 하면

$v=\dfrac{dx}{dt}=-3t^2+9t-6$

점 P가 운동 방향을 바꾸는 순간의 속도는 0이므로

$-3t^2+9t-6=0,\ (t-1)(t-2)=0$

$\therefore t=1$ 또는 $t=2$

**219** 답 3

점 P의 시각 $t$에서의 속도를 $v$, 가속도를 $a$라 하면

$v=\dfrac{dx}{dt}=t^2+t+1,\ a=\dfrac{dv}{dt}=2t+1$

$v=3$에서 $t^2+t+1=3$

$t^2+t-2=0,\ (t+2)(t-1)=0$

$\therefore t=1\ (\because t>0)$

따라서 $t=1$일 때, 점 P의 가속도는

$a=2\times1+1=3$

**220** 답 18

점 P의 시각 $t$에서의 속도를 $v$, 가속도를 $a$라 하면

$v=\dfrac{dx}{dt}=3t^2-24,\ a=\dfrac{dv}{dt}=6t$

$v=3$에서 $3t^2-24=3$

$t^2-9=0,\ (t+3)(t-3)=0$

$\therefore t=3\ (\because t>0)$

따라서 $t=3$일 때, 점 P의 가속도는

$a=6\times3=18$

**221** 답 15

점 P의 시각 $t$에서의 속도를 $v$, 가속도를 $a$라 하면

$v=\dfrac{dx}{dt}=3t^2+3t-15,\ a=\dfrac{dv}{dt}=6t+3$

$v=3$에서 $3t^2+3t-15=3$

$t^2+t-6=0,\ (t+3)(t-2)=0$

$\therefore t=2\ (\because t>0)$

따라서 $t=2$일 때, 점 P의 가속도는

$a=6\times2+3=15$

**222** 답 $-4$

점 P의 시각 $t$에서의 속도를 $v$, 가속도를 $a$라 하면

$v=\dfrac{dx}{dt}=-t^2+2t+6,\ a=\dfrac{dv}{dt}=-2t+2$

$v=3$에서 $-t^2+2t+6=3$

$t^2-2t-3=0,\ (t+1)(t-3)=0$

$\therefore t=3\ (\because t>0)$

따라서 $t=3$일 때, 점 P의 가속도는

$a=-2\times3+2=-4$

**223** 답 ○

점 P의 시각 $t$에서의 속도 $f'(t)$는 $0<t<a$에서 $f'(t)>0$,

$a<t<b$에서 $f'(t)<0$이므로 $t=a$일 때, 점 P는 운동 방향을 바꾼다.

**224** 답 ○

$f'(c)=0$이므로 $t=c$일 때, 점 P의 속도는 0이다.

**225** 답 ×

$f'(b)<0$, $f'(d)>0$이므로 $t=b$일 때와 $t=d$일 때, 점 P의 운동 방향은 서로 반대이다.

**226** 답 2

주어진 그래프에서 $t=b$, $t=d$일 때, $f(t)=0$이므로 점 P는 원점을 2번 지난다.

**227** 답 2

$t=a$의 좌우에서 $f'(t)$의 부호가 양에서 음으로 바뀌고, $t=c$의 좌우에서 $f'(t)$의 부호가 음에서 양으로 바뀌므로 점 P는 운동 방향을 2번 바꾼다.

**228** 답 ○

$v'(a)=0$이므로 $t=a$일 때, 점 P의 가속도는 0이다.

**229** 답 ○

$a<t<c$일 때, $v'(t)>0$이므로 점 P의 속도는 증가한다.

**230** 답 ×

$t=b$, $t=d$의 좌우에서 각각 $v(t)$의 부호가 바뀌므로 점 P는 운동 방향을 2번 바꾼다.

**231** 답 2

$t=b$, $t=e$의 좌우에서 각각 $v(t)$의 부호가 바뀌므로 점 P는 운동 방향을 2번 바꾼다.

**232** 답 $c<t<d$

$c<t<d$일 때, $v'(t)=0$이므로 이 구간에서 점 P의 가속도는 0이다.

**233** 답 5 m

쏘아 올린 지 $t$초 후의 물체의 속도를 $v$ m/s라 하면

$$v=\frac{dx}{dt}=-10t+10$$

물체가 최고 높이에 도달할 때의 속도는 0이므로

$-10t+10=0$ ∴ $t=1$

따라서 $t=1$일 때, 물체의 높이는

$x=-5\times1^2+10\times1=5(\text{m})$

**234** 답 $-10$ m/s

물체가 지면에 떨어지는 순간의 높이는 0이므로

$-5t^2+10t=0$, $t(t-2)=0$

∴ $t=2$ (∵ $t>0$)

따라서 $t=2$일 때, 물체의 속도는

$v=-10\times2+10=-10(\text{m/s})$

**235** 답 속도: 10 m/s, 가속도: $-10$ m/s²

쏘아 올린 지 $t$초 후의 물체의 속도를 $v$ m/s, 가속도를 $a$ m/s²이라 하면

$$v=\frac{dx}{dt}=-10t+20, \quad a=\frac{dv}{dt}=-10$$

따라서 $t=1$일 때, 물체의 속도와 가속도는

$v=-10\times1+20=10(\text{m/s})$

$a=-10(\text{m/s}^2)$

**236** 답 45 m

물체가 최고 높이에 도달할 때의 속도는 0이므로

$-10t+20=0$ ∴ $t=2$

따라서 $t=2$일 때, 물체의 높이는

$x=-5\times2^2+20\times2+25=45(\text{m})$

**237** 답 $-30$ m/s

물체가 지면에 떨어지는 순간의 높이는 0이므로

$-5t^2+20t+25=0$, $(t+1)(t-5)=0$

∴ $t=5$ (∵ $t>0$)

따라서 $t=5$일 때, 물체의 속도는

$v=-10\times5+20=-30(\text{m/s})$

**238** 답 5초

제동을 건 지 $t$초 후의 열차의 속도를 $v$ m/s라 하면

$$v=\frac{dx}{dt}=-4t+20$$

열차가 정지할 때의 속도는 0이므로

$-4t+20=0$ ∴ $t=5$

따라서 열차가 정지할 때까지 걸린 시간은 5초이다.

**239** 답 50 m

열차가 정지할 때까지 걸린 시간이 5초이므로 이때까지 움직인 거리는

$x=-2\times5^2+20\times5=50(\text{m})$

**240** 답 6초

제동을 건 지 $t$초 후의 열차의 속도를 $v$ m/s라 하면

$$v=\frac{dx}{dt}=-6t+36$$

열차가 정지할 때의 속도는 0이므로

$-6t+36=0$ ∴ $t=6$

따라서 열차가 정지할 때까지 걸린 시간은 6초이다.

**241** 답 108 m

열차가 정지할 때까지 걸린 시간이 6초이므로 이때까지 움직인 거리는

$x = -3 \times 6^2 + 36 \times 6 = 108\,(\text{m})$

**242** 🄐 **1 m/s**

학생이 $t$초 동안 움직인 거리는 $2t$ m

그림자의 끝이 $t$초 동안 움직인 거리를
$x$ m라 하면 오른쪽 그림에서 삼각형
ABC와 삼각형 DEC가 닮음이므로

$4.5 : x = 1.5 : (x - 2t)$

$1.5x = 4.5x - 9t$

$\therefore x = 3t$

그림자의 길이를 $l$ m라 하면

$l = \overline{\text{CE}} = \overline{\text{BC}} - \overline{\text{BE}}$

$\quad = x - 2t = 3t - 2t$

$\quad = t$

따라서 그림자의 길이의 변화율은

$\dfrac{dl}{dt} = 1\,(\text{m/s})$

**243** 🄐 **2 m/s**

학생이 $t$초 동안 움직인 거리는 $2t$ m

그림자의 끝이 $t$초 동안 움직인 거리를
$x$ m라 하면 오른쪽 그림에서 삼각형
ABC와 삼각형 DEC가 닮음이므로

$3.2 : x = 1.6 : (x - 2t)$

$1.6x = 3.2x - 6.4t$

$\therefore x = 4t$

그림자의 길이를 $l$ m라 하면

$l = \overline{\text{CE}} = \overline{\text{BC}} - \overline{\text{BE}}$

$\quad = x - 2t = 4t - 2t$

$\quad = 2t$

따라서 그림자의 길이의 변화율은

$\dfrac{dl}{dt} = 2\,(\text{m/s})$

**244** 🄐 **48 cm²/s**

$t$초 후의 정사각형의 한 변의 길이는 $(8 + 2t)$cm

$t$초 후의 정사각형의 넓이를 $S$ cm²라 하면

$S = (8 + 2t)^2 = 4t^2 + 32t + 64$

시각 $t$에 대한 넓이 $S$의 변화율은

$\dfrac{dS}{dt} = 8t + 32$

따라서 $t = 2$일 때, 정사각형의 넓이의 변화율은

$8 \times 2 + 32 = 48\,(\text{cm}^2/\text{s})$

**245** 🄐 **12√3 cm²/s**

$t$초 후의 정삼각형의 한 변의 길이는 $(6 + 2t)$cm

$t$초 후의 정삼각형의 넓이를 $S$ cm²라 하면

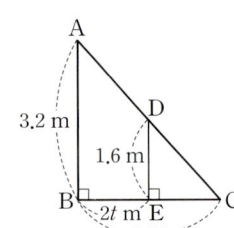

$S = \dfrac{\sqrt{3}}{4}(6 + 2t)^2 = \dfrac{\sqrt{3}}{4}(4t^2 + 24t + 36)$

시각 $t$에 대한 넓이 $S$의 변화율은

$\dfrac{dS}{dt} = \dfrac{\sqrt{3}}{4}(8t + 24) = 2\sqrt{3}t + 6\sqrt{3}$

따라서 $t = 3$일 때, 정삼각형의 넓이의 변화율은

$2\sqrt{3} \times 3 + 6\sqrt{3} = 12\sqrt{3}\,(\text{cm}^2/\text{s})$

**246** 🄐 **108 cm³/s**

$t$초 후의 정육면체의 한 모서리의 길이는 $(3 + t)$cm

$t$초 후의 정육면체의 부피를 $V$ cm³라 하면

$V = (3 + t)^3 = t^3 + 9t^2 + 27t + 27$

시각 $t$에 대한 부피 $V$의 변화율은

$\dfrac{dV}{dt} = 3t^2 + 18t + 27$

따라서 $t = 3$일 때, 정육면체의 부피의 변화율은

$3 \times 3^2 + 18 \times 3 + 27 = 108\,(\text{cm}^3/\text{s})$

**247** 🄐 **32π cm³/s**

$t$초 후의 원기둥의 밑면의 반지름의 길이는 $(2 + t)$cm, 높이는 $(8 - t)$cm이다. (단, $0 \le t < 8$)

$t$초 후의 원기둥의 부피를 $V$ cm³라 하면

$V = \pi(2 + t)^2(8 - t)$

$\quad = -\pi(t^3 - 4t^2 - 28t - 32)$

시각 $t$에 대한 부피 $V$의 변화율은

$\dfrac{dV}{dt} = -\pi(3t^2 - 8t - 28)$

이때 원기둥의 높이가 6 cm이면

$8 - t = 6$ $\quad \therefore t = 2$

따라서 $t = 2$일 때, 원기둥의 부피의 변화율은

$-\pi(3 \times 2^2 - 8 \times 2 - 28) = 32\pi\,(\text{cm}^3/\text{s})$

---

58쪽

| 중단원 | #기출 #교과서 | | |
|---|---|---|---|
| **248** 15 | **249** 4 | **250** $k \le -7$ | **251** 8 |
| **252** 4 | **253** ㄱ, ㄴ | **254** 72π cm³/s | |

**248**

$f(x) = 4x^3 - 12x + 7$이라 하면

$f'(x) = 12x^2 - 12 = 12(x + 1)(x - 1)$

$f'(x) = 0$에서 $x = -1$ 또는 $x = 1$

함수 $f(x)$의 증가와 감소를 표로 나타내면 다음과 같다.

| $x$ | $\cdots$ | $-1$ | $\cdots$ | $1$ | $\cdots$ |
|---|---|---|---|---|---|
| $f'(x)$ | $+$ | $0$ | $-$ | $0$ | $+$ |
| $f(x)$ | ↗ | $15$ | ↘ | $-1$ | ↗ |

따라서 함수 $y=f(x)$의 그래프는 오른쪽
그림과 같으므로 곡선 $y=f(x)$와 직선
$y=k$가 두 점에서 만나도록 하는 $k$의
값은
$k=-1$ 또는 $k=15$
이때 $k$는 양수이므로 $k=15$

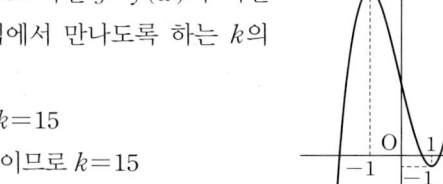

### 249

방정식 $2x^3-2x^2-a=4x^2-5$에서 $2x^3-6x^2+5=a$
위의 방정식의 실근은 곡선 $y=2x^3-6x^2+5$와 직선 $y=a$의 교점
의 $x$좌표와 같다.
$f(x)=2x^3-6x^2+5$라 하면
$f'(x)=6x^2-12x=6x(x-2)$
$f'(x)=0$에서 $x=0$ 또는 $x=2$
함수 $f(x)$의 증가와 감소를 표로 나타내면 다음과 같다.

| $x$ | $\cdots$ | 0 | $\cdots$ | 2 | $\cdots$ |
|---|---|---|---|---|---|
| $f'(x)$ | + | 0 | − | 0 | + |
| $f(x)$ | ↗ | 5 | ↘ | −3 | ↗ |

따라서 함수 $y=f(x)$의 그래프는 오른쪽
그림과 같으므로 직선 $y=a$와의 교점의
$x$좌표가 양수가 2개, 음수가 1개가 되도
록 하는 $a$의 값의 범위는
$-3<a<5$
따라서 구하는 정수 $a$의 최댓값은 4이다.

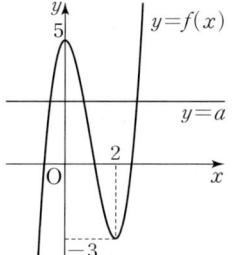

### 250

$x^4-2x^3+20\geq 2x^3+k$에서 $x^4-4x^3+20-k\geq 0$
$f(x)=x^4-4x^3+20-k$라 하면
$f'(x)=4x^3-12x^2=4x^2(x-3)$
$f'(x)=0$에서 $x=0$ 또는 $x=3$
함수 $f(x)$의 증가와 감소를 표로 나타내면 다음과 같다.

| $x$ | $\cdots$ | 0 | $\cdots$ | 3 | $\cdots$ |
|---|---|---|---|---|---|
| $f'(x)$ | − | 0 | − | 0 | + |
| $f(x)$ | ↘ | $20-k$ | ↘ | $-7-k$ | ↗ |

함수 $f(x)$는 $x=3$에서 최솟값 $-7-k$를 가지므로 모든 실수 $x$에
대하여 부등식 $f(x)\geq 0$이 성립하려면
$-7-k\geq 0$   $\therefore k\leq -7$

### 251

점 P의 시각 $t$에서의 속도를 $v$, 가속도를 $a$라 하면
$v=\dfrac{dx}{dt}=3t^2-10t+6,\ a=\dfrac{dv}{dt}=6t-10$
따라서 $t=3$에서 점 P의 가속도는
$a=6\times 3-10=8$

### 252

점 P의 시각 $t$에서의 속도를 $v$라 하면
$v=\dfrac{dx}{dt}=3t^2-12t+9$
점 P가 운동 방향을 바꾸는 순간의 속도는 0이므로
$3t^2-12t+9=0,\ (t-1)(t-3)=0$
$\therefore t=1$ 또는 $t=3$
$x=t^3-6t^2+9t$이므로
$t=1$일 때, $x=1-6+9=4$
$t=3$일 때, $x=27-54+27=0$
따라서 점 P가 운동 방향을 바꾸는 순간의 위치가 $x=4$, $x=0$이
므로
$a+b=4$

### 253

ㄱ. $v'(a)=0$이므로 $t=a$일 때, 점 P의 가속도는 0이다. (참)

ㄴ. $0<t<b$일 때 $v(t)>0$, $b<t<d$일 때 $v(t)<0$이므로
   $0<t<b$일 때와 $b<t<d$일 때, 점 P의 운동 방향은 서로 반
   대이다. (참)

ㄷ. $t=b$, $t=d$의 좌우에서 각각 $v(t)$의 부호가 바뀌므로 점 P는
   운동 방향을 두 번 바꾼다. (거짓)

따라서 옳은 것은 ㄱ, ㄴ이다.

### 254

매초 2 cm의 속도로 수면의 높이가 상승하므로 $t$초 후 수면의 높
이는 $2t$ cm (단, $0<t\leq 6$)
$t$초 후 수면의 반지름의 길이를 $r$ cm라 하면
$r:12=2t:12$
$12r=24t$   $\therefore r=2t$
$t$초 후 그릇에 담긴 물의 부피를 $V$ cm³라 하면
$V=\dfrac{1}{3}\pi\times(2t)^2\times 2t=\dfrac{8}{3}\pi t^3$
시각 $t$에 대한 부피 $V$의 변화율은
$\dfrac{dV}{dt}=8\pi t^2$
따라서 $t=3$일 때, 그릇에 담긴 물의 부피의 변화율은
$8\pi\times 3^2=72\pi\,(\text{cm}^3/\text{s})$

## 6 부정적분

**001** 답 $f(x)=4$
$f(x)=(4x+C)'=4$

**002** 답 $f(x)=-2x$
$f(x)=(-x^2+C)'=-2x$

**003** 답 $f(x)=2x+5$
$f(x)=(x^2+5x+C)'=2x+5$

**004** 답 $f(x)=6x^2-6x$
$f(x)=(2x^3-3x^2+C)'=6x^2-6x$

**005** 답 $f(x)=x^2-4x+1$
$3f(x)=(x^3-6x^2+3x+C)'=3x^2-12x+3$
$\therefore f(x)=x^2-4x+1$

**006** 답 $9x+C$
$(9x)'=9$이므로
$\int 9\,dx=9x+C$

**007** 답 $-x^2+C$
$(-x^2)'=-2x$이므로
$\int(-2x)\,dx=-x^2+C$

**008** 답 $2x^3+C$
$(2x^3)'=6x^2$이므로
$\int 6x^2\,dx=2x^3+C$

**009** 답 $x^4+C$
$(x^4)'=4x^3$이므로
$\int 4x^3\,dx=x^4+C$

**010** 답 $4x^2-7x+C$
$(4x^2-7x)'=8x-7$이므로
$\int(8x-7)\,dx=4x^2-7x+C$

**011** 답 $x+C$

**012** 답 $\dfrac{1}{6}x^6+C$

**013** 답 $\dfrac{1}{25}x^{25}+C$

**014** 답 $\dfrac{1}{101}x^{101}+C$

**015** 답 $\dfrac{1}{1000}x^{1000}+C$

**016** 답 $-\dfrac{1}{3}x+C$
$\int\left(-\dfrac{1}{3}\right)dx=-\dfrac{1}{3}\int dx=-\dfrac{1}{3}x+C$

**017** 답 $x^5+C$
$\int 5x^4\,dx=5\int x^4\,dx=5\times\dfrac{1}{5}x^5+C=x^5+C$

**018** 답 $3x^2+3x+C$
$\int(6x+3)\,dx=6\int x\,dx+3\int dx$
$\qquad=6\times\dfrac{1}{2}x^2+3x+C=3x^2+3x+C$

**019** 답 $\dfrac{1}{2}x^4-\dfrac{5}{2}x^2+C$
$\int(2x^3-5x)\,dx=2\int x^3\,dx-5\int x\,dx$
$\qquad=2\times\dfrac{1}{4}x^4-5\times\dfrac{1}{2}x^2+C=\dfrac{1}{2}x^4-\dfrac{5}{2}x^2+C$

**020** 답 $-\dfrac{1}{3}x^3+2x^2-x+C$
$\int(-x^2+4x-1)\,dx=-\int x^2\,dx+4\int x\,dx-\int dx$
$\qquad=-\dfrac{1}{3}x^3+4\times\dfrac{1}{2}x^2-x+C$
$\qquad=-\dfrac{1}{3}x^3+2x^2-x+C$

**021** 답 $\dfrac{2}{3}x^3+\dfrac{3}{2}x^2+C$
$\int x(2x+3)\,dx=\int(2x^2+3x)\,dx=\dfrac{2}{3}x^3+\dfrac{3}{2}x^2+C$

**022** 답 $\dfrac{1}{3}x^3-9x+C$
$\int(x+3)(x-3)\,dx=\int(x^2-9)\,dx=\dfrac{1}{3}x^3-9x+C$

**023** 답 $5x^5-x+C$
$\int(5x^2+1)(5x^2-1)\,dx=\int(25x^4-1)\,dx=5x^5-x+C$

**024** 답 $\dfrac{1}{3}x^3+2x^2+4x+C$

$\displaystyle\int(x+2)^2\,dx=\int(x^2+4x+4)\,dx=\dfrac{1}{3}x^3+2x^2+4x+C$

**025** 답 $3x^3-3x^2+x+C$

$\displaystyle\int(3x-1)^2\,dx=\int(9x^2-6x+1)\,dx=3x^3-3x^2+x+C$

**026** 답 $\dfrac{1}{4}x^4+x^3+\dfrac{3}{2}x^2+x+C$

$\displaystyle\int(x+1)^3\,dx=\int(x^3+3x^2+3x+1)\,dx$
$\qquad\qquad=\dfrac{1}{4}x^4+x^3+\dfrac{3}{2}x^2+x+C$

**027** 답 $\dfrac{1}{3}x^3+\dfrac{1}{2}x^2-2x+C$

$\displaystyle\int(x-1)(x+2)\,dx=\int(x^2+x-2)\,dx$
$\qquad\qquad=\dfrac{1}{3}x^3+\dfrac{1}{2}x^2-2x+C$

**028** 답 $x^3-4x^2-3x+C$

$\displaystyle\int(3x+1)(x-3)\,dx=\int(3x^2-8x-3)\,dx$
$\qquad\qquad=x^3-4x^2-3x+C$

**029** 답 $\dfrac{1}{2}x^4+\dfrac{5}{3}x^3-x^2-5x+C$

$\displaystyle\int(x+1)(x-1)(2x+5)\,dx=\int(x^2-1)(2x+5)\,dx$
$\qquad\qquad=\int(2x^3+5x^2-2x-5)\,dx$
$\qquad\qquad=\dfrac{1}{2}x^4+\dfrac{5}{3}x^3-x^2-5x+C$

**030** 답 $\dfrac{1}{4}x^4-x+C$

$\displaystyle\int(x-1)(x^2+x+1)\,dx=\int(x^3-1)\,dx=\dfrac{1}{4}x^4-x+C$

**031** 답 $x^2+C$

$\displaystyle\int(x+2)\,dx+\int(x-2)\,dx=\int 2x\,dx=x^2+C$

**032** 답 $6x+C$

$\displaystyle\int(2x+3)\,dx-\int(2x-3)\,dx=\int 6\,dx=6x+C$

**033** 답 $-x^2+5x+C$

$\displaystyle\int(3x^2-x+4)\,dx-\int(3x^2+x-1)\,dx$
$=\int(-2x+5)\,dx=-x^2+5x+C$

**034** 답 $8x^2+C$

$\displaystyle\int(x+4)^2\,dx-\int(x-4)^2\,dx$
$=\int(x^2+8x+16)\,dx-\int(x^2-8x+16)\,dx$
$=\int 16x\,dx=8x^2+C$

**035** 답 $12x^2+24x+C$

$\displaystyle\int(2x+5)^2\,dx-\int(2x-1)^2\,dx$
$=\int(4x^2+20x+25)\,dx-\int(4x^2-4x+1)\,dx$
$=\int(24x+24)\,dx=12x^2+24x+C$

**036** 답 $4x^3+16x+C$

$\displaystyle\int(x+2)^3\,dx-\int(x-2)^3\,dx$
$=\int(x^3+6x^2+12x+8)\,dx-\int(x^3-6x^2+12x-8)\,dx$
$=\int(12x^2+16)\,dx=4x^3+16x+C$

**037** 답 $\dfrac{1}{2}x^2+C$

$\displaystyle\int\dfrac{x^2}{1+x}\,dx+\int\dfrac{x}{1+x}\,dx=\int\dfrac{x^2+x}{1+x}\,dx$
$\qquad\qquad=\int\dfrac{x(x+1)}{x+1}\,dx$
$\qquad\qquad=\int x\,dx=\dfrac{1}{2}x^2+C$

**038** 답 $\dfrac{1}{2}x^2+4x+C$

$\displaystyle\int\dfrac{x^2-4}{x-4}\,dx-\int\dfrac{12}{x-4}\,dx=\int\dfrac{x^2-16}{x-4}\,dx$
$\qquad\qquad=\int\dfrac{(x+4)(x-4)}{x-4}\,dx$
$\qquad\qquad=\int(x+4)\,dx=\dfrac{1}{2}x^2+4x+C$

**039** 답 $\dfrac{1}{2}x^2+x+C$

$\displaystyle\int\dfrac{1}{x^2-x+1}\,dx+\int\dfrac{x^3}{x^2-x+1}\,dx$
$=\int\dfrac{x^3+1}{x^2-x+1}\,dx$
$=\int\dfrac{(x+1)(x^2-x+1)}{x^2-x+1}\,dx$
$=\int(x+1)\,dx=\dfrac{1}{2}x^2+x+C$

**040** 답 $\dfrac{1}{3}x^3+\dfrac{3}{2}x^2+9x+C$

$$\int \frac{x^3+x^2-3}{x-3}dx-\int \frac{x^2+24}{x-3}dx$$

$$=\int \frac{x^3-27}{x-3}dx=\int \frac{(x-3)(x^2+3x+9)}{x-3}dx$$

$$=\int (x^2+3x+9)dx=\frac{1}{3}x^3+\frac{3}{2}x^2+9x+C$$

**041** 답 $f(x)=2x^3+x^2-1$

$$f(x)=\int f'(x)dx=\int (6x^2+2x)dx$$

$$=2x^3+x^2+C$$

$f(0)=-1$이므로 $C=-1$

$$\therefore f(x)=2x^3+x^2-1$$

**042** 답 $f(x)=x^3-2x^2+x+2$

$$f(x)=\int f'(x)dx=\int (3x^2-4x+1)dx$$

$$=x^3-2x^2+x+C$$

$f(0)=2$이므로 $C=2$

$$\therefore f(x)=x^3-2x^2+x+2$$

**043** 답 $f(x)=-3x^3+x^2-2x+4$

$$f(x)=\int f'(x)dx=\int (-9x^2+2x-2)dx$$

$$=-3x^3+x^2-2x+C$$

$f(1)=0$이므로

$$-3+1-2+C=0 \quad \therefore C=4$$

$$\therefore f(x)=-3x^3+x^2-2x+4$$

**044** 답 $f(x)=2x^4-2x^3+4x+1$

$$f(x)=\int f'(x)dx=\int (8x^3-6x^2+4)dx$$

$$=2x^4-2x^3+4x+C$$

$f(-1)=1$이므로

$$2+2-4+C=1 \quad \therefore C=1$$

$$\therefore f(x)=2x^4-2x^3+4x+1$$

**045** 답 $f(x)=2x^3-\dfrac{1}{2}x^2-2x-5$

$$f(x)=\int f'(x)dx=\int (2x+1)(3x-2)dx$$

$$=\int (6x^2-x-2)dx=2x^3-\frac{1}{2}x^2-2x+C$$

$f(2)=5$이므로

$$16-2-4+C=5 \quad \therefore C=-5$$

$$\therefore f(x)=2x^3-\frac{1}{2}x^2-2x-5$$

**046** 답 $f(x)=x^2+3x-2$

곡선 $y=f(x)$ 위의 점 $(x, f(x))$에서의 접선의 기울기가 $2x+3$

이므로 $f'(x)=2x+3$

$$\therefore f(x)=\int f'(x)dx=\int (2x+3)dx$$

$$=x^2+3x+C$$

이 곡선이 점 $(1, 2)$를 지나므로 $f(1)=2$에서

$$1+3+C=2 \quad \therefore C=-2$$

$$\therefore f(x)=x^2+3x-2$$

**047** 답 **7**

곡선 $y=f(x)$ 위의 점 $(x, f(x))$에서의 접선의 기울기가 $4x-1$

이므로 $f'(x)=4x-1$

$$\therefore f(x)=\int f'(x)dx=\int (4x-1)dx$$

$$=2x^2-x+C$$

이 곡선이 점 $(-1, 4)$를 지나므로 $f(-1)=4$에서

$$2+1+C=4 \quad \therefore C=1$$

따라서 $f(x)=2x^2-x+1$이므로

$$f(2)=8-2+1=7$$

**048** 답 **-4**

곡선 $y=f(x)$ 위의 점 $(x, f(x))$에서의 접선의 기울기가 $3x^2+2x$

이므로 $f'(x)=3x^2+2x$

$$\therefore f(x)=\int f'(x)dx=\int (3x^2+2x)dx$$

$$=x^3+x^2+C$$

이 곡선이 점 $(2, 8)$을 지나므로 $f(2)=8$에서

$$8+4+C=8 \quad \therefore C=-4$$

따라서 $f(x)=x^3+x^2-4$이므로

$$f(-1)=-1+1-4=-4$$

**049** 답 **1**

곡선 $y=f(x)$ 위의 점 $(x, f(x))$에서의 접선의 기울기가 $2x-1$

이므로 $f'(x)=2x-1$

$$\therefore f(x)=\int f'(x)dx=\int (2x-1)dx$$

$$=x^2-x+C$$

이 곡선이 점 $(2, 1)$을 지나므로 $f(2)=1$에서

$$4-2+C=1 \quad \therefore C=-1$$

따라서 $f(x)=x^2-x-1$이므로 방정식 $x^2-x-1=0$의 모든 근의 합은 이차방정식의 근과 계수의 관계에 의하여 $1$이다.

**050** 답 $3x^2+4x$

$$\frac{d}{dx}\left\{\int f(x)dx\right\}=f(x)=3x^2+4x$$

**051** 답 $3x^2+4x+C$

$\int\left\{\dfrac{d}{dx}f(x)\right\}dx=f(x)+C=3x^2+4x+C$

**052** 답 $x^3-2x^2+1$

$\dfrac{d}{dx}\left\{\int f(x)\,dx\right\}=f(x)=x^3-2x^2+1$

**053** 답 $x^3-2x^2+C$

$\int\left\{\dfrac{d}{dx}f(x)\right\}dx=f(x)+C'=x^3-2x^2+1+C'$
$\qquad\qquad=x^3-2x^2+C$ (단, $C=1+C'$)

**054** 답 $-1$

$f(x)=\int(2x^2+3x)\,dx$의 양변을 $x$에 대하여 미분하면
$f'(x)=2x^2+3x$
$\therefore f'(-1)=2-3=-1$

**055** 답 $12$

$f(x)=\int(x^2+5x-2)\,dx$의 양변을 $x$에 대하여 미분하면
$f'(x)=x^2+5x-2$
$\therefore f'(2)=4+10-2=12$

**056** 답 $-4$

$f(x)=\int(x^4-5x^2)\,dx$의 양변을 $x$에 대하여 미분하면
$f'(x)=x^4-5x^2$
$\therefore \lim\limits_{h\to0}\dfrac{f(1+h)-f(1)}{h}=f'(1)=1-5=-4$

**057** 답 $-15$

$f(x)=\int(x^3-4x^2-6)\,dx$의 양변을 $x$에 대하여 미분하면
$f'(x)=x^3-4x^2-6$
$\therefore \lim\limits_{x\to3}\dfrac{f(x)-f(3)}{x-3}=f'(3)=27-36-6=-15$

**058** 답 $f(x)=x^2-4x$

$\int\{f(x)+1\}dx=\dfrac{1}{3}x^3-2x^2+x+C$의 양변을 $x$에 대하여 미분하면
$f(x)+1=x^2-4x+1$ $\qquad\therefore f(x)=x^2-4x$

**059** 답 $f(x)=-3x^2-x-1$

$\int\{3-2f(x)\}dx=2x^3+x^2+5x+C$의 양변을 $x$에 대하여 미분하면
$3-2f(x)=6x^2+2x+5$ $\qquad\therefore f(x)=-3x^2-x-1$

**060** 답 $f(x)=x^2-3x+3$

$\int xf(x)\,dx=\dfrac{1}{4}x^4-x^3+\dfrac{3}{2}x^2+C$의 양변을 $x$에 대하여 미분하면
$xf(x)=x^3-3x^2+3x$
$\therefore f(x)=x^2-3x+3$

**061** 답 $f(x)=3x-4$

$\int(2x+1)f(x)\,dx=2x^3-\dfrac{5}{2}x^2-4x+C$의 양변을 $x$에 대하여 미분하면
$(2x+1)f(x)=6x^2-5x-4$
$(2x+1)f(x)=(2x+1)(3x-4)$
$\therefore f(x)=3x-4$

**062** 답 $f(x)=3x^2-2x+2$

$F(x)=xf(x)-2x^3+x^2$의 양변을 $x$에 대하여 미분하면
$f(x)=f(x)+xf'(x)-6x^2+2x$
$xf'(x)=6x^2-2x$ $\qquad\therefore f'(x)=6x-2$
$\therefore f(x)=\int f'(x)\,dx=\int(6x-2)\,dx$
$\qquad\qquad=3x^2-2x+C$
$f(0)=2$이므로 $C=2$
$\therefore f(x)=3x^2-2x+2$

**063** 답 $f(x)=-6x^2+4x+6$

$F(x)=xf(x)+4x^3-2x^2$의 양변을 $x$에 대하여 미분하면
$f(x)=f(x)+xf'(x)+12x^2-4x$
$xf'(x)=-12x^2+4x$ $\qquad\therefore f'(x)=-12x+4$
$\therefore f(x)=\int f'(x)\,dx=\int(-12x+4)\,dx$
$\qquad\qquad=-6x^2+4x+C$
$f(1)=4$이므로
$-6+4+C=4$ $\qquad\therefore C=6$
$\therefore f(x)=-6x^2+4x+6$

**064** 답 $-9$

$F(x)=xf(x)-6x^3+5x^2-4$의 양변을 $x$에 대하여 미분하면
$f(x)=f(x)+xf'(x)-18x^2+10x$
$xf'(x)=18x^2-10x$ $\qquad\therefore f'(x)=18x-10$
$\therefore f(x)=\int f'(x)\,dx=\int(18x-10)\,dx$
$\qquad\qquad=9x^2-10x+C$
$f(2)=8$이므로
$36-20+C=8$ $\qquad\therefore C=-8$
따라서 $f(x)=9x^2-10x-8$이므로
$f(1)=9-10-8=-9$

## 065 답 $-13$

$F(x)=xf(x)+3x^4-3x^2+4$의 양변을 $x$에 대하여 미분하면

$f(x)=f(x)+xf'(x)+12x^3-6x$

$xf'(x)=-12x^3+6x$    $\therefore f'(x)=-12x^2+6$

$\therefore f(x)=\displaystyle\int f'(x)\,dx=\int(-12x^2+6)\,dx$

$\qquad\quad =-4x^3+6x+C$

$f(-1)=5$이므로

$4-6+C=5$    $\therefore C=7$

따라서 $f(x)=-4x^3+6x+7$이므로

$f(2)=-32+12+7=-13$


## 066 답 $-1$

$f(x)=\displaystyle\int f'(x)\,dx=\int(3x^2-3)\,dx$

$\qquad\quad =x^3-3x+C$

이때 $f'(x)=3x^2-3=3(x+1)(x-1)$이므로

$f'(x)=0$인 $x$의 값은 $x=-1$ 또는 $x=1$

함수 $f(x)$의 증가와 감소를 표로 나타내면 다음과 같다.

| $x$ | $\cdots$ | $-1$ | $\cdots$ | $1$ | $\cdots$ |
|---|---|---|---|---|---|
| $f'(x)$ | $+$ | $0$ | $-$ | $0$ | $+$ |
| $f(x)$ | ↗ | 극대 | ↘ | 극소 | ↗ |

즉, 함수 $f(x)$는 $x=-1$에서 극대이므로 $f(-1)=3$에서

$-1+3+C=3$    $\therefore C=1$

$\therefore f(x)=x^3-3x+1$

따라서 함수 $f(x)$는 $x=1$에서 극소이므로 극솟값은

$f(1)=1-3+1=-1$


## 067 답 $11$

$f(x)=\displaystyle\int f'(x)\,dx=\int(x^2-2x-8)\,dx$

$\qquad\quad =\dfrac{1}{3}x^3-x^2-8x+C$

이때 $f'(x)=x^2-2x-8=(x+2)(x-4)$이므로

$f'(x)=0$인 $x$의 값은 $x=-2$ 또는 $x=4$

함수 $f(x)$의 증가와 감소를 표로 나타내면 다음과 같다.

| $x$ | $\cdots$ | $-2$ | $\cdots$ | $4$ | $\cdots$ |
|---|---|---|---|---|---|
| $f'(x)$ | $+$ | $0$ | $-$ | $0$ | $+$ |
| $f(x)$ | ↗ | 극대 | ↘ | 극소 | ↗ |

즉, 함수 $f(x)$는 $x=4$에서 극소이므로 $f(4)=-25$에서

$\dfrac{64}{3}-16-32+C=-25$    $\therefore C=\dfrac{5}{3}$

$\therefore f(x)=\dfrac{1}{3}x^3-x^2-8x+\dfrac{5}{3}$

따라서 함수 $f(x)$는 $x=-2$에서 극대이므로 극댓값은

$f(-2)=-\dfrac{8}{3}-4+16+\dfrac{5}{3}=11$


## 068 답 $f(x)=x^3-3x^2+2$

$f'(x)=ax(x-2)\ (a>0)$라 하면

$f(x)=\displaystyle\int f'(x)\,dx=\int ax(x-2)\,dx$

$\qquad\quad =\displaystyle\int(ax^2-2ax)\,dx=\dfrac{a}{3}x^3-ax^2+C$

이때 $f'(x)=0$인 $x$의 값은 $x=0$ 또는 $x=2$

함수 $f(x)$의 증가와 감소를 표로 나타내면 다음과 같다.

| $x$ | $\cdots$ | $0$ | $\cdots$ | $2$ | $\cdots$ |
|---|---|---|---|---|---|
| $f'(x)$ | $+$ | $0$ | $-$ | $0$ | $+$ |
| $f(x)$ | ↗ | 극대 | ↘ | 극소 | ↗ |

즉, 함수 $f(x)$는 $x=0$에서 극대이고 $x=2$에서 극소이므로

$f(0)=2,\ f(2)=-2$에서

$C=2,\ \dfrac{8}{3}a-4a+C=-2$

$\therefore a=3,\ C=2$

$\therefore f(x)=x^3-3x^2+2$


## 069 답 $\dfrac{1}{3}$

$f'(x)=ax(x+3)\ (a<0)$이라 하면

$f(x)=\displaystyle\int f'(x)\,dx=\int ax(x+3)\,dx$

$\qquad\quad =\displaystyle\int(ax^2+3ax)\,dx=\dfrac{a}{3}x^3+\dfrac{3}{2}ax^2+C$

이때 $f'(x)=0$인 $x$의 값은 $x=-3$ 또는 $x=0$

함수 $f(x)$의 증가와 감소를 표로 나타내면 다음과 같다.

| $x$ | $\cdots$ | $-3$ | $\cdots$ | $0$ | $\cdots$ |
|---|---|---|---|---|---|
| $f'(x)$ | $-$ | $0$ | $+$ | $0$ | $-$ |
| $f(x)$ | ↘ | 극소 | ↗ | 극대 | ↘ |

즉, 함수 $f(x)$는 $x=0$에서 극대이고 $x=-3$에서 극소이므로

$f(0)=4,\ f(-3)=-5$에서

$C=4,\ -9a+\dfrac{27}{2}a+C=-5$

$\therefore a=-2,\ C=4$

따라서 $f(x)=-\dfrac{2}{3}x^3-3x^2+4$이므로

$f(1)=-\dfrac{2}{3}-3+4=\dfrac{1}{3}$


**중단원** #기출#교과서          68쪽

**070** $2$     **071** ④     **072** $1022$

**073** $x^4+2x^3-x^2+3x+C$     **074** ④     **075** $12$

**076** $\dfrac{3}{4}$     **077** $35$

**070**

$$\int (x^2+x+1)^2\,dx - \int (x^2-x+1)^2\,dx$$

$$=\int \{(x^2+x+1)^2-(x^2-x+1)^2\}\,dx$$

$$=\int [\,\{(x^2+x+1)+(x^2-x+1)\}$$

$$\times\{(x^2+x+1)-(x^2-x+1)\}\,]\,dx$$

$$=\int (4x^3+4x)\,dx=x^4+2x^2+C$$

따라서 $a=1$, $b=2$이므로 $ab=2$

**071**

$$f(x)=\int \left(\frac{1}{2}x^3+2x+1\right)dx-\int \left(\frac{1}{2}x^3+x\right)dx$$

$$=\int \left\{\left(\frac{1}{2}x^3+2x+1\right)-\left(\frac{1}{2}x^3+x\right)\right\}dx$$

$$=\int (x+1)\,dx=\frac{1}{2}x^2+x+C$$

$f(0)=1$이므로 $C=1$

따라서 $f(x)=\frac{1}{2}x^2+x+1$이므로

$f(4)=8+4+1=13$

**072**

$$f(x)=\int f'(x)\,dx=\int (1+2x+3x^2+\cdots+9x^8)\,dx$$

$$=x+x^2+x^3+\cdots+x^9+C$$

$f(0)=0$이므로 $C=0$

따라서 $f(x)=x+x^2+x^3+\cdots+x^9$이므로

$$f(2)=2+2^2+2^3+\cdots+2^9$$

$$=\frac{2(2^9-1)}{2-1}=2^{10}-2=1022$$

**073**

$f'(x)=12x^2+12x-2$이므로

$$f(x)=\int f'(x)\,dx=\int (12x^2+12x-2)\,dx$$

$$=4x^3+6x^2-2x+C'$$

$f(-1)=7$이므로

$-4+6+2+C'=7$    $\therefore C'=3$

따라서 $f(x)=4x^3+6x^2-2x+3$이므로

$$\int f(x)\,dx=\int (4x^3+6x^2-2x+3)\,dx$$

$$=x^4+2x^3-x^2+3x+C$$

**074**

$$\lim_{h\to 0}\frac{F(1+2h)-F(1-h)}{h}$$

$$=\lim_{h\to 0}\frac{F(1+2h)-F(1)+F(1)-F(1-h)}{h}$$

$$=\lim_{h\to 0}\frac{F(1+2h)-F(1)}{h}-\lim_{h\to 0}\frac{F(1-h)-F(1)}{h}$$

$$=2\lim_{h\to 0}\frac{F(1+2h)-F(1)}{2h}+\lim_{h\to 0}\frac{F(1-h)-F(1)}{-h}$$

$$=2F'(1)+F'(1)=3F'(1)=3f(1)$$

$$=3\times(2-4+3)=3$$

**075**

$\frac{d}{dx}(x^2-6x)=2x-6$이므로

$$f(x)=\int (2x-6)\,dx=x^2-6x+C$$

$$=(x-3)^2+C-9$$

이때 이차함수 $f(x)$는 $x=3$에서 최솟값 $C-9$를 가지므로

$C-9=8$    $\therefore C=17$

따라서 $f(x)=x^2-6x+17$이므로

$f(1)=1-6+17=12$

**076**

$F(x)=xf(x)-3x^4+2x^3-x^2$의 양변을 $x$에 대하여 미분하면

$$f(x)=f(x)+xf'(x)-12x^3+6x^2-2x$$

$xf'(x)=12x^3-6x^2+2x$    $\therefore f'(x)=12x^2-6x+2$

$$\therefore f(x)=\int f'(x)\,dx=\int (12x^2-6x+2)\,dx$$

$$=4x^3-3x^2+2x+C$$

$f(1)=3$이므로

$4-3+2+C=3$    $\therefore C=0$

따라서 $f(x)=4x^3-3x^2+2x$이므로 다항식 $f(x)$를 일차식

$2x-1$로 나누었을 때의 나머지는 나머지정리에 의하여

$$f\left(\frac{1}{2}\right)=\frac{1}{2}-\frac{3}{4}+1=\frac{3}{4}$$

**077**

곡선 $y=f(x)$ 위의 임의의 점 $\mathrm{P}(x,y)$에서의 접선의 기울기가

$3x^2-12$이므로 $f'(x)=3x^2-12$

$$\therefore f(x)=\int f'(x)\,dx=\int (3x^2-12)\,dx=x^3-12x+C$$

이때 $f'(x)=3x^2-12=3(x+2)(x-2)$이므로

$f'(x)=0$인 $x$의 값은 $x=-2$ 또는 $x=2$

함수 $f(x)$의 증가와 감소를 표로 나타내면 다음과 같다.

| $x$ | $\cdots$ | $-2$ | $\cdots$ | $2$ | $\cdots$ |
|---|---|---|---|---|---|
| $f'(x)$ | $+$ | $0$ | $-$ | $0$ | $+$ |
| $f(x)$ | $\nearrow$ | 극대 | $\searrow$ | 극소 | $\nearrow$ |

즉, 함수 $f(x)$는 $x=2$에서 극소이므로 $f(2)=3$에서

$8-24+C=3$    $\therefore C=19$

$\therefore f(x)=x^3-12x+19$

따라서 함수 $f(x)$는 $x=-2$에서 극대이므로 극댓값은

$f(-2)=-8+24+19=35$

## 7 정적분

**078** 답 6

$$\int_0^2 3\,dx = \Big[\,3x\,\Big]_0^2 = 6 - 0 = 6$$

**079** 답 $-15$

$$\int_1^4 (-5)\,dx = \Big[\,-5x\,\Big]_1^4 = -20 - (-5) = -15$$

**080** 답 3

$$\int_{-1}^2 x^2\,dx = \Big[\,\frac{1}{3}x^3\,\Big]_{-1}^2 = \frac{8}{3} - \left(-\frac{1}{3}\right) = 3$$

**081** 답 15

$$\int_1^2 4x^3\,dx = \Big[\,x^4\,\Big]_1^2 = 16 - 1 = 15$$

**082** 답 275

$$\int_{-2}^3 5t^4\,dt = \Big[\,t^5\,\Big]_{-2}^3 = 243 - (-32) = 275$$

**083** 답 4

$$\int_0^1 (2x+3)\,dx = \Big[\,x^2+3x\,\Big]_0^1 = (1+3) - 0 = 4$$

**084** 답 24

$$\int_{-1}^3 (3t^2-t)\,dt = \Big[\,t^3-\frac{1}{2}t^2\,\Big]_{-1}^3 = \left(27-\frac{9}{2}\right) - \left(-1-\frac{1}{2}\right) = 24$$

**085** 답 72

$$\int_{-2}^4 (x^3+2x)\,dx = \Big[\,\frac{1}{4}x^4+x^2\,\Big]_{-2}^4 = (64+16) - (4+4) = 72$$

**086** 답 $-\dfrac{22}{3}$

$$\int_0^2 (s^2-2s-3)\,ds = \Big[\,\frac{1}{3}s^3-s^2-3s\,\Big]_0^2$$
$$= \left(\frac{8}{3}-4-6\right) - 0 = -\frac{22}{3}$$

**087** 답 26

$$\int_1^2 (4x^3+6x^2-2x)\,dx = \Big[\,x^4+2x^3-x^2\,\Big]_1^2$$
$$= (16+16-4) - (1+2-1) = 26$$

**088** 답 14

$$\int_0^2 3x(x+1)\,dx = \int_0^2 (3x^2+3x)\,dx = \Big[\,x^3+\frac{3}{2}x^2\,\Big]_0^2$$
$$= (8+6) - 0 = 14$$

**089** 답 $-\dfrac{52}{3}$

$$\int_{-1}^1 (t+3)(t-3)\,dt = \int_{-1}^1 (t^2-9)\,dt = \Big[\,\frac{1}{3}t^3-9t\,\Big]_{-1}^1$$
$$= \left(\frac{1}{3}-9\right) - \left(-\frac{1}{3}+9\right) = -\frac{52}{3}$$

**090** 답 $\dfrac{37}{3}$

$$\int_0^1 (x-4)^2\,dx = \int_0^1 (x^2-8x+16)\,dx = \Big[\,\frac{1}{3}x^3-4x^2+16x\,\Big]_0^1$$
$$= \left(\frac{1}{3}-4+16\right) - 0 = \frac{37}{3}$$

**091** 답 $\dfrac{78}{5}$

$$\int_{-1}^2 (x^2+1)^2\,dx = \int_{-1}^2 (x^4+2x^2+1)\,dx = \Big[\,\frac{1}{5}x^5+\frac{2}{3}x^3+x\,\Big]_{-1}^2$$
$$= \left(\frac{32}{5}+\frac{16}{3}+2\right) - \left(-\frac{1}{5}-\frac{2}{3}-1\right) = \frac{78}{5}$$

**092** 답 0

$$\int_1^3 (x-2)^3\,dx = \int_1^3 (x^3-6x^2+12x-8)\,dx$$
$$= \Big[\,\frac{1}{4}x^4-2x^3+6x^2-8x\,\Big]_1^3$$
$$= \left(\frac{81}{4}-54+54-24\right) - \left(\frac{1}{4}-2+6-8\right) = 0$$

**093** 답 0

**094** 답 0

**095** 답 $-68$

$$\int_4^0 (3x^2+1)\,dx = -\int_0^4 (3x^2+1)\,dx = -\Big[\,x^3+x\,\Big]_0^4$$
$$= -\{(64+4)-0\} = -68$$

**096** 답 12

$$\int_1^{-2} (4t^3-2t)\,dt = -\int_{-2}^1 (4t^3-2t)\,dt = -\Big[\,t^4-t^2\,\Big]_{-2}^1$$
$$= -\{(1-1)-(16-4)\} = 12$$

**097** 답 $-177$

$$\int_3^2 (5x^4-6x^2+4)\,dx = -\int_2^3 (5x^4-6x^2+4)\,dx$$
$$= -\Big[\,x^5-2x^3+4x\,\Big]_2^3$$
$$= -\{(243-54+12)-(32-16+8)\}$$
$$= -177$$

**098** 답 **2**

$$\int_0^1 (3x+2)\,dx + \int_0^1 (x-2)\,dx = \int_0^1 4x\,dx$$
$$= \left[ 2x^2 \right]_0^1 = 2-0 = 2$$

**099** 답 **−3**

$$\int_{-1}^2 (4x^2-x)\,dx - \int_{-1}^2 (2x^2+5x)\,dx$$
$$= \int_{-1}^2 (2x^2-6x)\,dx = \left[ \frac{2}{3}x^3 - 3x^2 \right]_{-1}^2$$
$$= \left( \frac{16}{3} - 12 \right) - \left( -\frac{2}{3} - 3 \right) = -3$$

**100** 답 **26**

$$\int_1^3 (x^2+4)\,dx + 2\int_1^3 (x^2-2x+2)\,dx$$
$$= \int_1^3 (x^2+4)\,dx + \int_1^3 (2x^2-4x+4)\,dx$$
$$= \int_1^3 (3x^2-4x+8)\,dx = \left[ x^3-2x^2+8x \right]_1^3$$
$$= (27-18+24) - (1-2+8) = 26$$

**101** 답 **68**

$$\int_0^4 (4x^2+3x-1)\,dx - \int_0^4 (t^2+3t-2)\,dt$$
$$= \int_0^4 (4x^2+3x-1)\,dx - \int_0^4 (x^2+3x-2)\,dx$$
$$= \int_0^4 (3x^2+1)\,dx = \left[ x^3+x \right]_0^4$$
$$= (64+4) - 0 = 68$$

**102** 답 **$-\dfrac{28}{3}$**

$$\int_{-1}^1 (2x+1)(x-1)\,dx - \int_{-1}^1 (x^2-x+4)\,dx$$
$$= \int_{-1}^1 (2x^2-x-1)\,dx - \int_{-1}^1 (x^2-x+4)\,dx$$
$$= \int_{-1}^1 (x^2-5)\,dx = \left[ \frac{1}{3}x^3-5x \right]_{-1}^1$$
$$= \left( \frac{1}{3} - 5 \right) - \left( -\frac{1}{3} + 5 \right) = -\frac{28}{3}$$

**103** 답 **18**

$$\int_1^2 (3x+1)^2\,dx - \int_1^2 (3x-1)^2\,dx$$
$$= \int_1^2 (9x^2+6x+1)\,dx - \int_1^2 (9x^2-6x+1)\,dx$$
$$= \int_1^2 12x\,dx = \left[ 6x^2 \right]_1^2$$
$$= 24-6 = 18$$

**104** 답 **320**

$$\int_0^4 (x+2)^3\,dx - \int_0^4 (x-2)^3\,dx$$
$$= \int_0^4 (x^3+6x^2+12x+8)\,dx - \int_0^4 (x^3-6x^2+12x-8)\,dx$$
$$= \int_0^4 (12x^2+16)\,dx = \left[ 4x^3+16x \right]_0^4$$
$$= (256+64) - 0 = 320$$

**105** 답 **40**

$$\int_1^3 (x+1)(x^2-x+1)\,dx + \int_1^3 (x-1)(x^2+x+1)\,dx$$
$$= \int_1^3 (x^3+1)\,dx + \int_1^3 (x^3-1)\,dx = \int_1^3 2x^3\,dx$$
$$= \left[ \frac{1}{2}x^4 \right]_1^3 = \frac{81}{2} - \frac{1}{2} = 40$$

**106** 답 **6**

$$\int_0^2 (2x^2+x-1)\,dx - \int_2^0 (t^2-5t+4)\,dt$$
$$= \int_0^2 (2x^2+x-1)\,dx - \int_2^0 (x^2-5x+4)\,dx$$
$$= \int_0^2 (2x^2+x-1)\,dx + \int_0^2 (x^2-5x+4)\,dx$$
$$= \int_0^2 (3x^2-4x+3)\,dx = \left[ x^3-2x^2+3x \right]_0^2$$
$$= (8-8+6) - 0 = 6$$

**107** 답 **3**

$$\int_{-1}^2 (4x^2-2x+5)\,dx + \int_2^{-1} (x+2)^2\,dx$$
$$= \int_{-1}^2 (4x^2-2x+5)\,dx - \int_{-1}^2 (x+2)^2\,dx$$
$$= \int_{-1}^2 (4x^2-2x+5)\,dx - \int_{-1}^2 (x^2+4x+4)\,dx$$
$$= \int_{-1}^2 (3x^2-6x+1)\,dx = \left[ x^3-3x^2+x \right]_{-1}^2$$
$$= (8-12+2) - (-1-3-1) = 3$$

**108** 답 **2**

$$\int_0^1 (2x-1)\,dx + \int_1^2 (2x-1)\,dx$$
$$= \int_0^2 (2x-1)\,dx = \left[ x^2-x \right]_0^2 = (4-2) - 0 = 2$$

**109** 답 **15**

$$\int_{-2}^0 (3x^2+2)\,dx + \int_0^1 (3t^2+2)\,dt$$
$$= \int_{-2}^0 (3x^2+2)\,dx + \int_0^1 (3x^2+2)\,dx$$
$$= \int_{-2}^1 (3x^2+2)\,dx = \left[ x^3+2x \right]_{-2}^1$$
$$= (1+2) - (-8-4) = 15$$

**110** 答 **0**

$$\int_{-1}^{1}(x^2-6x+2)\,dx+\int_{1}^{2}(x^2-6x+2)\,dx$$

$$=\int_{-1}^{2}(x^2-6x+2)\,dx=\left[\frac{1}{3}x^3-3x^2+2x\right]_{-1}^{2}$$

$$=\left(\frac{8}{3}-12+4\right)-\left(-\frac{1}{3}-3-2\right)=0$$

**111** 答 **0**

$$\int_{-2}^{5}(x^3+2x)\,dx+\int_{5}^{2}(x^3+2x)\,dx$$

$$=\int_{-2}^{2}(x^3+2x)\,dx=\left[\frac{1}{4}x^4+x^2\right]_{-2}^{2}$$

$$=(4+4)-(4+4)=0$$

**112** 答 **216**

$$\int_{1}^{-4}(5t^4-6t-1)\,dt+\int_{-4}^{3}(5x^4-6x-1)\,dx$$

$$=\int_{1}^{-4}(5x^4-6x-1)\,dx+\int_{-4}^{3}(5x^4-6x-1)\,dx$$

$$=\int_{1}^{3}(5x^4-6x-1)\,dx=\left[x^5-3x^2-x\right]_{1}^{3}$$

$$=(243-27-3)-(1-3-1)=216$$

**113** 答 $\dfrac{160}{3}$

$$\int_{0}^{3}(4x^3-x^2)\,dx+\int_{-2}^{0}(4x^3-x^2)\,dx$$

$$=\int_{-2}^{0}(4x^3-x^2)\,dx+\int_{0}^{3}(4x^3-x^2)\,dx$$

$$=\int_{-2}^{3}(4x^3-x^2)\,dx=\left[x^4-\frac{1}{3}x^3\right]_{-2}^{3}$$

$$=(81-9)-\left(16+\frac{8}{3}\right)=\frac{160}{3}$$

**114** 答 **4**

$$\int_{1}^{2}(6x^2-8x+2)\,dx+2\int_{0}^{1}(3x^2-4x+1)\,dx$$

$$=\int_{1}^{2}(6x^2-8x+2)\,dx+\int_{0}^{1}(6x^2-8x+2)\,dx$$

$$=\int_{0}^{1}(6x^2-8x+2)\,dx+\int_{1}^{2}(6x^2-8x+2)\,dx$$

$$=\int_{0}^{2}(6x^2-8x+2)\,dx=\left[2x^3-4x^2+2x\right]_{0}^{2}$$

$$=(16-16+4)-0=4$$

**115** 答 $\dfrac{525}{2}$

$$\int_{-1}^{1}(4x^3+x)\,dx+\int_{1}^{2}(4x^3+x)\,dx+\int_{2}^{4}(4x^3+x)\,dx$$

$$=\int_{-1}^{2}(4x^3+x)\,dx+\int_{2}^{4}(4x^3+x)\,dx=\int_{-1}^{4}(4x^3+x)\,dx$$

$$=\left[x^4+\frac{1}{2}x^2\right]_{-1}^{4}=(256+8)-\left(1+\frac{1}{2}\right)=\frac{525}{2}$$

**116** 答 **24**

$$\int_{-2}^{0}(5x^4-3x^2)\,dx-\int_{1}^{0}(5x^4-3x^2)\,dx$$

$$=\int_{-2}^{0}(5x^4-3x^2)\,dx+\int_{0}^{1}(5x^4-3x^2)\,dx$$

$$=\int_{-2}^{1}(5x^4-3x^2)\,dx=\left[x^5-x^3\right]_{-2}^{1}$$

$$=(1-1)-(-32+8)=24$$

**117** 答 **70**

$$\int_{1}^{2}(x^3+6x^2-1)\,dx-\int_{3}^{2}(x^3+6x^2-1)\,dx$$

$$=\int_{1}^{2}(x^3+6x^2-1)\,dx+\int_{2}^{3}(x^3+6x^2-1)\,dx$$

$$=\int_{1}^{3}(x^3+6x^2-1)\,dx$$

$$=\left[\frac{1}{4}x^4+2x^3-x\right]_{1}^{3}$$

$$=\left(\frac{81}{4}+54-3\right)-\left(\frac{1}{4}+2-1\right)=70$$

**118** 答 **0**

$$\int_{-1}^{1}f(x)\,dx=\int_{-1}^{0}3x^2\,dx+\int_{0}^{1}(-2x)\,dx$$

$$=\left[x^3\right]_{-1}^{0}+\left[-x^2\right]_{0}^{1}$$

$$=1+(-1)=0$$

**119** 答 $\dfrac{43}{6}$

$$\int_{0}^{3}f(x)\,dx=\int_{0}^{1}(-x+1)\,dx+\int_{1}^{3}(x^2-1)\,dx$$

$$=\left[-\frac{1}{2}x^2+x\right]_{0}^{1}+\left[\frac{1}{3}x^3-x\right]_{1}^{3}$$

$$=\frac{1}{2}+\frac{20}{3}=\frac{43}{6}$$

**120** 答 $\dfrac{35}{3}$

$$\int_{-2}^{1}f(x)\,dx=\int_{-2}^{-1}(2x^2-1)\,dx+\int_{-1}^{1}(3x+4)\,dx$$

$$=\left[\frac{2}{3}x^3-x\right]_{-2}^{-1}+\left[\frac{3}{2}x^2+4x\right]_{-1}^{1}$$

$$=\frac{11}{3}+8=\frac{35}{3}$$

**121** 答 $-\dfrac{16}{3}$

$$\int_{1}^{3}f(x)\,dx=\int_{1}^{2}(2x-5)\,dx+\int_{2}^{3}(-x^2+3)\,dx$$

$$=\left[x^2-5x\right]_{1}^{2}+\left[-\frac{1}{3}x^3+3x\right]_{2}^{3}$$

$$=-2+\left(-\frac{10}{3}\right)=-\frac{16}{3}$$

**122** 답 $\dfrac{5}{2}$

$|x-1|=\begin{cases} -x+1 & (x\le 1) \\ x-1 & (x\ge 1) \end{cases}$ 이므로

$\displaystyle\int_0^3 |x-1|\,dx=\int_0^1 (-x+1)\,dx+\int_1^3 (x-1)\,dx$

$\qquad=\left[-\dfrac{1}{2}x^2+x\right]_0^1+\left[\dfrac{1}{2}x^2-x\right]_1^3$

$\qquad=\dfrac{1}{2}+2=\dfrac{5}{2}$

**123** 답 $\dfrac{13}{2}$

$|x+2|=\begin{cases} -x-2 & (x\le -2) \\ x+2 & (x\ge -2) \end{cases}$ 이므로

$\displaystyle\int_{-4}^1 |x+2|\,dx=\int_{-4}^{-2} (-x-2)\,dx+\int_{-2}^1 (x+2)\,dx$

$\qquad=\left[-\dfrac{1}{2}x^2-2x\right]_{-4}^{-2}+\left[\dfrac{1}{2}x^2+2x\right]_{-2}^1$

$\qquad=2+\dfrac{9}{2}=\dfrac{13}{2}$

**124** 답 $\dfrac{9}{2}$

$|2x-1|=\begin{cases} -2x+1 & \left(x\le \dfrac{1}{2}\right) \\ 2x-1 & \left(x\ge \dfrac{1}{2}\right) \end{cases}$ 이므로

$\displaystyle\int_{-1}^2 |2x-1|\,dx=\int_{-1}^{\frac{1}{2}} (-2x+1)\,dx+\int_{\frac{1}{2}}^2 (2x-1)\,dx$

$\qquad=\left[-x^2+x\right]_{-1}^{\frac{1}{2}}+\left[x^2-x\right]_{\frac{1}{2}}^2=\dfrac{9}{4}+\dfrac{9}{4}=\dfrac{9}{2}$

**125** 답 1

$|x(x+1)|=\begin{cases} x^2+x & (x\le -1 \text{ 또는 } x\ge 0) \\ -x^2-x & (-1\le x\le 0) \end{cases}$ 이므로

$\displaystyle\int_{-1}^1 |x(x+1)|\,dx=\int_{-1}^0 (-x^2-x)\,dx+\int_0^1 (x^2+x)\,dx$

$\qquad=\left[-\dfrac{1}{3}x^3-\dfrac{1}{2}x^2\right]_{-1}^0+\left[\dfrac{1}{3}x^3+\dfrac{1}{2}x^2\right]_0^1$

$\qquad=\dfrac{1}{6}+\dfrac{5}{6}=1$

**126** 답 8

$|3x(x-2)|=\begin{cases} 3x^2-6x & (x\le 0 \text{ 또는 } x\ge 2) \\ -3x^2+6x & (0\le x\le 2) \end{cases}$ 이므로

$\displaystyle\int_{-1}^2 |3x(x-2)|\,dx$

$=\displaystyle\int_{-1}^0 (3x^2-6x)\,dx+\int_0^2 (-3x^2+6x)\,dx$

$=\left[x^3-3x^2\right]_{-1}^0+\left[-x^3+3x^2\right]_0^2=4+4=8$

**127** 답 4

$|x^2-4|=\begin{cases} x^2-4 & (x\le -2 \text{ 또는 } x\ge 2) \\ -x^2+4 & (-2\le x\le 2) \end{cases}$ 이므로

$\displaystyle\int_1^3 |x^2-4|\,dx=\int_1^2 (-x^2+4)\,dx+\int_2^3 (x^2-4)\,dx$

$\qquad=\left[-\dfrac{1}{3}x^3+4x\right]_1^2+\left[\dfrac{1}{3}x^3-4x\right]_2^3$

$\qquad=\dfrac{5}{3}+\dfrac{7}{3}=4$

**128** 답 $\dfrac{31}{6}$

$|x^2+x-2|=\begin{cases} x^2+x-2 & (x\le -2 \text{ 또는 } x\ge 1) \\ -x^2-x+2 & (-2\le x\le 1) \end{cases}$ 이므로

$\displaystyle\int_{-3}^0 |x^2+x-2|\,dx$

$=\displaystyle\int_{-3}^{-2} (x^2+x-2)\,dx+\int_{-2}^0 (-x^2-x+2)\,dx$

$=\left[\dfrac{1}{3}x^3+\dfrac{1}{2}x^2-2x\right]_{-3}^{-2}+\left[-\dfrac{1}{3}x^3-\dfrac{1}{2}x^2+2x\right]_{-2}^0$

$=\dfrac{11}{6}+\dfrac{10}{3}=\dfrac{31}{6}$

**129** 답 1

$|x^2-3x+2|=\begin{cases} x^2-3x+2 & (x\le 1 \text{ 또는 } x\ge 2) \\ -x^2+3x-2 & (1\le x\le 2) \end{cases}$ 이므로

$\displaystyle\int_0^2 |x^2-3x+2|\,dx$

$=\displaystyle\int_0^1 (x^2-3x+2)\,dx+\int_1^2 (-x^2+3x-2)\,dx$

$=\left[\dfrac{1}{3}x^3-\dfrac{3}{2}x^2+2x\right]_0^1+\left[-\dfrac{1}{3}x^3+\dfrac{3}{2}x^2-2x\right]_1^2$

$=\dfrac{5}{6}+\dfrac{1}{6}=1$

**130** 답 6

$\displaystyle\int_{-1}^1 (3x^2+2)\,dx=2\int_0^1 (3x^2+2)\,dx$

$\qquad=2\left[x^3+2x\right]_0^1=2\times 3=6$

**131** 답 0

$\displaystyle\int_{-3}^3 (x^5-4x^3+6x)\,dx=0$

**132** 답 48

$\displaystyle\int_{-2}^2 (5x^4+2x^3-3x^2+4x)\,dx$

$=\displaystyle\int_{-2}^2 (5x^4-3x^2)\,dx+\int_{-2}^2 (2x^3+4x)\,dx$

$=2\displaystyle\int_0^2 (5x^4-3x^2)\,dx+0=2\left[x^5-x^3\right]_0^2=2\times 24=48$

**133** 답 $-\dfrac{4}{3}$

$$\int_{-1}^{1} x(x-1)^2\,dx = \int_{-1}^{1}(x^3-2x^2+x)\,dx$$
$$= \int_{-1}^{1}(x^3+x)\,dx - \int_{-1}^{1}2x^2\,dx$$
$$= 0 - 2\int_{0}^{1}2x^2\,dx$$
$$= -2\left[\dfrac{2}{3}x^3\right]_{0}^{1} = -2\times\dfrac{2}{3} = -\dfrac{4}{3}$$

**134** 답 $30$

$$\int_{-3}^{3}(3x+1)(x-4)\,dx = \int_{-3}^{3}(3x^2-11x-4)\,dx$$
$$= \int_{-3}^{3}(3x^2-4)\,dx - \int_{-3}^{3}11x\,dx$$
$$= 2\int_{0}^{3}(3x^2-4)\,dx - 0$$
$$= 2\left[x^3-4x\right]_{0}^{3} = 2\times 15 = 30$$

**135** 답 $-4$

$$\int_{-1}^{1}(2x^2+4x-7)\,dx + \int_{-1}^{1}(x^2-3x+4)\,dx$$
$$= \int_{-1}^{1}(3x^2+x-3)\,dx$$
$$= \int_{-1}^{1}(3x^2-3)\,dx + \int_{-1}^{1}x\,dx$$
$$= 2\int_{0}^{1}(3x^2-3)\,dx + 0 = 2\left[x^3-3x\right]_{0}^{1}$$
$$= 2\times(-2) = -4$$

**136** 답 $-24$

$$\int_{-2}^{0}(x^3-3x^2+6x-2)\,dx + \int_{0}^{2}(x^3-3x^2+6x-2)\,dx$$
$$= \int_{-2}^{2}(x^3-3x^2+6x-2)\,dx$$
$$= \int_{-2}^{2}(x^3+6x)\,dx + \int_{-2}^{2}(-3x^2-2)\,dx$$
$$= 0 + 2\int_{0}^{2}(-3x^2-2)\,dx$$
$$= 2\left[-x^3-2x\right]_{0}^{2}$$
$$= 2\times(-12) = -24$$

**137** 답 $\dfrac{8}{3}$

$$\int_{-1}^{0}(2x^3+4x^2+6x)\,dx - 2\int_{1}^{0}(x^3+2x^2+3x)\,dx$$
$$= \int_{-1}^{0}(2x^3+4x^2+6x)\,dx - \int_{1}^{0}(2x^3+4x^2+6x)\,dx$$
$$= \int_{-1}^{0}(2x^3+4x^2+6x)\,dx + \int_{0}^{1}(2x^3+4x^2+6x)\,dx$$

$$= \int_{-1}^{1}(2x^3+4x^2+6x)\,dx$$
$$= \int_{-1}^{1}(2x^3+6x)\,dx + \int_{-1}^{1}4x^2\,dx$$
$$= 0 + 2\int_{0}^{1}4x^2\,dx = 2\left[\dfrac{4}{3}x^3\right]_{0}^{1} = 2\times\dfrac{4}{3} = \dfrac{8}{3}$$

**138** 답 $x^3-2x$

**139** 답 $2x^2+4x-1$

**140** 답 $x(x^2+3x)$

**141** 답 $(x+3)(x^2-2)$

**142** 답 $9$

$f(t)=3t+6$이라 하면

$$\dfrac{d}{dx}\int_{x}^{x+3}f(t)\,dt = f(x+3)-f(x)$$
$$= \{3(x+3)+6\} - (3x+6) = 9$$

**143** 답 $2x+2$

$f(t)=t^2+t$라 하면

$$\dfrac{d}{dx}\int_{x}^{x+1}f(t)\,dt = f(x+1)-f(x)$$
$$= \{(x+1)^2+(x+1)\} - (x^2+x) = 2x+2$$

**144** 답 $-8x-8$

$f(t)=-2t^2+3$이라 하면

$$\dfrac{d}{dx}\int_{x}^{x+2}f(t)\,dt = f(x+2)-f(x)$$
$$= \{-2(x+2)^2+3\} - (-2x^2+3) = -8x-8$$

**145** 답 $-2x+2$

$f(t)=-t^2+3t-6$이라 하면

$$\dfrac{d}{dx}\int_{x}^{x+1}f(t)\,dt = f(x+1)-f(x)$$
$$= \{-(x+1)^2+3(x+1)-6\} - (-x^2+3x-6)$$
$$= -2x+2$$

**146** 답 $a=1,\ f(x)=2x-2$

주어진 등식의 양변에 $x=1$을 대입하면

$$\int_{1}^{1}f(t)\,dt = 1-2+a$$
$$0 = -1+a \qquad \therefore\ a=1$$

따라서 $\int_{1}^{x}f(t)\,dt = x^2-2x+1$이므로 양변을 $x$에 대하여 미분하면

$$f(x)=2x-2$$

## 147 답 $a=1$, $f(x)=6x+4$

주어진 등식의 양변에 $x=-1$을 대입하면

$$\int_{-1}^{-1} f(t)dt=3-4+a$$

$0=-1+a$ ∴ $a=1$

따라서 $\int_{-1}^{x} f(t)dt=3x^2+4x+1$이므로 양변을 $x$에 대하여 미분하면 $f(x)=6x+4$

## 148 답 $a=-2$, $f(x)=-3x^2+6x-2$

주어진 등식의 양변에 $x=2$를 대입하면

$$\int_{2}^{2} f(t)dt=-8+12+2a$$

$0=4+2a$ ∴ $a=-2$

따라서 $\int_{2}^{x} f(t)dt=-x^3+3x^2-2x$이므로 양변을 $x$에 대하여 미분하면 $f(x)=-3x^2+6x-2$

## 149 답 $a=-1$, $f(x)=9x^2-4x$

주어진 등식의 양변에 $x=1$을 대입하면

$$\int_{1}^{1} f(t)dt=3+2a+a$$

$0=3+3a$ ∴ $a=-1$

따라서 $\int_{1}^{x} f(t)dt=3x^3-2x^2-1$이므로 양변을 $x$에 대하여 미분하면 $f(x)=9x^2-4x$

## 150 답 3

주어진 등식의 양변에 $x=a$를 대입하면

$$\int_{a}^{a} f(t)dt=a^2-3a$$

$0=a^2-3a$, $a(a-3)=0$ ∴ $a=3$ ($∵ a>0$)

주어진 등식의 양변을 $x$에 대하여 미분하면

$f(x)=2x-3$ ∴ $f(a)=f(3)=6-3=3$

## 151 답 6

주어진 등식의 양변에 $x=a$를 대입하면

$$\int_{a}^{a} f(t)dt=a^2-2a-8$$

$0=a^2-2a-8$, $(a+2)(a-4)=0$

∴ $a=4$ ($∵ a>0$)

주어진 등식의 양변을 $x$에 대하여 미분하면

$f(x)=2x-2$

∴ $f(a)=f(4)=8-2=6$

## 152 답 18

주어진 등식의 양변에 $x=a$를 대입하면

$$\int_{a}^{a} f(t)dt=a^3-9a$$

$0=a^3-9a$, $a(a+3)(a-3)=0$

∴ $a=3$ ($∵ a>0$)

주어진 등식의 양변을 $x$에 대하여 미분하면

$f(x)=3x^2-9$

∴ $f(a)=f(3)=27-9=18$

## 153 답 8

주어진 등식의 양변에 $x=a$를 대입하면

$$\int_{a}^{a} f(t)dt=3a^3+2a^2-5a$$

$0=3a^3+2a^2-5a$, $a(3a+5)(a-1)=0$

∴ $a=1$ ($∵ a>0$)

주어진 등식의 양변을 $x$에 대하여 미분하면

$f(x)=9x^2+4x-5$

∴ $f(a)=f(1)=9+4-5=8$

## 154 답 $f(x)=2x-4$

$$\int_{0}^{2} f(t)dt=k \ (k는 \ 상수) \quad \cdots\cdots \ \ominus$$

로 놓으면 $f(x)=2x+k$

이를 ㉠에 대입하면

$$\int_{0}^{2} (2t+k)dt=k, \ \left[t^2+kt\right]_{0}^{2}=k$$

$4+2k=k$ ∴ $k=-4$

∴ $f(x)=2x-4$

## 155 답 $f(x)=x^2-4x+\dfrac{9}{2}$

$$\int_{0}^{3} f(t)dt=k \ (k는 \ 상수) \quad \cdots\cdots \ \ominus$$

로 놓으면 $f(x)=x^2-4x+k$

이를 ㉠에 대입하면

$$\int_{0}^{3} (t^2-4t+k)dt=k, \ \left[\frac{1}{3}t^3-2t^2+kt\right]_{0}^{3}=k$$

$-9+3k=k$ ∴ $k=\dfrac{9}{2}$

∴ $f(x)=x^2-4x+\dfrac{9}{2}$

## 156 답 $f(x)=x^3+x-6$

$$\int_{0}^{2} f(t)dt=k \ (k는 \ 상수) \quad \cdots\cdots \ \ominus$$

로 놓으면 $f(x)=x^3+x+k$

이를 ㉠에 대입하면

$$\int_{0}^{2} (t^3+t+k)dt=k, \ \left[\frac{1}{4}t^4+\frac{1}{2}t^2+kt\right]_{0}^{2}=k$$

$6+2k=k$ ∴ $k=-6$

∴ $f(x)=x^3+x-6$

**157** 답 $f(x)=4x^3+3x^2-\dfrac{4}{3}x$

$\displaystyle\int_0^1 f(t)dt=k$ ($k$는 상수)  ······ ㉠

로 놓으면 $f(x)=4x^3+3x^2-kx$

이를 ㉠에 대입하면

$\displaystyle\int_0^1 (4t^3+3t^2-kt)dt=k,\ \left[t^4+t^3-\dfrac{k}{2}t^2\right]_0^1=k$

$2-\dfrac{k}{2}=k$   $\therefore k=\dfrac{4}{3}$

$\therefore f(x)=4x^3+3x^2-\dfrac{4}{3}x$

---

**158** 답 7

$\displaystyle\int_0^1 tf(t)dt=k$ ($k$는 상수)  ······ ㉠

로 놓으면 $f(x)=5x^3+k$

이를 ㉠에 대입하면

$\displaystyle\int_0^1 t(5t^3+k)dt=k,\ \int_0^1 (5t^4+kt)dt=k$

$\left[t^5+\dfrac{k}{2}t^2\right]_0^1=k,\ 1+\dfrac{k}{2}=k$

$\therefore k=2$

따라서 $f(x)=5x^3+2$이므로

$f(1)=5+2=7$

---

**159** 답 $-4$

$\displaystyle\int_0^1 tf(t)dt=k$ ($k$는 상수)  ······ ㉠

로 놓으면 $f(x)=4x^2-6x+k$

이를 ㉠에 대입하면

$\displaystyle\int_0^1 t(4t^2-6t+k)dt=k,\ \int_0^1 (4t^3-6t^2+kt)dt=k$

$\left[t^4-2t^3+\dfrac{k}{2}t^2\right]_0^1=k,\ -1+\dfrac{k}{2}=k$

$\therefore k=-2$

따라서 $f(x)=4x^2-6x-2$이므로

$f(1)=4-6-2=-4$

---

**160** 답 $-3$

$\displaystyle\int_0^2 f'(t)dt=k$ ($k$는 상수)  ······ ㉠

로 놓으면 $f(x)=-2x^3+5x+k$에서

$f'(x)=-6x^2+5$

이를 ㉠에 대입하면

$\displaystyle\int_0^2 (-6t^2+5)dt=k$

$\left[-2t^3+5t\right]_0^2=k$   $\therefore k=-6$

따라서 $f(x)=-2x^3+5x-6$이므로

$f(1)=-2+5-6=-3$

---

**161** 답 1

$\displaystyle\int_0^2 tf'(t)dt=k$ ($k$는 상수)  ······ ㉠

로 놓으면 $f(x)=x^3-4x+k$에서

$f'(x)=3x^2-4$

이를 ㉠에 대입하면

$\displaystyle\int_0^2 t(3t^2-4)dt=k,\ \int_0^2 (3t^3-4t)dt=k$

$\left[\dfrac{3}{4}t^4-2t^2\right]_0^2=k$   $\therefore k=4$

따라서 $f(x)=x^3-4x+4$이므로

$f(1)=1-4+4=1$

---

**162** 답 $f(x)=3x^2+2x-2$

주어진 등식의 양변을 $x$에 대하여 미분하면

$f(x)+xf'(x)=6x^2+2x+f(x)$

$xf'(x)=6x^2+2x$   $\therefore f'(x)=6x+2$

$\therefore f(x)=\displaystyle\int f'(x)dx=\int (6x+2)dx$

$\qquad =3x^2+2x+C$  ······ ㉠

주어진 등식의 양변에 $x=1$을 대입하면

$f(1)=2+1+0=3$

㉠에서

$f(1)=3+2+C=3$   $\therefore C=-2$

$\therefore f(x)=3x^2+2x-2$

---

**163** 답 $f(x)=-6x^2+6x+2$

주어진 등식의 양변을 $x$에 대하여 미분하면

$f(x)+xf'(x)=-12x^2+6x+f(x)$

$xf'(x)=-12x^2+6x$   $\therefore f'(x)=-12x+6$

$\therefore f(x)=\displaystyle\int f'(x)dx=\int (-12x+6)dx$

$\qquad =-6x^2+6x+C$  ······ ㉠

주어진 등식의 양변에 $x=2$를 대입하면

$2f(2)=-32+12+0=-20$   $\therefore f(2)=-10$

㉠에서

$f(2)=-24+12+C=-10$   $\therefore C=2$

$\therefore f(x)=-6x^2+6x+2$

---

**164** 답 $f(x)=\dfrac{4}{3}x^3-3x^2$

주어진 등식의 양변을 $x$에 대하여 미분하면

$f(x)+xf'(x)=4x^3-6x^2+f(x)$

$xf'(x)=4x^3-6x^2$   $\therefore f'(x)=4x^2-6x$

$\therefore f(x)=\displaystyle\int f'(x)dx=\int (4x^2-6x)dx$

$\qquad =\dfrac{4}{3}x^3-3x^2+C$  ······ ㉠

주어진 등식의 양변에 $x=3$을 대입하면

$3f(3)=81-54+0=27 \qquad \therefore f(3)=9$

㉠에서

$f(3)=36-27+C=9 \qquad \therefore C=0$

$\therefore f(x)=\dfrac{4}{3}x^3-3x^2$

### 165 답 $f(x)=12x^2+12x-14$

주어진 등식의 양변을 $x$에 대하여 미분하면

$2xf(x)+x^2f'(x)=24x^3+12x^2+2xf(x)$

$x^2f'(x)=24x^3+12x^2 \qquad \therefore f'(x)=24x+12$

$\therefore f(x)=\displaystyle\int f'(x)dx=\int (24x+12)dx$

$\qquad =12x^2+12x+C \quad \cdots\cdots \text{㉠}$

주어진 등식의 양변에 $x=1$을 대입하면

$f(1)=6+4+0=10$

㉠에서

$f(1)=12+12+C=10 \qquad \therefore C=-14$

$\therefore f(x)=12x^2+12x-14$

### 166 답 $-14$

주어진 식에서

$x\displaystyle\int_1^x f(t)dt-\int_1^x tf(t)dt=x^3-4x^2+3$

위의 등식의 양변을 $x$에 대하여 미분하면

$\displaystyle\int_1^x f(t)dt+xf(x)-xf(x)=3x^2-8x$

$\therefore \displaystyle\int_1^x f(t)dt=3x^2-8x$

위의 등식의 양변을 다시 $x$에 대하여 미분하면

$f(x)=6x-8 \qquad \therefore f(-1)=-6-8=-14$

### 167 답 26

주어진 식에서

$x\displaystyle\int_{-1}^x f(t)dt-\int_{-1}^x tf(t)dt=-3x^3+4x^2+x-6$

위의 등식의 양변을 $x$에 대하여 미분하면

$\displaystyle\int_{-1}^x f(t)dt+xf(x)-xf(x)=-9x^2+8x+1$

$\therefore \displaystyle\int_{-1}^x f(t)dt=-9x^2+8x+1$

위의 등식의 양변을 다시 $x$에 대하여 미분하면

$f(x)=-18x+8 \qquad \therefore f(-1)=18+8=26$

### 168 답 34

주어진 식에서

$x\displaystyle\int_0^x f(t)dt-\int_0^x tf(t)dt=x^4-2x^3+5x^2-x$

위의 등식의 양변을 $x$에 대하여 미분하면

$\displaystyle\int_0^x f(t)dt+xf(x)-xf(x)=4x^3-6x^2+10x-1$

$\therefore \displaystyle\int_0^x f(t)dt=4x^3-6x^2+10x-1$

위의 등식의 양변을 다시 $x$에 대하여 미분하면

$f(x)=12x^2-12x+10$

$\therefore f(-1)=12+12+10=34$

### 169 답 8

주어진 식에서

$x\displaystyle\int_1^x f(t)dt-\int_1^x tf(t)dt=2x^5+x^4-6x^3+3x$

위의 등식의 양변을 $x$에 대하여 미분하면

$\displaystyle\int_1^x f(t)dt+xf(x)-xf(x)=10x^4+4x^3-18x^2+3$

$\therefore \displaystyle\int_1^x f(t)dt=10x^4+4x^3-18x^2+3$

위의 등식의 양변을 다시 $x$에 대하여 미분하면

$f(x)=40x^3+12x^2-36x$

$\therefore f(-1)=-40+12+36=8$

### 170 답 $\dfrac{7}{3}$

$f(x)=\displaystyle\int_{-1}^x (t^2-4t)dt$의 양변을 $x$에 대하여 미분하면

$f'(x)=x^2-4x=x(x-4)$

$f'(x)=0$인 $x$의 값은 $x=0$ 또는 $x=4$

함수 $f(x)$의 증가와 감소를 표로 나타내면 다음과 같다.

| $x$ | $\cdots$ | $0$ | $\cdots$ | $4$ | $\cdots$ |
|---|---|---|---|---|---|
| $f'(x)$ | $+$ | $0$ | $-$ | $0$ | $+$ |
| $f(x)$ | ↗ | 극대 | ↘ | 극소 | ↗ |

따라서 함수 $f(x)$는 $x=0$에서 극대이므로 극댓값은

$f(0)=\displaystyle\int_{-1}^0 (t^2-4t)dt=\left[\dfrac{1}{3}t^3-2t^2\right]_{-1}^0=\dfrac{7}{3}$

### 171 답 $-27$

$f(x)=\displaystyle\int_0^x (3t^2-6t-9)dt$의 양변을 $x$에 대하여 미분하면

$f'(x)=3x^2-6x-9=3(x+1)(x-3)$

$f'(x)=0$인 $x$의 값은 $x=-1$ 또는 $x=3$

함수 $f(x)$의 증가와 감소를 표로 나타내면 다음과 같다.

| $x$ | $\cdots$ | $-1$ | $\cdots$ | $3$ | $\cdots$ |
|---|---|---|---|---|---|
| $f'(x)$ | $+$ | $0$ | $-$ | $0$ | $+$ |
| $f(x)$ | ↗ | 극대 | ↘ | 극소 | ↗ |

따라서 함수 $f(x)$는 $x=3$에서 극소이므로 극솟값은

$f(3)=\displaystyle\int_0^3 (3t^2-6t-9)dt$

$\qquad =\left[t^3-3t^2-9t\right]_0^3=-27$

## 172 답 27

$f(x)=\displaystyle\int_{-2}^{x}(t^2-6t+5)dt$의 양변을 $x$에 대하여 미분하면

$f'(x)=x^2-6x+5=(x-1)(x-5)$

$f'(x)=0$인 $x$의 값은 $x=1$ 또는 $x=5$

함수 $f(x)$의 증가와 감소를 표로 나타내면 다음과 같다.

| $x$ | $\cdots$ | 1 | $\cdots$ | 5 | $\cdots$ |
|---|---|---|---|---|---|
| $f'(x)$ | $+$ | 0 | $-$ | 0 | $+$ |
| $f(x)$ | ↗ | 극대 | ↘ | 극소 | ↗ |

따라서 함수 $f(x)$는 $x=1$에서 극대이므로 극댓값은

$f(1)=\displaystyle\int_{-2}^{1}(t^2-6t+5)dt=\left[\dfrac{1}{3}t^3-3t^2+5t\right]_{-2}^{1}=27$

## 173 답 $-\dfrac{10}{3}$

$f(x)=\displaystyle\int_{-3}^{x}(-t^2+2t+8)dt$의 양변을 $x$에 대하여 미분하면

$f'(x)=-x^2+2x+8=-(x+2)(x-4)$

$f'(x)=0$인 $x$의 값은 $x=-2$ 또는 $x=4$

함수 $f(x)$의 증가와 감소를 표로 나타내면 다음과 같다.

| $x$ | $\cdots$ | $-2$ | $\cdots$ | 4 | $\cdots$ |
|---|---|---|---|---|---|
| $f'(x)$ | $-$ | 0 | $+$ | 0 | $-$ |
| $f(x)$ | ↘ | 극소 | ↗ | 극대 | ↘ |

따라서 함수 $f(x)$는 $x=-2$에서 극소이므로 극솟값은

$f(-2)=\displaystyle\int_{-3}^{-2}(-t^2+2t+8)dt$

$\qquad=\left[-\dfrac{1}{3}t^3+t^2+8t\right]_{-3}^{-2}=-\dfrac{10}{3}$

## 174 답 1

$f(t)=2t+1$이라 하고, $f(t)$의 한 부정적분을 $F(t)$라 하면

$\displaystyle\lim_{x\to0}\dfrac{1}{x}\int_{0}^{x}(2t+1)dt=\lim_{x\to0}\dfrac{1}{x}\int_{0}^{x}f(t)dt$

$\qquad=\displaystyle\lim_{x\to0}\dfrac{F(x)-F(0)}{x}=F'(0)=f(0)=1$

## 175 답 3

$f(t)=3t^2-t+1$이라 하고, $f(t)$의 한 부정적분을 $F(t)$라 하면

$\displaystyle\lim_{x\to1}\dfrac{1}{x-1}\int_{1}^{x}(3t^2-t+1)dt=\lim_{x\to1}\dfrac{1}{x-1}\int_{1}^{x}f(t)dt$

$\qquad=\displaystyle\lim_{x\to1}\dfrac{F(x)-F(1)}{x-1}$

$\qquad=F'(1)=f(1)=3$

## 176 답 $-6$

$f(t)=t^2+4t-2$라 하고, $f(t)$의 한 부정적분을 $F(t)$라 하면

$\displaystyle\lim_{x\to-2}\dfrac{1}{x+2}\int_{-2}^{x}(t^2+4t-2)dt=\lim_{x\to-2}\dfrac{1}{x+2}\int_{-2}^{x}f(t)dt$

$\qquad=\displaystyle\lim_{x\to-2}\dfrac{F(x)-F(-2)}{x-(-2)}$

$\qquad=F'(-2)=f(-2)=-6$

## 177 답 9

$f(t)=t^3+3t^2$이라 하고, $f(t)$의 한 부정적분을 $F(t)$라 하면

$\displaystyle\lim_{x\to3}\dfrac{1}{x^2-9}\int_{3}^{x}(t^3+3t^2)dt$

$=\displaystyle\lim_{x\to3}\dfrac{1}{x^2-9}\int_{3}^{x}f(t)dt=\lim_{x\to3}\dfrac{F(x)-F(3)}{x^2-9}$

$=\displaystyle\lim_{x\to3}\left\{\dfrac{F(x)-F(3)}{x-3}\times\dfrac{1}{x+3}\right\}$

$=F'(3)\times\dfrac{1}{6}=f(3)\times\dfrac{1}{6}$

$=54\times\dfrac{1}{6}=9$

## 178 답 1

$f(t)=3t-2$라 하고, $f(t)$의 한 부정적분을 $F(t)$라 하면

$\displaystyle\lim_{h\to0}\dfrac{1}{h}\int_{1}^{1+h}(3t-2)dt=\lim_{h\to0}\dfrac{1}{h}\int_{1}^{1+h}f(t)dt$

$\qquad=\displaystyle\lim_{h\to0}\dfrac{F(1+h)-F(1)}{h}$

$\qquad=F'(1)=f(1)=1$

## 179 답 13

$f(t)=t^2-4t+1$이라 하고, $f(t)$의 한 부정적분을 $F(t)$라 하면

$\displaystyle\lim_{h\to0}\dfrac{1}{h}\int_{-2}^{-2+h}(t^2-4t+1)dt=\lim_{h\to0}\dfrac{1}{h}\int_{-2}^{-2+h}f(t)dt$

$\qquad=\displaystyle\lim_{h\to0}\dfrac{F(-2+h)-F(-2)}{h}$

$\qquad=F'(-2)=f(-2)=13$

## 180 답 72

$f(t)=2t^3+4t$라 하고, $f(t)$의 한 부정적분을 $F(t)$라 하면

$\displaystyle\lim_{h\to0}\dfrac{1}{h}\int_{2}^{2+3h}(2t^3+4t)dt$

$=\displaystyle\lim_{h\to0}\dfrac{1}{h}\int_{2}^{2+3h}f(t)dt=\lim_{h\to0}\dfrac{F(2+3h)-F(2)}{h}$

$=\displaystyle\lim_{h\to0}\left\{\dfrac{F(2+3h)-F(2)}{3h}\times3\right\}$

$=F'(2)\times3=f(2)\times3$

$=24\times3=72$

## 181 답 6

$f(t)=t^4-3t^2+5t$라 하고, $f(t)$의 한 부정적분을 $F(t)$라 하면

$\displaystyle\lim_{h\to0}\dfrac{1}{h}\int_{1-h}^{1+h}(t^4-3t^2+5t)dt$

$=\displaystyle\lim_{h\to0}\dfrac{1}{h}\int_{1-h}^{1+h}f(t)dt=\lim_{h\to0}\dfrac{F(1+h)-F(1-h)}{h}$

$=\displaystyle\lim_{h\to0}\dfrac{F(1+h)-F(1)+F(1)-F(1-h)}{h}$

$=\displaystyle\lim_{h\to0}\dfrac{F(1+h)-F(1)}{h}+\lim_{h\to0}\dfrac{F(1-h)-F(1)}{-h}$

$=F'(1)+F'(1)=2F'(1)=2f(1)$

$=2\times3=6$

## 182

$$\int_0^1 (2x+a)\,dx = \left[x^2+ax\right]_0^1 = 1+a=4$$

$$\therefore a=3$$

## 183

$$\int_1^9 f(x)\,dx = \int_1^2 f(x)\,dx + \int_2^6 f(x)\,dx + \int_6^9 f(x)\,dx$$

$$13 = 7 + \int_2^6 f(x)\,dx + 4 \qquad \therefore \int_2^6 f(x)\,dx = 2$$

## 184

$$|x-3| = \begin{cases} -x+3 & (x \le 3) \\ x-3 & (x \ge 3) \end{cases} \text{이므로}$$

$$\int_1^4 (x+|x-3|)\,dx = \int_1^3 (x-x+3)\,dx + \int_3^4 (x+x-3)\,dx$$

$$= \int_1^3 3\,dx + \int_3^4 (2x-3)\,dx$$

$$= \left[3x\right]_1^3 + \left[x^2-3x\right]_3^4 = 6+4 = 10$$

## 185

$$\int_{-1}^1 (x^3+a)\,dx = \int_{-1}^1 x^3\,dx + \int_{-1}^1 a\,dx$$

$$= 0 + 2\int_0^1 a\,dx = 2\left[ax\right]_0^1 = 2a = 4$$

$$\therefore a=2$$

## 186

$$\int_0^x f(t)\,dt = x(4x-1) = 4x^2-x \text{의 양변을 } x \text{에 대하여 미분하면}$$

$$f(x) = 8x-1 \text{이므로}$$

$$f\!\left(\frac{x}{4}\right) = 8 \times \frac{x}{4} - 1 = 2x-1$$

$$\therefore \int_1^2 f\!\left(\frac{x}{4}\right)dx = \int_1^2 (2x-1)\,dx = \left[x^2-x\right]_1^2 = 2$$

## 187

주어진 등식의 양변에 $x=1$을 대입하면

$$0 = 1+a+3+b \qquad \therefore a+b=-4 \qquad \cdots\cdots \text{㉠}$$

주어진 등식의 좌변을 변형하면

$$x\int_1^x f(t)\,dt - \int_1^x t f(t)\,dt = x^3+ax^2+3x+b$$

위의 등식의 양변을 $x$에 대하여 미분하면

$$\int_1^x f(t)\,dt + xf(x) - xf(x) = 3x^2+2ax+3$$

$$\therefore \int_1^x f(t)\,dt = 3x^2+2ax+3$$

위의 등식의 양변에 $x=1$을 대입하면

$$0 = 3+2a+3 \qquad \therefore a=-3$$

$a=-3$을 ㉠에 대입하면 $b=-1$이므로

$$ab=3$$

## 188

$f(x) = \int_0^x (3t^2-6t)\,dt$의 양변을 $x$에 대하여 미분하면

$$f'(x) = 3x^2-6x = 3x(x-2)$$

$f'(x)=0$인 $x$의 값은 $x=0$ 또는 $x=2$

구간 $[0, 4]$에서 함수 $f(x)$의 증가와 감소를 표로 나타내면 다음과 같다.

| $x$ | 0 | $\cdots$ | 2 | $\cdots$ | 4 |
|---|---|---|---|---|---|
| $f'(x)$ | 0 | $-$ | 0 | $+$ | |
| $f(x)$ | 0 | $\searrow$ | $-4$ | $\nearrow$ | 16 |

$$f(0) = \int_0^0 (3t^2-6t)\,dt = 0$$

$$f(2) = \int_0^2 (3t^2-6t)\,dt$$

$$= \left[t^3-3t^2\right]_0^2 = -4$$

$$f(4) = \int_0^4 (3t^2-6t)\,dt$$

$$= \left[t^3-3t^2\right]_0^4 = 16$$

따라서 구간 $[0, 4]$에서 함수 $f(x)$의 최댓값은 16, 최솟값은 $-4$이므로 그 합은 12이다.

## 189

$F(x) = \int_1^x f(t)\,dt$라 하면 $F(1)=0$이고 $\qquad \cdots\cdots \text{㉠}$

$$F'(x) = f(x)$$

$$\lim_{x \to 1} \frac{F(x)-f(x)}{x^2-1} = 2 \text{에서 } x \to 1 \text{일 때, 극한값이 존재하고}$$

(분모) $\to 0$이므로 (분자) $\to 0$이다.

따라서 $\lim_{x \to 1} \{F(x)-f(x)\} = F(1)-f(1) = 0$에서

$$f(1) = 0 \ (\because \text{㉠})$$

$$\lim_{x \to 1} \frac{\int_1^x f(t)\,dt - f(x)}{x^2-1}$$

$$= \lim_{x \to 1} \frac{\{F(x)-F(1)\} - \{f(x)-f(1)\}}{(x-1)(x+1)}$$

$$= \lim_{x \to 1} \left\{\frac{F(x)-F(1)}{x-1} \times \frac{1}{x+1}\right\} - \lim_{x \to 1} \left\{\frac{f(x)-f(1)}{x-1} \times \frac{1}{x+1}\right\}$$

$$= \frac{1}{2}F'(1) - \frac{1}{2}f'(1)$$

$$= -\frac{1}{2}f'(1) = 2 \ (\because F'(1)=f(1)=0)$$

$$\therefore f'(1) = -4$$

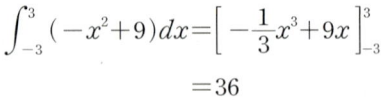

**8** 정적분의 활용

**190** 답 36

곡선 $y=-x^2+9$와 $x$축의 교점의 $x$좌표
는 $-x^2+9=0$에서 $(x+3)(x-3)=0$
$\therefore x=-3$ 또는 $x=3$
구간 $[-3,\ 3]$에서 $y\geq0$이므로 구하는
넓이는

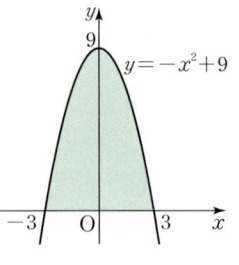

$$\int_{-3}^{3}(-x^2+9)dx=\left[-\frac{1}{3}x^3+9x\right]_{-3}^{3}$$
$$=36$$

**191** 답 $\dfrac{32}{3}$

곡선 $y=x^2-4x$와 $x$축의 교점의 $x$좌표
는 $x^2-4x=0$에서 $x(x-4)=0$
$\therefore x=0$ 또는 $x=4$
구간 $[0,\ 4]$에서 $y\leq0$이므로 구하는 넓
이는

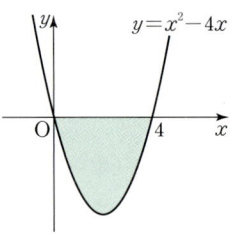

$$\int_{0}^{4}(-x^2+4x)dx=\left[-\frac{1}{3}x^3+2x^2\right]_{0}^{4}$$
$$=\frac{32}{3}$$

**192** 답 $\dfrac{9}{2}$

곡선 $y=-x^2+x+2$와 $x$축의 교점의
$x$좌표는 $-x^2+x+2=0$에서
$(x+1)(x-2)=0$
$\therefore x=-1$ 또는 $x=2$
구간 $[-1,\ 2]$에서 $y\geq0$이므로 구하는
넓이는

$$\int_{-1}^{2}(-x^2+x+2)dx=\left[-\frac{1}{3}x^3+\frac{1}{2}x^2+2x\right]_{-1}^{2}$$
$$=\frac{9}{2}$$

**193** 답 $\dfrac{125}{24}$

곡선 $y=2x^2-x-3$과 $x$축의 교점의
$x$좌표는 $2x^2-x-3=0$에서
$(x+1)(2x-3)=0$
$\therefore x=-1$ 또는 $x=\dfrac{3}{2}$

구간 $\left[-1,\ \dfrac{3}{2}\right]$에서 $y\leq0$이므로 구하는
넓이는

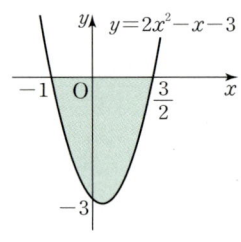

$$\int_{-1}^{\frac{3}{2}}(-2x^2+x+3)dx=\left[-\frac{2}{3}x^3+\frac{1}{2}x^2+3x\right]_{-1}^{\frac{3}{2}}$$
$$=\frac{125}{24}$$

**194** 답 $\dfrac{37}{12}$

곡선 $y=x(x+2)(x-1)$과 $x$축
의 교점의 $x$좌표는
$x(x+2)(x-1)=0$에서
$x=-2$ 또는 $x=0$ 또는 $x=1$
구간 $[-2,\ 0]$에서 $y\geq0$이고 구
간 $[0,\ 1]$에서 $y\leq0$이므로 구하
는 넓이는

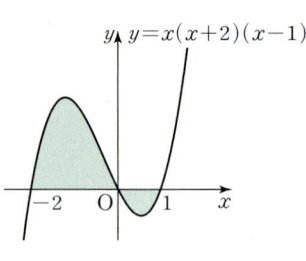

$$\int_{-2}^{0}(x^3+x^2-2x)dx+\int_{0}^{1}(-x^3-x^2+2x)dx$$
$$=\left[\frac{1}{4}x^4+\frac{1}{3}x^3-x^2\right]_{-2}^{0}+\left[-\frac{1}{4}x^4-\frac{1}{3}x^3+x^2\right]_{0}^{1}$$
$$=\frac{8}{3}+\frac{5}{12}=\frac{37}{12}$$

**195** 답 $\dfrac{71}{6}$

곡선 $y=x(x-1)(x-4)$와 $x$축의 교
점의 $x$좌표는
$x(x-1)(x-4)=0$에서
$x=0$ 또는 $x=1$ 또는 $x=4$
구간 $[0,\ 1]$에서 $y\geq0$이고 구간
$[1,\ 4]$에서 $y\leq0$이므로 구하는 넓이는

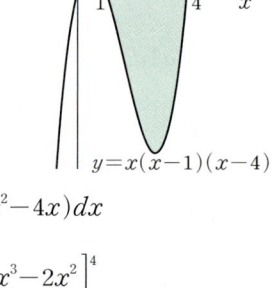

$$\int_{0}^{1}(x^3-5x^2+4x)dx+\int_{1}^{4}(-x^3+5x^2-4x)dx$$
$$=\left[\frac{1}{4}x^4-\frac{5}{3}x^3+2x^2\right]_{0}^{1}+\left[-\frac{1}{4}x^4+\frac{5}{3}x^3-2x^2\right]_{1}^{4}$$
$$=\frac{7}{12}+\frac{45}{4}=\frac{71}{6}$$

**196** 답 8

곡선 $y=-x^3+4x$와 $x$축의 교점의
$x$좌표는 $-x^3+4x=0$에서
$x(x+2)(x-2)=0$
$\therefore x=-2$ 또는 $x=0$ 또는 $x=2$
구간 $[-2,\ 0]$에서 $y\leq0$이고 구간
$[0,\ 2]$에서 $y\geq0$이므로 구하는 넓이는

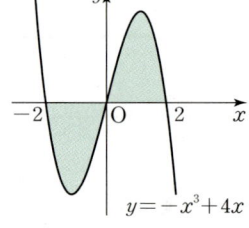

$$\int_{-2}^{0}(x^3-4x)dx+\int_{0}^{2}(-x^3+4x)dx$$
$$=\left[\frac{1}{4}x^4-2x^2\right]_{-2}^{0}+\left[-\frac{1}{4}x^4+2x^2\right]_{0}^{2}$$
$$=4+4=8$$

**197** 답 $\dfrac{37}{6}$

곡선 $y=2x^3-8x^2+6x$와 $x$축의 교점의

$x$좌표는 $2x^3-8x^2+6x=0$에서

$x(x-1)(x-3)=0$

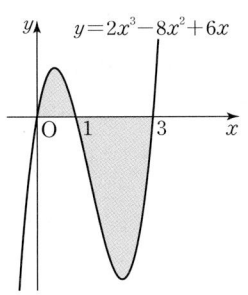

$\therefore x=0$ 또는 $x=1$ 또는 $x=3$

구간 $[0,\,1]$에서 $y\geq 0$이고 구간 $[1,\,3]$

에서 $y\leq 0$이므로 구하는 넓이는

$$\int_0^1 (2x^3-8x^2+6x)dx$$
$$+\int_1^3 (-2x^3+8x^2-6x)dx$$
$$=\left[\dfrac{1}{2}x^4-\dfrac{8}{3}x^3+3x^2\right]_0^1+\left[-\dfrac{1}{2}x^4+\dfrac{8}{3}x^3-3x^2\right]_1^3$$
$$=\dfrac{5}{6}+\dfrac{16}{3}=\dfrac{37}{6}$$

**198** 답 1

곡선 $y=x^2-x$와 $x$축의 교점의 $x$좌표는

$x^2-x=0$에서 $x(x-1)=0$

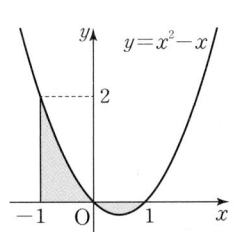

$\therefore x=0$ 또는 $x=1$

구간 $[-1,\,0]$에서 $y\geq 0$이고 구간 $[0,\,1]$

에서 $y\leq 0$이므로 구하는 넓이는

$$\int_{-1}^0 (x^2-x)dx+\int_0^1 (-x^2+x)dx$$
$$=\left[\dfrac{1}{3}x^3-\dfrac{1}{2}x^2\right]_{-1}^0+\left[-\dfrac{1}{3}x^3+\dfrac{1}{2}x^2\right]_0^1$$
$$=\dfrac{5}{6}+\dfrac{1}{6}=1$$

**199** 답 4

곡선 $y=x^2+2x-3$과 $x$축의 교점

의 $x$좌표는 $x^2+2x-3=0$에서

$(x+3)(x-1)=0$

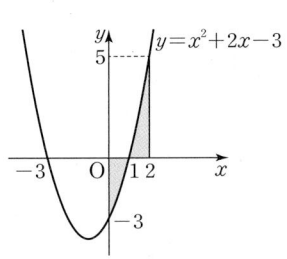

$\therefore x=-3$ 또는 $x=1$

구간 $[0,\,1]$에서 $y\leq 0$이고 구간

$[1,\,2]$에서 $y\geq 0$이므로 구하는 넓

이는

$$\int_0^1 (-x^2-2x+3)dx+\int_1^2 (x^2+2x-3)dx$$
$$=\left[-\dfrac{1}{3}x^3-x^2+3x\right]_0^1+\left[\dfrac{1}{3}x^3+x^2-3x\right]_1^2$$
$$=\dfrac{5}{3}+\dfrac{7}{3}=4$$

**200** 답 $\dfrac{23}{64}$

곡선 $y=x^3-x$와 $x$축의 교점의 $x$좌

표는 $x^3-x=0$에서

$x(x+1)(x-1)=0$

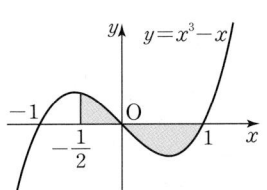

$\therefore x=-1$ 또는 $x=0$ 또는 $x=1$

구간 $\left[-\dfrac{1}{2},\,0\right]$에서 $y\geq 0$이고 구간 $[0,\,1]$에서 $y\leq 0$이므로 구하

는 넓이는

$$\int_{-\frac{1}{2}}^0 (x^3-x)dx+\int_0^1 (-x^3+x)dx$$
$$=\left[\dfrac{1}{4}x^4-\dfrac{1}{2}x^2\right]_{-\frac{1}{2}}^0+\left[-\dfrac{1}{4}x^4+\dfrac{1}{2}x^2\right]_0^1$$
$$=\dfrac{7}{64}+\dfrac{1}{4}=\dfrac{23}{64}$$

**201** 답 $\dfrac{137}{12}$

곡선 $y=x(x+1)^2$과 $x$축의 교점의

$x$좌표는 $x(x+1)^2=0$에서

$x=-1$ 또는 $x=0$

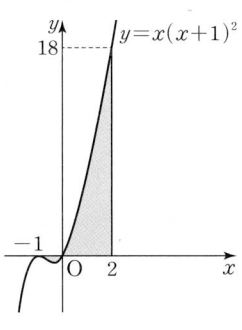

구간 $[-1,\,0]$에서 $y\leq 0$이고 구간

$[0,\,2]$에서 $y\geq 0$이므로 구하는 넓이는

$$\int_{-1}^0 (-x^3-2x^2-x)dx$$
$$+\int_0^2 (x^3+2x^2+x)dx$$
$$=\left[-\dfrac{1}{4}x^4-\dfrac{2}{3}x^3-\dfrac{1}{2}x^2\right]_{-1}^0+\left[\dfrac{1}{4}x^4+\dfrac{2}{3}x^3+\dfrac{1}{2}x^2\right]_0^2$$
$$=\dfrac{1}{12}+\dfrac{34}{3}=\dfrac{137}{12}$$

**202** 답 $\dfrac{1}{3}$

$0\leq y\leq 1$에서 $x\geq 0$이므로 구하는 넓이는

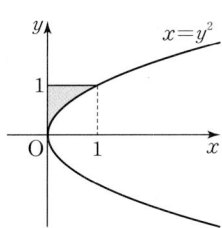

$$\int_0^1 y^2 dy=\left[\dfrac{1}{3}y^3\right]_0^1$$
$$=\dfrac{1}{3}$$

**203** 답 $\dfrac{10}{3}$

$-2\leq y\leq -1$에서 $x\geq 0$이므로 구하

는 넓이는

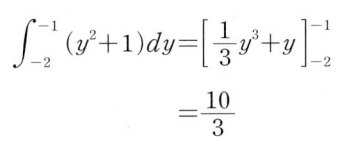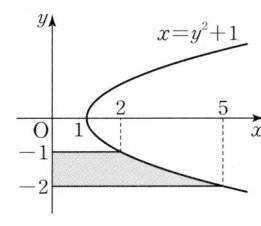

$$\int_{-2}^{-1} (y^2+1)dy=\left[\dfrac{1}{3}y^3+y\right]_{-2}^{-1}$$
$$=\dfrac{10}{3}$$

**204** 답 $\dfrac{11}{12}$

$\dfrac{1}{2}\leq y\leq 1$에서 $x\leq 0$이고 $1\leq y\leq 2$에서

$x\geq 0$이므로 구하는 넓이는

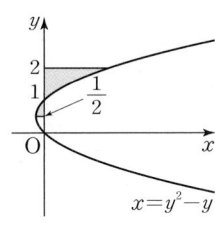

$$\int_{\frac{1}{2}}^1 (-y^2+y)dy+\int_1^2 (y^2-y)dy$$
$$=\left[-\dfrac{1}{3}y^3+\dfrac{1}{2}y^2\right]_{\frac{1}{2}}^1+\left[\dfrac{1}{3}y^3-\dfrac{1}{2}y^2\right]_1^2$$
$$=\dfrac{1}{12}+\dfrac{5}{6}=\dfrac{11}{12}$$

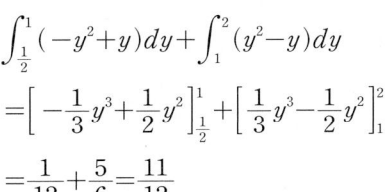

## 205 답 $\dfrac{28}{3}$

$1\leq y\leq 3$에서 $x\geq 0$이므로 구하는 넓이는

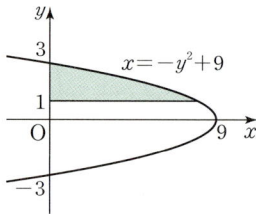

$$\int_1^3 (-y^2+9)\,dy=\left[-\frac{1}{3}y^3+9y\right]_1^3$$
$$=\frac{28}{3}$$

## 206 답 $\dfrac{9}{2}$

곡선 $y=x^2-2x$와 직선 $y=x$의 교점의
$x$좌표는 $x^2-2x=x$에서
$x^2-3x=0$, $x(x-3)=0$
$\therefore x=0$ 또는 $x=3$
구간 $[0,\,3]$에서 $x^2-2x\leq x$이므로 구
하는 넓이는

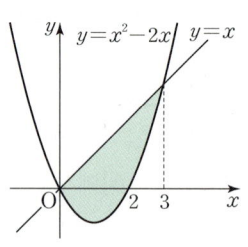

$$\int_0^3 \{x-(x^2-2x)\}\,dx=\int_0^3 (-x^2+3x)\,dx$$
$$=\left[-\frac{1}{3}x^3+\frac{3}{2}x^2\right]_0^3=\frac{9}{2}$$

## 207 답 $\dfrac{9}{2}$

곡선 $y=x^2-1$과 직선 $y=-x+1$의
교점의 $x$좌표는 $x^2-1=-x+1$에서
$x^2+x-2=0$, $(x+2)(x-1)=0$
$\therefore x=-2$ 또는 $x=1$
구간 $[-2,\,1]$에서 $x^2-1\leq -x+1$
이므로 구하는 넓이는

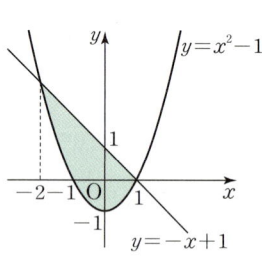

$$\int_{-2}^1 \{-x+1-(x^2-1)\}\,dx=\int_{-2}^1 (-x^2-x+2)\,dx$$
$$=\left[-\frac{1}{3}x^3-\frac{1}{2}x^2+2x\right]_{-2}^1=\frac{9}{2}$$

## 208 답 $\dfrac{4}{3}$

곡선 $y=x^2+x-5$와 직선
$y=-3x-8$의 교점의 $x$좌표는
$x^2+x-5=-3x-8$에서
$x^2+4x+3=0$, $(x+3)(x+1)=0$
$\therefore x=-3$ 또는 $x=-1$
구간 $[-3,\,-1]$에서
$x^2+x-5\leq -3x-8$이므로 구하는
넓이는

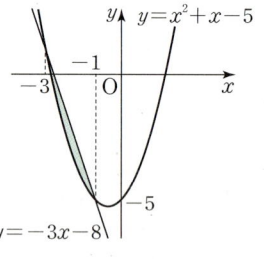

$$\int_{-3}^{-1} \{-3x-8-(x^2+x-5)\}\,dx=\int_{-3}^{-1}(-x^2-4x-3)\,dx$$
$$=\left[-\frac{1}{3}x^3-2x^2-3x\right]_{-3}^{-1}$$
$$=\frac{4}{3}$$

## 209 답 $\dfrac{1}{24}$

곡선 $y=-2x^2+x-2$와 직선
$y=-2x-1$의 교점의 $x$좌표는
$-2x^2+x-2=-2x-1$에서
$2x^2-3x+1=0$
$(2x-1)(x-1)=0$
$\therefore x=\dfrac{1}{2}$ 또는 $x=1$

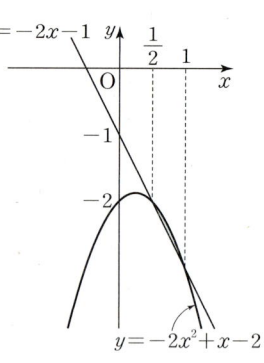

구간 $\left[\dfrac{1}{2},\,1\right]$에서
$-2x^2+x-2\geq -2x-1$이므로 구하는 넓이는

$$\int_{\frac{1}{2}}^1 \{-2x^2+x-2-(-2x-1)\}\,dx=\int_{\frac{1}{2}}^1 (-2x^2+3x-1)\,dx$$
$$=\left[-\frac{2}{3}x^3+\frac{3}{2}x^2-x\right]_{\frac{1}{2}}^1$$
$$=\frac{1}{24}$$

## 210 답 8

곡선 $y=x(x-3)^2$과 직선 $y=x$의 교점
의 $x$좌표는 $x(x-3)^2=x$에서
$x(x^2-6x+8)=0$
$x(x-2)(x-4)=0$
$\therefore x=0$ 또는 $x=2$ 또는 $x=4$

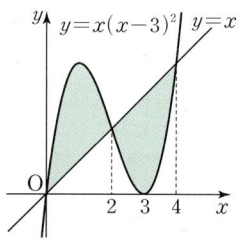

구간 $[0,\,2]$에서 $x(x-3)^2\geq x$이고 구
간 $[2,\,4]$에서 $x(x-3)^2\leq x$이므로 구하는 넓이는

$$\int_0^2 \{x(x-3)^2-x\}\,dx+\int_2^4 \{x-x(x-3)^2\}\,dx$$
$$=\int_0^2 (x^3-6x^2+8x)\,dx+\int_2^4 (-x^3+6x^2-8x)\,dx$$
$$=\left[\frac{1}{4}x^4-2x^3+4x^2\right]_0^2+\left[-\frac{1}{4}x^4+2x^3-4x^2\right]_2^4$$
$$=4+4=8$$

## 211 답 $\dfrac{27}{4}$

곡선 $y=x^3+3$과 직선 $y=3x+1$의 교
점의 $x$좌표는 $x^3+3=3x+1$에서
$x^3-3x+2=0$, $(x+2)(x-1)^2=0$
$\therefore x=-2$ 또는 $x=1$
구간 $[-2,\,1]$에서 $x^3+3\geq 3x+1$이므
로 구하는 넓이는

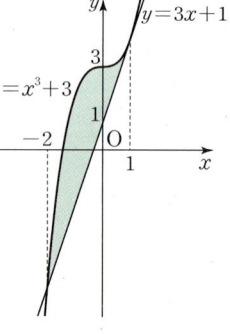

$$\int_{-2}^1 \{x^3+3-(3x+1)\}\,dx$$
$$=\int_{-2}^1 (x^3-3x+2)\,dx$$
$$=\left[\frac{1}{4}x^4-\frac{3}{2}x^2+2x\right]_{-2}^1$$
$$=\frac{27}{4}$$

## 212 답 $\dfrac{37}{12}$

곡선 $y=-x^3+x^2$과 직선 $y=-2x$의
교점의 $x$좌표는 $-x^3+x^2=-2x$에서

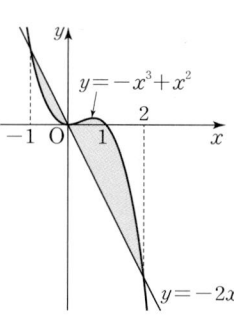

$x^3-x^2-2x=0$

$x(x+1)(x-2)=0$

$\therefore x=-1$ 또는 $x=0$ 또는 $x=2$

구간 $[-1, 0]$에서 $-x^3+x^2\leq -2x$이
고 구간 $[0, 2]$에서 $-x^3+x^2\geq -2x$
이므로 구하는 넓이는

$\displaystyle\int_{-1}^{0}\{-2x-(-x^3+x^2)\}dx+\int_{0}^{2}\{-x^3+x^2-(-2x)\}dx$

$\displaystyle=\int_{-1}^{0}(x^3-x^2-2x)dx+\int_{0}^{2}(-x^3+x^2+2x)dx$

$=\left[\dfrac{1}{4}x^4-\dfrac{1}{3}x^3-x^2\right]_{-1}^{0}+\left[-\dfrac{1}{4}x^4+\dfrac{1}{3}x^3+x^2\right]_{0}^{2}$

$=\dfrac{5}{12}+\dfrac{8}{3}=\dfrac{37}{12}$

## 213 답 $\dfrac{37}{12}$

곡선 $y=x^3+2x^2-2x$와 직선
$y=-x+2$의 교점의 $x$좌표는

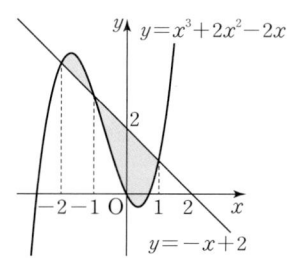

$x^3+2x^2-2x=-x+2$에서

$x^3+2x^2-x-2=0$

$(x+2)(x+1)(x-1)=0$

$\therefore x=-2$ 또는 $x=-1$ 또는 $x=1$

구간 $[-2, -1]$에서
$x^3+2x^2-2x\geq -x+2$이고 구간 $[-1, 1]$에서
$x^3+2x^2-2x\leq -x+2$이므로 구하는 넓이는

$\displaystyle\int_{-2}^{-1}\{x^3+2x^2-2x-(-x+2)\}dx$

$\displaystyle\qquad\qquad\qquad +\int_{-1}^{1}\{-x+2-(x^3+2x^2-2x)\}dx$

$\displaystyle=\int_{-2}^{-1}(x^3+2x^2-x-2)dx+\int_{-1}^{1}(-x^3-2x^2+x+2)dx$

$=\left[\dfrac{1}{4}x^4+\dfrac{2}{3}x^3-\dfrac{1}{2}x^2-2x\right]_{-2}^{-1}+\left[-\dfrac{1}{4}x^4-\dfrac{2}{3}x^3+\dfrac{1}{2}x^2+2x\right]_{-1}^{1}$

$=\dfrac{5}{12}+\dfrac{8}{3}=\dfrac{37}{12}$

## 214 답 $\dfrac{125}{3}$

두 곡선의 교점의 $x$좌표는

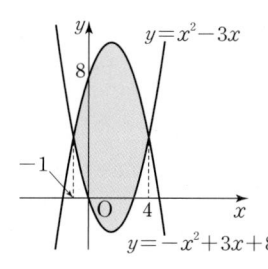

$x^2-3x=-x^2+3x+8$에서

$x^2-3x-4=0$, $(x+1)(x-4)=0$

$\therefore x=-1$ 또는 $x=4$

구간 $[-1, 4]$에서
$x^2-3x\leq -x^2+3x+8$이므로 구하
는 넓이는

$\displaystyle\int_{-1}^{4}\{-x^2+3x+8-(x^2-3x)\}dx=\int_{-1}^{4}(-2x^2+6x+8)dx$

$=\left[-\dfrac{2}{3}x^3+3x^2+8x\right]_{-1}^{4}$

$=\dfrac{125}{3}$

## 215 답 $\dfrac{8}{3}$

두 곡선의 교점의 $x$좌표는

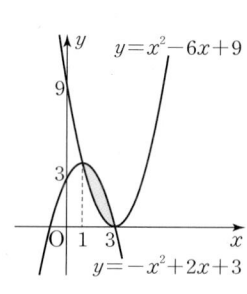

$x^2-6x+9=-x^2+2x+3$에서

$x^2-4x+3=0$, $(x-1)(x-3)=0$

$\therefore x=1$ 또는 $x=3$

구간 $[1, 3]$에서
$x^2-6x+9\leq -x^2+2x+3$이므로 구하
는 넓이는

$\displaystyle\int_{1}^{3}\{-x^2+2x+3-(x^2-6x+9)\}dx=\int_{1}^{3}(-2x^2+8x-6)dx$

$=\left[-\dfrac{2}{3}x^3+4x^2-6x\right]_{1}^{3}$

$=\dfrac{8}{3}$

## 216 답 $\dfrac{243}{8}$

두 곡선의 교점의 $x$좌표는

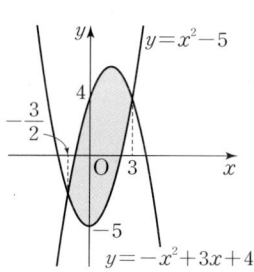

$x^2-5=-x^2+3x+4$에서

$2x^2-3x-9=0$, $(2x+3)(x-3)=0$

$\therefore x=-\dfrac{3}{2}$ 또는 $x=3$

구간 $\left[-\dfrac{3}{2}, 3\right]$에서

$x^2-5\leq -x^2+3x+4$이므로 구하는 넓이는

$\displaystyle\int_{-\frac{3}{2}}^{3}\{-x^2+3x+4-(x^2-5)\}dx=\int_{-\frac{3}{2}}^{3}(-2x^2+3x+9)dx$

$=\left[-\dfrac{2}{3}x^3+\dfrac{3}{2}x^2+9x\right]_{-\frac{3}{2}}^{3}$

$=\dfrac{243}{8}$

## 217 답 $\dfrac{343}{54}$

두 곡선의 교점의 $x$좌표는

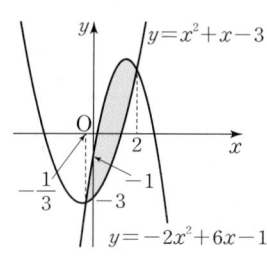

$x^2+x-3=-2x^2+6x-1$에서

$3x^2-5x-2=0$, $(3x+1)(x-2)=0$

$\therefore x=-\dfrac{1}{3}$ 또는 $x=2$

구간 $\left[-\dfrac{1}{3}, 2\right]$에서

$x^2+x-3\leq -2x^2+6x-1$이므로 구하는 넓이는

$\displaystyle\int_{-\frac{1}{3}}^{2}\{-2x^2+6x-1-(x^2+x-3)\}dx$

$\displaystyle=\int_{-\frac{1}{3}}^{2}(-3x^2+5x+2)dx=\left[-x^3+\dfrac{5}{2}x^2+2x\right]_{-\frac{1}{3}}^{2}=\dfrac{343}{54}$

**218** 답 $\dfrac{1}{12}$

두 곡선의 교점의 $x$좌표는
$x^3+x=-2x^2$에서
$x^3+2x^2+x=0$, $x(x+1)^2=0$
$\therefore x=-1$ 또는 $x=0$
구간 $[-1,\ 0]$에서 $x^3+x\leq-2x^2$이므
로 구하는 넓이는

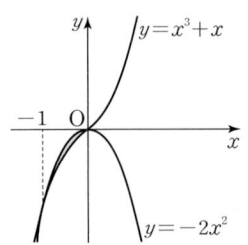

$$\int_{-1}^{0}\{-2x^2-(x^3+x)\}dx=\int_{-1}^{0}(-x^3-2x^2-x)dx$$
$$=\left[-\frac{1}{4}x^4-\frac{2}{3}x^3-\frac{1}{2}x^2\right]_{-1}^{0}$$
$$=\frac{1}{12}$$

**219** 답 $\dfrac{1}{2}$

두 곡선의 교점의 $x$좌표는
$x^3-3x=3x^2-5x$에서
$x^3-3x^2+2x=0$, $x(x-1)(x-2)=0$
$\therefore x=0$ 또는 $x=1$ 또는 $x=2$
구간 $[0,\ 1]$에서 $x^3-3x\geq3x^2-5x$이
고 구간 $[1,\ 2]$에서 $x^3-3x\leq3x^2-5x$
이므로 구하는 넓이는

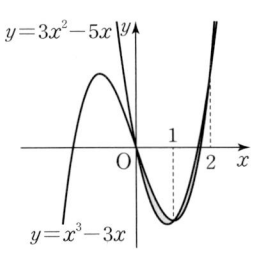

$$\int_{0}^{1}\{x^3-3x-(3x^2-5x)\}dx+\int_{1}^{2}\{3x^2-5x-(x^3-3x)\}dx$$
$$=\int_{0}^{1}(x^3-3x^2+2x)dx+\int_{1}^{2}(-x^3+3x^2-2x)dx$$
$$=\left[\frac{1}{4}x^4-x^3+x^2\right]_{0}^{1}+\left[-\frac{1}{4}x^4+x^3-x^2\right]_{1}^{2}$$
$$=\frac{1}{4}+\frac{1}{4}=\frac{1}{2}$$

**220** 답 $1$

두 곡선의 교점의 $x$좌표는
$x^3-x^2=-x^3-x^2+2x$에서
$x^3-x=0$, $x(x+1)(x-1)=0$
$\therefore x=-1$ 또는 $x=0$ 또는 $x=1$
구간 $[-1,\ 0]$에서
$x^3-x^2\geq-x^3-x^2+2x$이고 구간

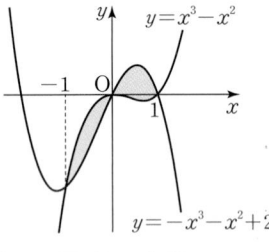

$[0,\ 1]$에서 $x^3-x^2\leq-x^3-x^2+2x$이므로 구하는 넓이는
$$\int_{-1}^{0}\{x^3-x^2-(-x^3-x^2+2x)\}dx$$
$$\qquad\qquad+\int_{0}^{1}\{-x^3-x^2+2x-(x^3-x^2)\}dx$$
$$=\int_{-1}^{0}(2x^3-2x)dx+\int_{0}^{1}(-2x^3+2x)dx$$
$$=\left[\frac{1}{2}x^4-x^2\right]_{-1}^{0}+\left[-\frac{1}{2}x^4+x^2\right]_{0}^{1}$$
$$=\frac{1}{2}+\frac{1}{2}=1$$

**221** 답 $\dfrac{1}{6}$

두 곡선의 교점의 $x$좌표는
$x^3-4x^2=-x^3-2x$에서
$x^3-2x^2+x=0$, $x(x-1)^2=0$
$\therefore x=0$ 또는 $x=1$
구간 $[0,\ 1]$에서
$x^3-4x^2\geq-x^3-2x$
이므로 구하는 넓이는

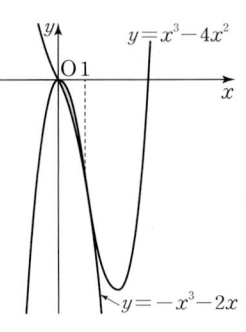

$$\int_{0}^{1}\{x^3-4x^2-(-x^3-2x)\}dx$$
$$=\int_{0}^{1}(2x^3-4x^2+2x)dx$$
$$=\left[\frac{1}{2}x^4-\frac{4}{3}x^3+x^2\right]_{0}^{1}=\frac{1}{6}$$

**222** 답 $-1$

곡선 $y=x^2-2x$와 두 직선 $x=k$, $x=2$ 및 $x$축으로 둘러싸인 두
도형의 넓이가 서로 같으므로
$$\int_{k}^{2}(x^2-2x)dx=0,\ \left[\frac{1}{3}x^3-x^2\right]_{k}^{2}=0$$
$$-\frac{4}{3}-\left(\frac{1}{3}k^3-k^2\right)=0,\ (k+1)(k-2)^2=0$$
$$\therefore k=-1\ (\because k<0)$$

**223** 답 $\dfrac{3}{2}$

곡선 $y=-2x^2-6x$와 두 직선 $x=-3$, $x=k$ 및 $x$축으로 둘러싸
인 두 도형의 넓이가 서로 같으므로
$$\int_{-3}^{k}(-2x^2-6x)dx=0,\ \left[-\frac{2}{3}x^3-3x^2\right]_{-3}^{k}=0$$
$$-\frac{2}{3}k^3-3k^2-(-9)=0,\ (k+3)^2(2k-3)=0$$
$$\therefore k=\frac{3}{2}\ (\because k>0)$$

**224** 답 $3$

곡선 $y=x^2-2x$와 $x$축의 교점의 $x$좌표
는 $x^2-2x=0$에서 $x(x-2)=0$
$\therefore x=0$ 또는 $x=2$
곡선 $y=x^2-2x$와 두 직선 $x=0$, $x=k$
및 $x$축으로 둘러싸인 두 도형의 넓이가
서로 같으므로

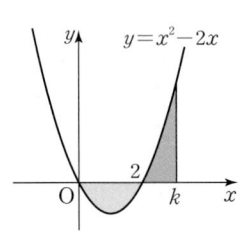

$$\int_{0}^{k}(x^2-2x)dx=0,\ \left[\frac{1}{3}x^3-x^2\right]_{0}^{k}=0$$
$$\frac{1}{3}k^3-k^2=0,\ k^2(k-3)=0$$
$$\therefore k=3\ (\because k>2)$$

**225** 답 $\dfrac{9}{2}$

곡선 $y=-x^2+3x$와 $x$축의 교점의 $x$좌
표는 $-x^2+3x=0$에서 $x(x-3)=0$

$\therefore x=0$ 또는 $x=3$

곡선 $y=-x^2+3x$와 두 직선 $x=0$,
$x=k$ 및 $x$축으로 둘러싸인 두 도형의 넓
이가 서로 같으므로

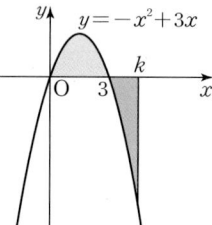

$$\int_0^k(-x^2+3x)dx=0$$

$$\left[-\dfrac{1}{3}x^3+\dfrac{3}{2}x^2\right]_0^k=0$$

$$-\dfrac{1}{3}k^3+\dfrac{3}{2}k^2=0$$

$$k^2(2k-9)=0$$

$$\therefore k=\dfrac{9}{2}\ (\because k>3)$$

**226** 답 $-1$

곡선 $y=-4x^2+8x$와 $x$축의 교점의
$x$좌표는 $-4x^2+8x=0$에서
$x(x-2)=0$    $\therefore x=0$ 또는 $x=2$

곡선 $y=-4x^2+8x$와 두 직선 $x=k$,
$x=2$ 및 $x$축으로 둘러싸인 두 도형의
넓이가 서로 같으므로

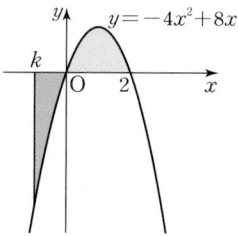

$$\int_k^2(-4x^2+8x)dx=0$$

$$\left[-\dfrac{4}{3}x^3+4x^2\right]_k^2=0$$

$$\dfrac{16}{3}-\left(-\dfrac{4}{3}k^3+4k^2\right)=0$$

$$(k+1)(k-2)^2=0$$

$$\therefore k=-1\ (\because k<0)$$

**227** 답 **2**

곡선 $y=x^2+4x$와 $x$축의 교점의 $x$좌표
는 $x^2+4x=0$에서 $x(x+4)=0$

$\therefore x=-4$ 또는 $x=0$

곡선 $y=x^2+4x$와 두 직선 $x=-4$,
$x=k$ 및 $x$축으로 둘러싸인 두 도형의 넓
이가 서로 같으므로

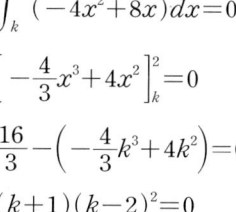

$$\int_{-4}^k(x^2+4x)dx=0$$

$$\left[\dfrac{1}{3}x^3+2x^2\right]_{-4}^k=0$$

$$\left(\dfrac{1}{3}k^3+2k^2\right)-\dfrac{32}{3}=0$$

$$(k-2)(k+4)^2=0$$

$$\therefore k=2\ (\because k>0)$$

**228** 답 **4**

곡선 $y=x(x-2)(x-k)$와 $x$축의 교
점의 $x$좌표는 $x(x-2)(x-k)=0$에서
$x=0$ 또는 $x=2$ 또는 $x=k$

곡선과 $x$축으로 둘러싸인 두 도형의 넓
이가 서로 같으므로

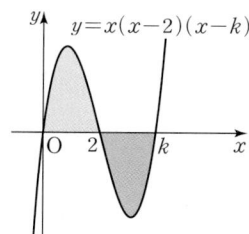

$$\int_0^k x(x-2)(x-k)dx=0$$

$$\int_0^k\{x^3-(2+k)x^2+2kx\}dx=0$$

$$\left[\dfrac{1}{4}x^4-\dfrac{1}{3}(2+k)x^3+kx^2\right]_0^k=0$$

$$\dfrac{1}{4}k^4-\dfrac{1}{3}(2+k)k^3+k^3=0$$

$$k^3(k-4)=0$$

$$\therefore k=4\ (\because k>2)$$

**229** 답 $\dfrac{3}{2}$

곡선 $y=x(x-k)(x-3)$과 $x$축의 교
점의 $x$좌표는 $x(x-k)(x-3)=0$에서
$x=0$ 또는 $x=k$ 또는 $x=3$

곡선과 $x$축으로 둘러싸인 두 도형의 넓
이가 서로 같으므로

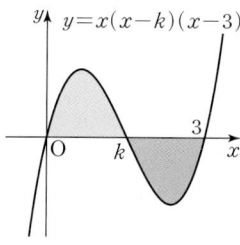

$$\int_0^3 x(x-k)(x-3)dx=0$$

$$\int_0^3\{x^3-(k+3)x^2+3kx\}dx=0$$

$$\left[\dfrac{1}{4}x^4-\dfrac{1}{3}(k+3)x^3+\dfrac{3}{2}kx^2\right]_0^3=0$$

$$\dfrac{81}{4}-9(k+3)+\dfrac{27}{2}k=0$$

$$2k-3=0$$

$$\therefore k=\dfrac{3}{2}$$

**230** 답 $\dfrac{2}{3}$

$f(x)=2x^2$이라 하면 $f'(x)=4x$

곡선 $y=f(x)$ 위의 점 $(1, 2)$에서의 접
선의 기울기는 $f'(1)=4$이므로 접선의
방정식은

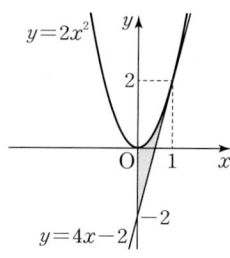

$y-2=4(x-1)$    $\therefore y=4x-2$

따라서 구하는 도형의 넓이는

$$\int_0^1\{2x^2-(4x-2)\}dx$$

$$=\int_0^1(2x^2-4x+2)dx$$

$$=\left[\dfrac{2}{3}x^3-2x^2+2x\right]_0^1=\dfrac{2}{3}$$

## 231 답 4

$f(x)=\dfrac{3}{2}x^2+1$이라 하면 $f'(x)=3x$

곡선 $y=f(x)$ 위의 점 $(-2, 7)$에서의 접선의 기울기는 $f'(-2)=-6$이므로 접선의 방정식은

$y-7=-6(x+2)$   $\therefore y=-6x-5$

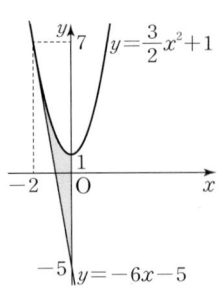

따라서 구하는 도형의 넓이는

$\displaystyle\int_{-2}^{0}\left\{\dfrac{3}{2}x^2+1-(-6x-5)\right\}dx$

$\displaystyle=\int_{-2}^{0}\left(\dfrac{3}{2}x^2+6x+6\right)dx$

$=\left[\dfrac{1}{2}x^3+3x^2+6x\right]_{-2}^{0}=4$

## 232 답 $\dfrac{27}{4}$

$f(x)=x^3-1$이라 하면 $f'(x)=3x^2$

곡선 $y=f(x)$ 위의 점 $(1, 0)$에서의 접선의 기울기는 $f'(1)=3$이므로 접선의 방정식은

$y=3(x-1)$   $\therefore y=3x-3$

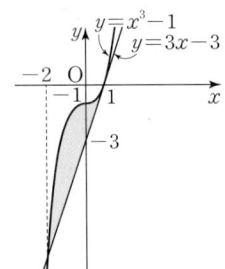

곡선과 접선의 교점의 $x$좌표는

$x^3-1=3x-3$에서 $x^3-3x+2=0$

$(x+2)(x-1)^2=0$

$\therefore x=-2$ 또는 $x=1$

따라서 구하는 도형의 넓이는

$\displaystyle\int_{-2}^{1}\{x^3-1-(3x-3)\}dx=\int_{-2}^{1}(x^3-3x+2)dx$

$=\left[\dfrac{1}{4}x^4-\dfrac{3}{2}x^2+2x\right]_{-2}^{1}=\dfrac{27}{4}$

## 233 답 $\dfrac{1}{12}$

$f(x)=x^3-x^2+4x+3$이라 하면

$f'(x)=3x^2-2x+4$

곡선 $y=f(x)$ 위의 점 $(0, 3)$에서의 접선의 기울기는 $f'(0)=4$이므로 접선의 방정식은

$y-3=4x$   $\therefore y=4x+3$

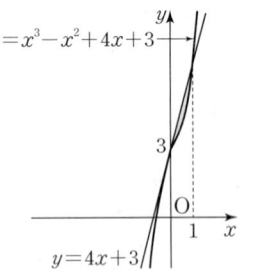

곡선과 접선의 교점의 $x$좌표는

$x^3-x^2+4x+3=4x+3$에서 $x^3-x^2=0$

$x^2(x-1)=0$   $\therefore x=0$ 또는 $x=1$

따라서 구하는 도형의 넓이는

$\displaystyle\int_{0}^{1}\{4x+3-(x^3-x^2+4x+3)\}dx$

$\displaystyle=\int_{0}^{1}(-x^3+x^2)dx$

$=\left[-\dfrac{1}{4}x^4+\dfrac{1}{3}x^3\right]_{0}^{1}=\dfrac{1}{12}$

## 234 답 $\dfrac{1}{2}$

두 곡선 $y=f(x)$, $y=g(x)$로 둘러싸인 도형의 넓이는 곡선 $y=f(x)$와 직선 $y=x$로 둘러싸인 도형의 넓이의 2배와 같다.

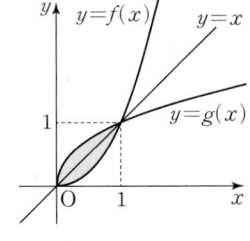

곡선 $y=f(x)$와 직선 $y=x$의 교점의 $x$좌표는 $x^3=x$에서

$x^3-x=0$, $x(x+1)(x-1)=0$

$\therefore x=0$ 또는 $x=1$ $(\because x\geq0)$

구간 $[0, 1]$에서 $x^3\leq x$이므로 구하는 넓이는

$\displaystyle 2\int_{0}^{1}(x-x^3)dx=2\left[\dfrac{1}{2}x^2-\dfrac{1}{4}x^4\right]_{0}^{1}$

$=2\times\dfrac{1}{4}=\dfrac{1}{2}$

## 235 답 $\dfrac{4}{27}$

두 곡선 $y=f(x)$, $y=g(x)$로 둘러싸인 도형의 넓이는 곡선 $y=f(x)$와 직선 $y=x$로 둘러싸인 도형의 넓이의 2배와 같다.

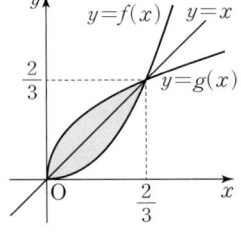

곡선 $y=f(x)$와 직선 $y=x$의 교점의 $x$좌표는 $\dfrac{3}{2}x^2=x$에서

$\dfrac{3}{2}x^2-x=0$, $x(3x-2)=0$

$\therefore x=0$ 또는 $x=\dfrac{2}{3}$

구간 $\left[0, \dfrac{2}{3}\right]$에서 $\dfrac{3}{2}x^2\leq x$이므로 구하는 넓이는

$\displaystyle 2\int_{0}^{\frac{2}{3}}\left(x-\dfrac{3}{2}x^2\right)dx=2\left[\dfrac{1}{2}x^2-\dfrac{1}{2}x^3\right]_{0}^{\frac{2}{3}}$

$=2\times\dfrac{2}{27}=\dfrac{4}{27}$

## 236 답 2

두 곡선 $y=f(x)$, $y=g(x)$로 둘러싸인 도형의 넓이는 곡선 $y=f(x)$와 직선 $y=x$로 둘러싸인 도형의 넓이의 2배와 같다.

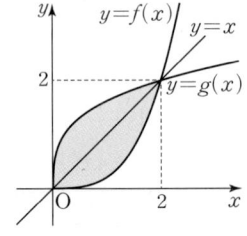

곡선 $y=f(x)$와 직선 $y=x$의 교점의 $x$좌표는 $\dfrac{1}{4}x^3=x$에서

$\dfrac{1}{4}x^3-x=0$, $x(x+2)(x-2)=0$

$\therefore x=0$ 또는 $x=2$ $(\because x\geq0)$

구간 $[0, 2]$에서 $\dfrac{1}{4}x^3\leq x$이므로 구하는 넓이는

$\displaystyle 2\int_{0}^{2}\left(x-\dfrac{1}{4}x^3\right)dx=2\left[\dfrac{1}{2}x^2-\dfrac{1}{16}x^4\right]_{0}^{2}$

$=2\times1=2$

**237** 답 $\dfrac{1}{3}$

두 곡선 $y=f(x)$, $y=g(x)$로 둘러싸인 도형의 넓이는 곡선 $y=f(x)$와 직선 $y=x$로 둘러싸인 도형의 넓이의 2배와 같다.

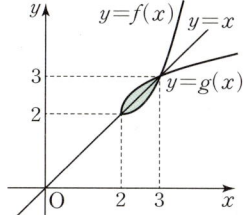

곡선 $y=f(x)$와 직선 $y=x$의 교점의 $x$좌표는 $x^2-4x+6=x$에서

$x^2-5x+6=0$, $(x-2)(x-3)=0$

$\therefore x=2$ 또는 $x=3$

구간 $[2, 3]$에서 $x^2-4x+6\leq x$이므로 구하는 넓이는

$2\displaystyle\int_2^3 \{x-(x^2-4x+6)\}dx=2\int_2^3 (-x^2+5x-6)dx$

$=2\left[-\dfrac{1}{3}x^3+\dfrac{5}{2}x^2-6x\right]_2^3$

$=2\times\dfrac{1}{6}=\dfrac{1}{3}$

**238** 답 0

시각 $t=0$에서의 점 P의 위치가 원점이므로 시각 $t=4$에서의 점 P의 위치는

$0+\displaystyle\int_0^4 (6-3t)dt=\left[6t-\dfrac{3}{2}t^2\right]_0^4=0$

**239** 답 $-\dfrac{9}{2}$

시각 $t=1$에서 $t=4$까지 점 P의 위치의 변화량은

$\displaystyle\int_1^4 (6-3t)dt=\left[6t-\dfrac{3}{2}t^2\right]_1^4=-\dfrac{9}{2}$

**240** 답 $\dfrac{15}{2}$

$1\leq t\leq 2$에서 $v(t)\geq 0$이고 $2\leq t\leq 4$에서 $v(t)\leq 0$이므로 시각 $t=1$에서 $t=4$까지 점 P가 움직인 거리는

$\displaystyle\int_1^2 (6-3t)dt+\int_2^4 (-6+3t)dt=\left[6t-\dfrac{3}{2}t^2\right]_1^2+\left[-6t+\dfrac{3}{2}t^2\right]_2^4$

$=\dfrac{3}{2}+6=\dfrac{15}{2}$

**241** 답 $\dfrac{28}{3}$

시각 $t=0$에서의 점 P의 위치가 1이므로 시각 $t=5$에서의 점 P의 위치는

$1+\displaystyle\int_0^5 (4t-t^2)dt=1+\left[2t^2-\dfrac{1}{3}t^3\right]_0^5=1+\dfrac{25}{3}=\dfrac{28}{3}$

**242** 답 3

시각 $t=2$에서 $t=5$까지 점 P의 위치의 변화량은

$\displaystyle\int_2^5 (4t-t^2)dt=\left[2t^2-\dfrac{1}{3}t^3\right]_2^5=3$

**243** 답 $\dfrac{23}{3}$

$2\leq t\leq 4$에서 $v(t)\geq 0$이고 $4\leq t\leq 5$에서 $v(t)\leq 0$이므로 시각 $t=2$에서 $t=5$까지 점 P가 움직인 거리는

$\displaystyle\int_2^4 (4t-t^2)dt+\int_4^5 (-4t+t^2)dt$

$=\left[2t^2-\dfrac{1}{3}t^3\right]_2^4+\left[-2t^2+\dfrac{1}{3}t^3\right]_4^5$

$=\dfrac{16}{3}+\dfrac{7}{3}=\dfrac{23}{3}$

**244** 답 $\dfrac{9}{2}$

점 P가 운동 방향을 바꿀 때의 속도는 0이므로

$v(t)=-t^2+3t=0$, $t(t-3)=0$

$\therefore t=0$ 또는 $t=3$

따라서 $t=3$일 때, 처음으로 운동 방향을 바꾸므로 점 P의 위치는

$0+\displaystyle\int_0^3 (-t^2+3t)dt=\left[-\dfrac{1}{3}t^3+\dfrac{3}{2}t^2\right]_0^3=\dfrac{9}{2}$

**245** 답 $-\dfrac{47}{3}$

점 P가 운동 방향을 바꿀 때의 속도는 0이므로

$v(t)=t^2-3t-4=0$, $(t+1)(t-4)=0$

$\therefore t=4$ $(\because t\geq 0)$

따라서 $t=4$일 때, 처음으로 운동 방향을 바꾸므로 점 P의 위치는

$3+\displaystyle\int_0^4 (t^2-3t-4)dt=3+\left[\dfrac{1}{3}t^3-\dfrac{3}{2}t^2-4t\right]_0^4=-\dfrac{47}{3}$

**246** 답 250 m

트럭이 정지할 때의 속도는 0이므로

$v(t)=50-5t=0$ $\therefore t=10$

따라서 제동을 건 지 10초 후에 트럭이 정지하므로 트럭이 정지할 때까지 움직인 거리는

$\displaystyle\int_0^{10} (50-5t)dt=\left[50t-\dfrac{5}{2}t^2\right]_0^{10}=250(\text{m})$

**247** 답 45 m

자기부상열차가 정지할 때의 속도는 0이므로

$v(t)=15-\dfrac{5}{2}t=0$ $\therefore t=6$

따라서 제동을 건 지 6초 후에 자기부상열차가 정지하므로 자기부상열차가 정지할 때까지 움직인 거리는

$\displaystyle\int_0^6 \left(15-\dfrac{5}{2}t\right)dt=\left[15t-\dfrac{5}{4}t^2\right]_0^6=45(\text{m})$

**248** 답 60 m

물체를 던진 지 2초 후의 지면으로부터의 높이는

$50+\displaystyle\int_0^2 (15-10t)dt=50+\left[15t-5t^2\right]_0^2=60(\text{m})$

**249** 답 $\dfrac{245}{4}$ m

물체가 최고 높이에 도달할 때의 속도는 0이므로

$v(t)=15-10t=0$　∴ $t=\dfrac{3}{2}$

따라서 $t=\dfrac{3}{2}$일 때, 물체의 높이는

$50+\displaystyle\int_0^{\frac{3}{2}}(15-10t)dt=50+\Big[15t-5t^2\Big]_0^{\frac{3}{2}}=\dfrac{245}{4}$ (m)


**250** 답 $-35$ m/s

물체를 던진 지 $t$초 후의 지면으로부터의 높이는

$50+\displaystyle\int_0^{t}(15-10t)dt=50+\Big[15t-5t^2\Big]_0^{t}=50+15t-5t^2$

물체가 지면에 떨어지는 순간의 높이는 0이므로

$50+15t-5t^2=0$, $(t+2)(t-5)=0$

∴ $t=5$ ($\because t\geq0$)

따라서 $t=5$일 때, 물체의 속도는

$v(5)=15-10\times5=-35$ (m/s)


**251** 답 $\dfrac{85}{2}$ m

$0\leq t\leq\dfrac{3}{2}$에서 $v(t)\geq0$이고 $\dfrac{3}{2}\leq t\leq4$에서 $v(t)\leq0$이므로 던진 후 4초 동안 물체가 움직인 거리는

$\displaystyle\int_0^{\frac{3}{2}}(15-10t)dt+\int_{\frac{3}{2}}^{4}(-15+10t)dt$

$=\Big[15t-5t^2\Big]_0^{\frac{3}{2}}+\Big[-15t+5t^2\Big]_{\frac{3}{2}}^{4}$

$=\dfrac{45}{4}+\dfrac{125}{4}=\dfrac{85}{2}$ (m)


**252** 답 98 m

물체를 던진 지 1초 후의 지면으로부터의 높이는

$53.9+\displaystyle\int_0^{1}(49-9.8t)dt=53.9+\Big[49t-4.9t^2\Big]_0^{1}=98$ (m)


**253** 답 176.4 m

물체가 최고 높이에 도달할 때의 속도는 0이므로

$v(t)=49-9.8t=0$　∴ $t=5$

따라서 $t=5$일 때, 물체의 높이는

$53.9+\displaystyle\int_0^{5}(49-9.8t)dt=53.9+\Big[49t-4.9t^2\Big]_0^{5}=176.4$ (m)


**254** 답 $-58.8$ m/s

물체를 던진 지 $t$초 후의 지면으로부터의 높이는

$53.9+\displaystyle\int_0^{t}(49-9.8t)dt=53.9+\Big[49t-4.9t^2\Big]_0^{t}$

$=53.9+49t-4.9t^2$

물체가 지면에 떨어지는 순간의 높이는 0이므로

$53.9+49t-4.9t^2=0$, $(t+1)(t-11)=0$

∴ $t=11$ ($\because t\geq0$)

따라서 $t=11$일 때, 물체의 속도는

$v(11)=49-9.8\times11=-58.8$ (m/s)


**255** 답 127.4 m

$0\leq t\leq5$에서 $v(t)\geq0$이고 $5\leq t\leq6$에서 $v(t)\leq0$이므로 던진 후 6초 동안 물체가 움직인 거리는

$\displaystyle\int_0^{5}(49-9.8t)dt+\int_{5}^{6}(-49+9.8t)dt$

$=\Big[49t-4.9t^2\Big]_0^{5}+\Big[-49t+4.9t^2\Big]_{5}^{6}$

$=122.5+4.9=127.4$ (m)


**256** 답 ◯

시각 $t=2$에서의 점 P의 위치는

$\displaystyle\int_0^{2}v(t)dt=S_1=2\times2=4$

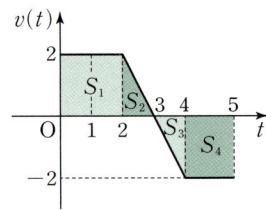


**257** 답 ✕

시각 $t=0$에서 $t=4$까지 점 P가 움직인 거리는

$\displaystyle\int_0^{4}|v(t)|dt=(S_1+S_2)+S_3$

$=\dfrac{1}{2}\times(2+3)\times2+\dfrac{1}{2}\times1\times2=6$


**258** 답 ◯

점 P는 $t=3$까지 양의 방향으로 움직이다가 $t=3$에서 방향을 바꾸어 원점으로 돌아온다.

따라서 $t=3$일 때, 점 P는 원점으로부터 가장 멀리 떨어져 있다.


**259** 답 ◯

점 P는 $t=3$일 때 운동 방향을 바꾸므로 출발 후 운동 방향을 바꿀 때까지 점 P가 움직인 거리는

$\displaystyle\int_0^{3}|v(t)|dt=S_1+S_2=\dfrac{1}{2}\times(2+3)\times2=5$


**260** 답 $-2$

시각 $t=4$에서의 점 P의 위치는

$\displaystyle\int_0^{4}v(t)dt$

$=S_1-(S_2+S_3)$

$=\dfrac{1}{2}\times1\times1-\dfrac{1}{2}\times(3+2)\times1$

$=-2$

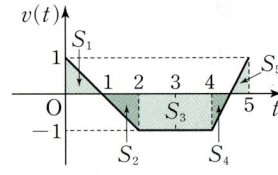

**261** 답 3

시각 $t=1$에서 $t=5$까지 점 P가 움직인 거리는

$$\int_1^5 |v(t)|dt=(S_2+S_3+S_4)+S_5$$

$$=\frac{1}{2}\times\left(\frac{7}{2}+2\right)\times1+\frac{1}{2}\times\frac{1}{2}\times1=3$$

**262** 답 2

$$\int_0^2 v(t)dt=S_1-S_2=\frac{1}{2}\times1\times1-\frac{1}{2}\times1\times1=0$$

따라서 $t=2$일 때, 점 P는 출발 후 다시 원점을 통과한다.

**263** 답 $\frac{13}{4}$

두 점 $(4, -1)$, $(5, 1)$을 지나는 직선의 방정식은 $y=2x-9$이고, 이 직선의 $x$절편은 $\frac{9}{2}$이므로 $t=\frac{9}{2}$일 때 두 번째로 운동 방향을 바꾼다.

즉, 점 P는 $t=1$일 때 처음으로 운동 방향을 바꾸고, $t=\frac{9}{2}$일 때 두 번째로 운동 방향을 바꾸므로 출발 후 운동 방향을 두 번째로 바꿀 때까지 점 P가 움직인 거리는

$$\int_0^{\frac{9}{2}} |v(t)|dt=S_1+(S_2+S_3+S_4)$$

$$=\frac{1}{2}\times1\times1+\frac{1}{2}\times\left(\frac{7}{2}+2\right)\times1=\frac{13}{4}$$

**264** 답 $\frac{7}{2}$

시각 $t=3$에서의 점 P의 위치는

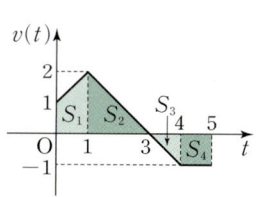

$$\int_0^3 v(t)dt$$

$$=S_1+S_2$$

$$=\frac{1}{2}\times(1+2)\times1+\frac{1}{2}\times2\times2$$

$$=\frac{7}{2}$$

**265** 답 3

점 P는 $t=3$까지 음의 방향으로 움직이다가 $t=3$에서 방향을 바꾸어 원점으로 돌아온다.

따라서 $t=3$일 때, 점 P는 원점으로부터 가장 멀리 떨어져 있다.

**266** 답 $\frac{3}{4}$

두 점 $(1, -1)$, $(3, 3)$을 지나는 직선의 방정식은 $y=2x-3$이고, 이 직선의 $x$절편은 $\frac{3}{2}$이므로 점 P는 $t=\frac{3}{2}$일 때 운동 방향을 바꾼다.

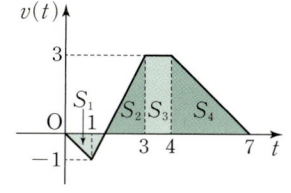

따라서 출발 후 운동 방향을 바꿀 때까지 점 P가 움직인 거리는

$$\int_0^{\frac{3}{2}} |v(t)|dt=S_1=\frac{1}{2}\times\frac{3}{2}\times1=\frac{3}{4}$$

**267** 답 3

점 P는 $t=2$일 때 처음으로 운동 방향을 바꾸고, $t=5$일 때 두 번째로 운동 방향을 바꾸므로 출발 후 운동 방향을 두 번째로 바꿀 때까지 점 P가 움직인 거리는

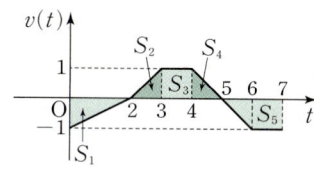

$$\int_0^5 |v(t)|dt=S_1+(S_2+S_3+S_4)$$

$$=\frac{1}{2}\times2\times1+\frac{1}{2}\times(1+3)\times1=3$$

| 중단원 | #기출#교과서 | | | 92쪽 |
|---|---|---|---|---|
| **268** ② | **269** 4 | **270** $\frac{1}{3}$ | **271** 3 | |
| **272** ④ | **273** 45 | **274** 7 | | |

**268**

$y=-x|x|=\begin{cases} x^2 & (x<0) \\ -x^2 & (x\geq0) \end{cases}$ 이므로 곡선

$y=-x|x|$는 오른쪽 그림과 같다.

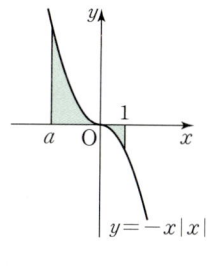

주어진 곡선과 $x$축 및 두 직선 $x=a$, $x=1$로 둘러싸인 도형의 넓이가 3이므로

$$\int_a^0 x^2dx+\int_0^1 x^2dx=3$$

$$\left[\frac{1}{3}x^3\right]_a^0+\left[\frac{1}{3}x^3\right]_0^1=3, \quad -\frac{1}{3}a^3+\frac{1}{3}=3$$

$$a^3=-8 \qquad \therefore a=-2 \ (\because a<0)$$

**269**

곡선 $y=-2x^2+3x$와 직선 $y=x$의 교점의 $x$좌표는 $-2x^2+3x=x$에서

$x^2-x=0$, $x(x-1)=0$

$\therefore x=0$ 또는 $x=1$

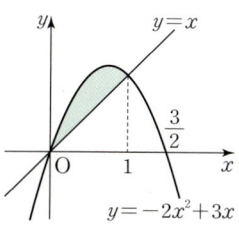

구간 $[0, 1]$에서 $-2x^2+3x\geq x$이므로 넓이는

$$\int_0^1 \{(-2x^2+3x)-x\}dx=\int_0^1 (-2x^2+2x)dx$$

$$=\left[-\frac{2}{3}x^3+x^2\right]_0^1=\frac{1}{3}$$

따라서 $p=3$, $q=1$이므로 $p+q=4$

## 270

두 곡선 $y=x^2-ax+4$, $y=-x^2+bx$가

점 $(1, 1)$을 지나므로

$1-a+4=1$, $-1+b=1$

$\therefore a=4$, $b=2$

따라서 두 곡선 $y=x^2-4x+4$,

$y=-x^2+2x$의 교점의 $x$좌표는

$x^2-4x+4=-x^2+2x$에서

$x^2-3x+2=0$, $(x-1)(x-2)=0$

$\therefore x=1$ 또는 $x=2$

구간 $[1, 2]$에서 $x^2-4x+4 \leq -x^2+2x$이므로 구하는 넓이는

$\int_1^2 \{-x^2+2x-(x^2-4x+4)\}dx = \int_1^2 (-2x^2+6x-4)dx$

$\qquad\qquad = \left[ -\dfrac{2}{3}x^3+3x^2-4x \right]_1^2 = \dfrac{1}{3}$

(그래프: $y=x^2-4x+4$, $y=-x^2+2x$)

## 271

두 도형 $A$, $B$의 넓이가 서로 같으므로

$\int_0^k \left( \dfrac{1}{2}x^2-x \right)dx=0$, $\left[ \dfrac{1}{6}x^3-\dfrac{1}{2}x^2 \right]_0^k=0$

$\dfrac{1}{6}k^3-\dfrac{1}{2}k^2=0$, $k^2(k-3)=0$

$\therefore k=3$ $(\because k>2)$

## 272

함수 $y=f(x)$의 그래프와 그 역함수 $y=g(x)$의 그래프가 만나는

두 점의 $x$좌표가 1, 2이므로 함수 $y=f(x)$의 그래프와 직선 $y=x$

가 만나는 두 점의 $x$좌표도 1, 2이다.

$ax^2+b=x$에서 $ax^2-x+b=0$이고, 이 이차방정식의 두 근이 1,

2이므로 근과 계수의 관계에 의하여

$\dfrac{1}{a}=1+2=3$, $\dfrac{b}{a}=1\times2=2$

$\therefore a=\dfrac{1}{3}$, $b=\dfrac{2}{3}$

$\therefore A-B=2\int_0^1 \left\{ \left( \dfrac{1}{3}x^2+\dfrac{2}{3} \right)-x \right\}dx-2\int_1^2 \left\{ x-\left( \dfrac{1}{3}x^2+\dfrac{2}{3} \right) \right\}dx$

$\qquad = 2\left[ \dfrac{1}{9}x^3-\dfrac{1}{2}x^2+\dfrac{2}{3}x \right]_0^1 - 2\left[ -\dfrac{1}{9}x^3+\dfrac{1}{2}x^2-\dfrac{2}{3}x \right]_1^2$

$\qquad = 2\times\dfrac{5}{18}-2\times\dfrac{1}{18}=\dfrac{4}{9}$

## 273

속도 $v(t)=3t^2-6t$의 그래프는 오른

쪽 그림과 같다.

점 P가 시각 $t=0$에서 $t=a$까지 움직

인 거리가 58이므로

$\int_0^2 (-3t^2+6t)dt+\int_2^a (3t^2-6t)dt$

$\qquad =58$

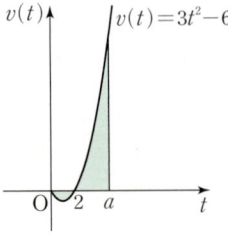

(그래프: $v(t)=3t^2-6t$)

$\left[ -t^3+3t^2 \right]_0^2 + \left[ t^3-3t^2 \right]_2^a = 58$

$4+(a^3-3a^2)+4=58$, $a^3-3a^2-50=0$

$(a-5)(a^2+2a+10)=0$ $\quad \therefore a=5$ $(\because a>0)$

$\therefore v(a)=v(5)=3\times5^2-6\times5=45$

## 274

시각 $t=5$에서의 점 P의 위치는

$\int_0^5 v(t)dt$

$= (S_1+S_2)-S_3$

$= \dfrac{1}{2}\times(1+4)\times3-\dfrac{1}{2}\times1\times1$

$= 7$

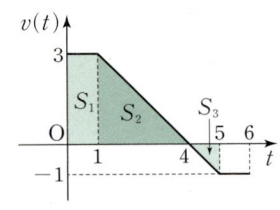

(그래프: $v(t)$)

## 1 함수의 극한

94 ~ 95쪽

| | | | |
|---|---|---|---|
| **1** ④ | **2** ② | **3** ③ | **4** ⑤ |
| **5** ㄱ, ㄷ | **6** ① | **7** ⑤ | **8** ② |
| **9** ② | **10** $-18$ | **11** $\dfrac{2}{3}$ | **12** 3 |

### 1

① $\lim\limits_{x \to -2-} f(x) = 0$

② $\lim\limits_{x \to 1-} f(x) = -1$

③ $\lim\limits_{x \to 0+} f(x) = 0$, $\lim\limits_{x \to 0-} f(x) = 0$이므로

$\lim\limits_{x \to 0} f(x) = 0$

④ $\lim\limits_{x \to 1+} f(x) = 1$, $\lim\limits_{x \to 1-} f(x) = -1$

따라서 $\lim\limits_{x \to 1+} f(x) \neq \lim\limits_{x \to 1-} f(x)$이므로 $\lim\limits_{x \to 1} f(x)$는 존재하지

않는다.

⑤ $\lim\limits_{x \to 2+} f(x) = 0$

### 2

$x < 4$일 때, $|x-4| = -(x-4)$이므로

$$\lim_{x \to 4-} \frac{3x^2 - 13x + 4}{|x-4|} = \lim_{x \to 4-} \frac{(3x-1)(x-4)}{-(x-4)}$$
$$= \lim_{x \to 4-} (-3x+1) = -11$$

### 3

ㄱ. $\lim\limits_{x \to 0-} \dfrac{1}{x} = -\infty$

ㄴ. $\lim\limits_{x \to 1+} |x-1| = \lim\limits_{x \to 1+} (x-1) = 0$

$\lim\limits_{x \to 1-} |x-1| = \lim\limits_{x \to 1-} (-x+1) = 0$

$\therefore \lim\limits_{x \to 1} |x-1| = 0$

ㄷ. $\lim\limits_{x \to 0+} \dfrac{x}{|x|} = \lim\limits_{x \to 0+} \dfrac{x}{x} = 1$

ㄹ. $2 \leq x < 3$일 때, $[x] = 2$이므로 $\lim\limits_{x \to 2+} \dfrac{x}{[x]} = \lim\limits_{x \to 2+} \dfrac{x}{2} = 1$

$1 \leq x < 2$일 때, $[x] = 1$이므로 $\lim\limits_{x \to 2-} \dfrac{x}{[x]} = \lim\limits_{x \to 2-} x = 2$

즉, $\lim\limits_{x \to 2+} \dfrac{x}{[x]} \neq \lim\limits_{x \to 2-} \dfrac{x}{[x]}$이므로 $\lim\limits_{x \to 2} \dfrac{x}{[x]}$는 존재하지 않는다.

따라서 극한값이 존재하는 것은 ㄴ, ㄷ이다.

### 4

$\lim\limits_{x \to 3} \{f(x) - 2g(x)\} + \lim\limits_{x \to 3} \{-f(x) + 4g(x)\} = -1 + 7$

이므로

$2\lim\limits_{x \to 3} g(x) = 6$ $\qquad \therefore \lim\limits_{x \to 3} g(x) = 3$

$\therefore \lim\limits_{x \to 3} f(x) = \lim\limits_{x \to 3} \{f(x) - 2g(x) + 2g(x)\}$
$= \lim\limits_{x \to 3} \{f(x) - 2g(x)\} + 2\lim\limits_{x \to 3} g(x)$
$= -1 + 2 \times 3 = 5$

$\therefore \lim\limits_{x \to 3} f(x)g(x) = \lim\limits_{x \to 3} f(x) \times \lim\limits_{x \to 3} g(x) = 5 \times 3 = 15$

### 5

ㄱ. $\lim\limits_{x \to a} g(x) = \alpha$, $\lim\limits_{x \to a} \{f(x) - g(x)\} = \beta$ ($\alpha$, $\beta$는 실수)라 하면

$\lim\limits_{x \to a} f(x) = \lim\limits_{x \to a} [g(x) + \{f(x) - g(x)\}] = \alpha + \beta$ (참)

ㄴ. [반례] $f(x) = \dfrac{1}{x}$, $g(x) = x$라 하면

$\lim\limits_{x \to \infty} f(x) = \lim\limits_{x \to \infty} \dfrac{1}{x} = 0$, $\lim\limits_{x \to \infty} f(x)g(x) = \lim\limits_{x \to \infty} \left( \dfrac{1}{x} \times x \right) = 1$

이므로 극한값이 모두 존재하지만 $\lim\limits_{x \to \infty} g(x) = \lim\limits_{x \to \infty} x = \infty$가

되어 그 값이 존재하지 않는다. (거짓)

ㄷ. $\lim\limits_{x \to a} f(x) = \alpha$, $\lim\limits_{x \to a} \dfrac{g(x)}{f(x)} = \beta$ ($\alpha$, $\beta$는 실수)라 하면

$\lim\limits_{x \to a} g(x) = \lim\limits_{x \to a} \left\{ f(x) \times \dfrac{g(x)}{f(x)} \right\} = \alpha\beta$ (참)

따라서 옳은 것은 ㄱ, ㄷ이다.

### 6

$$\lim_{x \to 2} \frac{4x^2 - 7x - 2}{x^2 - 4} + \lim_{x \to 9} \frac{\sqrt{x} - 3}{x - 9}$$
$$= \lim_{x \to 2} \frac{(x-2)(4x+1)}{(x+2)(x-2)} + \lim_{x \to 9} \frac{(\sqrt{x}-3)(\sqrt{x}+3)}{(x-9)(\sqrt{x}+3)}$$
$$= \lim_{x \to 2} \frac{4x+1}{x+2} + \lim_{x \to 9} \frac{1}{\sqrt{x}+3}$$
$$= \frac{9}{4} + \frac{1}{6} = \frac{29}{12}$$

### 7

$x = -t$로 놓으면 $x \to -\infty$일 때 $t \to \infty$이므로

$$\lim_{x \to -\infty} \frac{8 - 5x}{\sqrt{x^2 - 3} + 2} + \lim_{x \to -\infty} (\sqrt{4x^2 - x} + 2x)$$
$$= \lim_{t \to \infty} \frac{8 + 5t}{\sqrt{t^2 - 3} + 2} + \lim_{t \to \infty} (\sqrt{4t^2 + t} - 2t)$$
$$= \lim_{t \to \infty} \frac{\dfrac{8}{t} + 5}{\sqrt{1 - \dfrac{3}{t^2}} + \dfrac{2}{t}} + \lim_{t \to \infty} \frac{(\sqrt{4t^2 + t} - 2t)(\sqrt{4t^2 + t} + 2t)}{\sqrt{4t^2 + t} + 2t}$$
$$= 5 + \lim_{t \to \infty} \frac{t}{\sqrt{4t^2 + t} + 2t}$$
$$= 5 + \lim_{t \to \infty} \frac{1}{\sqrt{4 + \dfrac{1}{t}} + 2}$$
$$= 5 + \frac{1}{4} = \frac{21}{4}$$

### 8

$$\lim_{x \to \infty} f(x) = \lim_{x \to \infty} (x - \sqrt{x^2 - 2x})$$
$$= \lim_{x \to \infty} \frac{(x - \sqrt{x^2 - 2x})(x + \sqrt{x^2 - 2x})}{x + \sqrt{x^2 - 2x}}$$
$$= \lim_{x \to \infty} \frac{2x}{x + \sqrt{x^2 - 2x}}$$
$$= \lim_{x \to \infty} \frac{2}{1 + \sqrt{1 - \dfrac{2}{x}}} = 1$$

$$\lim_{x \to 1} g(x) = \lim_{x \to 1} \frac{1}{x-1}\left(\frac{1}{4} - \frac{1}{3x+1}\right)$$
$$= \lim_{x \to 1}\left\{\frac{1}{x-1} \times \frac{3x-3}{4(3x+1)}\right\}$$
$$= \lim_{x \to 1}\frac{3}{4(3x+1)} = \frac{3}{16}$$
$$\therefore \lim_{x \to \infty} f(x) + \lim_{x \to 1} g(x) = 1 + \frac{3}{16} = \frac{19}{16}$$

## 9

$\lim_{x \to -3}(x+3) = 0$이므로 $\lim_{x \to -3}(7 - \sqrt{x-a}) = 0$

즉, $7 - \sqrt{-3-a} = 0$이므로 $49 = -3 - a$

$\therefore a = -52$

$$\therefore b = \lim_{x \to -3}\frac{7 - \sqrt{x-a}}{x+3} = \lim_{x \to -3}\frac{7 - \sqrt{x+52}}{x+3}$$
$$= \lim_{x \to -3}\frac{(7-\sqrt{x+52})(7+\sqrt{x+52})}{(x+3)(7+\sqrt{x+52})}$$
$$= \lim_{x \to -3}\frac{-(x+3)}{(x+3)(7+\sqrt{x+52})}$$
$$= \lim_{x \to -3}\frac{-1}{7+\sqrt{x+52}}$$
$$= -\frac{1}{14}$$
$$\therefore ab = -52 \times \left(-\frac{1}{14}\right) = \frac{26}{7}$$

## 10

$\lim_{x \to \infty}\dfrac{f(x)}{3x^2-1} = -2$에서 $f(x)$는 최고차항의 계수가 $-6$인 이차함수이다.

또한 $\lim_{x \to 1}\dfrac{f(x)}{x^2-6x+5} = \dfrac{3}{4}$에서 $\lim_{x \to 1}(x^2-6x+5) = 0$이므로

$\lim_{x \to 1} f(x) = 0$     $\therefore f(1) = 0$

따라서 $f(x) = -6(x-1)(x-a)$ ($a$는 상수)로 놓으면

$$\lim_{x \to 1}\frac{f(x)}{x^2-6x+5} = \lim_{x \to 1}\frac{-6(x-1)(x-a)}{(x-1)(x-5)}$$
$$= \lim_{x \to 1}\frac{-6(x-a)}{x-5} = \frac{6a-6}{-4}$$

즉, $\dfrac{6a-6}{-4} = \dfrac{3}{4}$에서 $6a-6 = -3$     $\therefore a = \dfrac{1}{2}$

따라서 $f(x) = -6(x-1)\left(x - \dfrac{1}{2}\right) = -6x^2 + 9x - 3$이므로

$f(-1) = -18$

## 11

$\lim_{x \to -\infty}\dfrac{6x^2-8}{9x^2} = \dfrac{2}{3}$, $\lim_{x \to -\infty}\dfrac{6x-7}{9x} = \dfrac{2}{3}$이므로 함수의 극한의 대소

관계에 의하여

$$\lim_{x \to -\infty} f(x) = \frac{2}{3}$$

## 12

점 A는 곡선 $y = \dfrac{1}{x}$ $(x>0)$과 직선 $x = \dfrac{1}{3}$의 교점이므로

$A\left(\dfrac{1}{3}, 3\right)$

점 B는 곡선 $y = \dfrac{1}{x}$ $(x>0)$과 직선 $x = t$의 교점이므로

$B\left(t, \dfrac{1}{t}\right)$

점 C는 점 A에서 직선 $x = t$에 내린 수선의 발이므로 $C(t, 3)$

$$\overline{AB} = \sqrt{\left(t - \frac{1}{3}\right)^2 + \left(\frac{1}{t} - 3\right)^2}$$
$$= \sqrt{t^2 - \frac{2}{3}t - \frac{6}{t} + \frac{1}{t^2} + \frac{82}{9}}$$
$$\overline{BC} = 3 - \frac{1}{t}$$
$$\therefore \lim_{t \to \infty}\frac{t\overline{BC}}{\overline{AB}} = \lim_{t \to \infty}\frac{t\left(3 - \frac{1}{t}\right)}{\sqrt{t^2 - \frac{2}{3}t - \frac{6}{t} + \frac{1}{t^2} + \frac{82}{9}}}$$
$$= \lim_{t \to \infty}\frac{3 - \frac{1}{t}}{\sqrt{1 - \frac{2}{3t} - \frac{6}{t^3} + \frac{1}{t^4} + \frac{82}{9t^2}}} = 3$$

**2**   **함수의 연속**         96 ~ 97쪽

| **1** ② | **2** 54 | **3** ⑤ | **4** 12 |
|---|---|---|---|
| **5** 2 | **6** ㄱ, ㄴ | **7** $-1$ | **8** ③ |

**9** ③

**10** ㈎: $3x^4 - 5x^2 - 3$, ㈏: 연속, ㈐: 사잇값의 정리

**11** ③        **12** 4개

## 1

ㄱ. $f(3) = 0$, $\lim_{x \to 3} f(x) = 0$이므로 $\lim_{x \to 3} f(x) = f(3)$

   따라서 함수 $f(x)$는 $x = 3$에서 연속이다.

ㄴ. $f(3)$이 정의되지 않으므로 함수 $f(x)$는 $x = 3$에서 불연속이다.

ㄷ. $f(3) = 8$이고

   $\lim_{x \to 3+} f(x) = \lim_{x \to 3+}(4x-4) = 8,$

   $\lim_{x \to 3-} f(x) = \lim_{x \to 3-}(x+5) = 8$

   이므로 $\lim_{x \to 3} f(x) = 8$

   $\therefore \lim_{x \to 3} f(x) = f(3)$

   따라서 함수 $f(x)$는 $x = 3$에서 연속이다.

ㄹ. $f(3) = 7$이고

   $\lim_{x \to 3} f(x) = \lim_{x \to 3}\dfrac{x^2+4x-21}{x-3} = \lim_{x \to 3}\dfrac{(x+7)(x-3)}{x-3}$

             $= \lim_{x \to 3}(x+7) = 10$

   이므로 $\lim_{x \to 3} f(x) \neq f(3)$

   따라서 함수 $f(x)$는 $x = 3$에서 불연속이다.

따라서 $x = 3$에서 연속인 함수는 ㄱ, ㄷ이다.

**2**

함수 $f(x)=\dfrac{1}{6-x}+2$는 $x=6$에서 불연속이므로 연속인 구간은 $(-\infty,\ 6)\cup(6,\ \infty)$이다.

함수 $g(x)=\sqrt{6-4x}$는 $6-4x\geq0$, 즉 $x\leq\dfrac{3}{2}$에서 연속이므로 연속인 구간은 $\left(-\infty,\ \dfrac{3}{2}\right]$이다.

따라서 $a=6$, $b=6$, $c=\dfrac{3}{2}$이므로

$abc=6\times6\times\dfrac{3}{2}=54$

**3**

ㄱ. $\lim\limits_{x\to1-}f(x)=0$ (참)

ㄴ. $\lim\limits_{x\to2+}f(x)=2$, $\lim\limits_{x\to2-}f(x)=2$이므로 $\lim\limits_{x\to2}f(x)=2$ (참)

ㄷ. 함수 $f(x)$는 $x=0$, $x=1$, $x=2$에서 불연속이므로 불연속이 되는 $x$의 값은 3개이다. (참)

따라서 옳은 것은 ㄱ, ㄴ, ㄷ이다.

**4**

함수 $f(x)$가 $x=-1$에서 연속이므로

$\lim\limits_{x\to-1+}f(x)=\lim\limits_{x\to-1-}f(x)=f(-1)$

$\therefore \lim\limits_{x\to-1+}\dfrac{\sqrt{2x+a}-b}{x+1}=\dfrac{1}{2}$ ...... ㉠

이때 $\lim\limits_{x\to-1+}(x+1)=0$이므로 $\lim\limits_{x\to-1+}(\sqrt{2x+a}-b)=0$

즉, $\sqrt{-2+a}-b=0$이므로 $b=\sqrt{-2+a}$

$b=\sqrt{-2+a}$를 ㉠의 좌변에 대입하면

$\lim\limits_{x\to-1+}\dfrac{\sqrt{2x+a}-b}{x+1}$

$=\lim\limits_{x\to-1+}\dfrac{\sqrt{2x+a}-\sqrt{-2+a}}{x+1}$

$=\lim\limits_{x\to-1+}\dfrac{(\sqrt{2x+a}-\sqrt{-2+a})(\sqrt{2x+a}+\sqrt{-2+a})}{(x+1)(\sqrt{2x+a}+\sqrt{-2+a})}$

$=\lim\limits_{x\to-1+}\dfrac{2(x+1)}{(x+1)(\sqrt{2x+a}+\sqrt{-2+a})}$

$=\lim\limits_{x\to-1+}\dfrac{2}{\sqrt{2x+a}+\sqrt{-2+a}}$

$=\dfrac{1}{\sqrt{-2+a}}$

따라서 $\dfrac{1}{\sqrt{-2+a}}=\dfrac{1}{2}$이므로 $-2+a=4$ $\quad\therefore a=6$

$\therefore b=\sqrt{4}=2$

$\therefore ab=6\times2=12$

**5**

$x\neq-2$, $x\neq3$일 때, $f(x)=\dfrac{x^3+ax-b}{(x+2)(x-3)}$

함수 $f(x)$가 모든 실수 $x$에서 연속이면 $x=-2$, $x=3$에서도 연속이므로

$\lim\limits_{x\to-2}f(x)=f(-2)$, $\lim\limits_{x\to3}f(x)=f(3)$

$\therefore \lim\limits_{x\to-2}\dfrac{x^3+ax-b}{(x+2)(x-3)}=f(-2)$, $\lim\limits_{x\to3}\dfrac{x^3+ax-b}{(x+2)(x-3)}=f(3)$

이때 $\lim\limits_{x\to-2}(x+2)(x-3)=0$이므로 $\lim\limits_{x\to-2}(x^3+ax-b)=0$

즉, $-8-2a-b=0$이므로 $2a+b=-8$ ...... ㉠

$\lim\limits_{x\to3}(x+2)(x-3)=0$이므로 $\lim\limits_{x\to3}(x^3+ax-b)=0$

즉, $27+3a-b=0$이므로 $3a-b=-27$ ...... ㉡

㉠, ㉡을 연립하여 풀면

$a=-7$, $b=6$

따라서 $x\neq-2$, $x\neq3$일 때, $f(x)=\dfrac{x^3-7x-6}{(x+2)(x-3)}$이므로

$f(1)=2$

**6**

ㄱ, ㄴ. $f(x)$, $g(x)$는 다항함수이므로 모든 실수 $x$에서 연속이다. 따라서 연속함수의 성질에 의하여 함수 $f(x)-g(x)$, $f(x)g(x)$는 모든 실수 $x$에서 연속이다.

ㄷ. 함수 $\dfrac{f(x)}{g(x)}$는 $g(x)=0$일 때, 불연속이다. 따라서 $x^2-4x-5=(x+1)(x-5)=0$, 즉 $x=-1$, $x=5$에서 불연속이다.

ㄹ. 함수 $\dfrac{1}{f(x)+g(x)}$은 $f(x)+g(x)=0$일 때, 불연속이다. 따라서 $3x^2-3x=3x(x-1)=0$, 즉 $x=0$, $x=1$에서 불연속이다.

따라서 모든 실수 $x$에서 연속인 함수는 ㄱ, ㄴ이다.

**7**

함수 $\dfrac{f(x)}{g(x)}$가 모든 실수 $x$에서 연속이려면 모든 실수 $x$에 대하여 $g(x)\neq0$이어야 하므로 방정식 $g(x)=0$이 실근을 갖지 않아야 한다.

이차방정식 $x^2-ax+1=0$의 판별식을 $D$라 하면

$D=(-a)^2-4<0$

$a^2-4<0$, $(a+2)(a-2)<0$

$\therefore -2<a<2$

따라서 정수 $a$의 최솟값은 $-1$이다.

**8**

ㄱ. $\lim\limits_{x\to-2+}\{f(x)-g(x)\}=1-0=1$

$\lim\limits_{x\to-2-}\{f(x)-g(x)\}=1-0=1$

$\therefore \lim\limits_{x\to-2}\{f(x)-g(x)\}=1$ (참)

ㄴ. $\lim\limits_{x\to1+}\{f(x)+g(x)\}=-1+0=-1$,

$\lim\limits_{x\to1-}\{f(x)+g(x)\}=1+0=1$

이므로 $\lim\limits_{x\to1}\{f(x)+g(x)\}$의 값이 존재하지 않는다.

따라서 함수 $f(x)+g(x)$는 $x=1$에서 불연속이다. (참)

ㄷ. $f(-1)g(-1)=1\times(-2)=-2$이고

$\lim\limits_{x\to-1+}f(x)g(x)=-1\times(-1)=1$,

$\lim\limits_{x\to-1-}f(x)g(x)=1\times1=1$

이므로 $\lim\limits_{x\to-1}f(x)g(x)=1$

따라서 $\lim\limits_{x\to-1}f(x)g(x)\neq f(-1)g(-1)$이므로 함수

$f(x)g(x)$는 $x=-1$에서 불연속이다. (거짓)

따라서 옳은 것은 ㄱ, ㄴ이다.

## 9

함수 $f(x)=\dfrac{7}{x+3}$은 $x=-3$에서 불연속이다.

①, ④, ⑤ 함수 $f(x)$는 주어진 구간에서 연속이므로 최대·최소 정리에 의하여 최댓값과 최솟값을 갖는다.

② 구간 $[-4,-3)$에서 함수 $f(x)$는 $x=-4$일 때 최댓값 $-7$을 갖고, 최솟값은 없다.

③ 구간 $(-3,-2]$에서 함수 $f(x)$의 최댓값은 없고, $x=-2$일 때 최솟값 $7$을 갖는다.

## 10

$f(x)=\boxed{3x^4-5x^2-3}$이라 하면 함수 $f(x)$는 닫힌구간 $[-2,0]$에서 $\boxed{연속}$이고

$f(-2)=25>0$, $f(0)=-3<0$

이므로 $\boxed{사잇값의\ 정리}$에 의하여 $f(c)=0$인 $c$가 열린구간 $(-2,0)$에 적어도 하나 존재한다.

따라서 방정식 $3x^4-5x^2-3=0$이 열린구간 $(-2,0)$에서 적어도 하나의 실근을 갖는다.

∴ ㈎: $3x^4-5x^2-3$, ㈏: 연속, ㈐: 사잇값의 정리

## 11

$f(x)=x^{10}+x^5+2x-10$이라 하면 함수 $f(x)$는 닫힌구간 $[-1,4]$에서 연속이고

$f(1)=-6<0$, $f(2)=1050>0$

따라서 사잇값의 정리에 의하여 방정식 $x^{10}+x^5+2x-10=0$은 열린구간 $(1,2)$에서 하나의 실근을 갖는다.

## 12

$f(2)f(4)<0$, $f(6)f(8)<0$이므로 사잇값의 정리에 의하여 방정식 $f(x)=0$은 열린구간 $(2,4)$, $(6,8)$에서 각각 적어도 하나의 실근을 갖는다.

또한 모든 실수 $x$에 대하여 $f(-x)=f(x)$이므로

$f(-2)f(-4)=f(2)f(4)<0$,

$f(-6)f(-8)=f(6)f(8)<0$

즉, 방정식 $f(x)=0$은 열린구간 $(-4,-2)$, $(-8,-6)$에서도 각각 적어도 하나의 실근을 갖는다.

따라서 방정식 $f(x)=0$은 적어도 4개의 실근을 갖는다.

| | | | |
|---|---|---|---|
| 1 ④ | 2 ㄱ, ㄷ | 3 ③ | 4 $-5$ |
| 5 7 | 6 ② | 7 ⑤ | 8 8 |
| 9 ⑤ | 10 ④ | 11 ④ | 12 $-3$ |

## 1

함수 $f(x)$에서 $x$의 값이 1에서 3까지 변할 때의 평균변화율은

$\dfrac{\Delta y}{\Delta x}=\dfrac{f(3)-f(1)}{3-1}=\dfrac{(59-3a)-(7-a)}{2}=\dfrac{52-2a}{2}=26-a$

따라서 $26-a=2$이므로 $a=24$

## 2

ㄱ. 두 점 $(a,f(a))$, $(1,1)$을 지나는 직선의 기울기는 두 점 $(1,1)$, $(b,f(b))$를 지나는 직선의 기울기보다 작으므로

$\dfrac{1-f(a)}{1-a}<\dfrac{f(b)-1}{b-1}$ (참)

ㄴ. 두 점 $(a,f(a))$와 $(b,f(b))$를 지나는 직선의 기울기는 직선 $y=x$의 기울기 1보다 크므로

$1<\dfrac{f(b)-f(a)}{b-a}$

∴ $b-a<f(b)-f(a)$ ($\because b>a$) (거짓)

ㄷ. 원점과 점 $(a,f(a))$를 지나는 직선의 기울기는 직선 $y=0$의 기울기 0보다 크고 직선 $y=x$의 기울기 1보다 작으므로

$0<\dfrac{f(a)}{a}<1$ (참)

ㄹ. 점 $(a,f(a))$에서의 접선의 기울기는 점 $(b,f(b))$에서의 접선의 기울기보다 작으므로

$f'(b)>f'(a)$    ∴ $\dfrac{f'(b)}{f'(a)}>1$ ($\because f'(a)>0$) (거짓)

따라서 옳은 것은 ㄱ, ㄷ이다.

## 3

$f(5)=-1$, $f'(5)=30$이므로

$\lim\limits_{x\to5}\dfrac{f(x)+1}{x^2-25}=\lim\limits_{x\to5}\left\{\dfrac{f(x)-f(5)}{x-5}\times\dfrac{1}{x+5}\right\}$

$=\lim\limits_{x\to5}\dfrac{f(x)-f(5)}{x-5}\times\lim\limits_{x\to5}\dfrac{1}{x+5}$

$=f'(5)\times\dfrac{1}{10}=30\times\dfrac{1}{10}=3$

## 4

$f(1)=1$, $f'(1)=-3$이므로

$\lim\limits_{x\to1}\dfrac{f(x)-x^2}{x-1}=\lim\limits_{x\to1}\dfrac{f(x)-1+1-x^2}{x-1}$

$=\lim\limits_{x\to1}\dfrac{f(x)-f(1)}{x-1}-\lim\limits_{x\to1}\dfrac{(x-1)(x+1)}{x-1}$

$=f'(1)-\lim\limits_{x\to1}(x+1)$

$=f'(1)-2$

$=-3-2=-5$

**5**

함수 $f(x)$는 $x=a$, $x=f$에서 불연속이므로 $m=2$
또한 $x=a$, $x=b$, $x=c$, $x=d$, $x=f$에서 미분가능하지 않으므로 $n=5$
$\therefore m+n=2+5=7$

**6**

조건 ㈎의 식의 양변에 $x=0$, $y=0$을 대입하면
$f(0)=f(0)+f(0)-0$ $\quad\therefore f(0)=0$
조건 ㈎의 식의 양변에 $y=h$를 대입하면
$f(x+h)=f(x)+f(h)-3xh$이므로
$$f'(x)=\lim_{h\to 0}\frac{f(x+h)-f(x)}{h}$$
$$=\lim_{h\to 0}\frac{f(h)-3xh}{h}$$
$$=\lim_{h\to 0}\frac{f(h)-f(0)}{h}-\lim_{h\to 0}3x$$
$$=f'(0)-3x$$
$\therefore f'(3)=f'(0)-9=5-9=-4$ ($\because$ 조건 ㈏)

**7**

① $f'(x)=0$ $\qquad\therefore f'(1)=0$
② $f'(x)=\dfrac{5}{2}$ $\qquad\therefore f'(1)=\dfrac{5}{2}$
③ $f'(x)=-2x+5$ $\qquad\therefore f'(1)=3$
④ $f'(x)=(x-1)^2+x\times 2(x-1)=3x^2-4x+1$
$\qquad\therefore f'(1)=0$
⑤ $f'(x)=5x^4-6x^2$ $\qquad\therefore f'(1)=-1$
따라서 $x=1$에서의 미분계수가 가장 작은 것은 ⑤이다.

**8**

$$\lim_{h\to 0}\frac{f(2-4h)-f(2)}{3h}=\lim_{h\to 0}\left\{\frac{f(2-4h)-f(2)}{-4h}\times\left(-\frac{4}{3}\right)\right\}$$
$$=-\frac{4}{3}f'(2)$$
$f(x)=-x^3+3x^2-6x$에서 $f'(x)=-3x^2+6x-6$이므로
$$-\frac{4}{3}f'(2)=-\frac{4}{3}\times(-6)=8$$

**9**

$f(x)=x^{99}+x^{66}+x^{33}$이라 하면 $f(-1)=-1$이므로
$$\lim_{x\to -1}\frac{x^{99}+x^{66}+x^{33}+1}{x+1}=\lim_{x\to -1}\frac{f(x)-f(-1)}{x-(-1)}$$
$$=f'(-1)$$
$f'(x)=99x^{98}+66x^{65}+33x^{32}$이므로
$f'(-1)=99-66+33=66$

**10**

$f(x)=3x^2-ax+b$에서 $f'(x)=6x-a$
$f(-2)=1$에서 $12+2a+b=1$ $\quad\cdots\cdots$ ㉠
$f'(-1)=4$에서 $-6-a=4$ $\quad\therefore a=-10$
이를 ㉠에 대입하면 $b=9$
따라서 $f(x)=3x^2+10x+9$이므로
$f(2)=12+20+9=41$

**11**

함수 $f(x)$가 $x=-2$에서 미분가능하면
(ⅰ) $x=-2$에서 연속이므로
$$\lim_{x\to -2+}(ax+b)=\lim_{x\to -2-}(2x+1)(x-3)=f(-2)$$
$$\therefore -2a+b=15 \quad\cdots\cdots ㉠$$
(ⅱ) 미분계수 $f'(-2)$가 존재하므로
$$\lim_{x\to -2+}\frac{f(x)-f(-2)}{x-(-2)}=\lim_{x\to -2+}\frac{(ax+b)-15}{x+2}$$
$$=\lim_{x\to -2+}\frac{(ax+b)-(-2a+b)}{x+2}(\because ㉠)$$
$$=\lim_{x\to -2+}\frac{a(x+2)}{x+2}=a$$
$$\lim_{x\to -2-}\frac{f(x)-f(-2)}{x-(-2)}=\lim_{x\to -2-}\frac{(2x+1)(x-3)-15}{x+2}$$
$$=\lim_{x\to -2-}\frac{2x^2-5x-18}{x+2}$$
$$=\lim_{x\to -2-}\frac{(2x-9)(x+2)}{x+2}$$
$$=\lim_{x\to -2-}(2x-9)=-13$$
$\therefore a=-13$
이를 ㉠에 대입하면 $b=-11$
$\therefore b-a=-11-(-13)=2$

**12**

$x^3-ax^2+3x+b$를 $(x-1)^2$으로 나누었을 때의 몫을 $Q(x)$라 하면
$x^3-ax^2+3x+b=(x-1)^2Q(x)+3x-5$ $\quad\cdots\cdots$ ㉠
㉠의 양변에 $x=1$을 대입하면
$-a+b+4=-2$ $\quad\therefore a-b=6$ $\quad\cdots\cdots$ ㉡
㉠의 양변을 $x$에 대하여 미분하면
$3x^2-2ax+3=2(x-1)Q(x)+(x-1)^2Q'(x)+3$
양변에 $x=1$을 대입하면
$6-2a=3$ $\quad\therefore a=\dfrac{3}{2}$
이를 ㉡에 대입하면 $b=-\dfrac{9}{2}$
$\therefore \dfrac{b}{a}=-\dfrac{9}{2}\times\dfrac{2}{3}=-3$

| **1** ③ | **2** 32 | **3** ① | **4** ③ |
| **5** ③ | **6** 3 | **7** $-6$ | **8** 12 |
| **9** ③ | **10** $-8$ | **11** ② | **12** $96\sqrt{3}\pi$ |

## 1

$f(x)=x^3-3x^2+3x+1$이라 하면

$f'(x)=3x^2-6x+3$

점 $(0,\ 1)$에서의 접선의 기울기가 $f'(0)=3$이므로 접선의 방정식은

$y-1=3x$    $\therefore\ y=3x+1$

점 $(a,\ b)$가 곡선 $y=f(x)$와 직선 $y=3x+1$의 교점이므로

$a^3-3a^2+3a+1=3a+1,\ a^3-3a^2=0$

$a^2(a-3)=0$    $\therefore\ a=3\ (\because\ a\neq 0)$

따라서 $b=9+1=10$이므로

$a+b=3+10=13$

## 2

$f(x)=2x^3-5x+4$라 하면

$f'(x)=6x^2-5$

접점의 좌표를 $(a,\ 2a^3-5a+4)$라 하면 접선의 방정식은

$y-(2a^3-5a+4)=(6a^2-5)(x-a)$

$\therefore\ y=(6a^2-5)x-4a^3+4$     $\cdots\cdots$ ㉠

이 접선이 점 $(0,\ 8)$을 지나므로

$8=-4a^3+4,\ a^3+1=0$

$(a+1)(a^2-a+1)=0$     $\therefore\ a=-1$

이를 ㉠에 대입하면 접선의 방정식은

$y=x+8$

따라서 이 접선과 $x$축, $y$축으로 둘러싸인 도형의 넓이는

$\dfrac{1}{2}\times 8\times 8=32$

## 3

$f(x)=x^3-3x^2+2$라 하면

$f'(x)=3x^2-6x=3(x-1)^2-3$

이므로 곡선 $y=f(x)$ 위의 $x=1$인 점에서의 접선의 기울기가 최소이고 그 값은 $f'(1)=-3$이다.

따라서 기울기가 $-3$이고 점 $(1,\ 0)$에서 접하는 접선의 방정식은

$y=-3(x-1)$     $\therefore\ y=-3x+3$

이 직선이 점 $(3,\ a)$를 지나므로

$a=-9+3=-6$

## 4

$f(x)=-x^3+3,\ g(x)=x^2+ax+b$에서

$f'(x)=-3x^2,\ g'(x)=2x+a$

곡선 $y=g(x)$가 점 $(1,\ 2)$를 지나므로

$g(1)=2$에서 $1+a+b=2$     $\cdots\cdots$ ㉠

두 곡선 $y=f(x),\ y=g(x)$의 점 $(1,\ 2)$에서의 접선이 일치하므로

$f'(1)=g'(1)$에서 $-3=2+a$

$\therefore\ a=-5$

이를 ㉠에 대입하면 $b=6$

따라서 $g(x)=x^2-5x+6$이므로

$g(3)=9-15+6=0$

## 5

함수 $f(x)=x^4-6x^2+5$는 닫힌구간 $[-2,\ 2]$에서 연속이고 열린구간 $(-2,\ 2)$에서 미분가능하며 $f(-2)=f(2)=-3$이다.

따라서 롤의 정리에 의하여 $f'(c)=0$인 $c$가 열린구간 $(-2,\ 2)$에 적어도 하나 존재한다.

이때 $f'(x)=4x^3-12x=4x(x+\sqrt{3})(x-\sqrt{3})$이므로

$f'(c)=0$에서 $c=-\sqrt{3}$ 또는 $c=0$ 또는 $c=\sqrt{3}$

따라서 롤의 정리를 만족시키는 상수 $c$의 개수는 3이다.

## 6

$f(x)=x^3-x-1$에서 $f'(x)=3x^2-1$

닫힌구간 $[0,\ k]$에서 평균값 정리를 만족시키는 상수가 $\sqrt{3}$이므로

$\dfrac{f(k)-f(0)}{k-0}=f'(\sqrt{3})$

$\dfrac{k^3-k-1-(-1)}{k-0}=8,\ k^2-1=8$

$k^2=9$     $\therefore\ k=3\ (\because\ k>0)$

## 7

$f(x)=-\dfrac{2}{3}x^3+ax^2+3ax$에서 $f'(x)=-2x^2+2ax+3a$

임의의 두 실수 $x_1,\ x_2$에 대하여 $x_1<x_2$이면 $f(x_1)>f(x_2)$가 성립하려면 함수 $f(x)$가 실수 전체의 집합에서 감소해야 하므로

모든 실수 $x$에 대하여 $f'(x)\leq 0$, 즉 $-2x^2+2ax+3a\leq 0$이어야 한다.

이차방정식 $-2x^2+2ax+3a=0$의 판별식을 $D$라 하면

$\dfrac{D}{4}=a^2+6a\leq 0,\ a(a+6)\leq 0$

$\therefore\ -6\leq a\leq 0$

따라서 실수 $a$의 최솟값은 $-6$이다.

## 8

$f(x)=x^3-3x^2-9x+a$에서

$f'(x)=3x^2-6x-9=3(x+1)(x-3)$

$f'(x)=0$에서 $x=-1$ 또는 $x=3$

함수 $f(x)$의 증가와 감소를 표로 나타내면 다음과 같다.

| $x$ | $\cdots$ | $-1$ | $\cdots$ | $3$ | $\cdots$ |
| --- | --- | --- | --- | --- | --- |
| $f'(x)$ | $+$ | $0$ | $-$ | $0$ | $+$ |
| $f(x)$ | ↗ | $5+a$ | ↘ | $-27+a$ | ↗ |

함수 $f(x)$는 $x=3$에서 극솟값 $-27+a$를 가지므로

$f(3)=-20$에서 $-27+a=-20$

$\therefore a=7$

따라서 함수 $f(x)$의 극댓값은

$f(-1)=5+a=12$

## 9

$h(x)=f(x)-g(x)$에서 $h'(x)=f'(x)-g'(x)$

주어진 그래프를 이용하여 함수 $h(x)$의 증가와 감소를 표로 나타내면 다음과 같다.

| $x$ | $\cdots$ | $b$ | $\cdots$ | $c$ | $\cdots$ | $e$ | $\cdots$ |
|---|---|---|---|---|---|---|---|
| $h'(x)$ | $-$ | $0$ | $+$ | $0$ | $-$ | $0$ | $+$ |
| $h(x)$ | $\searrow$ | 극소 | $\nearrow$ | 극대 | $\searrow$ | 극소 | $\nearrow$ |

따라서 함수 $h(x)$는 $x=c$에서 극댓값을 갖는다.

## 10

$f(x)=\dfrac{2}{3}x^3+ax^2-4ax+1$에서

$f'(x)=2x^2+2ax-4a$

삼차함수 $f(x)$가 극값을 갖지 않기 위해서는

이차방정식 $f'(x)=0$이 중근 또는 허근을 가져야 하므로

$f'(x)=0$, 즉 $2x^2+2ax-4a=0$의 판별식을 $D$라 하면

$\dfrac{D}{4}=a^2+8a\le 0$, $a(a+8)\le 0$

$\therefore -8\le a\le 0$

따라서 실수 $a$의 최댓값과 최솟값의 합은

$0+(-8)=-8$

## 11

함수 $y=f'(x)$의 그래프가 $x$축과 만나는 점의 $x$좌표는 $-2$, $1$이므로 함수 $f(x)$의 증가와 감소를 표로 나타내면 다음과 같다.

| $x$ | $\cdots$ | $-2$ | $\cdots$ | $1$ | $\cdots$ |
|---|---|---|---|---|---|
| $f'(x)$ | $-$ | $0$ | $+$ | $0$ | $+$ |
| $f(x)$ | $\searrow$ | 극소 | $\nearrow$ | | $\nearrow$ |

주어진 조건에서 $f(-2)=0$이므로 함수 $y=f(x)$의 그래프는 다음 그림과 같다.

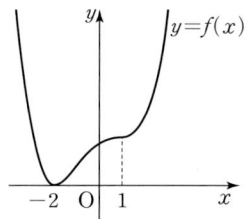

ㄱ. $f(-2)=0$이고 함수 $f(x)$는 구간 $(-2, \infty)$에서 증가하므로 $f(1)>0$이다. (참)

ㄴ. $f'(-2)=0$이고 $x=-2$의 좌우에서 $f'(x)$의 부호가 음에서 양으로 바뀌므로 함수 $f(x)$는 $x=-2$에서 극소이다. (참)

ㄷ. 곡선 $y=f(x)$는 $x$축과 한 점에서 만난다. (거짓)

따라서 옳은 것은 ㄱ, ㄴ이다.

## 12

원기둥의 밑면의 지름을 포함하고 밑면에 수직인 평면으로 자른 도형의 대각선의 길이가 12로 일정하므로 피타고라스 정리에 의하여

$12^2=(2r)^2+h^2$

$144=4r^2+h^2$

$\therefore r^2=36-\dfrac{1}{4}h^2$

원기둥의 부피를 $V(h)$라 하면

$V(h)=\pi r^2 h$

$\qquad =\pi\left(36-\dfrac{1}{4}h^2\right)h$

$\qquad =36\pi h-\dfrac{1}{4}\pi h^3$

이므로

$V'(h)=36\pi-\dfrac{3}{4}\pi h^2$

$\qquad =-\dfrac{3}{4}\pi(h+4\sqrt{3})(h-4\sqrt{3})$

$V'(h)=0$에서 $h=4\sqrt{3}$ $(\because 0<h<12)$

$0<h<12$에서 함수 $V(h)$의 증가와 감소를 표로 나타내면 다음과 같다.

| $h$ | $0$ | $\cdots$ | $4\sqrt{3}$ | $\cdots$ | $12$ |
|---|---|---|---|---|---|
| $V'(h)$ | | $+$ | $0$ | $-$ | |
| $V(h)$ | | $\nearrow$ | 극대 | $\searrow$ | |

따라서 함수 $V(h)$는 $h=4\sqrt{3}$에서 극대이면서 최대이므로 구하는 부피의 최댓값은

$V(4\sqrt{3})=36\pi\times 4\sqrt{3}-\dfrac{1}{4}\pi\times(4\sqrt{3})^3$

$\qquad\qquad =144\sqrt{3}\pi-48\sqrt{3}\pi$

$\qquad\qquad =96\sqrt{3}\pi$

| 1 3 | 2 ② | 3 1 | 4 26 |
| --- | --- | --- | --- |
| 5 ③ | 6 2 | 7 ④ | 8 ③ |
| 9 ③ | 10 $-30$ m/s | 11 144 m | 12 18 |

## 1

$x^3 - \dfrac{3}{2}x^2 = 6x - 3$에서 $x^3 - \dfrac{3}{2}x^2 - 6x + 3 = 0$

$f(x) = x^3 - \dfrac{3}{2}x^2 - 6x + 3$이라 하면

$f'(x) = 3x^2 - 3x - 6 = 3(x+1)(x-2)$

$f'(x) = 0$에서 $x = -1$ 또는 $x = 2$

함수 $f(x)$의 증가와 감소를 표로 나타내면 다음과 같다.

| $x$ | $\cdots$ | $-1$ | $\cdots$ | $2$ | $\cdots$ |
| --- | --- | --- | --- | --- | --- |
| $f'(x)$ | $+$ | $0$ | $-$ | $0$ | $+$ |
| $f(x)$ | $\nearrow$ | $\dfrac{13}{2}$ | $\searrow$ | $-7$ | $\nearrow$ |

따라서 함수 $y = f(x)$의 그래프는 오른쪽 그림과 같고 $x$축과 서로 다른 세 점에서 만나므로 주어진 방정식의 서로 다른 실근의 개수는 3이다.

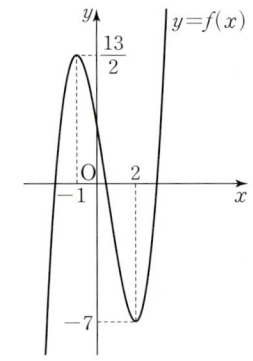

## 2

방정식 $x^4 + \dfrac{4}{3}x^3 - 4x^2 + 3 = k$의 서로 다른 실근의 개수는 곡선

$y = x^4 + \dfrac{4}{3}x^3 - 4x^2 + 3$과 직선 $y = k$의 교점의 개수와 같다.

$f(x) = x^4 + \dfrac{4}{3}x^3 - 4x^2 + 3$이라 하면

$f'(x) = 4x^3 + 4x^2 - 8x = 4x(x+2)(x-1)$

$f'(x) = 0$에서 $x = -2$ 또는 $x = 0$ 또는 $x = 1$

함수 $f(x)$의 증가와 감소를 표로 나타내면 다음과 같다.

| $x$ | $\cdots$ | $-2$ | $\cdots$ | $0$ | $\cdots$ | $1$ | $\cdots$ |
| --- | --- | --- | --- | --- | --- | --- | --- |
| $f'(x)$ | $-$ | $0$ | $+$ | $0$ | $-$ | $0$ | $+$ |
| $f(x)$ | $\searrow$ | $-\dfrac{23}{3}$ | $\nearrow$ | $3$ | $\searrow$ | $\dfrac{4}{3}$ | $\nearrow$ |

따라서 함수 $y = f(x)$의 그래프는 오른쪽 그림과 같으므로 직선 $y = k$와 서로 다른 네 점에서 만나도록 하는 $k$의 값의 범위는

$\dfrac{4}{3} < k < 3$

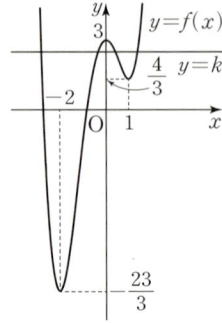

## 3

두 곡선 $y = x^3 + 4x^2 - 3$, $y = x^2 + k$가 서로 다른 두 점에서 만나려면 방정식 $x^3 + 4x^2 - 3 = x^2 + k$, 즉 $x^3 + 3x^2 - 3 = k$가 서로 다른 두 실근을 가져야 한다.

$f(x) = x^3 + 3x^2 - 3$이라 하면

$f'(x) = 3x^2 + 6x = 3x(x+2)$

$f'(x) = 0$에서 $x = -2$ 또는 $x = 0$

함수 $f(x)$의 증가와 감소를 표로 나타내면 다음과 같다.

| $x$ | $\cdots$ | $-2$ | $\cdots$ | $0$ | $\cdots$ |
| --- | --- | --- | --- | --- | --- |
| $f'(x)$ | $+$ | $0$ | $-$ | $0$ | $+$ |
| $f(x)$ | $\nearrow$ | $1$ | $\searrow$ | $-3$ | $\nearrow$ |

함수 $y = f(x)$의 그래프는 오른쪽 그림과 같으므로 직선 $y = k$와 서로 다른 두 점에서 만나도록 하는 $k$의 값은

$k = -3$ 또는 $k = 1$

따라서 구하는 자연수 $k$의 값은 1이다.

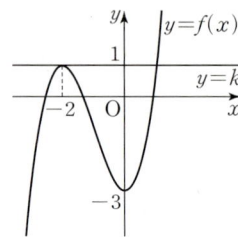

## 4

방정식 $2x^3 - 9x^2 + 5 - a = 0$, 즉 $2x^3 - 9x^2 + 5 = a$의 실근은 곡선 $y = 2x^3 - 9x^2 + 5$와 직선 $y = a$의 교점의 $x$좌표와 같다.

$f(x) = 2x^3 - 9x^2 + 5$라 하면

$f'(x) = 6x^2 - 18x = 6x(x-3)$

$f'(x) = 0$에서 $x = 0$ 또는 $x = 3$

함수 $f(x)$의 증가와 감소를 표로 나타내면 다음과 같다.

| $x$ | $\cdots$ | $0$ | $\cdots$ | $3$ | $\cdots$ |
| --- | --- | --- | --- | --- | --- |
| $f'(x)$ | $+$ | $0$ | $-$ | $0$ | $+$ |
| $f(x)$ | $\nearrow$ | $5$ | $\searrow$ | $-22$ | $\nearrow$ |

함수 $y = f(x)$의 그래프는 오른쪽 그림과 같으므로 직선 $y = a$와의 교점의 $x$좌표가 양수가 2개, 음수가 1개가 되도록 하는 $a$의 값의 범위는

$-22 < a < 5$

따라서 구하는 정수 $a$는 $-21$, $-20$, $-19$, $\cdots$, 3, 4의 26개이다.

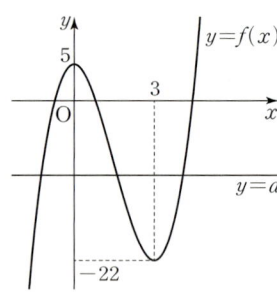

## 5

$x^4 + x^2 \geq 3x^2 + k$에서 $x^4 - 2x^2 - k \geq 0$

$f(x) = x^4 - 2x^2 - k$라 하면

$f'(x) = 4x^3 - 4x = 4x(x+1)(x-1)$

$f'(x) = 0$에서 $x = -1$ 또는 $x = 0$ 또는 $x = 1$

함수 $f(x)$의 증가와 감소를 표로 나타내면 다음과 같다.

| $x$ | $\cdots$ | $-1$ | $\cdots$ | $0$ | $\cdots$ | $1$ | $\cdots$ |
| --- | --- | --- | --- | --- | --- | --- | --- |
| $f'(x)$ | $-$ | $0$ | $+$ | $0$ | $-$ | $0$ | $+$ |
| $f(x)$ | $\searrow$ | $-1-k$ | $\nearrow$ | $-k$ | $\searrow$ | $-1-k$ | $\nearrow$ |

함수 $f(x)$는 $x=-1$, $x=1$에서 최솟값 $-1-k$를 가지므로 모든 실수 $x$에 대하여 부등식 $f(x) \geq 0$이 성립하려면

$-1-k \geq 0$   $\therefore k \leq -1$

## 6

$f(x) = 2x^3 - 3kx^2 + 8$이라 하면

$f'(x) = 6x^2 - 6kx = 6x(x-k)$

$f'(x) = 0$에서 $x=0$ 또는 $x=k$

$k>0$이므로 $x \geq 0$에서 함수 $f(x)$의 증가와 감소를 표로 나타내면 다음과 같다.

| $x$ | $0$ | $\cdots$ | $k$ | $\cdots$ |
|---|---|---|---|---|
| $f'(x)$ | | $-$ | $0$ | $+$ |
| $f(x)$ | $8$ | $\searrow$ | $-k^3+8$ | $\nearrow$ |

함수 $f(x)$는 $x=k$에서 최솟값 $-k^3+8$을 가지므로 $x \geq 0$일 때, 부등식 $f(x) \geq 0$이 성립하려면

$-k^3+8 \geq 0$, $k^3-8 \leq 0$

$(k-2)(k^2+2k+4) \leq 0$

$\therefore 0 < k \leq 2$ ($\because k>0$, $k^2+2k+4>0$)

따라서 구하는 양수 $k$의 최댓값은 $2$이다.

## 7

점 P가 원점을 지날 때는 $x=0$이므로

$t^3 - 2t^2 - 3t = 0$에서 $t(t+1)(t-3) = 0$

$\therefore t=3$ ($\because t>0$)

시각 $t$에서의 속도를 $v$, 가속도를 $a$라 하면

$v = \dfrac{dx}{dt} = 3t^2 - 4t - 3$, $a = \dfrac{dv}{dt} = 6t - 4$

이므로 $t=3$일 때, 점 P의 가속도는

$a = 6 \times 3 - 4 = 14$

## 8

시각 $t$에서의 두 점 P, Q의 속도를 각각 $v_P$, $v_Q$라 하면

$v_P = \dfrac{dx_P}{dt} = 4t - 4$, $v_Q = \dfrac{dx_Q}{dt} = 2t - 6$

두 점 P, Q가 서로 반대 방향으로 움직일 때, $v_P v_Q < 0$이므로

$(4t-4)(2t-6) < 0$, $(t-1)(t-3) < 0$

$\therefore 1 < t < 3$

## 9

① $t=a$일 때, $x'(t)>0$이므로 점 P는 양의 방향으로 움직인다.

(참)

② $t=b$의 좌우에서 $x'(t)$의 부호가 양에서 음으로 바뀌므로 $t=b$일 때, 점 P는 운동 방향을 바꾼다. (참)

③ $t=c$일 때, $x'(t)<0$이므로 점 P의 속도는 음수이다. (거짓)

④ $d<t<e$일 때, $x(t)$의 값이 일정하므로 점 P는 움직이지 않는다. (참)

⑤ $0<t<f$에서 $t=a$, $t=c$일 때, $x(t)=0$이므로 점 P는 원점을 두 번 지난다. (참)

## 10

위로 던진 지 $t$초 후의 돌의 속도를 $v$ m/s라 하면

$v = \dfrac{dx}{dt} = -10t + 10$

돌이 지면에 닿는 순간의 높이는 $0$이므로

$-5t^2 + 10t + 40 = 0$, $(t+2)(t-4) = 0$

$\therefore t=4$ ($\because t>0$)

따라서 $t=4$일 때, 돌의 속도는

$v = -10 \times 4 + 10 = -30$ (m/s)

## 11

제동을 건 지 $t$초 후의 열차의 속도를 $v$ m/s라 하면

$v = \dfrac{dx}{dt} = 24 - 2at$

열차가 제동을 건 지 12초 후에 정지하므로 $t=12$일 때, $v=0$이다.

즉, $24 - 2a \times 12 = 0$에서 $a=1$

따라서 열차가 정지할 때까지 움직인 거리는

$x = 24 \times 12 - 12^2 = 144$ (m)

## 12

민수가 $t$초 동안 움직인 거리는 $1.2t$ m

그림자 끝이 $t$초 동안 움직인 거리를 $x$ m 라 하면 오른쪽 그림에서 삼각형 ABC와 삼각형 DBE가 닮음이므로

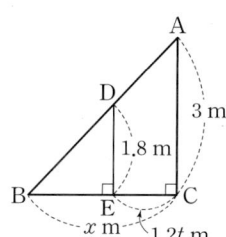

$3 : x = 1.8 : (x - 1.2t)$

$1.8x = 3x - 3.6t$

$\therefore x = 3t$

그림자의 길이를 $l$ m라 하면

$l = \overline{BE} = \overline{BC} - \overline{EC}$

$\quad = x - 1.2t = 3t - 1.2t$

$\quad = 1.8t$

따라서 그림자의 길이의 변화율 $a$(m/s)는

$a = \dfrac{dl}{dt} = 1.8$

$\therefore 10a = 10 \times 1.8 = 18$

## 6 부정적분

1 ⑤　　　2 ①　　　3 10　　　4 $\dfrac{1}{2}$

5 $f(x)=\dfrac{1}{4}x^2-x$　　　6 ⑤　　　7 ③

8 9　　　9 ③　　　10 34　　　11 ④

12 ③

### 1

좌변의 부정적분을 구하면

$$\int (x+a)(3x-2)\,dx=\int \{3x^2+(3a-2)x-2a\}\,dx$$
$$=x^3+\frac{3a-2}{2}x^2-2ax+C$$

이므로 좌변과 우변의 계수를 비교하면

$1=b,\ \dfrac{3a-2}{2}=c,\ -2a=-4$

따라서 $a=2$, $b=1$, $c=2$이므로

$a+b+c=5$

### 2

$$f(x)=\int f'(x)\,dx$$
$$=\int (4x^3+ax^2-2x)\,dx$$
$$=x^4+\frac{a}{3}x^3-x^2+C$$

$f(-1)=-1$, $f(1)=3$이므로

$1-\dfrac{a}{3}-1+C=-1$, $1+\dfrac{a}{3}-1+C=3$

두 식을 연립하여 풀면

$a=6$, $C=1$

따라서 $f(x)=x^4+2x^3-x^2+1$이므로

$f(-2)=16-16-4+1=-3$

### 3

$$f(x)=\int dx+2\int x\,dx+3\int x^2\,dx+\cdots+n\int x^{n-1}\,dx$$
$$=\int (1+2x+3x^2+\cdots+nx^{n-1})\,dx$$
$$=x+x^2+x^3+\cdots+x^n+C$$

$f(0)=-2$, $f(1)=8$이므로

$C=-2$, $n+C=8$

$\therefore n=10$

### 4

$f'(x)=3x^2+8x+3$이므로

$$f(x)=\int f'(x)\,dx=\int (3x^2+8x+3)\,dx$$
$$=x^3+4x^2+3x+C'$$

$f(-1)=0$이므로

$-1+4-3+C'=0$　　　$\therefore C'=0$

즉, $f(x)=x^3+4x^2+3x$이므로 올바른 답을 구하면

$$\int f(x)\,dx=\int (x^3+4x^2+3x)\,dx$$
$$=\frac{1}{4}x^4+\frac{4}{3}x^3+\frac{3}{2}x^2+C$$

따라서 $a=\dfrac{1}{4}$, $b=\dfrac{4}{3}$, $c=\dfrac{3}{2}$이므로

$abc=\dfrac{1}{2}$

### 5

직선 $y=-2x+4$의 $x$절편은 2이고, 이 직선과 수직으로 만나는 직선의 기울기는 $\dfrac{1}{2}$이다.

즉, $f'(x)=\dfrac{1}{2}(x-2)=\dfrac{1}{2}x-1$이므로

$$f(x)=\int f'(x)\,dx=\int \left(\frac{1}{2}x-1\right)dx$$
$$=\frac{1}{4}x^2-x+C$$

$f(0)=f'(2)=1-1=0$이므로 $C=0$

$\therefore f(x)=\dfrac{1}{4}x^2-x$

### 6

$f'(x)+g'(x)=6x^2-8x+5$에서

$$f(x)+g(x)=\int \{f'(x)+g'(x)\}\,dx$$
$$=\int (6x^2-8x+5)\,dx$$
$$=2x^3-4x^2+5x+C_1$$

위의 등식의 양변에 $x=0$을 대입하면

$f(0)+g(0)=C_1$　　　$\therefore C_1=-2+3=1$

$\therefore f(x)+g(x)=2x^3-4x^2+5x+1$　　　…… ㉠

$f'(x)-g'(x)=12x+3$에서

$$f(x)-g(x)=\int \{f'(x)-g'(x)\}\,dx$$
$$=\int (12x+3)\,dx$$
$$=6x^2+3x+C_2$$

위의 등식의 양변에 $x=0$을 대입하면

$f(0)-g(0)=C_2$　　　$\therefore C_2=-2-3=-5$

$\therefore f(x)-g(x)=6x^2+3x-5$　　　…… ㉡

$\dfrac{㉠+㉡}{2}$을 하면 $f(x)=x^3+x^2+4x-2$

$\dfrac{㉠-㉡}{2}$을 하면 $g(x)=x^3-5x^2+x+3$

$\therefore f(1)-g(2)=(1+1+4-2)-(8-20+2+3)$
$$=4+7=11$$

**7**

$f(x+y)=f(x)+f(y)-xy$의 양변에 $x=0$, $y=0$을 대입하면

$f(0)=f(0)+f(0)$     $\therefore f(0)=0$

$f'(0)=\lim\limits_{h\to0}\dfrac{f(0+h)-f(0)}{h}=\lim\limits_{h\to0}\dfrac{f(h)}{h}$ 이고 $f'(0)=1$이므로

$\lim\limits_{h\to0}\dfrac{f(h)}{h}=1$

$\begin{aligned}f'(x)&=\lim\limits_{h\to0}\dfrac{f(x+h)-f(x)}{h}\\&=\lim\limits_{h\to0}\dfrac{f(x)+f(h)-xh-f(x)}{h}\\&=\lim\limits_{h\to0}\dfrac{f(h)}{h}-x\\&=-x+1\end{aligned}$

$\begin{aligned}\therefore f(x)&=\int f'(x)\,dx\\&=\int(-x+1)\,dx\\&=-\dfrac{1}{2}x^2+x+C\end{aligned}$

$f(0)=0$이므로 $C=0$

따라서 $f(x)=-\dfrac{1}{2}x^2+x$이므로

$f(2)=-2+2=0$

**8**

$\displaystyle\int(x-1)f(x)\,dx=2x^3+\dfrac{9}{2}x^2-15x+4$의 양변을 $x$에 대하여 미분하면

$(x-1)f(x)=6x^2+9x-15$

$(x-1)f(x)=(x-1)(6x+15)$

$\therefore f(x)=6x+15$

$\therefore f(-1)=-6+15=9$

**9**

$f(x)=\displaystyle\int(x^2-2x+3)\,dx$의 양변을 $x$에 대하여 미분하면

$f'(x)=x^2-2x+3$

$\begin{aligned}\therefore \lim\limits_{x\to2}\dfrac{f(x)-f(2)}{x^2-4}&=\lim\limits_{x\to2}\left\{\dfrac{f(x)-f(2)}{x-2}\times\dfrac{1}{x+2}\right\}\\&=f'(2)\times\dfrac{1}{4}\\&=(4-4+3)\times\dfrac{1}{4}=\dfrac{3}{4}\end{aligned}$

**10**

$F(x)=xf(x)-4x^3+3x^2+2$의 양변을 $x$에 대하여 미분하면

$f(x)=f(x)+xf'(x)-12x^2+6x$

$xf'(x)=12x^2-6x$

$\therefore f'(x)=12x-6$

$\begin{aligned}\therefore f(x)&=\int f'(x)\,dx\\&=\int(12x-6)\,dx\\&=6x^2-6x+C\end{aligned}$

$2f(2)-f(-1)=10$이므로

$2(24-12+C)-(6+6+C)=10$

$24+2C-12-C=10$

$\therefore C=-2$

따라서 $f(x)=6x^2-6x-2$이므로

$f(3)=54-18-2=34$

**11**

$\displaystyle\int g(x)\,dx=x^4f(x)+C$의 양변을 $x$에 대하여 미분하면

$g(x)=4x^3f(x)+x^4f'(x)$

$\begin{aligned}\therefore g(1)&=4f(1)+f'(1)\\&=4\times3-4=8\end{aligned}$

**12**

함수 $f(x)$가 $x=-1$에서 극댓값 9를 가지므로

$f'(-1)=0$, $f(-1)=9$

$f(x)=\displaystyle\int(3x^2+ax-9)\,dx$의 양변을 $x$에 대하여 미분하면

$f'(x)=3x^2+ax-9$

$f'(-1)=0$이므로

$3-a-9=0$

$\therefore a=-6$

즉, $f'(x)=3x^2-6x-9=3(x+1)(x-3)$이므로

$f'(x)=0$인 $x$의 값은 $x=-1$ 또는 $x=3$

함수 $f(x)$의 증가와 감소를 표로 나타내면 다음과 같다.

| $x$ | $\cdots$ | $-1$ | $\cdots$ | $3$ | $\cdots$ |
|---|---|---|---|---|---|
| $f'(x)$ | $+$ | $0$ | $-$ | $0$ | $+$ |
| $f(x)$ | $\nearrow$ | 극대 | $\searrow$ | 극소 | $\nearrow$ |

즉, 함수 $f(x)$는 $x=-1$에서 극대, $x=3$에서 극소이다.

$\begin{aligned}f(x)&=\int f'(x)\,dx\\&=\int(3x^2-6x-9)\,dx\\&=x^3-3x^2-9x+C\end{aligned}$

$f(-1)=9$이므로

$-1-3+9+C=9$

$\therefore C=4$

따라서 함수 $f(x)=x^3-3x^2-9x+4$이고 $x=3$에서 극소이므로 극솟값 $m$은

$\begin{aligned}m&=f(3)\\&=27-27-27+4=-23\end{aligned}$

$\therefore a-m=-6+23=17$

## 1

$$\int_0^3 (x^2-nx+3)\,dx=\left[\frac{1}{3}x^3-\frac{n}{2}x^2+3x\right]_0^3$$
$$=9-\frac{9}{2}n+9>0$$

$$\frac{9}{2}n<18 \qquad \therefore n<4$$

따라서 주어진 부등식을 만족시키는 자연수 $n$은 1, 2, 3의 3개
이다.

## 2

$f'(x)=6x+a$이므로

$$\int_0^1 \{f(x)-f'(x)\}\,dx=\int_0^1 \{3x^2+ax-(6x+a)\}\,dx$$
$$=\int_0^1 \{3x^2+(a-6)x-a\}\,dx$$
$$=\left[x^3+\frac{a-6}{2}x^2-ax\right]_0^1$$
$$=1+\frac{a-6}{2}-a=0$$

$2+a-6-2a=0 \qquad \therefore a=-4$

따라서 $f(x)=3x^2-4x$이므로

$$\int_1^2 f(x)\,dx=\int_1^2 (3x^2-4x)\,dx$$
$$=\left[x^3-2x^2\right]_1^2=1$$

## 3

$$\int_a^b \{4f(x)-3g(x)\}\,dx=4\int_a^b f(x)\,dx-3\int_a^b g(x)\,dx$$
$$=4\times 2-3\int_a^b g(x)\,dx$$
$$=8-3\int_a^b g(x)\,dx=2$$

$$3\int_a^b g(x)\,dx=6$$

$$\therefore \int_a^b g(x)\,dx=2$$

## 4

$$\int_0^2 f(x)\,dx=\int_0^1 f(x)\,dx=\int_1^2 f(x)\,dx=k \ (k\text{는 상수})$$

라 하면 $\displaystyle\int_0^2 f(x)\,dx=\int_0^1 f(x)\,dx+\int_1^2 f(x)\,dx$이므로

$k=k+k \qquad \therefore k=0$

$\displaystyle\int_0^1 f(x)\,dx=0$에서

$$\int_0^1 (x^2+ax+b)\,dx=\left[\frac{1}{3}x^3+\frac{a}{2}x^2+bx\right]_0^1$$
$$=\frac{1}{3}+\frac{a}{2}+b=0$$

$\therefore 3a+6b=-2 \qquad \cdots\cdots\ ㉠$

$\displaystyle\int_1^2 f(x)\,dx=0$에서

$$\int_1^2 (x^2+ax+b)\,dx=\left[\frac{1}{3}x^3+\frac{a}{2}x^2+bx\right]_1^2$$
$$=\frac{7}{3}+\frac{3}{2}a+b=0$$

$\therefore 9a+6b=-14 \qquad \cdots\cdots\ ㉡$

㉠, ㉡을 연립하여 풀면

$$a=-2,\ b=\frac{2}{3}$$

$$\therefore ab=-\frac{4}{3}$$

## 5

함수 $f(x)$가 $x=1$에서 연속이므로 $\displaystyle\lim_{x\to 1} f(x)=f(1)$

$2+a=-1 \qquad \therefore a=-3$

$$\therefore \int_0^2 f(x)\,dx=\int_0^1 (2x-3)\,dx+\int_1^2 (x^2-2x)\,dx$$
$$=\left[x^2-3x\right]_0^1+\left[\frac{1}{3}x^3-x^2\right]_1^2$$
$$=-2+\left(-\frac{2}{3}\right)=-\frac{8}{3}$$

## 6

$$\int_{-1}^1 f(x)\,dx=\int_{-1}^1 (x^2+ax+b)\,dx$$
$$=2\int_0^1 (x^2+b)\,dx$$
$$=2\left[\frac{1}{3}x^3+bx\right]_0^1$$
$$=2\left(\frac{1}{3}+b\right)=2$$

$\dfrac{1}{3}+b=1 \qquad \therefore b=\dfrac{2}{3}$

$$\int_{-1}^1 xf(x)\,dx=\int_{-1}^1 x(x^2+ax+b)\,dx$$
$$=2\int_0^1 ax^2\,dx$$
$$=2\left[\frac{a}{3}x^3\right]_0^1$$
$$=\frac{2}{3}a=2$$

$\therefore a=3$

$\therefore ab=3\times\dfrac{2}{3}=2$

**7**

$f(-x)=f(x)$이므로

$$\int_{-1}^{1} f(x)\,dx = 2\int_{0}^{1} f(x)\,dx = 2 \times 2 = 4$$

$h(x)=xf(x)$라 하면

$$h(-x)=-xf(-x)=-xf(x)=-h(x)$$

이므로 $\displaystyle\int_{-1}^{1} xf(x)\,dx = \int_{-1}^{1} h(x)\,dx = 0$

$$\therefore \int_{-1}^{1}(1-x)f(x)\,dx = \int_{-1}^{1} f(x)\,dx - \int_{-1}^{1} xf(x)\,dx$$
$$= 4 - 0 = 4$$

**8**

$f(x)=3\displaystyle\int_{0}^{x} t(t-2)\,dt$의 양변을 $x$에 대하여 미분하면

$$f'(x)=3x(x-2)=3x^2-6x$$

$$\therefore \int_{1}^{3} f'(x)\,dx = \int_{1}^{3}(3x^2-6x)\,dx$$
$$= \left[ x^3-3x^2 \right]_{1}^{3} = 2$$

**9**

$$\int_{0}^{2} f(t)\,dt = k \ (k는 \ 상수) \qquad \cdots\cdots \ \bigcirc$$

로 놓으면 $f(x)=3x^2+kx-1$

이를 $\bigcirc$에 대입하면

$$\int_{0}^{2}(3t^2+kt-1)\,dt = k$$

$$\left[ t^3+\frac{k}{2}t^2-t \right]_{0}^{2} = k$$

$$8+2k-2=k$$

$$\therefore k=-6$$

따라서 $f(x)=3x^2-6x-1$이므로

$$f(-1)=3+6-1=8$$

**10**

주어진 등식의 양변을 $x$에 대하여 미분하면

$$f(x)+xf'(x)=6x^2-6x+f(x)$$

$$xf'(x)=6x^2-6x \qquad \therefore f'(x)=6x-6$$

$$\therefore f(x)=\int f'(x)\,dx = \int (6x-6)\,dx$$
$$= 3x^2-6x+C \qquad \cdots\cdots \ \bigcirc$$

주어진 등식의 양변에 $x=1$을 대입하면

$$f(1)=2-3+0=-1$$

$\bigcirc$에서

$$f(1)=3-6+C=-1 \qquad \therefore C=2$$

따라서 $f(x)=3x^2-6x+2=3(x-1)^2-1$이므로

함수 $f(x)$는 $x=1$일 때 최솟값 $-1$을 갖는다.

**11**

$f(x)=\displaystyle\int_{0}^{x}(3t^2-12t+9)\,dt$의 양변을 $x$에 대하여 미분하면

$$f'(x)=3x^2-12x+9=3(x-1)(x-3)$$

$f'(x)=0$인 $x$의 값은 $x=1$ 또는 $x=3$

함수 $f(x)$의 증가와 감소를 표로 나타내면 다음과 같다.

| $x$ | $\cdots$ | 1 | $\cdots$ | 3 | $\cdots$ |
|---|---|---|---|---|---|
| $f'(x)$ | $+$ | 0 | $-$ | 0 | $+$ |
| $f(x)$ | $\nearrow$ | 극대 | $\searrow$ | 극소 | $\nearrow$ |

따라서 함수 $f(x)$는 $x=1$에서 극대이므로 극댓값은

$$M=f(1)$$
$$= \int_{0}^{1}(3t^2-12t+9)\,dt$$
$$= \left[ t^3-6t^2+9t \right]_{0}^{1} = 4$$

또한 함수 $f(x)$는 $x=3$에서 극소이므로 극솟값은

$$m=f(3)$$
$$= \int_{0}^{3}(3t^2-12t+9)\,dt$$
$$= \left[ t^3-6t^2+9t \right]_{0}^{3} = 0$$

$$\therefore M-m=4$$

**12**

$f(t)=t^3-2t^2+5$라 하고, $f(t)$의 한 부정적분을 $F(t)$라 하면

$$\lim_{x \to 1} \frac{1}{x^3-1} \int_{1}^{x}(t^3-2t^2+5)\,dt$$

$$= \lim_{x \to 1} \frac{1}{x^3-1} \int_{1}^{x} f(t)\,dt$$

$$= \lim_{x \to 1} \frac{F(x)-F(1)}{x^3-1}$$

$$= \lim_{x \to 1} \left\{ \frac{F(x)-F(1)}{x-1} \times \frac{1}{x^2+x+1} \right\}$$

$$= F'(1) \times \frac{1}{3} = f(1) \times \frac{1}{3}$$

$$= 4 \times \frac{1}{3} = \frac{4}{3}$$

| | | | |
|---|---|---|---|
| **1** ③ | **2** ③ | **3** $\frac{71}{6}$ | **4** ② |
| **5** $-\frac{8}{3}$ | **6** $-2$ | **7** 48 | **8** 30 |
| **9** ④ | **10** 256 | **11** 9 | **12** ㄱ, ㄴ |

## 1

곡선 $y=3x^2-3ax$와 $x$축의 교점의

$x$좌표는 $3x^2-3ax=0$에서

$3x(x-a)=0$

$\therefore x=0$ 또는 $x=a$

구간 $[0,\ a]$에서 $y\leq0$이므로

$\int_0^a (-3x^2+3ax)dx=4$

$\left[-x^3+\frac{3}{2}ax^2\right]_0^a=4,\ -a^3+\frac{3}{2}a^3=4$

$a^3=8$　　$\therefore a=2\ (\because a>0)$

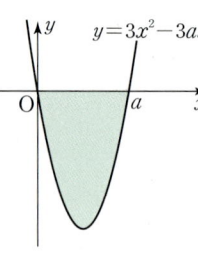

## 2

$2\leq y\leq3$에서 $x\leq0$이므로 구하는 넓이는

$\int_2^3 (y^2-4)dy=\left[\frac{1}{3}y^3-4y\right]_2^3=\frac{7}{3}$

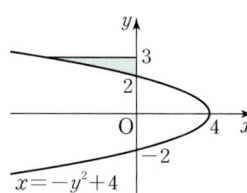

## 3

곡선 $y=x(x-1)^2$과 직선 $y=4x$의 교점의 $x$좌표는 $x(x-1)^2=4x$에서

$x(x+1)(x-3)=0$

$\therefore x=-1$ 또는 $x=0$ 또는 $x=3$

구간 $[-1,\ 0]$에서 $x(x-1)^2\geq4x$이고

구간 $[0,\ 3]$에서 $x(x-1)^2\leq4x$이므로

구하는 넓이는

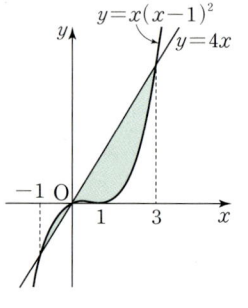

$\int_{-1}^0 \{x(x-1)^2-4x\}dx+\int_0^3 \{4x-x(x-1)^2\}dx$

$=\int_{-1}^0 (x^3-2x^2-3x)dx+\int_0^3 (-x^3+2x^2+3x)dx$

$=\left[\frac{1}{4}x^4-\frac{2}{3}x^3-\frac{3}{2}x^2\right]_{-1}^0+\left[-\frac{1}{4}x^4+\frac{2}{3}x^3+\frac{3}{2}x^2\right]_0^3$

$=\frac{7}{12}+\frac{45}{4}=\frac{71}{6}$

## 4

두 곡선의 교점의 $x$좌표는

$x^2(x-2)=-2x(x-2)$에서

$x(x+2)(x-2)=0$

$\therefore x=-2$ 또는 $x=0$ 또는 $x=2$

구간 $[-2,\ 0]$에서

$x^2(x-2)\geq-2x(x-2)$이고 구간

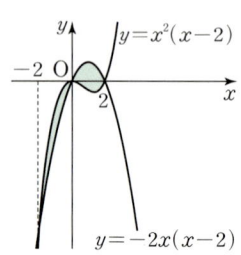

$[0,\ 2]$에서 $x^2(x-2)\leq-2x(x-2)$이므로 구하는 넓이는

$\int_{-2}^0 \{x^2(x-2)+2x(x-2)\}dx$

$\qquad\qquad+\int_0^2 \{-2x(x-2)-x^2(x-2)\}dx$

$=\int_{-2}^0 (x^3-4x)dx+\int_0^2 (-x^3+4x)dx$

$=\left[\frac{1}{4}x^4-2x^2\right]_{-2}^0+\left[-\frac{1}{4}x^4+2x^2\right]_0^2$

$=4+4=8$

## 5

$y=-x^2+4x+k=-(x-2)^2+k+4$이므로 주어진 곡선은 직선 $x=2$에 대하여 대칭이다.

$A:B=1:2$에서 $A=\frac{1}{2}B$이므로

곡선 $y=-x^2+4x+k$와 $x$축, $y$축 및 직선 $x=2$로 둘러싸인 두 도형의 넓이가 서로 같다.

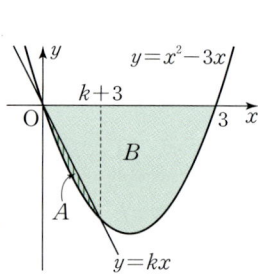

$\int_0^2 (-x^2+4x+k)dx=0$

$\left[-\frac{1}{3}x^3+2x^2+kx\right]_0^2=0$

$-\frac{8}{3}+8+2k=0$　　$\therefore k=-\frac{8}{3}$

## 6

곡선 $y=x^2-3x$와 $x$축의 교점의 $x$좌표는 $x^2-3x=0$에서

$x(x-3)=0$

$\therefore x=0$ 또는 $x=3$

곡선 $y=x^2-3x$와 직선 $y=kx$의 교점의 $x$좌표는 $x^2-3x=kx$에서

$x(x-k-3)=0$

$\therefore x=0$ 또는 $x=k+3$

$27A=B$이므로

$27\int_0^{k+3} \{kx-(x^2-3x)\}dx=\int_0^3 (-x^2+3x)dx$

$27\left[\frac{k+3}{2}x^2-\frac{1}{3}x^3\right]_0^{k+3}=\left[-\frac{1}{3}x^3+\frac{3}{2}x^2\right]_0^3$

$27\times\frac{(k+3)^3}{6}=\frac{9}{2},\ (k+3)^3=1$

$k+3=1$　　$\therefore k=-2$

## 7

$f(x)=x^2-1$이라 하면 $f'(x)=2x$

점 $(0,\ -5)$에서 곡선 $y=f(x)$에 그은 접선의 접점의 좌표를 $(t,\ t^2-1)$이라 하면 접선의 방정식은

$y-(t^2-1)=2t(x-t)$

$\therefore y=2t(x-t)+t^2-1$

이 직선이 점 $(0, -5)$를 지나므로

$-5 = -2t^2 + t^2 - 1$, $t^2 = 4$

$\therefore t = -2$ 또는 $t = 2$

따라서 접선의 방정식은

$y = -4x - 5$ 또는 $y = 4x - 5$

이므로 넓이는

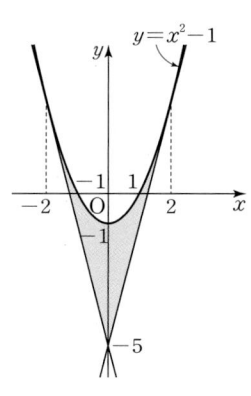

$2\int_0^2 \{x^2 - 1 - (4x - 5)\}dx$

$= 2\int_0^2 (x^2 - 4x + 4)dx$

$= 2\left[\frac{1}{3}x^3 - 2x^2 + 4x\right]_0^2 = \frac{16}{3}$

따라서 $p = 3$, $q = 16$이므로 $pq = 48$

## 8

$f(1) = 2$, $f(2) = 16$이므로 오른쪽 그림에서

$\int_1^2 f(x)dx = A$, $\int_2^{16} g(x)dx = B$

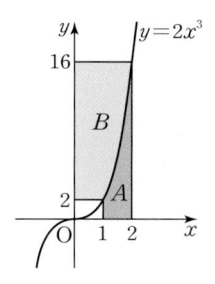

$\therefore \int_1^2 f(x)dx + \int_2^{16} g(x)dx$

$= 2 \times 16 - 1 \times 2 = 30$

## 9

시각 $t = 0$에서의 점 P의 위치가 30이므로 시각 $t = 5$에서의 점 P의 위치는

$30 + \int_0^5 \left(3t - \frac{3}{2}t^2\right)dt = 30 + \left[\frac{3}{2}t^2 - \frac{1}{2}t^3\right]_0^5$

$= 30 - 25 = 5$

## 10

비행기가 정지할 때의 속도는 0이므로

$v(t) = 32 - 2t = 0$ $\therefore t = 16$

따라서 접지한 지 16초 후에 비행기가 정지하므로 비행기가 정지할 때까지 움직인 거리는

$\int_0^{16} (32 - 2t)dt = \left[32t - t^2\right]_0^{16} = 256$

## 11

오른쪽 그림과 같이 $0 \le t \le 4$에서 $v(t) \ge 0$이고 $4 \le t \le 5$에서 $v(t) \le 0$이므로 발사된 총알이 5초 동안 움직인 거리는

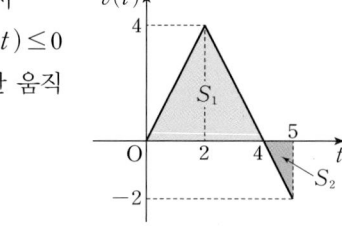

$\int_0^5 |v(t)|dt = S_1 + S_2$

$= \frac{1}{2} \times 4 \times 4 + \frac{1}{2} \times 1 \times 2$

$= 9$

## 12

ㄱ. 점 P는 $t = 4$까지 음의 방향으로 움직이다가 $t = 4$에서 방향을 바꾸어 원점으로 돌아온다.

따라서 점 P는 출발한 지 4초 후에 원점에서 가장 멀리 떨어져 있다. (참)

ㄴ. 시각 $t = 0$에서 $t = 6$까지 점 P가 움직인 거리는

$\int_0^6 |v(t)|dt$

$= (S_1 + S_2 + S_3) + S_4$

$= \frac{1}{2} \times (4 + 1) \times 2 + \frac{1}{2} \times 2 \times 2 = 7$

즉, 점 P가 출발 후 6초 동안 움직인 거리는 7이다. (참)

ㄷ. 시각 $t = 7$에서의 점 P의 위치는

$\int_0^7 v(t)dt = -(S_1 + S_2 + S_3) + S_4 + S_5$

$= -\frac{1}{2} \times (4 + 1) \times 2 + \frac{1}{2} \times 2 \times 2 + \frac{1}{2} \times (2 + 1) \times 1$

$= -\frac{3}{2}$

즉, 점 P는 출발한 지 7초 후에 다시 원점에 위치하지 않는다. (거짓)

따라서 옳은 것은 ㄱ, ㄴ이다.

# 일단락 樂

## 일단 시작하면 수능 국어는 일단락 된다!

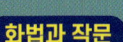
**화법과 작문**

**독서**

**문학**

**문법**

개념 이해 - 수능 대비
- 고난도 대비의
**3단계 완성**

단답형, 서술형,
객관식 문제, 기출 문제 등
**최다 문항 수록**

완전한 학습을 위한
**본책 + 워크북 구성**

*국어 독서, 국어 문학만 해당

---

### '일단락 국어' 이런 학생에게 딱!

✓ 수능 국어 영역
공부를 시작하는
고등학생

✓ 개념 이해 - 수능 대비
- 고난도 대비의 단계별 학습이
필요한 학생

✓ 수능 국어 영역의
개념 이해와 문제 풀이 방법을
한 번에 학습하고 싶은 학생

---

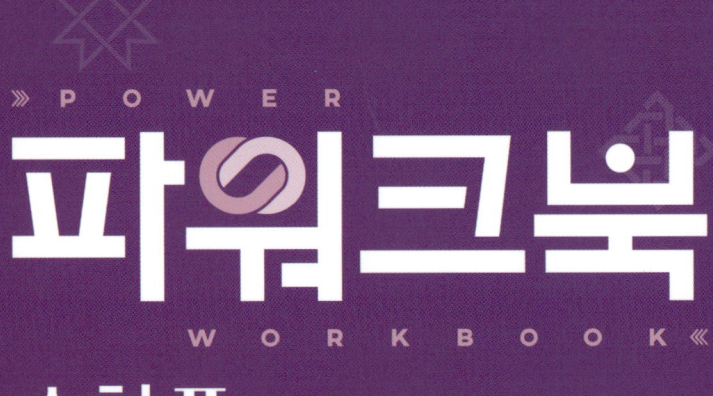

# 수학Ⅱ